PYTHON 으로 배우는 자료구조

알고리즘 공부를 위한 실전적 자료구조

저자 : 장준혁, 허준영, 이재홍, 정진만, 민 홍, 한정규, 홍지만

도서출판
홍릉

저자소개

장준혁 한남대학교 컴퓨터공학과 교수

허준영 한성대학교 컴퓨터공학부 교수

이재흥 경기대학교 AI컴퓨터공학부 교수

정진만 인하대학교 컴퓨터공학과 교수

민 홍 가천대학교 AI · 소프트웨어학부 교수

한정규 동아대학교 컴퓨터공학과 교수

홍지만 숭실대학교 컴퓨터학부 교수

PYTHON 으로 배우는 자료구조

알고리즘 공부를 위한 실전적 자료구조

인 쇄: 2024년 11월 15일 초판 1쇄
발 행: 2024년 11월 30일 초판 1쇄

저 자: 장준혁 · 허준영 · 이재흥 · 정진만 · 민 홍 · 한정규 · 홍지만
발행인: 송 준
발행처: 도서출판 홍릉
주 소: 01093 서울시 강북구 인수봉로 50길 10
등 록: 1976년 10월 21일 제5-66호

전 화: 02-999-2274~5, 903-7037
팩 스: 02-905-6729
e-mail: hongpub@hongpub.co.kr
http://www.hongpub.co.kr
ISBN: 979-11-5600-232-1(93000)

정 가: 28,000원

본 교재는 2024년도 과학기술정보통신부 및 정보통신기획평가원의 'SW중심대학사업' 지원을 받아 제작 되었습니다.
본 결과물의 내용을 전재할 수 없으며, 인용(재사용)할 때에는 반드시 과학기술정보통신부와 정보통신기획평가원이 지원한 'SW중심대학'의 결과물이라는 출처를 밝혀야 합니다.

머리말

자료구조와 알고리즘은 컴퓨터공학 분야를 지탱하는 두 개의 기둥과 같습니다. 자료구조는 데이터를 효율적으로 조직하고 관리하는 기초를 제공하며, 알고리즘은 이러한 구조를 활용하여 복잡한 문제를 효과적으로 해결합니다. 이러한 주제에 대한 숙달은 학업적 성공뿐만 아니라, 소프트웨어 솔루션의 효율성과 성능이 성공과 실패를 가르는 현실 세계에서도 필수적입니다.

이 책은 파이썬 프로그래밍의 기초부터 시작하여, 다양한 자료구조와 알고리즘의 기본 개념을 체계적으로 학습할 수 있도록 구성되었습니다. 기초적인 자료구조인 리스트, 튜플, 배열부터 시작해, 포인터와 참조, 사전과 집합 클래스, 내장 함수와 모듈, 문자열, 그리고 기본적인 수학 개념까지를 포함하고 있습니다.

우리는 이 책을 통해 독자들이 파이썬 프로그래밍을 더욱 깊이 이해하고, 자료구조와 알고리즘 설계에 대한 자신감을 키울 수 있는 훌륭한 안내서가 되기를 바랍니다. 특히, 자료구조에 대한 이해는 알고리즘의 효율성을 극대화하는 데 필수적인 요소이며, 이 책은 이러한 기초를 단단히 다질 수 있도록 도와줄 것입니다. 자료구조를 잘 이해함으로써, 독자들은 복잡한 문제를 더 효율적으로 해결할 수 있는 능력을 기를 수 있으며, 나아가 고급 알고리즘의 설계와 분석에도 쉽게 다가갈 수 있을 것입니다.

프로그래밍은 단순히 이론을 이해하고, 눈으로 보고 끝나는 학문이 아닙니다. 프로그래밍의 진정한 가치는 실제로 코드를 작성하고, 문제를 해결하며, 그 과정에서 얻은 경험을 통해 더욱 깊이 체득되는 것입니다. 이 책은 자료구조의 기본 개념에서부터 시작하여 더 고급 개념에 이르기까지 여러분을 안내하기 위해 설계되었습니다. 우리는 자료구조를 학습하는 것이 단순히 이론적인 연습에 그치는 것이 아니라, 실습을 통해 이해가 가장 잘 이루어지는 실질적인 여정이라고 믿습니다. "百聞不如一行" (백 번 듣는 것이 한 번 직접 해보는 것만 못하다)는 말은 이러한 철학을 잘 담고 있습니다. 즉, 아무리 많은 설명을 듣고 예제를 보더라도, 직접 코드를 작성해보지 않으면 진정한 이해에 도달하기 어렵습니다. 실제로 손을 움직여 코딩해보는 경험이야말로 프로그래밍 능력을 향상시키는 가장 중요한 방법입니다. 따라서 여러분의 이해와 응용 능력을 향상시키기 위해 다양한 프로그래밍 예제를 포함하는 데 특별히 신경을 썼습니다. 예제를 통해 코드를 작성하고, 직접 실행해보며 얻는 경험이야말로 프로그래밍을 진정으로 이해하는 데 필수적이라고 믿기 때문입니다. 이러한 접근 방식은 독자들이 보다 직관적으로 내용을 이해하고, 학습에 몰입할 수 있도록 도울 것입니다.

이 책은 서울대학교 컴퓨터공학과 시스템소프트웨어 연구실에서 함께 연구한 7명의 저자들이 공동으로 집필하였습니다. 각 저자는 자신의 연구 경험과 전문성을 바탕으로, 독자들이 쉽게 이해할 수 있도록 노력하였으며, 실제 강의실에서 설명하는 듯한 서술 방식을 유지하려고 힘썼습니다. 또한, 가능한 많은 예제 프로그램을 포함하여 학생들이 직접 코딩을 통해 개념을 명확히 이해하고, 실전에 적용할 수 있도록 돕고자 했습니다. 이러한 접근 방식은 독자들이 보다 직관적으로 내용을 이해하고, 학습에 몰입할 수 있도록 도울 것입니다. 실습을 통해 코드를 작성하고, 직접 실행해보며 얻는 경험을 통해 프로그래밍 실력을 향상시켜 나갈 수 있을 것입니다.

우리는 이 책이 프로그래밍의 기초를 확립하고, 자료구조의 이해를 통해 복잡한 문제를 효율적으로 해결하는 능력을 키우는 데 큰 도움이 되기를 진심으로 바랍니다.

2024년 10월

저자일동

차 례

Chapter I

B. 수학기초

Chapter II

자료구조 기본 개념 / 55

Chapter III

재귀(Recursion) / 77

Chapter IV

연결 리스트(Linked List) / 93

Chapter V

스택(Stack) / 135

Chapter VI

큐(Queue) / 167

Chapter VII

트리(Tree) / 199

Chapter IX

해싱(Hashing) / 283

Chapter X

탐색(Searching) / 305

Chapter XI

이진 탐색 트리(Binary Search Tree) / 317

Chapter XII

그래프(Graph) / 339

Chapter I

자료구조 공부를 위한 프로그래밍과 수학 기초

자료구조는 컴퓨터과학과 프로그래밍에서 핵심적인 개념 중 하나로, 데이터를 효율적으로 저장, 관리 및 조작하는 방법을 다루고 있다. 이를 이해하려면 기본적인 프로그래밍과 수학적 개념을 알아야 한다. 본 장에서는 자료구조 공부를 위해 최소한으로 필요한 파이썬 프로그래밍 기초와 수학 기초를 다룬다.

참고

오랫동안 고심하였으나, 본 교재에서는 파이썬다운(pythonic) 코드보다는 C 언어와 유사한 방식으로 코드를 작성하고, C 언어 중심의 설명도 가능한 유지하기로 하였다. 스크립트 언어인 파이썬은 그 특징을 충분히 활용한다면 대부분 자료구조를 매우 간결하고 쉽게 '사용'할 수 있다. 하지만 손쉬운 코드만을 따라하는 일은 자료구조의 원리를 깊이 이해하는 일과는 거리가 멀고, 이미 만들어진 자료구조의 사용법을 간단히 익히는 수준에 그치기 때문이다. 또한 C 언어에서 다루는 포인터와 동적 할당 등에 대한 개념은 소프트웨어를 깊이 다루기 위해서 대단히 중요하기 때문이기도 하다. 마지막으로 파이썬 프로그래밍 언어의 숙련과 관계된 설명들은 이 문단과 같이 〈참고〉칸에 첨언하였다.

A 파이썬 프로그래밍 기초

1 리스트와 튜플

(1) 리스트(list) 클래스

가. 리스트의 개념 및 표현

파이썬에서는 다른 데이터를 담을 수 있는 자료형으로 리스트, 튜플, 사전, 집합이 있고, 이들을 컨테이너(Container)라고 부른다. 그 중 **리스트(list)**는 파이썬 프로그래밍의 시작이자 끝이다. 리스트는 다양한 방식으로 활용되는 유연한 자료구조이지만, 가장 기본적인 사용 방법은 '**목록**'이라는 뜻 그대로 사용하는 것이다. <예 I-1>은 무언가의 목록을 만들고, 목록에 들어 있는 데이터(원소, element)들을 차례로 순회(traverse)하는 몇 가지 예이다. 파이썬에서 리스트는 대괄호('[', ']') 안에 원소들을 나열하는 방식으로 표현한다. 리스트 원소의 자료형은 제약이 없다. (흔한 경우는 아니지만) 원소들이 같은 자료형일 필요도 없으며, 정수, 실수, 문자열, 불 값(True, False)뿐 아니라 함수, 메서드, 클래스 등도 원소로 저장할 수 있다.

```
lst = [1, 2, 3]  # 정수들의 목록
product = 1
for x in lst:
   product *= x

flags = [True, True, False, False, False]  # 불 값(참/거짓)들의 목록

names = ['Kim', 'Choi', 'Jeong']  # 이름(문자열) 목록
print(len(names))  # names의 길이 출력
for name in names:
    print('name:', name)

for airport in ['인천', '김포', '제주']:  # 공항 이름들의 목록
    print(f'{airport} 공항')

builtin_functions = [sum, min, max, len, type]  # 내장함수들을 원소로 갖는 리스트
print(builtin_functions[0]([1, 2, 3]))  # sum([1, 2, 3])과 같음

primitive_classes = [bool, int, float, str]  # 기본 클래스들의 목록
print(primitive_classes[0](1))  # bool(1)과 같다. 결과값은 True가 된다.
```

▶ 실행결과

```
3
name: Kim
name: Choi
name: Jeong
인천 공항
김포 공항
제주 공항
6
True
```

〈예 I-1〉 리스트 생성 및 순회 예제

> **참고**
> 〈예 I-1〉에서 첫 번째 리스트는 lst라는 이름을 사용했다. 파이썬에서 list, str, sum, min, max 등은 이미 존재하는 이름이다. 이 이름들을 변수, 함수 등의 이름으로 사용할 수는 있지만, 그 경우 기존의 이름이 가려지게(shadowing) 되므로 가능하면 피하는 게 좋다. 만약 이런 이름을 반드시 사용하고 싶다면 밑줄('_')을 붙여 list_, str_, sum_과 같이 사용하는 방법이 권장된다.

나. 리스트 생성과 사용법

<예 I-2>는 리스트를 생성하는 여러 가지 방법이다. 대괄호를 사용하거나 list 클래스의 생성자 list()를 사용한다. 반복 가능한(iterable) 객체라면 list()의 인자가 될 수 있다.

```
lst1 = []  # 빈 리스트
lst2 = list()  # []
lst3 = [False] * 5  # [False, False, False, False, False]
lst4 = list([1, 2])  # [1, 2]를 원소로 가지는 새 리스트 생성
lst5 = list('abc')  # ['a', 'b', 'c']
lst6 = list(range(5))  # [0, 1, 2, 3, 4]
lst7 = [lst1, lst2, lst3]  # 다른 리스트를 원소로 가지는 리스트
```

〈예 I-2〉 리스트 생성 방법 예제

다시 말하지만, 리스트는 데이터의 '목록'이다. 리스트를 정적으로 사용한다면 <예 I-1>에서 보였듯, 주어진 리스트를 순회하면서 각 원소에 대해 필요한 연산을 수행한다. 반면 리스트를 동적으로 사용할 경우, 가장 기본적인 사용 방법은 데이터를 순차적으로 목록에 넣고, 빼는 것이다. append()와 pop() 메서드가 여기에 사용된다. append() 메서드는 리스트의 끝에 원소로 추가할 데이터를 인자로 전달한다. <예 I-3>은 append() 메서드 사용 예를 보인다. 빈 리스트 nums를 선

언하고, 반복문에서 appened() 메서드로 nums의 끝에 원소를 하나씩 추가한다.

```
nums = []
for _ in range(5):
    num = int(input('정수 입력>> '))
    nums.append(num)  # num을 nums의 끝에 추가
print(nums)  # 입력한 정수 5개를 원소로 가지는 리스트

for num in nums:
    pass  # nums를 순회하며 각각의 원소(num)에 대해 필요한 작업을 수행
```

실행결과

```
정수 입력>> 1
정수 입력>> 2
정수 입력>> 3
정수 입력>> 4
정수 입력>> 5
[1, 2, 3, 4, 5]
```

〈예 I-3〉 list.append() 메서드 사용 예제

> **참고** for _ in range(5): 에서, 변수 이름이 필요한 자리에 밑줄('_')을 넣으면 이름이 붙은 변수가 굳이 필요 없다는 뜻이다. 이 경우에는 5번을 반복할 뿐, range(5)로부터 0, 1, 2, 3, 4를 가져올 필요가 없으므로 '_'를 사용했다.

<예 I-4>에서 pop() 메서드는 인자를 생략할 경우 리스트의 마지막 원소부터 추출해서 리턴한다. 또는 추출할 원소의 위치(인덱스)를 인자로 전달하는데, 대체로 앞의 원소부터 차례로 추출하기 위해 pop(0)을 사용한다. pop_n_print()는 리스트의 첫 번째 원소부터 차례로 추출해서 출력하는 함수로 lst를 인자로 전달받아 lst.pop(0)을, pop_n_print_reversed()는 리스트의 마지막 원소부터 역순으로 추출해서 출력하는 함수로 lst.pop()을 사용한다. pop_n_print()의 while lst:와 pop_n_print_reversed()의 while len(lst) > 0:는 거의 같은 의미이다. while lst:와 같이 리스트(lst)가 조건식으로 사용될 경우 bool(lst)가 호출되며, 이 경우 비어 있지 않으면 True, 리스트가 비어 있으면 False를 리턴한다. 조건식 len(lst) > 0은 리스트의 길이가 0보다 크면 True, 0이면 False이다. 다만 while lst: 에서는 lst가 빈 리스트('[]')인 경우 외에도 lst가 None일 때도 True가 된다.

```
def pop_n_print(lst):
    while lst:
        element = lst.pop(0)
        print(element)

def pop_n_print_reversed(lst):
    while len(lst) > 0:
        element = lst.pop()
        print(element)
```

〈예 I-4〉 list.pop() 메서드 사용 예제

다. 리스트 인덱싱

리스트의 각 원소는 인덱스(index, 첨자)를 통해서 접근한다. 인덱스는 0부터 시작하므로, 리스트의 길이가 n이라면 인덱스의 범위는 0부터 (n-1)까지이다. 예를 들어, num = [1, 2, 3]에서 리스트의 첫 번째 원소는 nums[0]이고, 리스트의 길이가 3이므로 마지막 원소는 nums[3-1], 즉 nums[2]가 된다. 파이썬에서는 인덱스로 원소에 접근 가능한 객체를 subscriptable이라는 용어를 사용하며, 가끔 부적절한 객체를 인덱싱하면 TypeError: 'xxx' object is not subscriptable이라는 오류 메시지를 확인할 수 있다.

인덱스로 음수를 사용할 수도 있는데, '끝에서부터 몇 번째' 원소를 뜻한다. print(lst[-1])은 lst의 마지막 원소 4, print(lst[-2])는 끝에서 두 번째 원소 3이다. 파이썬에서 for문은 일반적으로 for x in lst:와 같이 사용하는데, 이와는 다르게 for i in range(len(lst)): 와 같이 range()와 함께 for문을 사용해야만 하는 경우는 두 가지다. for문 내에서 인덱스, 즉 원소의 위치 정보를 사용해야 할 때와 리스트에 저장된 원소를 변경해야 할 때이다.

```
lst = [1, 2, 3, 4]
for i in range(len(lst)):  # i = 0 to 3
    print(lst[i], end=' ')
print()

print(lst[-1])
print(lst[-2])

for i in range(len(lst)):
    lst[i] *= 2
print(lst)

# 비교
```

```
lst2 = [1, 2, 3, 4]
for x in lst2:
    x *= 2  # x 값이 변해도 lst2의 원소는 변하지 않음
print(lst2)
```

▶ 실행결과

```
1 2 3 4
4
3
[2, 4, 6, 8]
[1, 2, 3, 4]
```

〈예 I-5〉 리스트 인덱싱 예제

참고 print(lst[i], end=' ')에서 매개변수 end에 전달되는 ' '를 키워드 인자(keyword argument)라고 부른다. 매개변수를 순서대로 전달하지 않고 이름을 명시해서 인자를 전달하는 방식이다. end 매개변수는 print() 함수가 지정된 값들을 출력한 후, 마지막에 출력할 문자열을 지정한다. end 인자를 생략할 경우 기본 인자(default argument)는 줄바꿈 문자 '₩n' 이다.

라. 리스트 축약

<예 I-6>은 리스트 축약(list comprehension)이라고 부르는 형식으로, [*expression* for *variable* in *iterable*] 또는 [*expression* for *variable* in *iterable* if *condition*]과 같이 사용한다. <예 I-6>에서는 축약된 리스트들을 같은 결과를 내는 for문으로 바꿔 보여준다.

```
lst1 = [x for x in [1, 2, 3]]
print(lst1)

# [1, 2, 3] --> [1 % 2, 2 % 2, 3 % 2]
lst2 = [x % 2 for x in lst1]
print(lst2)

# lst1의 원소 중, 2로 나눈 나머지가 0인 원소만 lst3에 삽입
lst3 = [x for x in lst1 if x % 2 == 0]
print(lst3)
```

같은 코드

```
lst1 = []
for x in [1, 2, 3]:
```

```
    lst1.append(x)
print(lst1)  # [1, 2, 3]

lst2 = []
for x in lst1:
    lst2.append(x % 2)
print(lst2)  # [1, 0, 1]

lst3 = []
for x in lst1:
    if x % 2 == 0:
        lst3.append(x)
print(lst3)
```

실행결과

```
[1, 2, 3]
[1, 0, 1]
[2]
```

〈예 I-6〉 리스트 축약 예제

마. 리스트 슬라이싱

<예 I-7>은 리스트 슬라이싱(slicing) 예를 보인다. 리스트 슬라이싱은 리스트 인덱스의 일부를 지정, 해당 범위의 원소들로 구성된 새 리스트를 생성하는 방법이다. 특히 마지막 lst2 = lst[:]는 리스트를 복사해서 새 리스트를 생성할 때 종종 사용된다. lst2 = lst.copy()와 같이 작성할 수도 있다. 깊은 복사(deep copy)가 아니라 얕은 복사(shallow copy)임을 기억해 두자.

```
lst = [1, 2, 3, 4, 5]

# 첫 번째 원소부터 인덱스 3 미만인 원소까지로 구성된 [lst[0], lst[1], lst[2]]를 생성해서 출력
print(lst[:3])

# 인덱스 3 이상인 원소들로 구성된 리스트를 생성해서 출력
print(lst[3:])

# 인덱스 2 이상 4 미만인 원소들로 구성된 리스트를 생성해서 출력
print(lst[2:4])

# 처음부터 끝까지
lst2 = lst[:]
print(lst2)
```

▶ 실행결과

```
[1, 2, 3]
[4, 5]
[3, 4]
[1, 2, 3, 4, 5]
```

〈예 I-7〉 리스트 슬라이싱 예제

바. 리스트 연산

<예 I-8>은 append(), pop() 외의 리스트 메서드와 리스트 연산 예를 보인다. 리스트 사이에 '+'연산을 하면 두 리스트를 접합(concatenation)한 새 리스트를 생성한다. lst1.extend(lst2)는 '+' 연산과 유사하지만 lst1을 확장해서 그 자리에 lst2의 원소들을 삽입한다는 점이 다르다. index()는 원소의 위치를 찾는 메서드이며, insert()는 특정 위치에 새 원소를 삽입한다. del 키워드는 메모리를 삭제하는 키워드로, 리스트 원소를 삭제할 때도 사용할 수 있다. 10 in lst1에서 'in' 연산자는 10이 lst1의 원소인지 아닌지를 리턴한다. 'in' 연산자는 OOP 언어에서 종종 contains() 메서드로 구현되는 기능이다.

```
lst1 = [1, 2, 3]
lst2 = [4, 5, 6]
print(lst1 + lst2)
lst1.extend(lst2)  # lst1 += lst2와 같은 결과
print(lst1)

lst1.index(3)  # 3이 저장된 인덱스

lst1.insert(1, 1.5)  # 인덱스 1에 1.5를 삽입
print(lst1)

del lst1[1]
print(lst1)

print(10 in lst1)  # 10이 lst1의 원소이면 True
```

▶ 실행결과

```
[1, 2, 3, 4, 5, 6]
[1, 2, 3, 4, 5, 6]
[1, 1.5, 2, 3, 4, 5, 6]
[1, 2, 3, 4, 5, 6]
```

```
False
```

<예 I-8> 리스트 메서드 및 리스트 연산 예제

(2) 튜플(tuple) 클래스

튜플(tuple) 클래스는 리스트와 함께 파이썬의 컨테이너 중 하나로, **'묶음'**의 개념이다. 원소 개수에 따라, 2-tupule, 3-tuple, ..., n-tuple로 부른다. 예를 들면 무지개색 크레파스는 7개가 한 '묶음'이며, 7-tuple로 표현할 수 있다.

문법적으로는, 파이썬의 튜플은 변경 불가능한(immutable) 객체라는 점을 제외하면 리스트와 같다. 선언할 때 저장한 원소를 이후에 변경할 수 없고, 원소를 추가하거나 삭제할 수 없다. 그 외에는 인덱싱, 슬라이싱 등 리스트와 같은 방법으로 사용할 수 있다.

<예 I-9>는 튜플을 생성하고 사용하는 예를 보인다. 튜플의 생성자는 tuple() 이며, 원소들을 소괄호('(', ')')로 둘러싸서 표현한다. 튜플의 원소들은 값을 읽을 수는 있지만 마지막 줄의 tup4[0] = 100과 같이 값을 변경하려고 하거나, 원소를 추가 또는 삭제하려고 하면 오류가 발생한다. 원소가 0개인 튜플은 ()로, 1개인 튜플은 (10,)과 같이 유일한 원소 뒤에 콤마를 붙여서 표현한다.

```
tup1 = (1, 2, 3)
for x in tup1:
    print(x, end=' ')
print()

print(tup1[0], tup1[1], tup1[2], sep=', ')

tup2 = tuple([1, 2, 3])
tup3 = tuple("abc")
print(tup1, tup2, tup3)

print(())
print(type(()))
print((10,))

tup1[0] = 100  # 오류 발생
```

▶ 실행결과

```
1 2 3
1, 2, 3
```

```
(1, 2, 3) (1, 2, 3) ('a', 'b', 'c')
()
<class 'tuple'>
(10,)
```

〈예 I-9〉 튜플 생성 및 사용 예제

참고 print(tup1[0], tup1[1], tup1[2], sep=', ')에서 sep는 'separator'의 약자로, 콤마로 구분된 값들 사이에 출력될 문자열을 지정한다. 생략할 경우 기본 인자는 공백(' ')이다.

대부분의 데이터는 리스트로 충분히 표현 가능하지만, 튜플은 명시적으로 변경할 수 없게 만들고 싶을 때 사용한다. 특히, 파이썬 인터프리터 내부에서 파이썬 코드를 처리할 때 튜플이 자주 사용된다. <예 I-10>에서 x, y = y, x는 l-value인 (x, y), r-value인 (y, x)가 튜플로 처리되며, print(x, y)에서 두 인자 x, y도 (x, y) 튜플로 print() 함수에 전달된다. mydivmod() 함수는 몫과 나머지를 구하는 내장함수 divmod()를 흉내낸 함수로서 a를 b로 나눈 몫과 나머지를 리턴하는데, 이처럼 함수가 여러 개의 값을 리턴할 때도 리턴값들을 원소로 가지는 튜플 1개를 전달받는다. 마지막 courses는 2-튜플들을 원소로 가지는 리스트이다. 두 for문은 똑같이 동작하는데, 첫 번째 for문의 courseName, courseId = course의 처리 과정은 앞의 x, y = y, x와 같다. r-value인 course가 2-튜플이므로 l-value인 (courseName, courseId)에 course 튜플의 두 원소가 각각 대입된다. 마지막 for문은 courseName, courseId = course를 생략하고 courses의 각 원소를 (courseName, courseId)로 바로 전달받는다.

```
x, y = 10, 20
x, y = y, x
print(x, y)

def mydivmod(a, b):
    return a // b, a % b

print(mydivmod(12, 5))

courses = [("자료구조", 34), ("알고리즘", 13), ("운영체제", 21)]
for course in courses:
    courseName, courseId = course
    print("과목:", courseName, "과목번호", courseId)
print()
for courseName, courseId in courses:
```

```
    print("과목:", courseName, "과목번호", courseId)
```

▶ 실행결과

```
20 10
(2, 2)
과목: 자료구조 과목번호 34
과목: 알고리즘 과목번호 13
과목: 운영체제 과목번호 21

과목: 자료구조 과목번호 34
과목: 알고리즘 과목번호 13
과목: 운영체제 과목번호 21
```

〈예 I-10〉 튜플이 사용되는 예제

2 배열 (Array)

ADT Array

(1) 목적 : 인덱스(index) 각 값에 대하여 집합 item에 속한 한 값이 존재하는 <index, value>쌍의 집합. index는 1차원 또는 다차원의 유한 순서 집합이다. 예를 들면, 1차원의 경우 {0, …, n-1}과 2차원 배열 {(0,0),(0,1),(1,0),(1,1),(1,2),(2,0),(2,1),(2,2)} 등이다.

(2) 함수 (Function)

모든 A ∈ Array, i ∈ index, x ∈ item, j, size ∈ integer

Array Create(j,list)	::=	return j차원의 배열. 여기서 list는 i번째 원소가 i번째 차원의 크기인 j-tuple이며 item들은 정의되지 않았음.
Item Retrive(A,i)	::=	if(i ∈ index) return 배열 A의 인덱스 i값과 관련된 항목. else return 에러.
Array Store(A,i,x)	::=	if(i ∈ index) return 새로운 쌍<i,x>가 삽입된 배열 A. else return 에러.

end Array

(1) 배열과 리스트

배열은 프로그래밍에서 중요한 자료 구조 중 하나로, 동일한 데이터 유형을 가진 여러 값을 하나의 변수로 저장할 때 사용된다. 배열은 동일한 데이터 타입의 원소들로 구성되는데 예를 들어, 정수 배열은 정수 값만 저장할 수 있다. 또한 배열은 고정된 크기를 갖는다. 따라서 배열을 선언할 때 크기를 지정해야 한다. 이 크기는 배열에 저장할 수 있는 원소의 개수를 의미하며, 한 번 크기가 지정되면 변경할 수 없다. 예를 들어, C언어에서 int numbers[5]는 5개의 정수, 즉 int 타입 값을 저장할 수 있는 배열을 생성하게 된다. 배열은 인덱스(index)로 각 배열의 원소에 접근하며 인덱스는 0부터 배열 크기보다 1 작은 값까지의 범위를 갖는다. 예를 들어, numbers[0]은 배열 numbers의 첫 번째 원소를 나타낸다. 배열은 기본적으로 메모리에 연속적으로 저장된다. 이는 배열의 인덱스를 통해 각 배열의 원소를 빠르게 접근할 수 있도록 해준다.

파이썬 코드에서는 종종 리스트를 배열처럼 사용한다. 리스트의 여러 가지 사용법 중의 하나라고 할 수 있다. 사용자 수준에서 파이썬 리스트가 배열과 다른 점은 <표 I-1>과 같다. 이해를 돕기 위해 단순하게 말하자면 배열은 길이가 고정된 리스트, 리스트는 가변 길이 배열이라고 볼 수 있다(사실 배열보다는 C++ 등에서 사용되는 벡터(vector)에 더 가깝다).

표 I-1 파이썬 리스트와 배열의 차이

첫째, 리스트는 배열과 달리 원소의 데이터 타입이 고정되어 있지 않다. 실제로 잘 쓰이진 않지만 [1, 'abc', False]와 같은 리스트도 사용 가능하다. 둘째, 배열은 처음 만들어질 때 메모리를 할당받고 크기가 정해지지만 리스트는 만들어진 후에도 크기가 고정되어 있지 않다. 인덱스로 원소에 접근하는 점은 같지만, 리스트가 내부적으로 구현되는 방식은 배열과는 상당한 차이가 있다. 셋째, 배열은 정적·동적으로 할당되지만 리스트는 동적으로만 할당된다.

(2) 1차원 배열 할당과 해제

가. 정적배열과 동적배열

C/C++ 등의 언어는 스크립트 언어인 파이썬과 다르게 컴파일 단계를 거친다. C 언어 프로그램은 소스 코드를 컴파일해서 실행 파일로 저장한 후, 저장한 파일을 실행하는 방식으로 동작한다. 반면 파이썬 언어는 컴파일 단계를 거치지 않고 소스 코드를 인터프리터가 파이썬 스크립트(코드)를 한 줄씩 읽으면서 실행시킨다. 정적배열, 동적배열과 같이 프로그램의 세계에서는 프로그램 실행 전, 컴파일 단계에서 이루어지는 일들을 정적이다(static)라고 하고, 반대로 실행 중에 이루어지는 일들을 동적이다(dynamic)라고 한다.

C 프로그램 등에서 정적배열은 데이터를 저장하기 위해 사용되는 고정 크기의 메모리 블록으로 정의할 수 있다. 정적배열은 선언 시에 정해진 크기로 공간이 할당된다. 정적 배열은 프로그램의 생명주기 동안 메모리에 고정된 크기를 유지하기 때문에, 배열 크기가 실행 중에 변경되지 않는다.

그림 I-1 1차원 배열, type x[i];

반면 C 언어에서 배열의 크기를 상수로 결정할 수 없는 경우 동적배열을 사용해야 한다. 동적배열은 프로그램 실행 중에 배열의 크기를 동적으로 할당하고 조작할 수 있는 배열이다. C 언어에서 동적배열을 생성하기 위해서는 메모리 할당 함수를 별도로 사용한다. 동적배열을 사용하면 프로그램 실행 중에 배열의 크기를 동적으로 조작할 수 있으므로, 유연하게 데이터를 저장하고 처리할 수 있다. 그러나 동적배열을 사용할 때는 메모리 관리에 주의해야 하며, 배열 사용이 끝난 후에는 배열에 할당된 메모리 공간을 해제해야 한다.

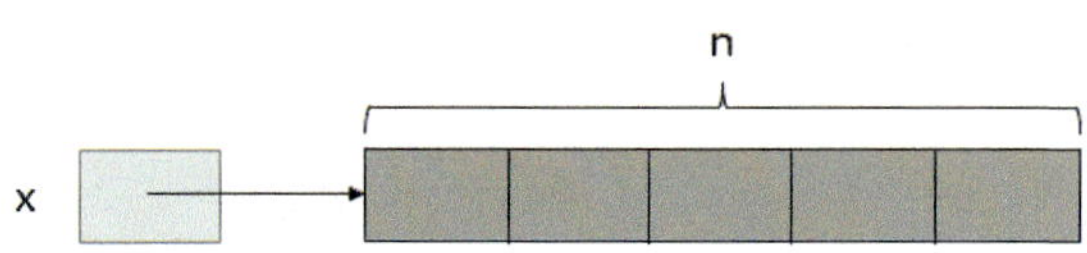

그림 I-2 1차원 배열 동적 생성

나. 1차원 배열

1차원 배열은 배열 원소(element)를 하나의 차원으로 구성된 배열로 각 원소는 동일한 데이터 유형(data type)을 갖는다. <그림 I-1>과 같이, C 프로그래밍 언어에서 1차원 배열, 즉 "type"이라는 데이터 유형의 "x"라는 배열을 선언하려면 "type x[i];"와 같이 작성하면 된다. 여기서 "type"은 배열에 저장되는 데이터 유형을 나타내며, "i"는 배열의 크기를 나타낸다.

선언된 배열 "x"는 "i" 개의 원소를 저장할 수 있는 메모리 공간을 할당받는다. 배열의 각 원소는 0부터 "i-1"까지의 인덱스를 가지며, 인덱스는 해당 원소에 액세스하는 데 사용된다. 예를 들어, "x[0]"는 배열의 첫 번째 원소를 나타낸다.

파이썬에서는 객체가 동적으로 생성되므로 정적 배열이라는 개념은 존재하지 않는다. 다만, 본 교재에서는 정적·동적배열을 모두 <예 I-11>과 같이 리스트로 나타내며, 배열이라는 용어를 그대로 사용한다. ARR_SIZE는 배열의 크기를 나타내는 상수이며(상수처럼 사용할 뿐 실제로 상수는 아니다), 길이가 ARR_SIZE인 배열(리스트)을 선언하고, 원소들을 적절한 초기값(예제에서는 0)으로 초기화한다. 리스트를 동적으로 확장하는 코드와 비교하면 조금 번거로워 보이겠지만 정해진 길이로 생성한 후 처리하는 편이 실행 속도는 더 빠르다.

C 언어 정적 배열 선언

```
#define ARR_SIZE 100    // 배열 크기를 상수로 정의
int arr[ARR_SIZE] = { 0 }   // int형 정수를 ARR_SIZE 개수만큼 저장할 메모리 공간을 할당 받고,
모든 원소를 0으로 초기화
```

C 언어 동적배열 할당

```
void array_alloc(int size) {
   // int 타입 x size 개 크기(byte)의 메모리 공간을 할당 받고 int 배열 타입으로 형변환
   int* arr = (int*)malloc(sizeof(int) * size);
}
```

파이썬 리스트로 표현한 배열

```
ARR_SIZE = 100
arr = [0] * ARR_SIZE
```

〈예 I-11〉 본 교재에서 정적 · 동적배열을 리스트로 표현하는 방법

> **참고** 실행되는 코드를 C 언어로 구현해서 파이썬 스크립트의 실행 속도를 높이려는 시도는 지속적으로 있었다. 대표적으로 numpy, CPython 등이 있는데, numpy 모듈을 사용해서 배열을 선언하면 파이썬에서도 C 언어로 구현된 배열을 사용할 수 있다.

다. 메모리 해제

C 언어에서는 동적배열을 사용할 경우, 사용이 끝난 후 명시적으로 free() 함수를 사용해서 할당받은 메모리 공간을 해제한다. 메모리 해제를 소홀히 할 경우, 당장 프로그램의 동작에는 문제가 없지만 실행된 시간이 길어질수록 메모리 누수가 누적되어 치명적인 결함이 생길 수 있다.

반면 많은 프로그래밍 언어들이 Java 프로그래밍 언어에서 사용되는 것과 같은 쓰레기 수집(GC, Garbage Collection) 기법을 사용해서 동적으로 할당받은 메모리를 해제한다. 백그라운드에서 동작하는 GC 쓰레드가 사용하지 않는 메모리 공간들을 찾아서 해제해 주므로 프로그래머의 번거로움이 많이 줄어든다. 반면 상당한 오버헤드가 발생한다는 단점도 있다. 다만, GC를 사용하더라도 메모리 누수(memory leak)의 위험이 완전히 사라지지는 않는다.

파이썬 언어에서는 명시적으로 메모리를 해제하고자 한다면 del 키워드와 가비지 콜렉션 모듈(gc)을 사용한다. 본 교재에서는 대체로 메모리 해제 과정을 생략하였으나, 코드를 살펴볼 필요가

있는 경우 명시적으로 메모리를 해제하기도 하였다. <예 I-12>는 <예 I-11>에서 할당한 메모리를 해제하는 코드를 보인다.

C 언어 동적배열의 메모리 해제

```
free(arr);  // 할당받은 동적배열 arr의 메모리 공간을 해제
```

파이썬 언어의 메모리 해제

```
del arr
```

〈예 I-12〉 명시적 메모리 해제 예제

(3) 2차원 배열

가. 2차원 정적배열

2차원 배열은 행과 열로 구성된 배열로, 행과 열의 두 가지 인덱스를 사용하여 배열의 각 원소에 액세스한다. 각 행은 개별 배열로 간주되며, 각 열은 해당 행의 원소를 나타낸다.

예를 들어, C 프로그래밍 언어에서 2차원 배열을 선언하려면 "type x[i][j];"와 같이 작성한다. 여기서 "type"은 배열에 저장되는 데이터의 유형을 나타내며, "i"와 "j"는 각각 배열의 행과 열의 크기를 나타낸다. 2차원 배열의 각 원소는 "x[i][j]"와 같은 방식으로 표시되고, 배열의 특정 원소에 액세스하려면, 해당 원소의 인덱스를 사용하여 접근해야 한다.

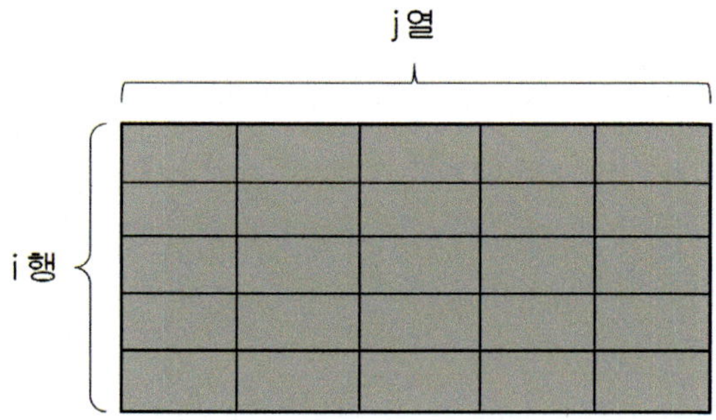

그림 I-3 2차원 배열, type x[i][j];

파이썬 언어로는 <예 I-13>과 같이 2차원 리스트로 2차원 배열을 표현할 수 있다. 정적배열과 같이 사용할 수는 있지만, 1차원 배열의 경우와 마찬가지로 실제로는 정적배열이 아닌 동적배열이다.

```
arr= [
  [0, 1, 2, 3],
  [3, 4, 5, 6]
]  # 2x4 2차원 배열

# 2차원 배열로 다루는 경우
n_row = len(arr)
n_col = len(arr[0])
for i in range(n_row):
    for j in range(n_col):
        print(arr[i][j], end=' ')
    print()
print()

# '리스트를 원소로 가지는 리스트'로 다루는 경우
for row in arr:
    print('row =', row)
    print('elements in row: ', end=' ')
    for col in row:
        print(col, end=' ')
    print()
```

▶ 실행결과

```
0 1 2 3
3 4 5 6

row = [0, 1, 2, 3]
elements in row:  0 1 2 3
row = [3, 4, 5, 6]
elementsin row:  3 4 5 6
```

〈예 I-13〉 2차원 정적배열의 리스트 표현 예제

나. 2차원 동적배열

행과 열의 개념은 사용자가 이해하는 논리적인 구조일 뿐, 2차원 동적배열은 실제로는 **'1차원 배열'을 원소로 가지는 1차원 배열**로 구현된다. 다차원 자료구조를 다루기 위해서는 이 개념을 반드시 확실하게 이해하고 지나가야 한다. <예 I-13>의 arr도 마찬가지로, arr은 2개의 원소를 가지는 리스트이고, 각 원소는 길이 4인 리스트이다. 2차원 배열을 동적으로 생성하려면 먼저 행과 열의 크기를 기억하는 변수를 선언하고, 행 크기의 원소를 가지는 배열을 동적 할당한다. <예 I-14>부터는 C 언어로 작성된 코드와 같은 일을 처리하는 파이썬 코드를 함께 보인다.

C 코드

```
int rows = 3;
int cols = 4;
int** array = (int**)malloc(sizeof(int*) * rows;
```

파이썬 코드

```
rows, cols = 3, 4
array = [None] * rows  # NULL 포인터(None)를 행 개수만큼 저장하는 리스트
```

〈예 I-14〉 행 크기의 메모리 메모리 동적 할당

이후 for 루프를 사용하여 각 행을 순회하고, 각 행마다 cols개의 원소에 해당하는 메모리를 할당한다. C 언어는 malloc() 함수를 사용하고, 파이썬은 None, 0, 빈 문자열("")등의 기본값으로 채워진 리스트를 생성한다. 이후 생성한 배열을 배열 array[i]에 원소로 저장한다.

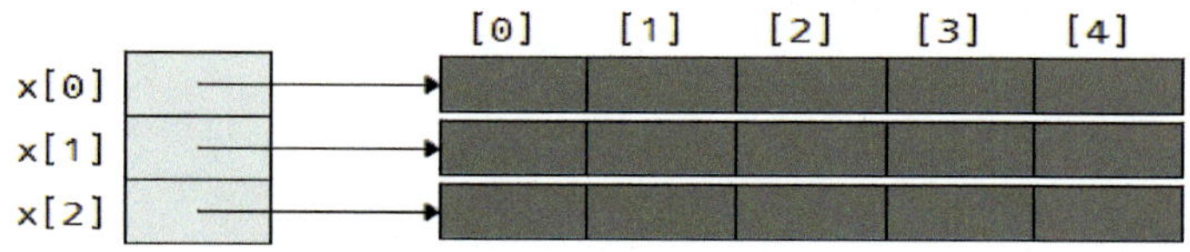

그림 I-4 2차원 배열 동적 생성

C 코드

```
for (int i = 0; i < rows; i++) {
    # array의 각 원소로 1차원 배열을 할당
    array[i] = (int*)malloc(cols * sizeof(int));
}
```

파이썬 코드

```
for i in range(rows):
    row = [0] * cols  # 각 열을 0으로 초기화한 리스트
    array[i] = row
```

〈예 I-15〉 각 행에 열 크기의 메모리 동적 할당

참고

〈예 I-14〉와 〈예 I-15〉를 조금 더 파이썬답게 수정한다면 아래와 같다. 각 행(row)은 배열, array는 리스트로 기능한다. 여기서 파이썬답다는 말은 더 좋다는 뜻이 아니라, 더 일반적으로 쓰이는 스타일이라는 뜻이다.

```
rows, cols = 3, 4
array = []
for _ in range(rows):
    row = [0] * cols
    array.append(row)
```

각 원소의 값을 키보드로 입력받는 경우:

```
rows, cols = 3, 4
array = []
for _ in range(rows):
    row = []
    for _ in range(cols):
        value = int(input())
        row.append(value)
    array.append(row)
```

2차원 동적배열이 생성되었으면 이제 array를 사용하여 배열 원소에 엑세스하고 조작할 수 있다. 배열 원소에 접근하는 방법은 array[i][j]와 같이 인덱스를 사용한다. <예 I-16>에서 보여주듯이 array[0][0]은 첫 번째 원소를 나타낸다.

C 코드

```
array[0][0] = 10; // 첫 번째 원소에 값 할당
int value = array[1][2]; // 두 번째 행, 세 번째 열의 값 가져오기
```

파이썬 코드

```
array[0][0] = 10
value = array[1][2]
```

〈예 I-16〉 배열 원소에 엑세스

마지막으로, 2차원 동적배열을 사용한 후에는 메모리 누수를 방지하기 위해 메모리를 해제한다. 열에 할당된 메모리를 먼저 해제한 후, 행을 가리키는 포인터에 할당된 메모리를 해제한다. <예 I-17>은 각 행을 순회하면서 free() 함수/del 키워드를 사용하여 각 행의 메모리를 해제한 후, 마

지막으로 free(array)/del array를 사용하여 전체 메모리를 해제하는 것을 보여준다. 가비지 콜렉터가 있는 파이썬에서는 이 과정이 대체로 생략된다.

C 코드

```
for (int i =0; i <rows; i++) {
    free(array[i]);
}
free(array);
```

파이썬 코드

```
for row in array:
    del row
del array
```

〈예 I-17〉 메모리 해제

<예 I-18>은 2차원 동적배열을 생성하는 함수인 make2dArray를 보여준다. make2dArray 함수는 [None] * rows를 사용하여 rows 개의 행에 대한 메모리를 동적으로 할당한다. 그리고 for 루프를 사용하여 각 행에 대한 메모리를 동적으로 할당한다. i가 0에서 rows-1까지 증가하는 동안, x[i] = [0] * cols를 사용하여 x의 i번째 원소 x[i]에 cols 개의 열에 대한 메모리를 할당한다. 모든 행에 대한 메모리 할당이 완료되면, x를 반환하여 생성된 2차원 동적배열을 리턴한다. 이렇게 생성된 2차원 배열은 x[i][j]와 같은 방식으로 원소에 접근할 수 있다.

```
def make2dArray(rows, cols):
    x = [None] * rows
    for i in range(rows):
        x[i] = [0] * cols
    return x
```

〈예 I-18〉 2차원 동적배열 생성

3 포인터와 참조

프로그래밍 기술이 기초수준을 벗어나려면 변수와 데이터(값)의 개념을 분리해서 생각해야 한다. 데이터는 메모리상에 실체(instance)로 존재하며, 변수명은 프로그래머가 그 실체에 접근하기 위한 기호이다. 프로그램이 변수명과 같은 기호를 사용해 어떤 데이터(실체)에 접근할 때, 그 행위를 '참조한다'라고 말하며, 그 상태를 기호와 실체가 '바인딩(binding)되었다'라고 한다.

기호가 실체를 가리키는 손가락에 해당되는 것을 C/C++ 언어에서는 포인터라고 부르며, OOP 언어에서는 참조(reference)라고 부른다. 구현 원리는 같지만 포인터는 메모리의 주소를 프로그래머가 직접 다루는 데 비해 참조는 메모리의 주소를 드러내지 않고 사용한다는 점이 다르다.

(1) 대입문

대입문의 경우, C/C++/Java 언어에서 대입문은 값을 전달한다. 반면 파이썬 언어의 대입문은 객체에 대한 참조를 전달한다. <예 I-19>는 두 변수 x, y의 값을 대입하고 출력하는 간단한 코드이고 이 코드를 C/C++/Java로 작성하더라도 거의 차이가 없다. 하지만 코드가 동작하는 방식에는 상당한 차이가 있다. C 언어라면 x = 1;에서 변수 x에 할당된 int 자료형 크기의 메모리 공간에 000.....001이라는 2진 코드를 저장한다. y = x;에서는 x에 저장된 값 000....001을 변수 y에 할당된 int형 메모리 공간으로 복사한다. 반면, 파이썬 언어는 1이라는 정수값을 복사하지 않는다. x = 1에서 x가 정수 1을 나타내는 int 클래스의 인스턴스를 참조한다. y = 1에서는 x가 가리키는(참조하는) 인스턴스를 y도 가리키도록 만든다. 코드는 거의 똑같지만 C 언어 코드는 정수 1이라는 값이 x에 한 개, y에 한 개 저장된다. 반면 파이썬 코드는 정수 1은 단 한 개의 객체로 존재하고, x와 y 모두 그 객체를 참조하는 방식이다. C 코드 마지막 줄의 y++에서는 y에 이진 코드로 저장된 정수 1, 000....001이 000...002로 바뀐다. 반면 파이썬 코드 마지막 줄의 y += 1은 1 + 1의 결과인 2를 나타내는 int 객체가 만들어지고, y는 그 객체를 참조하게 된다.

C 코드

```c
int x = 1;
int y = x;
fprintf(stdout, "%d\n", y);
y++;
```

파이썬 코드

```python
x = 1
y = x
print(y)
y += 1
```

실행결과

```
1
```

〈예 I-19〉 C 언어와 파이썬 언어의 대입문 비교

(2) 컨테이너

```
int arr[5] = {1, 2, 3, 4, 5};
```

```
lst = [1, 2, 3, 4, 5]
```

〈예 I-20〉 C 언어 배열과 파이썬 리스트 비교

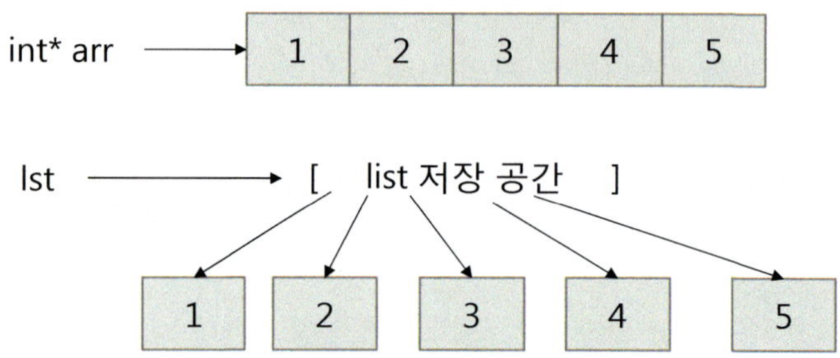

그림 I-5 배열과 리스트 비교

<예 I-20>은 5개의 데이터를 저장하는 C 언어 배열과 파이썬 리스트이며, <그림 I-5>는 arr과 lst의 구조를 나타낸 그림이다. 배열 arr은 연속된 메모리 공간에 int형 정수값 5개가 저장된다. 하지만 리스트 lst는 1, 2, 3, 4, 5라는 정수를 저장하는 것이 아니라, 1을 나타내는 int 객체, 2를 나타내는 int 객체, ..., 5를 나타내는 int객체에 대한 5개의 참조를 저장한다. lst를 C 언어로 표현한다면 정확히는 '길이 5인 int 배열'이 아니라 '길이 5인 int* 포인터 배열'이라고 볼 수 있다.

<예 I-21>은 객체와 참조의 개념을 정확히 이해하지 못하면 간과하기 쉬운 부분이다. 먼저 lst = [3, 2, 1]로 리스트를 만들고, 내장함수 sorted()를 사용해 리스트를 정렬해서 출력했다. sorted() 함수는 새로운 리스트를 생성해서 lst의 원소들을 정렬해서 리턴한다. 이 때 lst의 원소들은 변하지 않으므로 print(lst)에서 [3, 2, 1]이 그대로 출력된다. 반면 lst.sorted()는 lst가 참조하는 객체의 내용을 변경하므로 두 번째 print(lst)는 [1, 2, 3]을 출력한다.

다음 print(lst + [4])는 lst가 참조하는 [1, 2, 3]과 리스트 [4]를 접합(concatenation)한 새로운 리스트를 생성한 후 출력한다. 이때도 lst가 참조하는 객체 [1, 2, 3]은 변하지 않는다. 반면 lst.extend([4])는 객체 [1, 2, 3]을 확장하여 리스트 [4]의 원소들을 lst 뒤에 덧붙이므로, lst의 참조 대상은 변하지 않으나, 해당 리스트에 원소가 추가되어 [1, 2, 3]에서 [1, 2, 3, 4]로 확장된다. 따라서 마지막 print(lst)에서는 [1, 2, 3, 4]가 출력된다.

```
lst = [3, 2, 1]
print(sorted(lst))
print(lst)
lst.sort()
print(lst)

print(lst + [4])
lst.extend([4])
print(lst)
```

▶ 실행결과

```
[1, 2, 3]
[3, 2, 1]
[1, 2, 3]
[1, 2, 3, 4]
[1, 2, 3, 4]
```

〈예 I-21〉 sorted(), list.sort(), list.extend() 비교 예제

<예 I-22>는 lst1, lst2, lst3, lst4를 모두 [1, 2, 3]으로 초기화했다. lst1[1]과 lst3[1]을 -1로 초기화한 후 네 개의 리스트를 출력하는데, print(lst1, lst2)과 print(lst3, lst4)는 다른 결과를 출력한다. 앞서 설명했듯, 파이썬에서 대입문은 참조를 전달하기 때문이다.

먼저 lst1 = lst2 = [1, 2, 3]은 리스트 [1, 2, 3]을 생성하고, 이 리스트의 참조를 lst1과 lst2에 전달한다. 즉, lst1이 가리키는 리스트와 lst2가 가리키는 리스트는 같은 대상이다. 따라서 lst1[1]을 변경했을 때, lst2[1]도 -1로 바뀌었다. lst1과 lst2가 같은 대상을 참조하고 있으므로 print(lst1, lst2)는 한 개의 리스트(실체)를 두 번 출력하는 코드가 된다.

lst3 = [1, 2, 3]; lst4 = [1, 2, 3]은 두 개의 리스트를 생성한 후 lst3과 lst4에 각각 참조를 전달했다. 두 리스트 모두 길이가 3이고 원소는 1, 2, 3으로 같지만 서로 다른 객체다. 메모리에는 두 개의 실체가 존재하며, lst3과 lst4가 참조하는 리스트가 서로 다르므로, lst3[1] = -1은 lst4에 아무런 영향을 주지 않는다.

```
lst1 = lst2 = [1, 2, 3]
lst1[1] = -1
print(lst1, lst2)

lst3 = [1, 2, 3]; lst4 = [1, 2, 3]
lst3[1] = -1
```

```
print(lst3, lst4)
```

▶ 실행결과

```
[1, -1, 3] [1, -1, 3]
[1, -1, 3] [1, 2, 3]
```

〈예 I-22〉 리스트 생성과 참조 전달 예제

(3) 2차원 리스트

2차원 리스트는 C언어의 2차원 동적배열에 해당된다. <예 I-23>은 2차원 리스트를 만드는 두 가지 경우를 보인다. lst는 [1, 2, 3]이 3행 저장되어 있고, 2차원 배열의 첫 번째 원소 lst[0][0]의 값을 −1로 변경했다. 하지만 두 번째는 원하는 결과를 얻었지만 첫 번째 출력 결과는 각 행의 첫 번째 원소가 모두 −1로 바뀐 것을 확인할 수 있다.

```
lst = [[1, 2, 3]] * 3
print(lst)
lst[0][0] = -1
print(lst)
```

▶ 실행결과

```
[[1, 2, 3], [1, 2, 3], [1, 2, 3]]
[[-1, 2, 3], [-1, 2, 3], [-1, 2, 3]]
```

```
lst = [[1, 2, 3] for _ in range(3)]
print(lst)
lst[0][0] = -1
print(lst)
```

▶ 실행결과

```
[[1, 2, 3], [1, 2, 3], [1, 2, 3]]
[[-1, 2, 3], [1, 2, 3], [1, 2, 3]]
```

〈예 I-23〉 잘못된/올바른 2차원 리스트 할당 예제

리스트의 구조를 정확히 이해하지 못한 초심자가 종종 하는 실수다. 두 번째 경우를 먼저 보면, 리스트 축약을 사용한 앞의 코드 lst = [[1, 2, 3] for _ in range(3)]는 for 루프를 돌며 '원소 1, 2, 3을

가진 리스트'를 세 번 생성해서 lst의 원소로 삽입하는 작업이다. 즉, lst의 원소들은 새로 만들어진 세 개의 리스트를 각각 참조한다.

반면, lst = [[1, 2, 3]] * 3은 [1, 2, 3]이라는 리스트를 한 번만 만들어지고, 그 리스트에 대한 참조를 lst에 세 번 삽입한 경우다. lst[0], lst[1], lst[2] 모두 같은 대상을 참조하고 있으므로, lst[0][0]을 바꾸면 세 개의 행 모두가 바뀌는 결과가 된다. <예 I-24>는 <예 I-23>과 같은 동작을 하는 코드를 조금 다르게 작성한 예이다.

```
temp = [1, 2, 3]
lst = [temp, temp, temp]
print(lst); lst[0][0] = -1; print(lst)
```

▶ 실행결과

```
[[1, 2, 3], [1, 2, 3], [1, 2, 3]]
[[-1, 2, 3], [-1, 2, 3], [-1, 2, 3]]
```

```
lst = []
for _ in range(3):
    lst.append([1, 2, 3])
print(lst); lst[0][0] = -1; print(lst)
```

▶ 실행결과

```
[[1, 2, 3], [1, 2, 3], [1, 2, 3]]
[[-1, 2, 3], [1, 2, 3], [1, 2, 3]]
```

〈예 I-24〉 잘못된/올바른 2차원 리스트 할당 예제

4 사전(dict) 클래스와 집합(set) 클래스

(1) 사전(dict) 클래스

몇몇 프로그래밍 언어들은 파이썬의 리스트, 사전 등과 같이 추상화 수준이 높은 자료구조들을 기본 자료형으로 제공한다. 그런데 C, Java 등의 언어로 프로그래밍을 시작한 경우, 배열과 유사한 리스트는 어렵지 않게 사용하지만 해시 테이블을 기반으로 구현된 **사전(dict)**과 **집합(set)**을 다룰 때는 어려움을 겪는 일이 많다. 컨테이너들을 적절히 활용하면 간결한 코드만으로도 매우 풍부한 표현

이 가능하므로 파이썬 프로그래밍에 익숙해지고 싶다면 많은 연습을 통해서 익혀 두기를 바란다.

가. 사전의 구조 및 접근 방법

<예 I-25>는 사전(dictionary)을 다루는 예를 보여준다. 사전은 dict 클래스로 구현되어 있으며, 키-값 쌍(key-value pair)을 저장한다. 검색을 위한 유일한 키와, 키에 대응되는 값을 저장한 원소들로 구성된다. key → value 함수로 이해할 수 있으며, 하나의 해시 테이블이라고 생각해도 무방하다. <예 I-25>에서 d1은 문자열 'key1'을 키, 정수 10을 값으로 하는 원소, 문자열 'key2'를 키, 정수 20을 값으로 하는 원소, 문자열 'key3'을 키, 정수 30을 값으로 하는 원소를 저장하고 있다. 저장되는 순서는 관계없다. d1과 d2 두 개의 사전은 내용이 같다.

```
d0 = {}  # 빈 사전
d1 = {'key1': 10, 'key2': 20, 'key3': 30}
d2 = {'key3': 30, 'key1': 10, 'key2': 20}
len(d1)  # 3

letterToAscii = {'A': 65, 'B': 66, 'C': 67}
asciiToLetter = {65: 'A', 66: 'B', 67: 'C'}
points = {0: 1, 1: 3, 2: 5, 3: 7}  # y = 직선 2x+1 위의 좌표들
ageOf = {'Kim': 25, 'Choi': 16, 'Lee': 55, 'Park': 37}
```

〈예 I-25〉 사전 초기화 예제

> **참고** 최근 버전의 dict 클래스는 암묵적으로 키를 입력된 순서대로 검색할 수 있도록 바뀌었다. 사전에 입력된 순서를 명시적으로 보장하고 싶다면 collections 모듈의 OrderedDict 클래스를 사용하는 것도 좋은 방법이다.

사전의 항목은 <예 I-26>과 같이 키로 검색해서 대응되는 값을 얻어오는 방법으로 접근한다. 단, 사전에 없는 키를 검색하면 KeyError가 발생하므로, if key in mydict: ... 또는 try: ... except KeyError: ... 와 같이 처리해줄 수 있다.

points[4] = 8과 같이 대입문을 작성하면 키가 4, 값이 8인 항목이 points 사전에 추가된다. 만약 키 4가 이미 존재한다면 4에 대응되는 값이 8로 업데이트된다.

```
d0 = {}  # 빈 사전
d1 = {'key1': 10, 'key2': 20, 'key3': 30}
d2 = {'key3': 30, 'key1': 10, 'key2': 20}
len(d1)  # 3
```

```
letterToAscii = {'A': 65, 'B': 66, 'C': 67}
asciiToLetter = {65: 'A', 66: 'B', 67: 'C'}
points = {0: 1, 1: 3, 2: 5, 3: 7}  # y = 직선 2x+1 위의 좌표들
ageOf = {'Kim': 25, 'Choi': 16, 'Lee': 55, 'Park': 37}

# 키를 사용해서 값을 추가하거나 업데이트
points[4] = 8  # points에 키가 4, 값이 8인 원소(4: 8)가 추가된다.
ageOf['Kim'] = 10  # ageOf에 키 'Kim'이 이미 존재하므로, ageOf['Kim']의 값이 10으로 바뀐다.
```

<예 I-26> 사전 항목 접근 예제

나. keys(), values(), items()

<예 I-27>은 사전의 키들을 가져오는 메서드 keys(), 값들을 가져오는 메서드 values(), (키, 값) 튜플들의 리스트를 리턴하는 item() 메서드를 보여 준다. 반환값이 리스트가 아니라 dict_keys, dict_values, dict_items 클래스로 전달되는데 파이썬의 내부 처리 때문에 생긴 래퍼(wrapper) 클래스들이다. for문 등으로 반복(iterate)하는 경우에는 그대로 사용하고, 변수에 저장할 때는 리스트로 변환한 후 사용한다.

```
letterToAscii = {'A': 65, 'B': 66, 'C': 67}
d1 = {'key1': 10, 'key2': 20, 'key3': 30}

print(letterToAscii.keys())
print(list(letterToAscii.keys()))
print(letterToAscii.values())
print(list(letterToAscii.values()))
print(d1.items())
```

실행결과

```
dict_keys(['A', 'B', 'C'])
['A', 'B', 'C']
dict_values([65, 66, 67])
[65, 66, 67]
dict_items([('key1', 10), ('key2', 20), ('key3', 30)])
```

<예 I-27> keys(), values(), items() 메서드 사용 예제

<예 I-28>은 반복문으로 사전의 원소들을 순회하는 코드이다. 파이썬 반복문은 해당 객체의 __iter__() 메서드를 호출해서 이터레이터를 반환받는데, 사전의 이터레이터를 사용하면 사전에

저장된 키들을 순회하게 된다. for문에서는 familyName으로 'Kim', 'Choi', 'Lee', 'Park' 네 개의 키 값을 얻을 수 있다.

```
ageOf = {'Kim': 25, 'Choi': 16, 'Lee': 55, 'Park': 37}

# 사전의 키들을 순차 접근
for familyName in ageOf:
    print(familyName, ageOf[familyName], end=' / ')
print()

# 같은 코드
for familyName in ageOf.keys():
    print(familyName, ageOf[familyName], end=' / ')
```

실행결과

```
Kim 25 / Choi 16 / Lee 55 / Park 37 /
Kim 25 / Choi 16 / Lee 55 / Park 37 /
```

〈예 I-28〉 for문으로 사전을 순회하는 예제

다. 키 · 값과 컨테이너

<예 I-29>는 사전의 키 또는 값으로 컨테이너를 저장한 예이다. 파이썬은 리스트, 사전 등 컨테이너들을 조합하면 복잡한 데이터를 매우 간결하게 표현할 수 있다. 다만, 사전의 키는 두 가지 제약 조건이 있다. 첫째, 하나의 사전 안에서 **각 키는 유일해야 한다.** 사전 안에 같은 키가 두 개 이상 존재할 수 없다. 둘째, **키는 바꿀 수 없는 값이어야 한다.** 리스트 [1, 2, 3]을 사전의 키로 저장하면 'unhashable type'이라는 오류가 발생하는데, 리스트의 내용이 바뀌면 해시값이 바뀌어 검색할 수 없으므로 리스트는 사전의 키로 사용할 수 없기 때문이다. 반면 튜플 (1, 2, 3)은 값이 바뀌지 않는 자료형이므로 키로 사용될 수 있다. 해시 함수에 대해서는 'IX장 해싱'에서 다룬다.

```
d3 = {'k1': [], 'k2': [1, 2, 3]}
print(d3['k2'])  # [1, 2, 3]
d4 = {[1, 2, 3]: '123'}  # TypeError: unhashable type: 'list'
d5 = {(1, 2, 3): '123'}
```

실행결과

```
[1, 2, 3]
Traceback (most recent call last):
```

```
...
d4 = {[1, 2, 3]: '123'}  # TypeError: unhashable type: 'list'
```

〈예 I-29〉 컨테이너를 키 · 값으로 사용하는 사전 예제

(2) 집합(set) 클래스

마지막 남은 컨테이너는 **집합(set)** 클래스이다. 집합은 중괄호('{', '}')로 원소들을 둘러싸 표현한다. 집합의 모든 원소는 유일하며, 같은 원소를 여러 번 삽입해도 원소의 개수가 늘어나지 않는다. 또한 저장된 원소들 사이에 순서가 없다. 예를 들어, 집합 {1, 2, 3}과 {1, 3, 2}, {3, 2, 1}은 모두 같은 집합이다. set 클래스는 수학의 집합과 다르지 않으므로 알고리즘을 추상적인 수준에서 표현할 때 매우 유용하다.

한편으로, set 클래스는 dict 클래스의 서브클래스로서 값(value)이 없이 키(key)만을 저장하는 사전으로도 이해할 수 있다. {}는 빈 집합이 아니라 빈 사전을 뜻한다는 점에 주의해야 한다. 빈 집합은 {}가 아니라 set()으로 나타낸다. 집합 사이의 연산은 교집합(&), 합집합(|), 차집합(-) 연산자를 사용할 수 있으며, 각각 insersection(), uion(), difference() 메서드로도 가능하다.

```
s1 = set()  # 빈 집합
s2 = {1, 2, 3}
s2.add(4)
print('s2 =', s2)
s2.remove(4)
print('s2 =', s2)

s3 = {1, 3, 4}
print(s2 & s3)
print(s2 | s3)
print(s2 - s3)
print(s3 - s2)
```

▶ 실행결과

```
s2 = {1, 2, 3, 4}
s2 = {1, 2, 3}
{1, 3}
{1, 2, 3, 4}
{2}
{4}
```

〈예 I-30〉 집합(set) 사용 예제

set 클래스는 일반적인 '집합'의 개념을 그대로 사용해서 데이터를 표현할 수 있다. 그 외 집합의 사용법 중 하나는 모든 원소가 유일하다는 특징을 활용해서 리스트에서 중복된 원소를 제거하는 것이다. 간결한 코드로 중복을 제거할 수 있다. 다만, 리스트를 집합으로, 집합을 리스트로 변환하는 오버헤드를 고려해야 한다. 어느 정도의 오버헤드가 발생하는가? 자료구조를 공부한 사람이라면 이런 질문에 답할 수 있어야 한다.

```
from random import randint
arr = [randint(0, 10) for _ in range(100)]
print(arr)
arr = list(set(arr))
print(arr)
```

▶ 실행결과

```
[6, 5, 6, 5, 4, 1, 6, 5, 7, 9, 2, 10, 2, 5, 3, 2, 2, 4, 2, 4, 2, 1, 10, 9, 0, 10, 2, 9, 6, 6,
9, 1, 9, 5, 8, 1, 5, 6, 7, 3, 4, 1, 5, 0, 2, 0, 1, 9, 6, 0, 5, 2, 10, 0, 2, 9, 6, 3, 9, 1, 5,
9, 0, 3, 10, 1, 0, 1, 10, 4, 10, 2, 5, 1, 6, 2, 4, 8, 4, 7, 10, 1, 5, 7, 6, 6, 5, 8, 1, 7, 6,
2, 8, 3, 7, 5, 2, 5, 10, 7]
[0, 1, 2, 3, 4, 5, 6, 7, 8, 9, 10]
```

〈예 I-31〉 집합으로 중복된 원소를 제거하는 예제

5 내장함수, 모듈, 익명함수

(1) 내장함수

파이썬은 다양한 내장함수와 모듈을 지원한다. 내장함수 전체 목록은 공식 문서의 built-in functions(https://docs.python.org/3/library/functions.html)에 나타나 있다. 대표적인 내장함수는 print()와 input()이다. 내장함수의 종류에는 이미 익숙한 print(), len(), range() 외에도 abs(), round(), pow(), map(), zip(), type() 등, 산술연산·자료형·함수형 프로그래밍 도구 등이 포함되어 있다. 내장함수를 능숙하게 활용할 수 있도록 익혀두기 바란다.

<예 I-32>는 기본적인 내장함수들의 사용 예를 보인다. print(sorted(nums, reverse=True))에서는 sorted() 내장함수의 reverse 매개변수에 키워드 인자를 전달했다. 생략할 경우 reverse의 기본값은 False로 오름차순으로 정렬하며, True를 전달하면 내림차순으로 정렬한다. print(sorted(nums, key=lambda x: x * 2))에서는 매개변수 key에 lambda x: x * 2를 전달했는데, lambda는 이름이 없는 익명함수(anonymous function)를 선언하는 키워드다. lambda x: x * 2는 매개변수가 x 한 개이고, x * 2를 리턴하는 이름이 없는 함수이며, 이 함수를 매개변수 key의 인자로 전달했다. 이 경우

sorted() 함수는 nums의 원소 값 1, 2, 3이 아니라 원소값의 2배인 2, 4, 6을 기준으로 정렬한다.

```
print(str(1))  # 문자열로 변환
print(int('1'))  # 정수로 변환
print(float(1))  # 실수로 변환
print(pow(2, 10))  # 2의 10제곱
print(round(3.14159, 3))  # 소숫점 3번째 자리까지 반올림

nums = [1, 2, 3]
print(min(nums))  # 최솟값
print(max(nums))  # 최댓값
print(sum(nums))  # 합계
print(type(nums))  # 클래스를 리턴
print(bool(nums))  # bool 타입 값(True/False)으로 변환
print(sorted(nums, reverse=True))  # 내림차순 정렬
print(sorted(nums, key=lambda x: x * 2))  # 원소값 * 2를 기준으로 정렬
```

▶ 실행결과

```
1
1
1.0
1024
3.142
1
3
6
<class 'list'>
True
[3, 2, 1]
[1, 2, 3]
```

〈예 I-32〉 파이썬 내장함수 예제

(2) map(), filter(), zip()

내장함수 중, map, filter, zip 등은 함수형 프로그래밍에서 유래한 기능들이다. 가장 쉽게 접하는 예는 <예 I-33>과 같이 정수를 여러 개 입력받는 경우이다. map()은 함수와 컨테이너를 전달받아 컨테이너의 각 원소에 함수를 적용(apply)한다. 이 때 함수는 반드시 1개의 매개변수를 전달받고, 1개의 값을 리턴하는 함수여야 한다. input(...).split()은 문자열들의 리스트를 리턴하고, map()으로 각 원소에 int()를 적용하면 문자열의 리스트가 정수의 리스트로 변환된다. 아래 칸에서는 nums = map(int, input('정수 여러개 입력>> ').split())를 풀어서 작성한 코드를 보인다.

```
nums = map(int, input('정수 여러개 입력>> ').split())
```

```
temp = input('정수 여러개 입력>> ').split()
nums = []
for numStr in temp:
    x = int(numStr)
    nums.append(x)
```

〈예 I-33〉 정수 여러 개를 입력 받는 예제

map()은 지정한 함수를 각 원소에 적용한다. 절차적 프로그래밍에서 배열과 for문을 사용하는 것처럼, 리스트와 map을 함께 사용하는 것은 함수형 프로그래밍에서 가장 기본적인 처리 과정이다. 다만 파이썬의 map()은 리스트가 아니라 'map' 객체를 리턴하는데, 대개 리스트로 다시 변환해서 사용한다. map으로 전달하는 함수는 익명 함수로 직접 작성할 수도 있고 기존 함수를 전달할 수도 있다.

```
nums = [1, 2, 3]
print(map(bool, nums))
print(list(map(str, nums)))
print(list(map(lambda x: x * 2, nums)))
```

실행결과

```
<map object at 0x0000027D0BF593F0>
['1', '2', '3']
[2, 4, 6]
```

〈예 I-34〉 map() 사용 예제

<예 I-35>는 filter(), zip() 함수의 사용 예를 보인다. filter()는 bool값(True 또는 False)를 리턴하는 함수와 컨테이너를 전달 받고, 함수의 리턴값이 True인 원소, 즉 조건식이 참인 원소만 남긴다. list(filter(lambda x: x > 5, nums))는 nums 리스트에서 5보다 큰 원소만 남긴 리스트를 만드는 코드다. map()과 filter()는 리스트 축약으로도 같은 표현을 작성할 수 있다. map()과 filter()는 프로그래머에게 상당한 편의를 제공하지만, 코드를 축약하는 데 지나치게 심취하면 가독성을 해치거나 디버깅을 어렵게 만들 수도 있으니 주의하자.

zip() 함수는 두 개의 컨테이너를 전달 받고, 두 컨테이너를 A = A_0, A_1, A_2, ..., B = B_0, B_1, B_2, ... 라고 하면 (A_0, B_0), (A_1, B_1), (A_2, B_2), ... 를 나열하는 함수다. zip()은 때때로 매우 유용한데, 가장 많

이 쓰이는 경우는 zip(nums, nums[1:])와 같이 하나의 리스트에서 (첫 번째와 두 번째), (두 번째와 세 번째), (세 번째와 네 번째), ... 의 쌍을 만들 때이다.

```
nums = list(range(10))
greaterThan5 = list(filter(lambda x: x > 5, nums))
# 같은 코드: greaterThan5 = [x for x in nums if x > 5]
print(greaterThan5)

print(list(zip(nums, nums[1:])))
```

실행결과

```
[6, 7, 8, 9]
[(0, 1), (1, 2), (2, 3), (3, 4), (4, 5), (5, 6), (6, 7), (7, 8), (8, 9)]
```

〈예 I-35〉 filter(), zip() 사용 예제

(3) 내장 모듈

파이썬 내장 모듈은 종류가 매우 다양하고 각각의 쓰임새도 천차만별이다. 자료구조와 알고리즘을 다루고자 한다면 그 중 collections, itertools, functools 모듈 정도는 다뤄 보는 게 좋다. collections는 특수한 컨테이너 클래스, itertools는 특수한 이터레이터, functools는 함수형 프로그래밍 도구들을 제공하므로 유용하게 활용될 수 있다. <예 I-36>은 그 중 collections.Counter 클래스와 itertools.cycle() 함수의 예를 보인다. Counter는 각 원소의 개수를 센 후 사전으로 결과를 저장하는 클래스이다. 'A'~'G' 중 알파벳 20개를 nums에 무작위로 저장한 후, Counter(nums)를 사용해서 각 알파벳이 몇 개씩 나타났는지를 확인했다. cycle()은 끝까지 반복하면 처음으로 돌아오는 순환형 이터레이터를 리턴한다. 따라서 cycle(['White', 'Black'])은 강제 종료시킬 때까지 흑돌과 백돌의 차례를 번갈아 출력한다.

```
import random
from collections import Counter
from itertools import cycle

nums = [random.choice('ABCDEFG') for x in range(20)]
print('nums:', nums)

counter = Counter(nums)
print(counter)
```

```
# 게임 플레이어 표시
for player in cycle(['White', 'Black']):
    print(player, 'turn')
    input('press <Enter>')
```

실행결과

```
nums: ['C', 'C', 'G', 'G', 'B', 'A', 'B', 'E', 'C', 'F', 'F', 'G', 'D', 'G', 'E', 'B', 'D',
'D', 'B', 'C']
Counter({'C': 4, 'G': 4, 'B': 4, 'D': 3, 'E': 2, 'F': 2, 'A': 1})
White turn
press <Enter>
Black turn
press <Enter>
...
```

〈예 I-36〉 파이썬 내장모듈 사용 예제

6 사용자 정의 클래스

파이썬에서 사용자 정의 클래스는 class 키워드로 정의한다. <예 I-37>은 UserDefinedClass 클래스 정의를 보여준다. __init__() 메서드는 생성자로, 모든 객체의 생성자는 이름이 __init__()이다. self는 객체 자신에 대한 참조로서 C++/Java의 this 포인터에 해당된다. 생성자 안에서는 멤버 변수 self.varabile을 0으로 초기화하고 있다. 파이썬 클래스 내에서는 멤버 변수들을 'self.변수명'으로 명시해줘야 한다. 변수를 별도로 선언할 필요는 없으며, 처음 사용할 때 멤버 변수가 생성된다. 대개 __init__()에서 초기값을 대입한다.

메서드의 첫 번째 인자는 항상 self인데, 객체 자신에 대한 참조는 내부적으로 전달되므로 호출할 때는 self를 무시한다. instance = UserDefinedClass()에서는 생성자 __init__()이 호출되고, UserDefinedClass 클래스의 인스턴스를 리턴한다.

스크립트 언어인 파이썬은 OOP에 관해서 사용자에게 매우 관대하다. 파이썬 클래스는 C++, Java와 달리 접근 제한자가 없고, 외부에서 멤버 변수와 메서드를 제한 없이 접근할 수 있다. 예를 들어, print(instance.variable)에서 아무런 제약 없이 instance.variable의 값 0이 출력된다.

```
class UserDefinedClass:
    def __init__(self):
        self.variable = 0
```

```
instance = UserDefinedClass()
print(instance.variable)
```

▶ 실행결과

```
0
```

〈예 I-37〉 클래스 정의 예제

<예 I-38>은 그래프의 간선을 Edge 클래스로 정의한다. 멤버 변수는 시작 노드와 끝 노드를 뜻하는 start와 end로, 생성자 __init__()에서 초기화한다. 이후 3개의 인스턴스를 생성한 후 edges에 집합으로 저장하고 출력한다. __str__() 메서드는 매직 메서드(magic method)의 일종이다. 파이썬 객체들은 모두 기본적인 매직 메서드들을 내장하고 있고 이름 앞뒤로 '__'가 붙는다. __str__() 외에도 객체가 소멸할 때 호출되는 __del__(), for문 등에 사용되었을 때 이터레이터를 리턴하는 __iter__() 등 다양하다. __str__() 메서드는 객체가 str() 함수의 인자로 사용됐을 때 호출되는데, 예제에서는 print(edge, end=' ')에서 edge를 문자열로 출력하기 위해 호출된다. Edge 클래스는 기존의 __str__() 메서드를 오버라이딩해서 Edge 인스턴스의 정보를 문자열 형식으로 리턴한다.

```
class Edge:
    def __init__(self, start, end):
        self.start = start
        self.end = end

    def __str__(self):
        return str(self.start) + '->' + str(self.end)


edges = {Edge('A', 'B'), Edge('B', 'C'), Edge('A', 'D')}
for edge in edges:
    print(edge, end=' ')
```

▶ 실행결과

```
A->B B->C A->D
```

〈예 I-38〉 그래프 간선을 클래스로 정의하는 예제

클래스의 상속은 클래스 이름 뒤에 소괄호로 나타낸다. <예 I-39>는 Edge 클래스를 상속한 WeightedEdge 클래스를 정의하였다. super는 항상 부모 클래스를 참조하고 있는 키워드이다.

__init__()에서는 부모 클래스의 생성자를 호출 한 후, 추가로 간선의 가중치를 나타내는 weight 멤버 변수를 초기화한다. __str__() 메서드도 Edge 클래스의 __str__()을 오버라이딩해서 간선의 시작과 끝에 더해 가중치를 표시하는 문자열을 리턴한다.

```
class WeightedEdge(Edge):
    def __init__(self, start, end, weight):
        super().__init__(start, end)
        self.weight = weight

    def __str__(self):
        return super().__str__() + f"(weight={str(self.weight)})"

weightedEdges = {
    WeightedEdge('A', 'B', 5),
    WeightedEdge('B', 'C', -1),
    WeightedEdge('A', 'D', 12)}
for weightedEdge in weightedEdges:
    print(weightedEdge, end=' ')
print()
```

실행결과

```
A->B(weight=5) A->D(weight=12) B->C(weight=-1)
```

〈예 I-39〉 클래스 상속 예제

7 문자열

(1) 문자 배열과 문자열 클래스

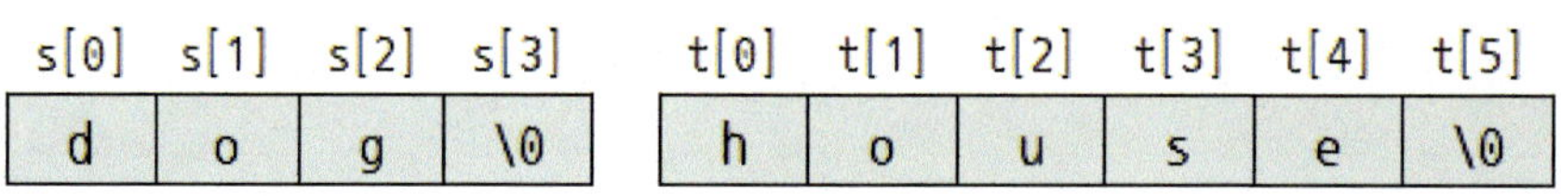

그림 I-6 문자열 표현

문자열은 프로그래밍 언어에서 매우 중요한 개념이며, 텍스트 데이터를 다루는 데 자주 사용된다. C 언어의 문자열은 <그림 I-6>과 같이 char형 배열에 문자들이 원소로 저장되고, 마지막에는 널 캐릭터('\0')를 저장하여 문자열의 끝을 표시함으로써 효율적인 문자열 처리를 할 수 있다. C++과 Java 언어의 경우, C언어의 문자열 저장 형식을 문자 배열(array of characters)로 취급하며,

문자열 클래스와는 구분된다. 문자 배열과 문자열 클래스의 차이는 크게 두 가지로, 첫째 문자 배열에서 복사, 비교 등 문자열을 처리하고자 할 경우, C 언어에서는 문자열 라이브러리 함수를 호출하거나 직접 코드를 작성해야 한다. 반면 C++/Java의 문자열 클래스는 '==', '+' 등의 연산이 가능하고, 문자열 관련 함수들은 문자열 클래스 메서드를 호출하여 관련 작업들을 수행할 수 있다. 둘째 C++/Java의 문자열은 불변(immutable)이다. 문자 배열은 원소인 각각의 문자를 변경할 수 있는 반면, 문자열 객체는 문자열 내의 문자들을 수정할 수 없다. 문자열 내부의 문자를 수정하는 대신 새로운 문자열 객체가 생성된다.

표 I-2 파이썬 언어의 str 클래스 특징

작은 따옴표(') 또는 큰 따옴표(")로 둘러쌓인 텍스트는 문자열이다. 작은 따옴표와 큰 따옴표의 구분은 없다. 예를 들어, 'A'와 "A"는 같은 문자열이다.
큰 따옴표 세 개로 둘러싸면 여러 줄의 텍스트를 하나의 문자열로 저장할 수 있다.
C, C++, java와는 달리 길이가 1인 문자열이 있을 뿐, 문자를 나타내는 자료형은 없다.
인덱스를 사용해서 문자열 내 각각의 문자에 접근할 수 있으나, 문자열은 불변이므로 내부의 문자를 변경할 수는 없다. 대신 새로운 문자열 객체를 생성해야 한다.
문자열 사이에 '==', '+', '*' 등의 연산자를 사용 가능하며, str 클래스의 메서드를 사용하여 다양한 문자열 관련 작업을 처리할 수 있다.

파이썬 문자열은 str 클래스로 생성된다. 특징은 <표 I-2>와 같다. C 언어와 달리 파이썬의 문자열 처리는 어렵지 않으므로 여기서는 간단한 예제만 보이도록 한다.

```
str1 = str("abc")
str2 = str(123)
str3 = "abc"
str4 = 'abc'
str5 = """multiline
string
example"""

print(str3 == str4)
print(len(str3))
print(str3[0])
print(str3[2:5])
str3[0] = 'M'  # 오류 발생
```

▶ 실행결과

```
True
24
```

```
m
lti
Traceback (most recent call last):
  ...
TypeError: 'str' object does not support item assignment
```

〈예 I-40〉 문자열 사용 예제

(2) 문자열 응용 예제

가. 문자열 패턴 매칭 프로그램

<그림 I-7>에서 보여주듯이, 두 문자열 string과 pat가 있을 때 pat는 string을 탐색하기 위한 패턴 문자열이라고 하면, 패턴이 매칭하면 패턴의 시작점을 반환하고 실패하면 -1을 반환하는 프로그램을 작성해 보자. 사실 "ababbaabaa".index("aab") 한 줄로 간단히 만들 수 있지만, 문자열 패턴 매칭은 그 자체로도 중요하고, 자료구조를 다루는 데도 매우 좋은 훈련이 된다.

<예 I-41>은 문자열 "ababbaabaa"에서 패턴 "aab"를 탐색하여 매칭된 패턴의 시작 위치를 출력하는 프로그램을 보여준다. nfind() 함수는 두 개의 문자열 string과 pat을 매개변수로 받아 패턴 매칭을 수행하는데 반환 값은 매칭된 패턴의 시작 위치가 된다. main에서 문자열 pat에는 "aab"를, 문자열 string에는 "ababbaabaa"를 할당하고, nFind() 함수를 호출하면, nFind()는 변수 lasts에는 string의 길이에서 1을 뺀 값을 저장하고, 변수 lastp에는 pat의 길이에서 1을 뺀 값을 저장하고, 변수 endmatch에는 lastp 값을 저장한다. 그 다음 endmatch가 lasts보다 작거나 같을 때까지 반복하고, 현재 string[endmatch]와 pat[lastp]이 일치하는지 확인한다. 반복문을 실행하여 일치할 경우, 반복문을 실행하여 string[i]와 pat[j]가 일치하는지 확인한다. 만약 j가 lastp와 같다면, 패턴 매칭이 성공한 것이므로 start 값을 반환한다. 패턴 매칭이 실패한 경우, 반복문을 계속 진행하고, 반복문이 종료되면 패턴 매칭에 실패한 것이므로 -1을 반환한다.

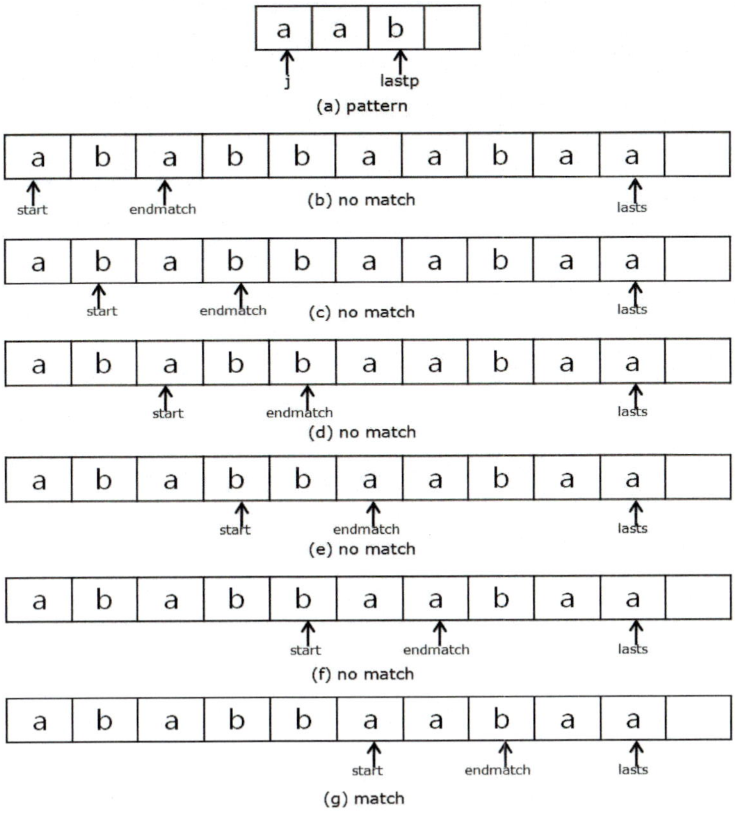

그림 I-7 문자열 패턴 매칭

```
def nFind(string, pat):
    i = j = start = 0
    lastS = len(string) - 1
    lastP = len(pat) - 1
    endMatch = lastP

    while endMatch <= lastS:
        if string[endMatch] == pat[lastP]:
            j = 0
            i = start
            while j < lastP and string[i] == pat[j]:
                i += 1
                j += 1
        if j == lastP:
            return start
        endMatch += 1
        start += 1
```

```
    return -1


if __name__ == "__main__":
    pat = "aab"
    string = "ababbaabaa"

    result = nFind(string, pat)
    print(string)
    print(pat)
    print("Array[{}]".format(result))
```

▶ 실행결과

```
ababbaabaa
aab
Array[5]
```

〈예 I-41〉 문자열 패턴 매칭 프로그램

나. 문자열을 역순으로 출력하는 프로그램

문자열 s가 있을 때, s를 그냥 복사하는 코드는 s[:]이다. s[:]는 s[::1]과 같다. 앞의 리스트 슬라이싱에서는 언급하지 않았지만, 문자열 슬라이싱에서 마지막 값은 stride를 뜻하며 기본값은 1이다. strdie가 1이면 문자들을 차례로, 2이면 한 개씩 건너 뛰게 된다. 그러므로 s를 역순으로 뒤집는 방법은 s[::-1]이다. 또는, reversed() 내장함수를 사용할 수 있다. revsersed() 함수는 컨테이너의 원소들을 역순으로 배열한 reversed 객체를 리턴하고, 리스트로 변환해서 사용 가능하다. list(reversed(s))는 s를 뒤집은 문자들의 리스트이므로, str(list(reversed(s))와 같이 작성하면 된다.

이번에는 사용자로부터 입력받은 문자열을 역순으로 출력하는 프로그램을 재귀적으로 작성해 보자. 예를 들어, "Hello, World!"라는 문장을 입력하면 "!dlroW ,olleH"라고 출력하게 하는 것이다. <예 I-42>에서 문자열을 s에 입력 받은 후 리스트로 변환한다. reverseSentence()는 재귀적으로 호출되며, s가 빈 리스트가 아닌 경우 s.pop(0)을 사용하여 s의 앞에서부터 문자를 한 개씩 c로 가져온다. reverseSentence() 함수를 재귀적으로 호출하고, 재귀 호출이 끝나면 (s가 빈 리스트일 때), 입력 받은 문자 c를 출력한다.

```
def reverseSentence():
    if s:
        c = s.pop(0)
        reverseSentence()
        print(c, end='')


print("Enter a sentence: ", end='')
s = list(input())
reverseSentence()
```

▶ 실행결과

```
Enter a sentence Hello, World!
"!dlroW ,olleH
```

〈예 I-42〉 문자열을 역순으로 출력하는 프로그램

다. 문자열에서 특정 문자의 출현 빈도 확인하는 프로그램

문자열 s1에 문자열 s2가 포함되었는지를 알고 싶으면 s2 in s1 조건식을 작성하면 된다. s1 안에서 s2의 출현 빈도를 알고 싶다면 s1.count(s2)로 작성한다.

이번에는 사용자로 입력받은 문자열에서 특정 문자의 출현 빈도수를 계산하는 프로그램을 직접 작성해 보자. 예를 들어, "Hello, World!"라는 문자열과 'o'라는 문자를 입력하면 "Frequency of o = 2"라고 출력하는 것이다. <예 I-43>에서 input("Enter a string: ")을 사용하여 사용자로부터 문자열을 입력받아 s에 저장한다. 그리고 사용자로부터 찾고자 하는 문자를 입력받아 ch 변수에 저장한다. count 변수에 문자의 빈도수를 저장하고, for 루프를 사용하여 str 배열을 순회하면서 입력 받은 문자 ch와 일치하는 문자를 찾는다. 일치하는 문자를 찾을 때마다 count 변수를 증가시킨다.

```
s = input("Enter a string: ")
ch = input("Enter a character to find its frequency: ")[0]

count = 0
for char in s:
    if char == ch:
        count += 1

print("Frequency of", ch, "=", count)
```

실행결과

```
Enter a string: Hello World
Enter a character to find its frequency: o
Frequency of o = 2
```

〈예 I-43〉 문자열에서 특정 문자 출현 빈도를 측정하는 프로그램

B 수학 기초

여기에서는 수학적인 기초가 부족한 학생들을 위하여 이 책에서 다루는 수학적 용어과 간단한 확률 이론을 다룬다. 컴퓨터공학도를 위한 아주 훌륭한 수학책들이 있으니, 자료구조를 위해서만 아니라, 다른 전공 공부를 위해서라도 반드시 공부하기 바란다.

1 조합론적 원리

(1) 덧셈 원리 (addition principle): 어떤 일을 하는 방법의 수가 m이고 다른 일을 하는 방법의 수가 n이라면, 이 일을 하거나 저 일을 하는 방법의 수는 m + n이다.

(2) 곱셈 원리 (multiplication principle): 어떤 일을 하는 방법의 수가 m이고 다른 일을 하는 방법의 수가 n이라면, 이 일을 하고 그 다음에 저 일을 하는 방법의 수는 m * n이다. 즉, 이것을 하고, 그 다음에 저것을 하는 방법의 수를 의미한다.

(3) 팩토리얼 표기 (factorial notation): 팩토리얼 함수는 n이 0보다 큰 정수인 경우 1부터 n까지의 정수를 모두 곱한 것을 나타낸다. 따라서 5! = 1 × 2 × 3 × 4 × 5 = 120이 된다. 특별한 경우로, 0! = 1이다. 팩토리얼 함수는 n이 커짐에 따라 빠르게 증가한다. 계승 함수를 직접 계산하는 것은 시간이 많이 소요되기 때문에 좋은 근사치를 제공하는 방정식을 가지고 있는 것이 유용할 수 있다. Striling의 근사치는 $n! \sim \sqrt{2\pi n}\,(n/e)^n$ 인데, 여기서 e는 약 2.71828이다. 따라서 $2\pi n/e^n < 1$ 이기 때문에 n!은 n^n보다 느리게 증가한다. 그러나 양의 정수 상수 c에 대한 c^n보다는 빠르게 증가한다.

(4) 순열의 수(number of permutations)는 n개의 항목 중 r개를 선택하는 순열의 수는 다음 공식으로 주어진다.

$$P(n,r)=n!/(n-r)!$$

(5) 조합의 수(number of combinations)는 n개의 항목 중 r개를 선택하는 조합의 수는 다음 공식으로 주어진다.

$$C(n,r)=n!/((n-r)!r!)$$

이러한 원리와 공식은 조합론적 문제를 해결할 때 매우 유용하다.

2 지수와 로그(Exponentials and Logarithms)

A^x는 A를 x 제곱한 값을 나타낸다. 여기서 x가 양의 정수이면, 이것은 단순히 A를 x번 곱한 값이 된다. 예를 들어, x가 4이면 A^x는 A x A x A x A 가 된다.

x가 음수일 때 A^x는 1을 A^{-x}로 나눈 값과 같다. 즉, $A^x=1/A^{-x}$가 된다. 예를 들어, x가 -2인 경우 A^x는 $1/A^{-2}$이다.

또한 x가 0인 경우 A^x는 1과 같다. 이것은 지수의 기본적인 특성이다.

정수가 아닌 제곱수인 경우, 지수 계산은 여전히 가능하지만, 미적분에서 나오는 지수 함수 ex를 사용하여 정의하며, 이는 지수 급수를 기반으로 정의된다. 더 자세한 이야기는 미적분 관련 수학 책을 참고하기 바란다.

$\log_b k$는 숫자 k의 밑이 b인 로그를 나타낸다. 다시 말해, 이것은 $b^x = k$를 만족하는 유일한 값 x 이다.

컴퓨터 수학에서 다루는 대부분의 로그는 밑(base)이 2인 이진 로그이다. 이는 자료구조와 알고리즘이 대개 주어진 데이터를 반으로 나누거나 이진 비트로 코드를 저장하기 때문이다. 따라서 로그 기호에서 밑을 생략하여 $\log k$는 $\log_2 k$를 나타내는 것이다. 이해가 안 될 경우 $\log_b k$를 k를 b로 나누어서 결과가 1 이하가 될 때까지 나누어야 하는 횟수로 생각하는 것도 나쁘지 않은 방법이다.

예를 들어, 이진 탐색(binary search)을 수행할 때 매 비교마다 가능한 답의 수를 2로 나눈다. 이 작업은 가능한 답이 하나 이하가 될 때까지 반복된다. 따라서 초기에 가능한 답이 최대 n + 1개인 경우 이진 탐색에 의해 수행되는 비교 횟수는 최대 $\lceil \log_2(n+1) \rceil$이다.

로그는 양의 값 m, n, r, 양의 정수 a와 b에 대해 다음과 같은 특성을 갖는다.

- $\log(nm) = \log n + \log m$.
- $\log(n/m) = \log n - \log m$.
- $\log(n^r) = r * \log n$.
- $\log_a n = \log_b n / \log_b a$

첫 번째와 두 번째 특성은 두 숫자 곱셈(또는 나눗셈)의 로그를 두 숫자의 로그를 더하거나(또는 빼는) 방식으로 찾을 수 있다는 것을 말한다. 세 번째 특성은 첫 번째 특성의 확장이다. 네 번째 특성은 변수 n과 두 정수 상수 a와 b에 대해 $\log_a n$과 $\log_b n$은 n의 값과 관계없이 상수 배율 $\log_b a$로 차이 난다는 것을 알 수 있다. 컴퓨터 수학에서 대부분의 실행 시간 분석은 비용의 상수 요소를 무시한다. 네 번째 특성은 로그의 밑이 변경되더라도 전체 비용을 상수 배율로만 변경할 수 있으므로 그러한 분석이 로그의 밑을 신경 쓸 필요가 없음을 나타낸다.

$2^{\log n} = n$ 이기 때문에 세 번째 특성은 $\log n^2 = 2 \log n$임을 알 수 있다. 로그의 제곱은 $(\log n)^2$로 쓸 수 있지만, $\log^2 n$을 사용하는 것이 전형적이다. 또한 로그의 로그는 $\log \log n$으로 표기한다.

숫자의 로그를 얼마나 많이 취해야 1의 값에 도달하기 전에 알아야 하는지 알아야 할 때는 특수한 표기법이 사용된다. 이 양은 $\log^* n$으로 표기한다. 예를 들어 $\log^* 1024 = 4$는 $\log 1024 = 10$, $\log 10 = 3.33$, $\log 3.33 = 1.74$, 그리고 $\log 1.74 < 1$로 총 4개의 로그 작업이 필요하기 때문이다.

컴퓨터 수학에 다루는 또 다른 로그는 자연로그(natural logarithm)다. $\log_e k$로 표기하는 방법인데 여기서 e는 오일러 상수(Euler's constant)로 $\lim_{n \to INF} (1 + \frac{1}{n})^n \approx 2.71828$ 로 정의된다.

자연로그는 특히 흔한 적분의 값이기 때문에 컴퓨터 수학에서 자주 등장한다.

$$\int_1^k 1/x dx = \ln k \quad \text{(식 1)}$$

로그에 대해 가장 흔하게 수행하는 두 가지 조작 중 하나는 로그를 지수로 변경하고 로그의 밑을 변경하는 것이다.

$$b^{\log_b k} = k \quad \text{(식 2)}$$

$$\log_b k = \frac{\log_a k}{\log_a b} \quad \text{(식 3)}$$

예를 들어, 이를 이용하여 자연로그와 이진 로그를 비교할 수 있다.

$$\ln k = \frac{\log k}{\log e} = \frac{\log k}{(\ln e)/(\ln 2)} = (\ln 2)(\log k) \approx 0.693147 \log k \quad \text{(식 4)}$$

즉, 자연로그는 이진 로그의 약 0.693147배로 계산된다.

3 합계와 반복

대부분의 프로그램에는 loop 구조가 포함되어 있다. loop가 포함된 프로그램의 실행 시간 비용을 분석할 때는 loop가 실행될 때마다 비용을 합산해야 한다. 이것은 합산(summation)의 한 예이다. 합산(summation)은 일련의 매개변수 값에 적용된 함수의 비용을 단순히 더한 것이다. 합산은 일반적으로 다음과 같은 "시그마(sigma)" 표기법으로 작성된다.

$$\sum_{i=1}^{n} f(i) \qquad \text{(식 5)}$$

이 표기법은 정수 범위에서 f(i)의 값을 합산하고 있다는 것을 나타낸다. 식의 매개변수와 초깃값은 Σ 기호 아래에 표시되고, 여기서 i = 1이라는 표기법은 매개변수가 i이며 그 값이 1에서 시작한다는 것을 나타낸다. Σ 기호의 위쪽에는 표현식 n이 있다. 이것은 매개변수 i의 최댓값을 나타낸다. 따라서 이 표기법은 i가 1부터 n까지의 정수를 범위로 할 때 f(i)의 값을 합산한다는 것을 의미한다. 이것은 또한 f(1) + f(2) + ... + f(n-1) + f(n)으로 쓸 수 있다. 문장 내에서 Σ 표기법은 $\Sigma_{i=1}^{n} f(i)$로 작성된다.

합산이 주어지면 종종 동일한 값을 갖는 대수 방정식(algebraic equation)으로 대체하고 싶을 것이다. 이를 폐쇄형 해(closed-form solution)라고 하며, 합산을 해당 폐쇄형 해로 대체하는 과정을 합산을 해결한다고 한다. 예를 들어, 합산 $\Sigma_{i=1}^{n} 1$은 단순히 1을 n번 더한 것이다. n개의 1의 합은 n이므로 폐쇄형 해는 n이 된다. 다음은 유용한 합산과 해당 폐쇄형 해의 예이다.

$$\sum_{i=1}^{n} i = \frac{n(n+1)}{2} \qquad \text{(식 6)}$$

$$\sum_{i=1}^{n} i^2 = \frac{2n^3+3n^2+n}{6} = \frac{n(2n+1)(n+1)}{6} \qquad \text{(식 7)}$$

$$\sum_{i=1}^{\log n} n = n \log n \qquad \text{(식 8)}$$

$$\sum_{i=1}^{\infty} a^i = \frac{1}{1-a} \text{ for } 0<a<1 \qquad \text{(식 9)}$$

$$\sum_{i=1}^{n} a^i = \frac{a^{(n+1)}-1}{a-1} \text{ for } a \neq 1 \qquad \text{(식 10)}$$

(식 10)의 특별한 형태로

$$\sum_{i=1}^{n} \frac{1}{2^i} = 1 - \frac{1}{2^n} \qquad \text{(식 11)}$$

$$\sum_{i=1}^{n} 2^i = 2^{n+1} - 1 \qquad \text{(식 12)}$$

(식 12)의 결과로

$$\sum_{i=1}^{\log_2 n} 2^i = 2^{\log_2 n + 1} - 1 = 2n - 1 \qquad \text{(식 13)}$$

대부분의 이러한 식은 수학적 귀납법을 사용하여 증명할 수 있다. 그러나 귀납법은 닫힌 형태의 솔루션을 유도하는 것보다는 단지 제안된 닫힌 형태의 솔루션이 올바른지 확인하는 데 도움을 준다.

재귀 알고리즘의 총 시간은 재귀 호출을 실행하는 데 걸리는 시간을 포함하기 때문에 재귀 알고리즘의 실행 시간은 주로 재귀식으로 표현된다. 재귀 관계는 자신의 하나 이상의 (작은) 인스턴스를 포함하는 표현을 사용하여 함수를 정의한다. 팩토리얼 함수의 재귀적 정의가 대표적인 예이다.

n! = (n - 1)! * n (n > 1); 1! = 0! = 1;

또 다른 표준적인 예로는 피보나치 수열이 있다.

Fib(n) = Fib(n - 1) + Fib(n - 2) (n > 2); Fib(1) = Fib(2) = 1;

이 정의로부터 피보나치 수열의 첫 7개 숫자는 1, 1, 2, 3, 5, 8, 13이 된다.

재귀 관계는 종종 재귀 함수의 비용을 모델링하는 데 사용된다. 팩토리얼 함수에 의한 크기 n의 입력에 필요한 곱셈 횟수는 n = 0 또는 n = 1 (기본 경우)일 때 0이며, n - 1의 값에 대한 fact 호출의 비용에 1을 더한다. 이는 다음과 같은 재귀식을 사용하여 정의할 수 있다.

T(n) = T(n - 1) + 1 (n > 1); T(0) = T(1) = 0;

재귀식을 닫힌 형태의 솔루션으로 대체하려는 것은 합계와 마찬가지로 일반적이다. 한 가지 접근 방법은 재귀식을 확장하여 우측에 나오는 T의 모든 출현을 그 정의로 대체하는 것이다. 예를 들어, 재귀식 T(n) = T(n - 1) + 1을 확장하면 다음과 같이 된다.

$$T(n) = T(n - 1) + 1 = (T(n - 2) + 1) + 1$$

이 재귀식은 계속 확장할 수 있지만 목표는 재귀식을 해석하고 그것을 합으로 표현할 수 있는 어떤 패턴을 확인하는 것이다. 위의 예에서 다음과 같은 패턴을 확인할 수 있다.

$$(T(n - 2) + 1) + 1 = T(n - 2) + 2$$

그리고 재귀식을 다시 확장하면 다음과 같이 된다.

$$T(n) = T(n - 2) + 2 = T(n - 3) + 1 + 2 = T(n - 3) + 3$$

이것은 $T(n) = T(n - i) + i$의 패턴으로 일반화될 수 있으므로 이를 통해 다음의 결론을 내릴 수 있다.

$$T(n) = T(n - (n - 1)) + (n - 1) = T(1) + n - 1 = n - 1$$

이 패턴이 정확한 닫힌 형태 솔루션임을 한 것이 아니라 패턴을 추측한 것뿐이므로, 이 프로세스를 완료하기 위해 귀납 증명을 사용해야 한다.

4 점근적 표기법

자료구조를 분석할 때 우리는 다양한 작업의 실행 시간에 대해 언급한다. 정확한 실행 시간은 물론 컴퓨터마다 다르며 심지어 개별 컴퓨터에서 실행마다 다르다. 작업의 실행 시간에 관해 이야기할 때, 우리는 그 작업 중에 수행되는 컴퓨터 명령의 수를 참조하는 것이다. 그러나 아주 간단한 프로그래밍 코드라고 할지라도 이 시간을 정확하게 계산하기 힘들 수도 있다. 따라서 실행 시간을 정확하게 분석하는 대신, 이른바 빅 오(big oh, O) 표기법을 사용한다.

함수 $f(n)$에 대해, $O(f(n))$은 다음과 같은 함수 집합을 나타낸다.

$$O(f(n)) = \{ g(n): c > 0, \text{ 그리고 } n0\text{가 존재하여 } n \geq n0\text{일 때 } g(n) \leq c \times f(n) \}$$

그래프적으로 생각하면, 이 집합은 n이 충분히 큰 경우 $c \times f(n)$이 $g(n)$을 지배하기 시작하는 함수 $g(n)$으로 구성된다. 우리는 일반적으로 점근적 표기법을 사용하여 함수를 간단히 표현한다. 예를 들어, $5n\log n + 8n - 200$ 대신에 $O(n\log n)$을 쓸 수 있다.

증명

5nlogn + 8n − 200 ≤ 5nlogn + 8n (logn이 1 이상인 n ≥ 2인 경우)≤ 5nlogn + 8nlogn (logn을 1로 치환하면) ≤ 13nlogn

이것은 함수 f(n) = 5nlogn + 8n − 200이 상수 c = 13 및 n0 = 2를 사용하여 O(nlogn) 집합에 속함을 보여준다.

5 랜덤화와 확률(Randomization and Probability)

자료구조에서 사용되는 데이터는 무작위로 선택된다. 이 선택은 저장된 데이터나 수행 중인 작업과는 독립적이다. 따라서 이러한 구조를 사용하여 동일한 작업 집합을 여러 번 수행하면 서로 다른 실행 시간이 발생할 수 있다. 이러한 자료구조를 분석할 때 우리는 그들의 평균 또는 예상 실행 시간에 관심이 있다.

무작위 데이터 선택되는 구조에서 실행 시간은 확률 변수이며, 우리는 그 기댓값을 찾고자 하는 것이다. 이산 확률 변수 X가 어떤 계수 가능한 범위 U에서 값을 가질 때, X의 기댓값은

$$E[X] = \sum_{x \in U} x \cdot \Pr\{X = x\} \qquad \text{(식 14)}$$

가 된다.

여기서 $\Pr\{\varepsilon\}$는 사건 E가 발생할 확률을 나타낸다. 이러한 확률은 무작위 자료구조가 만드는 무작위 선택과 관련이 있다. 자료구조에 저장된 데이터나 자료구조에서 수행되는 작업 순서가 무작위인 것으로 가정하지 않는다. 기댓값의 가장 중요한 특성 중 하나는 기댓값의 선형성(linearity)이다. 기댓값의 선형성이란 말은 임의의 두 확률 변수 X와 Y에 대해 $E[X+Y] = E[X] + E[Y]$ 가 성립한다는 것을 말한다. X와 Y가 독립 사건이든 의존 사건이든 성립한다. X = Y라고 할 때 $E[X+Y] = E[2X] = 2 \times E[X] = E(X) + E(Y)$가 되며, c가 상수이면 $E[cX] = c \times E[X]$도 성립한다.

일반적으로 임의의 확률 변수 $X_1, X_2, \ldots, X_k$에 대해서,

$$E\left[\sum_{i=1}^{k} x_k\right] = \sum_{i=1}^{k} E[X_i] \qquad \text{(식 15)}$$

이다.

기댓값의 선형성은 복잡한 좌변의 무작위 변수를 더 간단한 우변의 무작위 변수의 합으로 분해할 수 있게 할 수 있다. 더욱 쉽게 설명하면, 확률 변수의 기댓값은

$E[X] = \sum X \times P(X = x)$로 정의한다. 여기서 확률변수 X를 함수로 생각하면,

$E[X] = \sum X(s) \times P(\{s\})$로 써도 된다.

반복적으로 사용되는 유용한 기법 중 하나는 지표 무작위 변수(indicator random variable)를 정의하는 것이다. 이러한 이진 변수는 어떤 것을 계산하고자 할 때 유용하다. 예를 들어, 동전을 k번 던져서 동전이 앞면으로 나오는 횟수의 기댓값을 알고 싶다고 할 때 직관적으로 정답은 k/2라고 알고 있지만, 기댓값의 정의를 사용하여 이를 증명하면

$$\begin{aligned} E[X] &= \sum_{i=0}^{k} i \cdot \Pr\{X = i\} \\ &= \sum_{i=0}^{k} i \cdot \begin{bmatrix} k \\ i \end{bmatrix} / 2^k \\ &= k \cdot \sum_{i=0}^{k-1} \binom{k-1}{i} / 2^k \\ &= k/2 \end{aligned} \qquad \text{(식 16)}$$

와 같다.

이것을 계산하기 위해서는 $\Pr[X = i] = \binom{k}{i} = k\binom{k-1}{i}$를 충분히 계산할 수 있어야 하며, $i\binom{k}{i} = k\binom{k-1}{i}$ 과 $\sum_{i=0}^{k}\binom{k}{i} = 2^k$ 같은 바이노미얼 항등식도 알아야 한다.

Exercise

01. 다음과 같이 변수들이 선언되어 있을 때

```
subject = "Computer Science“
arr = [0.1, 0.2, 0.3]
matrix1 = [arr] * 3
matrix2 = [[1, 2, 3, 4], [1, 3, 5, 7]]
ptypes = (int, float, str, bool)
nationToCapital = {‘S. Korea’: ‘Seoul’, ‘China’: ‘Beijing’, ‘Japan’: ‘Tokyo’}
below10 = {‘primes’: [1, 2, 3, 5, 7], ‘odds’: [1, 3, 5, 7, 9], ‘evens’: [2, 4, 6, 8]}
```

다음 표현식(expressions)의 결과값을 쓰시오.

** (9)에서 사용된 ‘is’ 연산자는 왼쪽과 오른쪽의 표현식이 같은 대상을 참조하는지를 판단한다.

(1) arr[:1]

(2) arr[1:2]

(3) arr[1:]

(4) [x * 2 for x in arr]

(5) [x for x in subject if x <= ‘b’]

(6) list(filter(lambda x, x <= ‘b’, subject))

(7) sum(map(bool, arr))

(8) list(zip(subject, arr))

(9) matrix1[0] is arr

(10) list(map(lambda x: x.upper(), subject))

(11) list(map(len, matrix2))

(12) [x for x in matrix2 if 3 in x]

(13) matrix1[1][1] = -0.5; print(matrix1[0])

(14) set(ptypes) - {int}

(15) {1, 2, 3} & {3}

(16) tuple([1])

(17) nationToCapital[‘S. Korea’]

(18) nationToCapital.keys()

(19) ‘Tokyo’ in nationToCapital

(20) nationToCapital[‘USA’] = ‘D.C.’; print(nationToCapital.values())

(21) {k: v.upper() for (k, v) in matrix2.items()}

(22) set(below10[‘odds’]) - set(below10[‘primes’])

02. 다음 프로그램의 수행 결과를 쓰시오.

```
def mystery(k):
    global m
    m = m + 2 if k else 0
    return m


x = 0
m = 0
for i in range(4):
    x += mystery(i)
    print(f"i = {i:5}\tx = {x:5}")
```

03. 다음 프로그램의 수행 결과를 쓰시오.

```
def mumble(p, q):
    p[0] = 10
    p[0] = q
    print("mumble: **p = {}, *q = {}".format(p[0], q))


k = 3
n = 7
p = [k]
mumble(p, [n])
print("main: k = {}, n = {}, *p = {}".format(k, n, p[0]))
```

04. getElementsFromPosition() 함수를 작성하시오. 이 함수는 (2차원 배열, 2차원 배열 안의 인덱스를 원소로 가지는 리스트)를 전달 받아 주어진 인덱스에 위치한 배열 원소들의 리스트를 리턴한다.

```
[함수 호출 예시]
arr = [[1, 2, 3], [4, 5, 6], [7, 8, 9]]
pos = [(0, 1), (2, 2), (1, 1)]
result = getElementsFromPosition(arr, pos)
print(result)
```

```
[실행 결과]
[2, 9, 5]
```

05. categories와 names를 입력 받고, names의 이름을 키, 이름이 속한 분류를 값으로 하는 사전을 리턴하는 nameToClass 함수를 작성하시오.

```
[작성할 함수]
def nameToClass(names: list, categories: dict):
  result = {}
  # 여기에 작성
  return result
```

```
[함수 호출 예시]
categories = {"human": {"Jack", "Johnson", "Mike"},
              "fruit": {"apple", "banana", "mango"},
              "superhero": {"batman", "ironman", "superman"}}
names = ["apple", "Jack", "banana", "batman"]
result = nameToClass(categories, names)
print(result)
```

```
[위 프로그램의 실행 결과]
{"apple": "fruit", "Mike": "human", "banana": "fruit", "batman": "superhero"}
```

06. 아래와 같이, 파이썬 내장함수 zip()과 같이 동작하는 함수 lzip()을 작성했다. lzip()을 재귀호출로 구현한 함수 lzip_rec()를 작성하시오.

```
def lzip(X, Y):
    result = []
    for i in range(len(X)):
        result.append((X[i], Y[i]))

    return result
```

```
[호출 예시]
>>> lzip([1,2,3], [4, 5, 6])
[(1, 4), (2, 5), (3, 6)]
```

07. 문자열을 입력하면 문자열에서 모음과 자음의 수를 세는 프로그램을 작성하시오.

```
가능한 문자열 : 100자 이하의 문자열
```

```
입력 : string
모음의 수 : 1
자음의 수 : 5
```

08. 알파벳 소문자와 공백으로만 이루어진 문장을 입력받고, 문장 안에서 공백을 제외한 각 알파벳의 출현 횟수를 사전으로 리턴하는 함수 wordCount()를 작성하시오(출력되는 키 순서는 무관하다).

```
[함수 호출 예시]
>>> wordCount("apple")
{'a': 1, 'p': 2, 'l': 1, 'e': 1}
```

Chapter II

자료구조 기본 개념

본 장에서는 자료구조의 용어를 정의하고 알고리즘의 품질을 평가하기 위한 주요한 성능 분석 기준에 대해 다룬다. 또한 알고리즘의 실행시간을 비교하기 위한 점근적 알고리즘 분석과 점근표기법 ($O\,\Omega\,\Theta$)에 대해 다룬다.

1 자료구조 용어 정리

(1) 문제, 알고리즘, 프로그램

프로그래머들은 일반적으로 문제(problems), 알고리즘(algorithms), 컴퓨터 프로그램(computer programs)과 관련된 작업을 수행하는데 이 세 가지는 비슷한 개념이면서 실제로는 의미가 다르다. 먼저 문제(problems)는 수행해야 할 작업을 말한다. 문제 정의에는 문제를 해결하는 방법에 대한 제약 조건이 포함되어서는 안되며, 문제 정의는 정확하게 되어야 하고 완전히 이해된 후에 해결 방법이 개발되어야 한다.

그러나 문제 정의에는 해결 방법에 의해 소비될 수 있는 리소스에 대한 제약 조건이 포함되어야 한다. 컴퓨터에 의해 해결되어야 하는 모든 문제에는 명시적 또는 암시적으로 해당하는 제약조건이 항상 존재한다. 예를 들어, "프로그램은 사용 가능한 주 메모리와 디스크 공간만 사용할 수 있으며, 특정 시간 내에 실행되어야 한다"는 것이 제약조건이다.

알고리즘 (algorithms)은 일부 계산 작업을 수행하기 위한 유한한 단계로 이루어진 시퀀스이다. 알고리즘은 반드시 컴퓨터로 수행할 수 있을 만큼 간단하고 명확한 단계가 있어야 하며, 유한하게 많은 단계 후에 종료해야 한다는 특징을 가지고 있다. 알고리즘에 대한 이 정의는 많으나, 가장 중요한 것은 알고리즘은 프로그램이 아니라 일련의 단계라는 것이다. 알고리즘은 구현을 위한 추상화된 것이기 때문에 다른 프로그래밍 언어로 동일한 알고리즘을 표현할 수 있어야 한다. 문제를 해결하기 위한 단계적인 절차 또는 방법으로 알고리즘은 주어진 입력에 대해 원하는 출력을 생성하는 논리적인 단계로 구성된다. 알고리즘은 일련의 연산, 제어 구조, 반복 루프 등으로 표현될 수 있다. 문제를 해결하기 위해 선택된 알고리즘의 효율성과 정확성은 매우 중요하다.

알고리즘의 구조는 1. 입력 단계 2. 할당 단계 3. 결정 단계 4. 반복 단계 5. 출력 단계 등을 포함한다. 또한 알고리즘은 유한성(finiteness), 명확성(definiteness), 효과성(effectiveness), 입출력성의 성격을 갖는다. 유한성이란 뜻은 알고리즘은 유한한 수의 단계 후에 종료되어야 한다는 것을 의미한다. 명확성은 알고리즘의 단계는 정확하게 정의되거나 모호하지 않아야 한다는 것을 의미한다. 효과성은 수행가능성이라고도 하며, 사람이 종이와 연필을 이용하여 유한한 시간 안에 정확하게 수행할 수 있을 정도로 충분히 단순해야 한다는 의미이다. 마지막으로 입출력성은 알고리즘에는 특정 초기 및 정확한 입력과 중간 및 최종 단계 모두에서 생성될 수 있는 출력이 있어야 한다는 것을 의미한다.

알고리즘은 자연어를 이용하여 서술적으로 표현하는 방법이 있으며, 순서도(flow chart)를 이용하여 표현하는 방법, 프로그래밍 언어를 이용한 구현 방법을 구체적으로 표현하는 방법, 그리고 마지막으로 의사코드(pseudo-code)를 이용하여 추상적으로 표현하는 방법이 있다. 일반적으로 대부분의 프로그래밍 언어로 구현할 수 있게 하기 위해 알고리즘은 의사코드로 표현하는 경우가 가장 많다.

컴퓨터 프로그램(computer programs)은 알고리즘의 구현이라고 할 수 있다. 알고리즘을 특정 프로그래밍 언어로 작성하여 컴퓨터에서 실행할 수 있도록 만든 것이다. 프로그램은 입력을 받아 알고리즘을 실행하고, 출력을 생성하며, 주로 컴파일러 또는 인터프리터를 통해 실행된다.

(2) 데이터와 자료구조

데이터는 많은 다양한 방식으로 조직되고 구성될 수 있다. 컴퓨터과학에서 데이터는 프로그램의 논리적 또는 수학적 모델, 특히 데이터의 구성 방식을 의미한다. 구성된 데이터 또는 데이터의 구성된 집합을 데이터 구조 또는 자료구조(data structure)라고 한다. 자료구조는 컴퓨터에 자료(데이터)를 효율적으로 저장하고, 사용할 수 있게 하고, 가장 효율적인 알고리즘을 사용할 수 있도록 하는 방법이다. 잘 정의된 자료구조를 사용하면 실행 시간을 줄이고 메모리 공간도 효율적으로 사용하게 하여 중요 작업을 수행할 수 있다. 다양한 종류의 자료구조가 다른 종류의 응용에 맞게 구조화되는데 예로 B-tree는 데이터베이스의 구현을 위해 잘 정의된 자료구조라고 할 수 있다.

자료구조는 기본적으로 두 가지 문제를 해결해야 하는 논리적 개념이라고 할 수 있다. 첫 번째 문제는 데이터를 저장하는 방법이고 두 번째 문제는 데이터에 대해 수행할 작업이다. 따라서 자료구조는 기본적으로 데이터를 저장하는 방법에 대한 논리적 정의와 데이터에 대해 수행할 작업에 대한 논리적 정의를 다루는 것이라고 할 수 있다.

자료구조는 두 가지 목표가 있다. 첫 번째 목표는 유용한 수학적 개체와 연산을 식별하고 개발하고, 이러한 개체와 연산을 사용하여 어떤 종류의 문제를 해결할 수 있는지 결정하는 것이며, 두 번째 목표는 이러한 추상 개체를 표현하기 위한 표현 방법을 결정하여 구체적인 표현에서 추상 연산을 구현하는 것이다.

원시(primitive) 데이터 타입은 프로그래밍 언어에서 직접 지원되며, 정수, 문자, 실수 등이 이에 포함된다. 비원시 데이터 타입은 프로그래밍 언어에서 정의되지 않으며, 프로그래머에 의해 정의되는 것을 의미한다. 이러한 데이터 타입은 "데이터 + 정의된 연산"으로 구성된다.

선형(linear) 자료구조는 데이터 원소를 선형 방식으로 구성하여 데이터 원소가 연속적으로 연결되어 있는 구조이다. 선형 자료구조는 컴퓨터의 메모리도 선형 방식으로 구성되어 있기 때문에 구현하기 쉬운 편이다. 배열, 연결 리스트(linked list), 스택(stack) 및 큐(queue) 등이 선형 자료구조에 포함된다.

비선형 자료구조에서는 데이터 원소가 순차적으로 구성되지 않는다. 다차원 배열, 트리, 그래프, 테이블 및 집합과 같은 자료구조는 널리 사용되는 비선형 자료구조의 예이다.

2 자료구조와 ADT

자료구조의 선택은 ADT(Abstracted Data Type, 추상화된 데이터 타입)의 선택에서 시작된다. ADT는 데이터와 데이터에 대한 일련의 연산들을 명기한 것으로 데이터 유형에 대한 수학적 모델이라고 할 수 있다.

ADT는 원소들의 집합으로 구성되며, 명확하게 정의된 연산들의 집합으로 가능한 데이터 타입에 대한 가능한 연산(operation) 및 이러한 연산들의 동작(behavior, semantics)으로 정의할 수 있다. C++ 및 Java와 같은 객체 지향 언어는 클래스를 통해 ADT를 명시적으로 표현할 수 있다. ADT의 예로는 리스트, 스택, 큐, 집합, 트리, 그래프 등이 있다.

효율적 알고리즘을 설계하고, 연산 복잡도를 추정하기 위해서 필수적으로 ADT를 올바르게 선택해야 한다. 따라서, 컴퓨터 프로그래머는 데이터의 특성과 해당 데이터에 대해 수행해야 하는 연산에 따라 사용할 자료구조를 잘 결정해서 사용해야 한다. 일반적으로 사용되는 자료구조에는 목록, 배열, 스택, 큐, 힙, 트리 및 그래프가 포함된다. 어셈블리(assembly) 언어와 저수준의 프로그래밍 언어를 제외하고 대부분의 프로그래밍 언어에서는 자료구조를 지원한다.

자료구조는 단순(simple) 자료구조, 복합(compound) 자료구조로 분류할 수 있다. 단순 자료구조는 기본(primitive) 자료구조를 사용하여 단순 자료구조를 구성할 수 있다. 기본 자료구조는 컴퓨터 언어 중 하나의 표준 데이터 타입을 나타내는 데 사용되는데 변수, 배열, 포인터, 구조, 공용체 등이 기본 자료구조이다.

복합 자료구조는 기본 자료구조 중 하나를 사용하여 구성할 수 있으며 특별한 기능을 갖는다. 복합 자료구조는, 선형(linear) 자료구조, 비선형(non-linear)자료구조로 분류할 수 있다. 선형 자료구조는 메모리에 있는 데이터 원소의 연속적인 배열로 구성될 수 있으며, 배열 데이터 타입을 사용하여 구성할 수 있다. 선형 자료구조는 데이터 원소를 선형으로 구성하여 각각을 연속적으로 연결한다. 컴퓨터의 메모리도 선형적으로 구성되어 있기 때문에 선형 자료구조를 구현하는 것이 쉬운 편이다. 배열, 연결 리스트, 스택 및 큐는 일반적으로 사용되는 선형 자료구조의 예이다.

비선형 자료구조에서는 데이터 원소가 순차적으로 구성되지 않는다. 다차원 배열, 트리, 그래프, 테이블 및 집합과 같은 자료구조는 널리 사용되는 비선형 자료구조의 예이다.

각 자료구조는 순회(traversing), 탐색(searching), 삽입(inserting), 삭제(deleting), 정렬(sorting), 병합(merging) 등이 수행될 수 있다. traversing은 각 데이터 항목에 정확히 한 번씩 접근하는 것을 말한다. searching은 주어진 데이터 항목 집합에서 데이터 항목의 위치를 찾는 것을 말한다. inserting은 주어진 데이터 항목 집합에 새로운 데이터 항목을 추가하는 것을 말한다. deleting은 주어진 데이터 항목 집합에서 기존 데이터 항목을 삭제하는 것을 말한다. soritng은 데이터 항목을 일정한 순서로 정렬하는 것을 말한다. 숫자 데이터의 경우 오름차순이나 내림차순으로, 알파벳-숫자 데이터의 경우 사전식 순서로 sorting할 수 있다. merging은 두 개의 정렬된 파일의 데이터 항목을 정렬된 형태로 결합하여 하나의 파일로 만드는 것을 말한다.

3 알고리즘의 성능 분석과 복잡도(Complexity)

알고리즘의 성능 분석은 알고리즘의 품질을 평가하기 위한 기준들을 포함한다. 주요한 성능 분석 기준은 다음과 같다.

- 정확성(correctness): 알고리즘이 올바른 입력에 대해 유한 시간 내에 올바른 결과를 출력해야 한다.
- 단순성, 명확성(simplicity, clarity): 알고리즘은 작성이 쉽고 간결하여 이해하기 쉬워야 한다.
- 수행량(amount of work done): 알고리즘의 실행 과정에서 수행되는 연산의 횟수이다. 알고리즘의 효율성을 판단하는 중요한 원소 중 하나이다.
- 메모리 사용량(amount of space used): 알고리즘 실행에 필요한 메모리 공간의 양을 나타낸다. 알고리즘의 공간 복잡도를 분석하는 데 사용된다.
- 최적성(optimality): 가장 중요한 기준 중 하나로, 최적의 알고리즘이 다른 알고리즘보다 성능이 우수하다는 것을 의미한다.

이러한 알고리즘의 성능은 시간과 공간의 척도인 시간복잡도(time complexity)와 공간복잡도(space complexity)로 측정할 수 있다. 필요한 시간의 상대적인 양 또는 공간의 상대적인 양에 따라 알고리즘을 분류하고 입력 크기의 함수로 요구되는 시간과 메모리 공간의 크기를 지정하는 것이 필요하다. 이를 시간복잡도와 공간복잡도라고 한다. 시간복잡도는 더 빠르게 실행되는 프로그램이 더 나은 프로그램이란 척도이며, 공간복잡도는 유사한 프로그램보다 메모리 공간을 절약하는 프로그램이 더 나은 프로그램이란 척도를 뜻한다.

(1) 시간복잡도

시간복잡도는 프로그램이 얼마나 빠르게 실행되느냐의 문제로 알고리즘을 구성하는 명령어들이 몇 번이나 실행이 되는지를 카운트하는 결과(빈도 계산 frequency count)에 각 명령어의 실행 시간(execution time)을 곱한 합계이다. 각 명령어의 실행 시간은 특정 하드웨어 혹은 프로그래밍 언어에 따라서 그 값이 달라질 수 있으므로 알고리즘의 일반적인 시간복잡도는 명령어의 실제 실행 시간을 제외한 명령어의 실행 횟수만을 고려한다. 따라서 시간복잡도는 알고리즘 또는 프로그램의 시간복잡도는 알고리즘 또는 프로그램의 실행 시간의 함수로 실행을 완료하는 데 필요한 컴퓨터 시간이다.

알고리즘의 시간복잡도는 경험적 또는 이론적 접근 방식으로 계산할 수 있다. 경험적 또는 사후 테스트 접근 방식은 완전한 알고리즘을 구현하고 문제의 다양한 인스턴스에 대해 컴퓨터에서 실행해야 한다. 문제의 다양한 인스턴스에 대한 프로그램 실행에 소요된 시간을 기록하고 비교한다. 알고리즘의 구현은 후보 알고리즘 솔루션 중에서 가장 짧은 시간이 가장 좋은 것으로 간주된다. 이러한 시간복잡도를 표현하기 위해 입력의 개수 n의 함수로 나타낸 것을 시간복잡도 함수라고 한다.

<예 II-1>에서 주어진 코드 블록에 있는 main 함수는 "Hello World"를 세 번 출력하며 블록의 시간복잡도는 O(1)이 된다. 시간복잡도는 알고리즘 또는 코드가 실행되는 동안 소요되는 시간을 말한다. <예 II-1>은 단순히 print 함수를 세 번 호출하여 동일한 문자열을 화면에 출력하고 있으며, 이러한 출력 작업은 입력 크기나 반복 횟수에 따라 달라지지 않는다. 즉, 입력 크기에 상관없이 항상 정확히 세 번의 출력 작업을 수행하기 때문에 이 코드 블록의 시간복잡도는 상수 시간인 O(1)이 된다.

프로그램	시간복잡도 분석
#A	-
print("Hello World")	1
print("Hello World")	1
print("Hello World")	1
print()의 호출수행시간을 1이라고 할 때 A : 의 총 실행 횟수 : 3 -> n	

〈예 II-1〉 O(1) 시간복잡도

<예 II-2>에서 for 루프가 n번 반복한다고 가정하면, 각 반복에서 "Hello World"를 출력하기 때

문에 각 반복에서 상수 시간이 소요된다. 따라서 전체 코드의 실행 시간은 n번 반복하는 것과 관련이 있으므로 O(n) 시간복잡도를 갖게 된다. <예 II-2>의 시간복잡도가 O(n)인 이유는 루프의 반복 횟수가 입력 크기 n에 비례하며, 각 반복에서 수행되는 작업이 상수 시간이기 때문이다.

코드	실행 횟수
`#B`	-
`for i in range(3):`	1+3+3
`    print("Hello World")`	3

```
B : 의 총 실행 횟수 : 10 -> 3n+1
대입연산 i=0 : 1
비교연산 i<3 : 3
증가연산 i++ : 3
print() : 3
```

〈예 II-2〉 O(n) 시간복잡도

<예 II-3>은 Sum()을 사용하여 리스트 lst의 원소를 모두 더한 후 그 합을 반환하는 프로그램으로 for 루프는 n번 반복하는데 이것은 lst의 모든 원소를 한 번씩 방문하는 것을 의미한다. 루프 내에서 수행되는 작업은 s += x로, 현재의 합 s에 리스트의 원소 x를 더한다. 루프가 n번 반복하므로 루프 횟수는 입력 크기 n에 비례하고 각 반복에서 수행되는 작업은 상수 시간이 소요됨을 알 수 있다. 리스트의 특정 원소 x를 가져오고, 현재의 합 s에 더하는 작업은 입력 크기와 무관하게 일정한 시간이 걸린다. 따라서 <예 II-3>의 시간복잡도는 O(n)이 된다. 입력 리스트의 크기 n에 비례하여 실행 시간이 증가하므로 선형 시간복잡도를 갖는다고 할 수 있다. <예 II-4>도 동일한 이유로 시간복잡도는 O(n)이 된다.

코드	실행 횟수
`#C`	-
`def Sum(lst): # lst의 크기: n`	-
`    s = 0.0`	1
`    for x in lst:`	1+n+n
`        s += x`	n
`    return s`	1

```
C의 총 실행 횟수 : 3n+3
시간복잡도 : 3n+3
```

〈예 II-3〉 O(n) 시간복잡도

//D	-
def Factorial(n):	-
factorial = 1	1
for i in range(1, n + 1):	1+n+n
factorial *= i	n
return factorial	1
D의 총 실행 횟수 : 3n+3 시간복잡도 : 3n+3	

〈예 II-4〉 O(n) 시간복잡도

(2) 공간복잡도

공간복잡도는 알고리즘이나 프로그램이 실행될 때 얼마나 많은 메모리 공간을 사용하는지를 나타내는 것이다. 공간 복잡도는 고정적으로 요구되는 공간과 가변적으로 요구되는 공간으로 나눌 수 있다. 고정적으로 요구되는 공간은 알고리즘이나 프로그램 실행에 고정된 양의 메모리 공간이 필요한 경우다. 예를 들어, 명령어 공간(프로그램 코드가 저장되는 공간)이나 단순 변수를 위해 필요한 공간이 여기에 해당한다. 가변적으로 요구되는 공간은 문제의 특정 입력에 따라 가변적으로 요구되는 메모리 공간의 양이다. 문제의 인스턴스에 의존하는 변수들이 필요로 하는 공간이 여기에 해당한다. 예를 들어, 함수가 재귀적으로 사용될 때 추가적인 메모리 공간 요구량은 S(P)=c+SP(I) 로 표현할 수 있다.

4 점근적 알고리즘 분석과 점근표기법(O Ω Θ Asymptotic Notation)

점근적 알고리즘 분석(asymptotic algorithm analysis) 또는 점근적 분석은 컴퓨터 자원을 얼마나 소비하는지를 예측하는 것으로 이를 통해 두 개 이상의 알고리즘의 성능을 상대적으로 비교한다. 또한 점근적 분석을 통해 실제 프로그램을 구현하기 전에 알고리즘이 자원 제약을 충족시키는지 확인할 수 있다.

점근적 분석은 입력 크기가 커질수록 알고리즘 또는 프로그램으로 구현하는 효율성을 측정한다. 이것은 실제로 예측 기술이며 하나가 항상 다른 것보다 "약간 더 빠른" 두 프로그램의 상대적 장점에 대해 아무 것도 알려주지 않는다. 그러나 점근적 분석은 특정 알고리즘이 구현을 위해 고려할 가치가 있는지 결정해야 할 때 유용하다. 프로그램의 중요한 자원은 실행 시간이다. 또한 프로그램을 실행하는 데 필요한 저장 공간(주기억장치와 디스크 공간 모두)도 중요한 자원이다. 일반적으로 알고리즘의 성능을 분석할 때, 필요한 시간과 자료구조에 필요한 공간을 분석한다. 이는 알고리즘의 성능을 시간과 공간의 개념으로 측정할 수 있다는 것을 의미한다. 즉, 프로그램의 성능은 프로그램을 실행하는 데 필요한 컴퓨터 메모리의 양과 수행시간이 된다. 프로그램의 성능을 측정하는 방법은 분석 측정과 실험 측정이 있다. 즉, 프로그램의 성능을 분석하기 위해서는 분석 측정 방법을 사용하고 프로그램의 성능을 측정하기 위해서는 실험을 한다는 뜻이다.

점근표기법은 알고리즘의 점근적 성능 분석을 위해 사용되는 표기법으로, 입력 값의 크기에 따라 알고리즘의 실행 시간이 어떻게 증가하는지를 표현하는 것이다. 점근표기법을 사용하는 이유는 먼저 같은 기능을 수행하는 두 알고리즘의 시간복잡도 비교하기 위해서이다. 점근표기법을 사용하면 알고리즘들의 실행 시간을 비교할 수 있다. 예를 들어, 두 알고리즘이 각각 $O(n)$과 $O(n^2)$의 시간복잡도를 가진다면, 입력 크기가 충분히 크다면 $O(n)$ 알고리즘이 $O(n^2)$ 알고리즘보다 효율적이다. 또한 점근표기법은 입력 자료의 특성 변화에 따른 실행 시간의 증가를 예측하기 위해서 사용된다. 즉, 입력 자료의 특성이 변할 때 알고리즘의 실행 시간이 어떻게 증가하는지 예측할 수 있다. 예를 들어, $O(n)$ 알고리즘이 $O(n^2)$ 알고리즘보다 입력이 커질수록 실행 시간이 더 느리게 증가할 것으로 알 수 있다.

(1) $\mathcal{O}$(Big Oh)

$\mathcal{O}$(big oh)는 함수의 상한을 나타내는 점근표기법이다. 이는 함수 $f(n)$이 다른 함수 $g(n)$보다 크지 않거나 같은 경우, 즉 모든 $n \geq n0$에 대해 $f(n) \leq c \cdot g(n)$를 만족하는 양의 상수 c와 n_0가 존재한다면 $f(n) = O(g(n))$이 성립하는 것을 의미한다. 예를 들어, $n \geq 2$인 모든 n에 대해 $3n+2 \leq 4n$이라면 $3n+2=O(n)$이 된다. 이는 입력 크기 n에 따라 함수 $3n+2$의 실행 시간이 n에 비례한다는 뜻이다. 또한, $n \geq 2$인 모든 n에 대해 $3n+3 \leq 3n^2$이라면 $3n+3=O(n^2)$이 된다. 이는 입력 크기 n에 따라 함수 $3n+3$의 실행 시간이 n^2에 비례한다는 뜻이다.

$\mathcal{O}$(big oh)는 주로 알고리즘의 시간복잡도를 분석할 때 사용된다. 알고리즘이 입력 크기에 따라 실행 시간이 어떻게 증가하는지 파악하여 알고리즘의 효율성을 비교하고 예측할 때 유용하게 사용된다. 예를 들어, $O(n)$ 알고리즘이 $O(n^2)$ 알고리즘보다 입력이 커질수록 더 효율적이라는 것을 알 수 있다. 따라서 $\mathcal{O}$(big oh)를 사용하면 알고리즘의 성능을 비교하고, 특정 입력 크기에 따른 실행 시간의 증가를 예측할 수 있으며, 이를 통해 알고리즘 선택이나 개선의 방향을 결정할 수 있다.

(2) Ω(Omega)

Ω(omega)는 함수의 하한을 나타내는 점근표기법이다. 이는 함수 $f(n)$이 다른 함수 $g(n)$보다 크거나 같은 경우, 즉 모든 $n \geq n_0$에 대해 $f(n) \geq c \cdot g(n)$을 만족하는 양의 상수 c와 n_0가 존재한다면 $f(n)$

= Ω(g(n))이 성립한다는 것을 의미한다. 예를 들어, $n \geq 1$인 모든 n에 대해 $3n+2 \geq 3n$이라면 $3n+2=\Omega(n)$이다. 이는 입력 크기 n에 따라 함수 3n+2의 실행 시간이 n에 비례한다는 뜻이다. 또한, $6 \cdot 2^n+n^2 \geq n^2$이라면 $6 \cdot 2^n+n^2=\Omega(n^2)$이 되는데 이는 입력 크기 n에 따라 함수 $6 \cdot 2^n+n^2$의 실행 시간이 n^2에 비례한다는 뜻이다. Ω(omega)는 알고리즘의 하한을 분석하는 데에 사용된다. 입력 크기에 따라 실행 시간의 하한을 파악하여 알고리즘의 최악의 경우 시간복잡도를 추정할 수 있는데. 예를 들어, Ω(n) 알고리즘이 $\Omega(n^2)$ 알고리즘보다 입력이 커질수록 더 효율적으로 동작한다는 것을 알 수 있다.

(3) Θ(Theta)

Θ(theta)는 함수의 상한과 하한을 동시에 나타내는 점근표기법이다. 이는 함수 f(n)이 다른 함수 g(n)보다 크거나 같고, 동시에 다른 함수 h(n)보다 작거나 같은 경우, 즉 모든 $n \geq n_0$에 대해 $c_1 \cdot g(n) \leq f(n) \leq c_2 \cdot h(n)$을 만족하는 양의 상수 c_1, c_2, n_0가 존재한다면 f(n) = Θ(g(n))이 성립함을 의미한다. 예를 들어, $n \geq 2$인 모든 n에 대해 $3n+2 \geq 3n$이고 $3n+2 \leq 4n$이라면 $3n+2=\Theta(n)$이 된다. 이는 입력 크기 n에 따라 함수 3n+2의 실행 시간이 n에 비례한다는 의미이면서 동시에 n에 비례하면서도 n보다 작은 실행 시간을 가진다는 것을 뜻한다.

(4) O Ω Θ의 관계

O(Big Oh), Ω(Omega), Θ(Theta)는 점근표기법 중 상호 관련성을 가지고 있다. 만약 함수 f(n)이 함수 g(n)에 대해 O(g(n))이면서 동시에 Ω(g(n))이라면, 그 함수는 Θ(g(n))으로 표현할 수 있다. 즉, 함수 f(n)의 실행 시간이 상한과 하한 모두에서 다른 함수와 같은 점근적인 변화를 보인다면, f(n)은 해당 함수와 같은 시간복잡도를 가진다.

O Ω Θ의 관계를 통해 알고리즘의 성능을 더 정확하게 분석하고 비교할 수 있으며, 이를 통해 알고리즘의 실행 시간을 예측하고 최적의 알고리즘을 선택할 수 있다.

(5) O(Big Oh) 기반의 시간복잡도 클래스

시간복잡도 클래스는 알고리즘의 성능을 분석하고 비교하기 위해 사용되는 개념이다. 알고리즘의 시간복잡도는 입력 자료의 특성에 따라 시간 요구가 어떻게 변화하는지를 나타내는 함수로 표현된다. 예를 들어, 알고리즘 A의 복잡도가 O(n)이고 알고리즘 B의 복잡도가 $O(n^2)$이라면, 충분히 큰 입력 크기 n에 대해서는 알고리즘 A가 알고리즘 B보다 빠르다고 말할 수 있다. 이는 입력 크기 n의 변화에 따라 알고리즘의 복잡도를 나타내는 여러 함수의 값들을 비교하여, 입력 크기가 증가할 때 함숫값의 증가 속도를 통해 알고리즘의 성능을 알 수 있다.

또한, 알고리즘의 복잡도를 표현하는 함수들은 주로 입력 크기 n에 대한 함수로 표현되며, 상수 n에 대해서도 해당 함수의 값이 수행되는 시간을 의미한다. 이를 통해 알고리즘의 실행 시간을 예측하고, 입력 크기의 증가에 따른 알고리즘의 성능을 분석할 수 있다.

시간복잡도 클래스는 알고리즘의 성능을 대략적으로 분류하는 데 사용되며, 일반적인 시간복잡도 클래스에는 다음과 같은 것들이 있다.

- 상수 시간 (O(1)): 입력 크기와 관계없이 일정한 실행 시간을 가지는 알고리즘.
- 로그 시간 (O(log n)): 입력 크기의 로그에 비례하는 실행 시간을 가지는 알고리즘.
- 선형 시간 (O(n)): 입력 크기에 비례하는 실행 시간을 가지는 알고리즘.
- 선형 로그 시간 (O(n log n)): 입력 크기와 로그의 곱에 비례하는 실행 시간을 가지는 알고리즘.
- 이차 시간 (O(n^2)): 입력 크기의 제곱에 비례하는 실행 시간을 가지는 알고리즘.
- 지수 시간 (O(2^n)): 입력 크기에 지수적으로 증가하는 실행 시간을 가지는 알고리즘. 일반적으로 비효율적임.

상수 n에 대하여 n 값이 변할 때의 값이 수행되는 시간은 <표 II-1>과 같으며 이들의 시간복잡도의 비교는 <그림 II-1>에 나타나 있다.

표 II-1 상수 n에 대한 실행 시간 비교

log_2	n	$nlog_n$	n^2	n^3	2^n
0	1	0	1	1	2
1	2	2	4	8	4
2	4	8	16	64	16
3	8	24	64	512	256
4	16	64	256	4096	65,536
5	32	160	1064	32,768	4,294,967,296

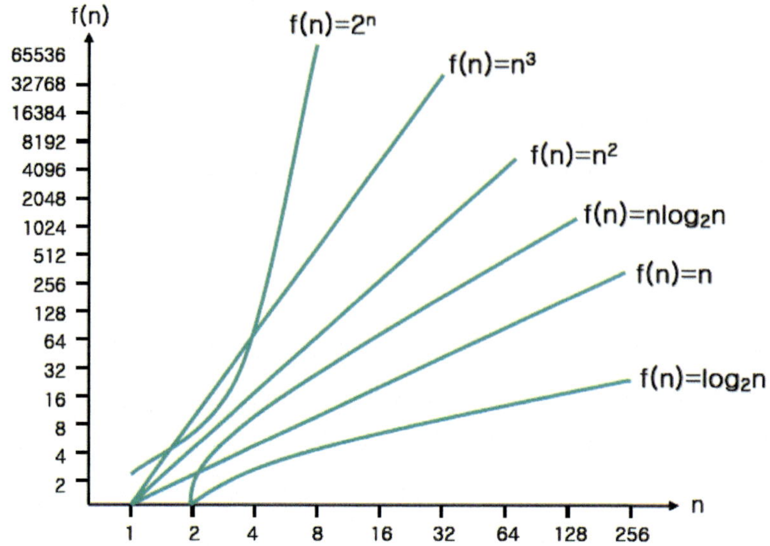

$O(1) < O(\log n) < O(n) < O(n\log n) < O(n^2) < O(n^3) < \ldots O(2^n) < O(n^n)$

그림 II-1 시간복잡도 비교

5 최적의 알고리즘

최적의 알고리즘이란 성능 분석을 통해 개발 가능한 범위 내에서 최악의 경우의 복잡도를 가지면서, 해당 문제의 복잡도의 하한과 같은 알고리즘을 말한다. 즉, 최적의 알고리즘은 구해진 문제의 복잡도와 알고리즘의 최악의 경우의 복잡도가 일치하여, 더 빠른 알고리즘이 존재하지 않음을 의미하는 것이다. 그러나 실제로는 최적의 알고리즘이 다양한 제약조건으로 인해 구현되지 않을 수 있다. 따라서 일반적으로 우수한 알고리즘은 구현 가능한 범위 내에서 최적의 알고리즘과 유사한 성능을 보여주는 알고리즘을 말한다.

최적(optimality)을 결정하기 위해 일반적으로 하한(lower bound)과 상한(upper bound)이라는 두 가지 개념을 사용한다. 하한은 가능한 모든 알고리즘을 고려하여 그 중 최악의 경우가 가장 최소인 알고리즘의 복잡도를 의미하며, 문제 자체에 내재된 복잡도를 수학적으로 분석하여 구할 수 있다. 상한은 기존에 알려진 알고리즘 중에서 해당 문제를 해결하는데 최악의 경우의 복잡도가 가장 작은 알고리즘의 복잡도를 나타낸다.

<예 II-5>는 n개의 원소를 가진 리스트에서 가장 큰 원소를 찾는 문제에 대한 최적의 알고리즘을 보여준다. 여기에서 5번째 줄에서 (n-1)번의 비교가 수행되므로, 상한은 (n-1)이 된다. <예 II-5>에서는 리스트 내의 모든 원소가 서로 다르고, n개의 서로 다른 원소 중 (n-1)개의 원소는 최댓값

이 아니며, 임의의 원소가 리스트 내의 적어도 하나의 다른 원소보다 작다면 해당 원소는 최댓값이 아니다. 따라서 (n-1)개의 원소는 다른 원소보다 작기 때문에 한 번의 비교로 하나의 원소가 다른 원소보다 작음을 알 수 있으므로 (n-1)번의 비교가 필요하다. 이는 알고리즘 자체에 내재된 복잡도가 (n-1)이 되며, 이것이 하한이 된다. 따라서 상한과 하한이 동일하므로 <예 II-5>는 최적의 알고리즘이 된다.

```
def findMax(nums, n):
    max = nums[0]
    for num in nums:
        if max < num:
            max = num
    return max
```

〈예 II-5〉 n개의 원소를 갖는 리스트 내에서 가장 큰 원소를 찾는 문제의 최적 알고리즘

참고

〈PEP 8 - Style Guide for Python Code〉에서는 변수, 함수 이름을 lowercase(snake_case)로 짓도록 권장한다. 가능하면 지키는 게 좋지만, 표준은 아니므로 원한다면 다른 스타일을 사용해도 무방하다. 본 교재에서는 대체로 변수 이름은 lowercase, 함수 이름은 camelCase를 사용했지만 관례(convention)를 엄격히 지키지는 않았다. 무슨 말인지 모르겠다면 'naming convention'을 검색해 보라. 개발자들 사이에서 영원히 끝나지 않는 재미있는 논쟁 중 하나다.

6 대표적인 문제들의 복잡도

<표 II-2>는 일부 대표적인 문제들과 해당 문제의 복잡도를 보여준다.

표 II-2 대표적인 문제들의 시간복잡도

복잡도	문제
상수 시간 O(1)	첫 번째 원소 반환
로그 시간 O(logn)	이진 탐색(binary search)
선형 시간 O(n)	선형 탐색(linear search), 배열 삽입(array insertion)
선형 로그 시간 O(nlogn)	병합 정렬(merge Sort), 컨벡스 헐(convex Hull)
이차 시간 $O(n^2)$	삽입 정렬(insertion sort), 퀵 정렬(quick sort)-최악의 경우
삼차 시간 $O(n^3)$	행렬 곱셈(matrix multiplication)
지수 시간 $O(2^n)$	TSP 등의 NP 문제

해당 문제들의 복잡도는 알고리즘의 성능을 비교하고 선택하는 데 도움이 된다. 복잡도가 낮을수록 알고리즘의 실행 시간과 공간 사용량이 적어지며, 효율적인 알고리즘으로 간주된다. 그러나 이는 일반적인 경우이며, 문제의 특성과 데이터의 크기에 따라 실제 성능은 달라질 수 있다.

예를 들어, 리스트에서 최솟값을 찾는 문제의 경우 최악의 경우는 O(n)이며, 평균적인 경우는 O(n)이다. 퀵 정렬은 최악의 경우는 $O(n^2)$ 이며 평균적인 경우는 O(n log n)이다.

병합 정렬과 힙 정렬의 경우 최악의 경우는 O(n log n) 이며, 평균적인 경우는 O(n log n)이다.

버블 정렬 최악의 경우는 $O(n^2)$이며, 평균적인 경우는 $O(n^2)$이다. 마지막으로 이진 탐색 트리에서 원소를 탐색하는 경우 최악의 경우는 O(n)이며 평균적인 경우는 O(log n)이다.

<예 II-6>에서 <예 II-9>까지는 모두 대표적인 알고리즘의 복잡도를 보여준다.

```
def Sum(nums: list[int]) -> int:  # nums의 크기: n
    tempSum = 0
    for num in nums:
        tempSum += num
    return tempSum
```

〈예 II-6〉 리스트의 수를 합산 - O(n)

```
def add(a:list, b:list, c:list, rows: int, cols: int):   # a, b, c: rows 행, cols 열로 구성된 2차원 리스트
    for i in range(rows):
        for j in range(cols):
            c[i][j] = a[i][j] + b[i][j]
```

〈예 II-7〉 행렬의 덧셈 - O(cols · rows)

참고

nums: list, rows: int 와 같은 것들을 타입 힌트(type hint)라고 부른다. C언어에서 'int rows' 라고 변수의 자료형을 선언하는 방식과 유사하다. 단, 타입 '선언(declaration)'이 아니라 타입 '힌트'라고 부르는 이유가 있다.

타입 힌트는 오직 코드를 읽는 사람에게 정보를 제공할 뿐, 실행에는 아무런 영향을 주지 않는다. 코드를 실행하는 파이썬 인터프리터는 타입 힌트를 무시하기 때문이다. 만약 rows: int라고 써 두고 실제로 int가 아닌 list 자료형이 전달되더라도 실행 과정에서 오류가 발생하지 않는다는 뜻이다.

타입 힌트는 동적 타이핑(dynamic typing)으로 인한 오류를 줄이기 위해 도입되었지만 장점도 있고 단점도 있다. 본 교재의 코드에서는 타입 힌트를 조금 지나치게 사용했는데, 다른 프로그래밍 언어로 작성된 코드와 비교할 수 있도록 하기 위해서다.

```python
def binSearch(nums, searchNum, left, right):
    while left <= right:
        middle = (left + right) // 2
        cmpResult = compare(nums[middle], searchNum)
        if cmpResult == -1:
            return binSearch(nums, searchNum, middle + 1, right)
        elif cmpResult == 0:
            return middle
        else:  # cmpResult == 1
            return binSearch(nums, searchNum, left, middle - 1)
    return -1


def compare(x, y):
    if x < y:
        return -1
    elif x == y:
        return 0
    else:
        return 1


if __name__ == "__main__":
    nums = [1, 5, 8, 11, 15, 20, 27, 33, 50, 100]  # 크기 10
    print(binSearch(nums, 33, 0, 9))
```

실행결과

```
7
```

〈예 II-8〉 이진 탐색 - O(logn)

```
def perm(lst, i, n):
    if i == n:
        print(''.join(lst), end='   ')
    else:
        for j in range(i, n + 1):
            lst[i], lst[j] = lst[j], lst[i]
            perm(lst, i + 1, n)
            lst[i], lst[j] = lst[j], lst[i]


if __name__ == "__main__":
    txt = ['a', 'b', 'c']
    perm(txt, 0, 2)
```

실행결과

```
abc   acb   bac   bca   cba   cab
```

〈예 II-9〉 순환 순열 - O(n · n)

7 병합 정렬

병합 정렬(mergesort)은 분할 정복 알고리즘으로 재귀적으로 자기 자신을 호출한다. 이 알고리즘은 분할(divide), 정복(conquer), 그리고 결합(combine) 단계로 구성된다. 이 알고리즘은 먼저 리스트를 반으로 나눈다. 이를 분할(divide) 단계라고 한다. 각 부분 리스트에 대해 병합 정렬을 재귀적으로 호출한다. 이는 정복(conquer) 단계이다. 분할된 부분 리스트들을 병합(merge)하여 정렬된 리스트를 생성하는데 이를 결합(combine) 단계라고 한다.

병합 정렬의 시간복잡도를 결정하기 위해서는 알고리즘의 각 단계에서 소요되는 시간을 고려해야 한다. 각 단계에서 리스트의 크기는 절반으로 나누어지므로 분할 단계의 시간복잡도는 O(log n)이다. 정복 단계에서는 각 부분 리스트를 정렬하기 위해 병합 정렬이 재귀적으로 호출되므로, 부분 리스트의 크기에 따라 시간복잡도가 결정된다. 각 부분 리스트를 병합하는 단계에서는 리스트의 모든 원소를 비교해야 하므로 O(n)의 시간이 소요된다. 이 과정은 분할된 리스트의 크기에 따라 여러 번 반복되므로 시간복잡도는 O(n log n)이다. 따라서 병합 정렬의 전체 시간복잡도는 분할 단계와 정복 단계의 시간복잡도를 합산한 값인 O(n log n)이 된다.

```
def mergeSort(L, n):
    if n == 1:
        return L
    else:
        Split L into two halves L1 and L2
        return merge (mergeSort(L1, n // 2), mergeSort(L2, n // 2))
```

〈예 II-10〉 병합 정렬 - O(n · logn)

> **참고**
>
> ```
> if len(L) == 1:
>     return L
> else:
>     ...
> ```
>
> 위와 같이 n을 매개변수로 전달하지 않고 len(L)을 사용할 수도 있다. len(L)의 시간복잡도는 O(1)일까, 아니면 O(n)일까?

mergeSort의 입력 리스트 크기가 n인 경우의 실행 시간을 T(n)이라고 가정하면

$$T(n) <= C_1 \text{ (if } n = 1) \text{ (}C_1\text{은 상수)}$$
$$<= 2T(n/2) + C_2 n \text{ (if } n > 1)$$

여기서 2T(n/2) 은 2번의 재귀 호출을 그리고 C_2n은 병합하는 비용이다.

만약에 $n= 2^k$이면 $T(n) <= 2^kT(1) + C_2K2^k$ 가 되고 T(n)은 O(nlogn)이 된다.

8 자료구조 : 데이터의 조직

프로그램에서 작업하는 데이터 모음은 어떤 형태의 구조나 조직을 가지고 있다. 자료구조가 얼마나 복잡하더라도 기본적으로 연속적인 구조와 비연속적 구조로 분류할 수 있다. 연속적(contiguous) 구조에서 데이터 항목들은 메모리나 파일에서 함께 유지된다. 배열의 각 원소들이 연속적으로 조직되어 있기 때문에 배열은 연속적인 구조의 예이다.

비연속적(non-contiguous) 구조에서 항목들은 메모리 내에서 흩어져 있지만 어떤 방식으로든 서로 연결되어 있다. 연결 리스트의 노드들은 각 노드에 저장된 포인터를 사용하여 서로 연결되기 때문에 연결 리스트는 비연속적인 자료구조의 예이다. <그림 II-2>는 연속적 구조와 비연속적 구조의 차이를 보여준다.

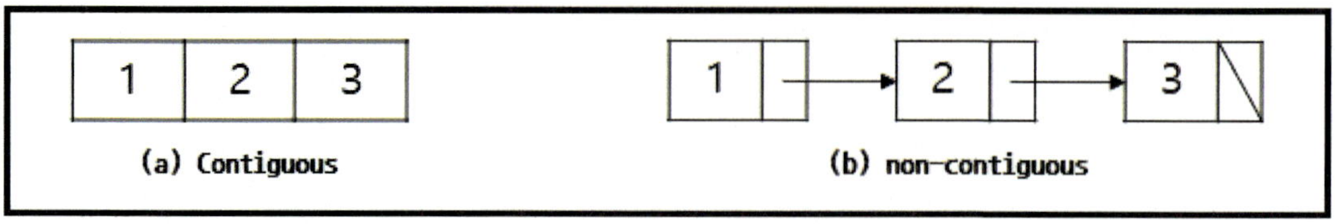

그림 II-2 연속적 구조와 비연속적 구조

연속적인 구조(contiguous structures)는 두 가지로 더 세분화될 수 있다. 하나는 모든 크기가 동일한 데이터 항목을 포함하고, 다른 하나는 크기가 다를 수 있는 경우이다. 배열은 첫 번째 유형의 연속적인 구조이다. <그림 II-3>의 (a)는 숫자 배열의 예제를 보여준다. 배열에서 각 원소는 동일한 유형이며 따라서 동일한 크기를 갖는다.

C언어의 구조체(struct)는 두 번째 유형의 연속적인 구조이다. <그림 II-3>의 (b)는 이름과 나이로 구성된 간단한 구조체의 예를 보여준다. 구조체에서 원소는 다른 데이터 유형일 수 있으며 따라서 크기가 다를 수 있다. 예를 들어, 사람의 나이는 2바이트의 메모리를 차지하는 정수로 나타낼 수 있다. 그러나 이름은 문자열로 표현되며 많은 바이트를 필요로 하며 길이도 다를 수 있다.

이러한 원자형 타입(정수, 부동소수점, 포인터와 같은 단일 데이터 항목 내장 유형)과 배열 및 구조체는 비연속적인 형태를 포함하여 더 다양한 형태의 자료구조를 생성하는 데 필요한 모든 재료를 제공한다고 할 수 있다.

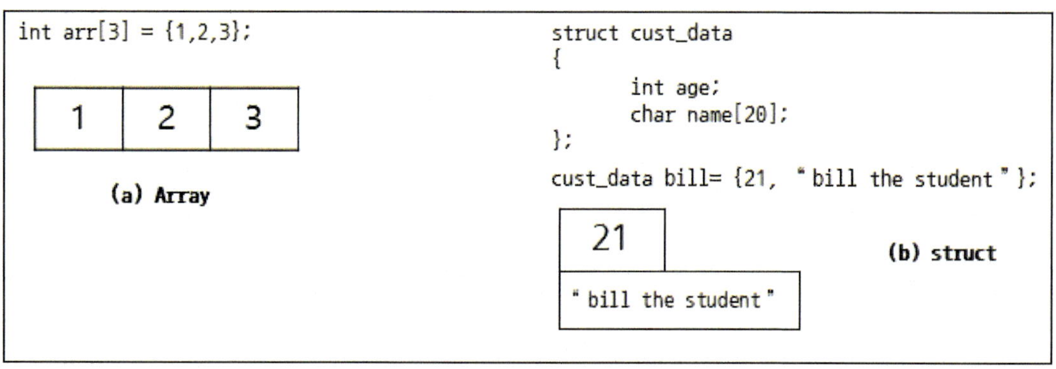

그림 II-3 배열과 구조체

비연속적인 구조(non-contiguous structures)는 데이터 항목의 모음인 노드(node)로 구현되며, 각 노드는 모음 내의 하나 이상의 다른 노드를 가리킬 수 있다. 가장 간단한 종류의 비연속적인 구조는 <그림 II-4>의 (a)에 나와 있는 연결 리스트(linked list)이다.

연결 리스트는 후진(backwards)과 전진(forwards)만 있는 1차원 비연속적인 구조를 나타낸다.

<그림 II-4>의 (b)에 나와 있는 트리는 2차원 비연속적인 구조의 예이다. 여기서 위(up)와 아래(down), 그리고 왼쪽(left)과 오른쪽(right)의 개념이 존재한다.

트리에서 각 노드는 노드로 들어가는 링크(link)가 하나뿐이며, 링크는 트리 아래로만 이동할 수 있다. 가장 일반적인 비연속적인 구조인 그래프(graph)는 이러한 제한이 없다. <그림 II-4>의 (c)는 그래프의 예제이다.

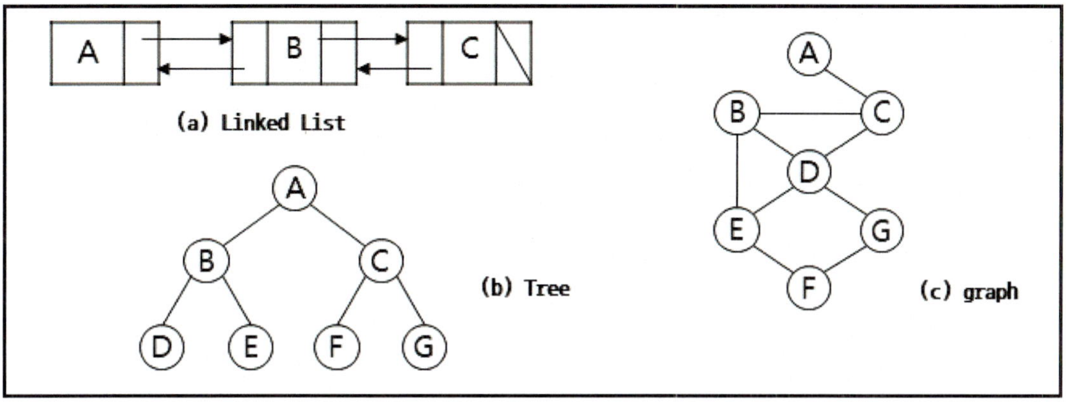

그림 II-4 비연속적인 구조의 예

Exercise

01. 다음 함수들의 시간복잡도를 O( ) 표기법으로 쓰시오.

(1)

```
def rSum(a: list, n):
    if n <= 0:
        return 0.0
    else:
        return rSum(a, n - 1) + a[n - 1]
```

(2)

```
def func(a: list, n):
    for i in range(n):
        for j in range(i + 1, n):
            if a[i] == a[j]:
                a[j] = 0
```

(3)

```
def exp(i: int, e: int):
    result = 1
    while e > 0:
        if e % 2 == 1:
            result = result * i
        i = i * i
        e = e // 2
    return result
```

(4)

```
def funcB(arr, n):  # n is size of arr
    for a in range(n):
        for b in range(a):
            for c in range(b):
                arr[c] += arr[b]
```

(5)

```
def perm(lst, i, n):
    if i == n:
        print(''.join(lst), end='   ')
    else:
        for j in range(i, n + 1):
            lst[i], lst[j] = lst[j], lst[i]
            perm(lst, i + 1, n)
            lst[i], lst[j] = lst[j], lst[i]


if __name__ == "__main__":
    txt = ['a', 'b', 'c']
    perm(txt, 0, 2)
```

02. 아래에 제시된 각 함수 f(N)에 대해 가능한 가장 빠른 상한을 쓰시오.

(1) $f(N) = N\ (N^2 \log N + N^2)$

(2) $f(N) = \log\_16\ (2^N)$

(3) $f(N) = (N/4) \log (N/4) + N/4$

(4) $f(N) = (2N + 2N)^3$

(5) $f(N) = N^{½} + \log N$

(6) $f(N) = N\log(100^3)$

(7) $f(N) = (N \cdot N \cdot N \cdot N)^3$

(8) $f(N) = (N^3 + 2N) / N$

03. T1(n) = O(f(n))이고 T2(n) = O(g(n))이라고 할 때 . 다음 중 어느 것이 맞는지 모두 고르시오.

(1) T1(n) +T2(n) =O(max(f(n), g(n)))

(2) T1(n) * T2(n) =O(f(n) * g(n))

(3) T1(n) / T2(n) =O(f(1))

(4) T1(n) = O(T2(n))

04. 다음 각 문장이 참인지 거짓인지 구분하고, 거짓인 경우 반론 예시를 제시하시오.

(1) $f(n) = \Theta(n) \wedge g(n) = \Omega(n) \Rightarrow f(n)g(n) = \Omega(n^2)$

(2) $f(n) = \Theta(1) \Rightarrow nf(n) = O(n)$

(3) $f(n) = \Omega(n) \wedge g(n) = O(n^2) \Rightarrow g(n)/f(n) = O(n)$

(4) $f(n) = O(n^2) \wedge g(n) = O(n) \Rightarrow f(g(n)) = O(n^3)$

(5) $f(n) = O(\log(n)) \Rightarrow 2f(n) = O(n)$

(6) $f(n) = \Omega(\log(n)) \Rightarrow 2f(n) = \Omega(n)$

05. 다음 각각의 f(n) 정의에 대해 적절한 asymptotic 한계를 작성하시오.

(1) $g(n) = \Omega(n) \wedge f(n) = g(n)^2 + n^3 \Rightarrow f(n) =$

(2) $g(n) = O(n^2) \wedge f(n) = n * \log(g(n)) \Rightarrow f(n) =$

(3) $g(n) = \Omega(\sqrt{n}) \wedge f(n) = g(n+216) \Rightarrow f(n) =$

(4) $g(n) = \Theta(n) \wedge f(n) = 1 + 1/g(n) \Rightarrow f(n) =$

(5) $g(n) = O(n) \wedge f(n) = 1 + 1/g(n) \Rightarrow f(n) =$

Chapter III

재귀(Recursion)

본 장에서는 자신의 함수 복사본을 호출하여 더 작은 문제를 풀게 하는 재귀에 대해 다룬다. 재귀는 수학에서 빌려온 프로그래밍에서 아주 유용한 기법 중 하나이다.

1 재귀의 기본 개념

재귀는 알고리즘이나 함수가 수행 중에 자기 자신을 다시 호출하여 문제를 해결하는 기법으로 이에 해당하는 함수를 재귀 함수라고 한다. 재귀 알고리즘을 사용하면 특정 문제를 상당히 쉽게 해결할 수 있다. 재귀를 사용하면 코드의 길이를 줄이고 읽고 쓰기 쉽게 프로그램을 작성할 수 있다. 재귀는 반복(iteration) 기법보다 몇 가지 이점이 있다. 동일하거나 유사한 하위 작업으로 정의할 수 있는 작업에 대해서는 재귀가 최상의 해결책 중 하나이다. 재귀 함수는 자기 자신의 함수를 호출하여 원래 문제의 더 작은 하위 문제를 풀어서 특정 문제를 풀 수 있다. 필요에 따라 더 많은 재귀 호출을 생성할 수도 있다.

대부분의 현대 프로그래밍 언어는 함수가 자기 자신을 호출할 수 있도록 재귀를 지원한다. 재귀 함수는 일반적으로 재귀적인 입력(기본 입력 함수가 자기 자신을 호출하는 입력 값)과 하나 이상의 기본 입력(함수가 재귀 없이 쉽게 결과를 반환하는 입력 값)으로 구성된다. 이 재귀 과정을 종료하기 위해 특정한 경우를 제공해야 한다. 따라서 매번 함수는 원래 문제의 더 간단한 버전으로 자기 자신을 호출하는 것이다.

재귀로 해결할 수 있는 문제의 예로는 하노이의 탑(towers of hanoi), 수식의 전위 및 후위 표기법, 이진 트리의 중위·전위·후위 탐색, 그래프의 깊이 우선 탐색(DFS) 등이 있다.

재귀 함수를 설계할 때 중요한 고려 사항은 허용된 입력 데이터의 값에 대해 항상 기본 경우에 도달하는지 확인하는 것이다. 이를 잘못 처리하면 종료되지 않는 무한 재귀가 발생하여 디버그하기가 꽤 어려울 수 있다. <예 III-1>은 팩토리얼 함수를 재귀 함수로 구현한 예를 보여준다.

```
def  recursiveFunction(n):
   if n==0:  # 기본 입력
     return 1
   else:
     return n * recursiveFunction(n-1) # 재귀입력
```

〈예 III-1〉 팩토리얼 함수

재귀 함수의 개념에 처음 접하는 경우, recursiveFunction(n) = n!임을 이해하는 것이 필요하다. 예를 들어, recursiveFunction(5) = 5 * recursiveFunction(4)가 되고, recursiveFunction(5) = 5 * recursiveFunction(4)가 된다.

즉,

recursiveFunction(5) 는

5 * recursiveFunction(4)

= 5 * (4 * recursiveFunction(3))

= 5 * (4 * 3 * recursiveFunction(2))

= 5 * (4 * 3 * 2 * recursiveFunction(1))

= 5 * (4 * 3 * 2 * 1))

= 120

가 됨을 이해해야 한다.

재귀는 divide & conquer 알고리즘의 자연스러운 프레임워크이다. 만약 F(n)이 크기 n의 문제를 해결하는 데 필요한 FLOP(floating point operations)의 수를 나타낸다면, divide & conquer 알고리즘의 경우 F(n)은 재귀식을 만족하게 된다.

많은 프로그래밍 언어에서는 스택 구조로 재귀를 구현하고 있다. 일반적으로 함수(호출자)가 다른 함수(호출 대상) 또는 자기 자신을 호출할 때 호출자 함수는 실행 제어를 호출 대상에게 전달한다. 이 과정에서 호출자에서 호출 대상으로 데이터가 전달되기도 한다. 이는 호출자 함수가 실행을 일시적으로 중단하고, 실행 제어가 호출 대상 함수에서 반환되면 나중에 다시 재개해야 함을 의미한다. 여기서 호출자 함수는 자신을 일시 중단한 실행 지점부터 정확히 시작해야 하고, 이전의 정확한 데이터 값을 필요로 하는데 이를 위해 호출자 함수에 대한 활성화 레코드(또는 스택 프레임)가 생성된다.

각 재귀 호출은 해당 함수에서 메모리 내에 새로운 복사본을 만든다. 함수가 반환될 때 해당 복사본은 메모리에서 제거된다. 함수 내에서 선언된 모든 변수가 모두 스택에 저장되기 때문에 각 재귀 호출마다 별도의 스택이 유지되고, 해당 함수에서 값을 반환한 후에는 스택을 공간이 회수된다.

2 재귀와 반복의 차이

재귀와 반복(iteration)은 프로그래밍에서 문제를 해결하는 두 가지 접근 방식으로 언뜻 보기에는 비슷하게 보이나 다른 개념이다. 재귀가 재귀 호출을 사용하여 문제를 해결하는 방식임에 반해 반복은 반복문(for 또는 while)을 사용하여 문제를 해결한다.

반복문의 경우 반복 횟수로 시간복잡도를 계산되는 것처럼 재귀의 경우, 모든 것이 상수로 가정하고, 재귀 호출이 몇 번 수행되는지에 따라 시간복잡도는 달라진다. 즉, 함수 호출은 O(1)이고 재귀 호출이 n번 수행되는 경우 재귀 함수는 O(n)이 된다.

모듈이 실행되기 위해 필요한 추가 공간의 양을 나타내는 공간 복잡도는 반복문의 경우, 컴파일러가 거의 추가 공간을 요구하지 않고, 반복문에서 사용된 변수의 값만 업데이트 할 뿐이다. 이와 반대로 재귀의 경우, 시스템은 재귀 호출이 발생할 때마다 활성화 레코드를 저장해야 한다. 따라서 재귀 함수의 공간 복잡도는 반복문을 사용하는 함수보다 높아질 수 있다고 알려져 있다.

반복문으로 동일한 작업을 수행할 수 있고 속도나 공간 복잡도도 재귀가 좋지 않는데 많은 프로그래머들이 재귀를 사용하는 이유는 재귀를 사용하면 프로그램이 더 읽기 쉬워지기 때문이다. 또한 재귀가 함수 호출의 오버헤드가 발생할 수 있기 때문에 일반적으로 반복의 수행 속도가 재귀에 비해 빠르다고 알려져 있지만, 최근의 컴퓨터 시스템의 성능 때문에 재귀가 반복보다 더 효율적이라고 알려져 있기 때문이기도 하다.

일반적으로 재귀는 순환적인 문제에 자연스러운 해결 방법이나, 반복은 순환적인 문제에 대해서는 프로그램 작성이 어려울 수 있다고 알려져 있다. 재귀로 구현하는 응용으로는 팩토리얼, 거듭제곱, 피보나치 수열, 하노이 탑 등이 있다. <예 III-2>와 <예 III-3>은 각각 재귀함수로 구현한 피보나치 수열과 팩토리얼 프로그램의 예를 보여준다.

```
def fibo(n):
    if n == 0:
        return 1
    elif n == 1:
        return 2
    else:
        return fibo(n - 1) + fibo(n - 2)

if __name__ == "__main__":
    n = int(input("Input a non-negative integer: "))
    for i in range(n):
        print(fibo(i), end=" ")
    print()
```

실행결과

```
Input a non-negative integer : 10
1 2 3 5 8 13 21 34 55 89
```

〈예 III-2〉 재귀함수로 구현한 피보나치 수열

```python
def factorial(n):
    # Base case: factorial of 0 or 1 is 1
    if n == 0 or n == 1:
        return 1
    # Recursive case: n! = n * (n-1)!
    else:
        return n * factorial(n - 1)

if __name__ == "__main__":
    # Input the number from the user
    num = int(input("Input a non-negative integer: "))

    # Check if the number is non-negative
    if num < 0:
        print("Factorial is not defined for negative numbers.")
    else:
        # Calculate and display the factorial
        print(f"Factorial of {num} = {factorial(num)}")
```

▶ 실행결과

```
Input a non-negative integer: 5
Factorial of 5 = 120
```

〈예 III-3〉 재귀함수로 구현한 팩토리얼

3 재귀의 일반적인 오류

<예 III-4>는 재귀 함수로 구현한 간단한 프로그램 예를 보여준다. 첫 번째 함수 printRangeIterative는 간단하고 직접적이다. 그러나, 함수 printRangeRecursive는 분할 정복(divide and conquer) 접근 방식을 사용한 예를 보여준다. printRangeRecursive(0, 10)에서 시작하여 각 printRangeRecursive호출은 자체의 매개변수와 진행 중인 다른 호출들과 분리된 고유한 변수를 얻는다. 따라서 각 호출은 start를 출력한 다음 start + 1등을 출력하기 위해 다른 복사본을 호출한다. 마지막 호출에서는 마침내 start < stop테스트가 실패하므로 함수가 종료되고, 그 다음은 부모 호출이 종료되고, 이와 같은 식으로 호출 스택의 모든 호출을 해제하여 처음 호출까지 돌아간다. 그러나 밑으로 내려갈 때는 start를 출력하는 대신, 재귀 호출을 수행한 후 위로 올라갈 때 start를 출력한다. 이는 printRangeRecursiveReversed(0, 10)에서 0이 출력되는 것은 printRangeRecursiveReversed(1, 10)의 결과 이후에 일어난다는 것을 의미한다.

지금까지 이러한 프로시저들은 일반적인 루프와 매우 유사하게 동작하며, 스택에 있는 증가하는 값이 루프 변수를 대신한다.

```
def printRangeIterative(start, stop):
    for i in range(start, stop):
        print(i)

def printRangeRecursive(start, stop):
    if start < stop:
        print(start)
        printRangeRecursive(start + 1, stop)

def printRangeRecursiveReversed(start, stop):
    if start < stop:
        printRangeRecursiveReversed(start + 1, stop)
        print(start)

def printRangeRecursiveSplit(start, stop):
    if start < stop:
        mid = (start + stop) // 2
        printRangeRecursiveSplit(start, mid)
        print(mid)
        printRangeRecursiveSplit(mid + 1, stop)

if __name__ == "__main__":
    print("printRangeIterative(0.10)")
    printRangeIterative(0, 10)
    print("printRangeRecursive(0.10)")
    printRangeRecursive(0, 10)
    print("printRangeRecursiveReversed(0.10)")
    printRangeRecursiveReversed(0, 10)
    print("printRangeRecursiveSplit(0.10)")
    printRangeRecursiveSplit(0, 10)
```

실행결과

```
printRangeIterative(0, 10)
0
1
2
3
4
5
6
7
8
9
printRangeRecursive(0, 10)
```

```
0
1
2
3
4
5
6
7
8
9
printRangeRecursiveReversed(0, 10)
9
8
7
6
5
4
3
2
1
0
printRangeRecursiveSplit(0, 10)
0
1
2
3
4
5
6
7
8
9
```

〈예 III-4〉 재귀함수로 구현한 간단한 프로그램 예

반복과 마찬가지로 재귀도 예상보다 더 많은 작업을 수행할 수 있는 강력한 도구이다. 재귀 함수에서의 오류가 루프에서의 오류보다 찾기 어려울 것으로 보일 수 있지만 대부분의 경우 다음과 같은 기본적인 몇 가지 오류에서 기인한다.

(1) 베이스 케이스 생략 오류

<예 III-5>에서 보여주듯이 <예 III-4>의 printRangeRecursive에서 if 문을 빠뜨린다고 해도 어느 정도로는 작동한다. printRangeRecursiveBad(0, 10)으로 호출하면 0을 출력하고 printRangeRecursiveBad(1, 10)을 호출하여 1, 2, 3 등을 출력한다. 그러나 10에서 멈출 수 있는 것이 없다. 따라서 결과는 긴 숫자 시퀀스가 되며 스택이 초과되면 세그멘테이션 오류가 발생하게 된다.

```
def printRangeRecursiveBad(start, stop):
    print(start)
    printRangeRecursiveBad(start + 1, stop)
```

〈예 III-5〉 베이스 케이스 생략 오류

<예 III-6>은 무한 루프의 재귀 버전을 보여주는데, 루프 테스트를 빠뜨리면 영원히 실행되게 되고, C에서는 반복이 재귀보다 효율적일 수 있음을 보여주는 예이다.

```
from itertools import count  # infinite iterator

def printRangeIterativeBad(start, stop):
    for i in count(0):
        print(i)
```

〈예 III-6〉 무한 루프의 재귀 버전

(2) 스택 오버플로우

스택 오버플로우란 재귀가 너무 깊어지면 발생하는 현상이다. 일반적으로 운영 체제는 스택이 얼마나 커질 수 있는지에 대한 엄격한 제한을 둔다. 이는 스택이 너무 많이 확장되는 프로그램은 잘못되었고 더 큰 피해를 입히기 전에 중지되어야 한다는 가정에서 나온다. 위에서 베이스 케이스를 빠뜨려도 스택 오버플로우가 생길 수 있지만, 재귀 함수를 사용하여 너무 많은 작업을 수행하려고 할 때도 발생할 수 있다. 예를 들어 printRangeRecursive(0, 1000000)을 호출하면 대략 처음 1,000개의 숫자 후에 세그멘테이션 오류가 발생할 것이다. 이러한 이유로 printRangeRecursive와 같이 재귀의 깊이가 수행하는 작업의 수에 비례하는 선형 재귀를 피하는 것이 좋다. 더 안전한 것은 printRangeRecursiveSplit과 같이 균등한 분할이다. 이 경우 스택의 깊이는 수행하는 작업의 수에 대해 로그함수가 된다.

(3) 진행 실패

문제의 더 작은 인스턴스에 대해 재귀를 수행하고 있다고 생각했지만 실제로는 아니었기 때문에 종종 스택이 초과하는 문제가 발생할 수 있다. <예 III-7>은 단순한 호출인 printRangeRecursiveSplitBad(0, 1)조차 무한 재귀에 빠짐을 보인다. mid가 0으로 설정되고 재귀 호출 printRangeRecursiveSplitBad(0, 0)은 정상적으로 작동하지만, 재귀 호출 printRangeRecursiveSplitBad(0, 1)은 다시 시작점으로 되돌리기 때문이다. printRangeRecursiveSplitBad(0, 1)을 호출하면 “RecursionError: maximum recursion depth exceeded while calling a Python object”라는 오류 메시지를 확인할 수 있다.

```
def printRangeRecursiveSplitBad(start, stop):
    if start == stop:
        print(start)
    else:
        mid = (start + stop) // 2
        printRangeRecursiveSplitBad(start, mid)
        print(mid)
        printRangeRecursiveSplitBad(mid, stop)
```

〈예 III-7〉 printRangeRecursiveSplit의 오류 버전

참고

```
import sys
sysm.setrecursionlimit(2000)
```

파이썬에서는 위와 같이 스택의 최대 깊이를 설정할 수 있다. 재귀 호출 관련 문제를 해결할 때 종종 사용된다.

4 재귀의 복잡도

재귀 함수의 점근적 복잡도를 추정하는 것은 어렵다. 루프에서는 각 반복의 비용을 반복 횟수에 곱하여 쉽게 비용을 추정할 수 있지만, 재귀 함수의 비용은 재귀 호출의 비용에 따라 달라진다. 이는 함수의 비용을 계산하기 전에 함수의 비용을 계산할 수 있어야 한다는 것으로 보인다.

다행히 대부분의 재귀 함수에 대해 재귀할 때마다 입력 크기가 줄어든다는 특징이 있다. 따라서 비용은 재귀적으로 작은 입력에 대한 비용을 고려한 재귀식(recurrence)으로 나타낼 수 있다.

몇 가지 예를 보면,

$T(n) = O(1) + T(n/2)$ 이것은 이진 검색의 비용이다. n개의 요소를 갖는 배열에서 중간 요소를 찾

아(O(1) 시간) 최악의 경우에는 n/2 요소의 배열에 대해 재귀 호출한다.

$T(n) = 2T(n/2) + O(n)$ 이것은 병합 정렬의 비용이다. 두 개로 나눈 배열을 재귀적으로 정렬하고, 그 후 O(n) 시간 안에 합친다.

$T(n) = O(1) + T(n - 1)$ 이것은 대부분의 간단한 루프의 비용이다. 재귀적 프로세스로 생각할 때 첫 번째 요소에서 O(1)의 작업을 수행한 다음 나머지에 대해 T(n－1)작업을 수행한다.

5 응용 : 힐버트 곡선(Hilbert Curve) 문제

힐버트 곡선은 독일 수학자 David Hilbert가 1892년에 의해 고안된 공간 채우기 곡선으로, 2×2, 4×4, 8×8, 16×16 또는 2의 제곱수로 이루어진 사각형 그리드의 모든 점을 방문하는 공간 채우기 곡선이다. 힐버트 곡선의 응용 분야 중 하나는 이미지 처리로 이미지 압축과 이미지 처리 등에 사용된다.

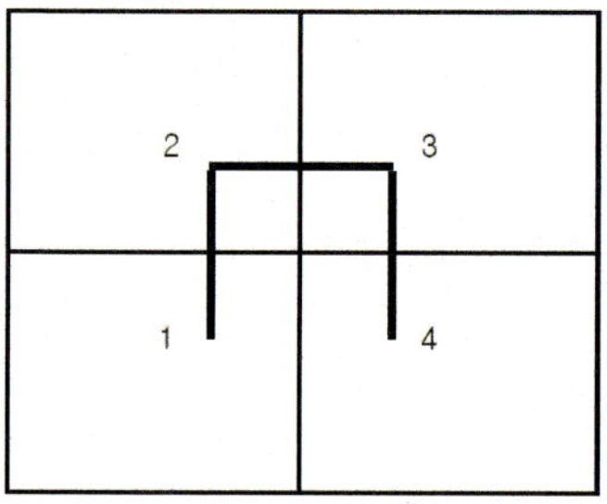

그림 III-1 힐버트 곡선

<그림 III-2>와 <그림 III-3>에서 보여주듯이, 힐버트 곡선은 정사각형을 재귀적으로 네 개의 작은 정사각형으로 나누고, 작은 정사각형의 꼭지점을 특정한 패턴으로 연결된다. 이 패턴은 꼭지점을 연결하는 순서를 결정하는 규칙으로 정의된다. 생성된 곡선은 프랙탈과 유사한 구조를 보이며 근접한 점은 공간에서 근접한 점에 해당한다.

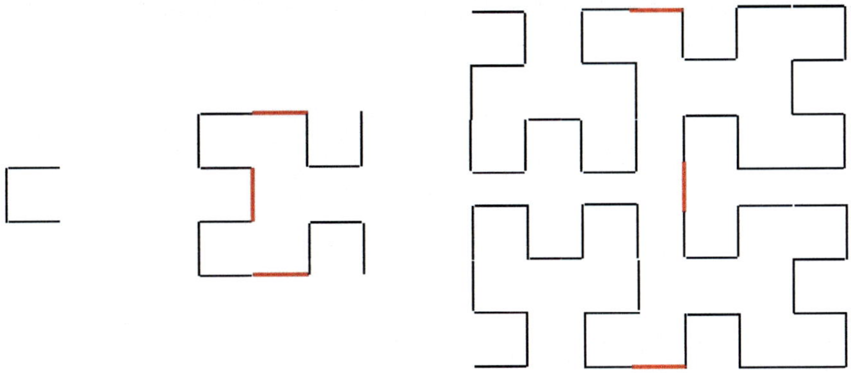

HC(1): HC(2): HC(3):

그림 III-2 1~3차(order) 힐버트 곡선

HC(4): HC(5):

그림 III-3 4~5차(order) 힐버트 곡선

첫 번째 차수(1차, HC(1)) 힐버트 곡선은 컵(cup)이라고 부르는 한쪽이 열려있는 사각형과 조인(join)이라고 부르는 두 개의 컵을 연결하는 벡터로 구성된다. "열려있는" 컵의 측면은 위, 아래, 왼쪽 또는 오른쪽일 수 있다. 또한, 각 컵에는 두 개의 끝점인 입구 지점 또는 출구 지점이 있을 수 있다. 힐버트 곡선은 기본적으로 위, 아래, 왼쪽, 또는 오른쪽으로 열려 있는 네 가지 유형의 컵만 사용한다. 마찬가지로 조인도 위, 아래, 왼쪽, 그리고 오른쪽 방향을 가지고 있다.

HC(1) 힐버트 곡선은 하나의 컵으로 이루어진 것으로 <그림 III-1>과 같이 2×2 공간을 채운다. 즉, 구간 [0,1]을 4등분하고, 정사각형 [0,1]×[0,1]을 4개의 부분 정사각형으로 분할하고, 분할된 4개의 구간과 4개의 정사각형을 대응시킨 형태가 된다.

HC(2) 힐버트 곡선은 그 컵을 더 작은 네 개로 만들고, 세 개의 조인으로 연결된다. 그 다음 차수는 차수마다 각 컵을 네 개의 더 작은 컵과 세 개의 조인으로 연결되는 형태로 반복된다. 이를 힐버트 곡선의 컵 분할 규칙이라고 하는데 정리하면 다음과 같다.

- 컵의 열린 측면을 기준으로 컵을 네 개의 더 작은 컵으로 분할한다.
- 분할된 각 컵은 원래 컵과 동일한 모양을 가지며, 크기는 절반으로 줄어든다.
- 분할된 컵들은 서로 조인으로 연결된다.
- 분할된 컵들의 조인은 원래 컵의 조인과 동일한 방향을 갖는다.

이러한 컵 분할 규칙을 통해 힐버트 곡선은 차수가 증가할수록 세부적으로 나아가며, 공간을 채우는 과정이 반복된다.

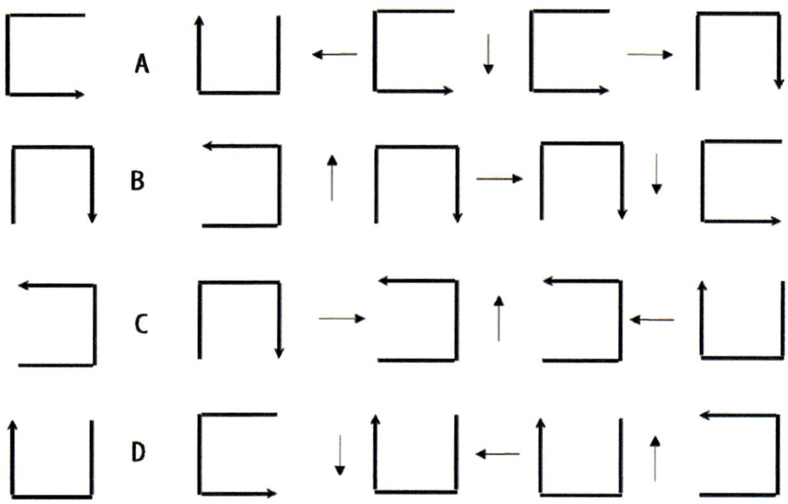

그림 III-4 힐버트 곡선 컵 분할 규칙

힐버트 곡선은 L-시스템(L-system) 개념을 사용하여 생성할 수 있다. 일차원 코딩을 위해 힐버트 공간 채우기 곡선을 간단하게 조작하는 직관적인 방법은 생성된 기본 힐버트 곡선을 간단하게 프로그래밍하는 데 목적이 있다.

파이썬 프로그램에서 힐버트 곡선을 구현하기 위해 재귀를 이용하는데 이를 위해 먼저 두 점 사이에 선분을 그리는 함수를 정의하고, hilbertCurve()라는 재귀 함수를 구현한다. 이 함수는 이차원 배열에서 현재 위치를 나타내는 x, y 좌표, 곡선 세그먼트의 길이인 length, 현재 반복 레벨인 level을 매개변수로 받는다. 반복 레벨이 0인 경우, 현재 위치에서 (x + length, y)까지 직선을 그린다. 그렇지 않은 경우, 현재 정사각형을 네 개의 작은 정사각형으로 나눈다. 이를 위해 현재 위치

(x, y)를 기준으로 네 개의 작은 정사각형의 시작 좌표를 계산한다. 작은 정사각형에 대한 좌표와 길이를 업데이트하며 hilbertCurve()를 재귀적으로 호출한다.

<예 III-8>은 힐버트 곡선의 시작 좌표와 반복 level을 초기화하고, level이 0이 될 때까지 hilbertCurve()를 재귀적으로 호출하여 힐버트 곡선을 그리는 것을 보여준다. 프로그램을 실행하면 곡선 세그먼트의 시작과 끝 좌표가 출력된다. 필요에 따라 출력을 그림으로 변환하여 캔버스에 힐버트 곡선을 그릴 수 있다.

```
def hilbertCurve(x, y, length, level):
    if level == 0:
        print(f"Draw line from ({x}, {y}) to ({x + length}, {y})")
        return

    newLength = length // 2

    hilbertCurve(x, y + newLength, newLength, level - 1)
    hilbertCurve(x + newLength, y, newLength, level - 1)
    hilbertCurve(x + newLength, y + newLength, newLength, level - 1)
    hilbertCurve(x + 2 * newLength, y + newLength, newLength, level - 1)
    hilbertCurve(x + 2 * newLength, y, newLength, level - 1)
    hilbertCurve(x + 3 * newLength, y, newLength, level - 1)
    hilbertCurve(x + 3 * newLength, y + newLength, newLength, level - 1)
    hilbertCurve(x + 4 * newLength, y + newLength, newLength, level - 1)


if __name__ == '__main__':
    canvasSize = 4  # Adjust the canvas size as needed
    initialX = 0
    initialY = 0
    initialLength = canvasSize
    initialLevel = 4  # Adjust the recursion level as needed

    hilbertCurve(initialX, initialY, initialLength, initialLevel)
```

실행결과

```
Draw line from (0, 3) to (0, 3)
...
Draw line from (12, 3) to (12, 3)
```

〈예 III-8〉 힐버트 곡선 예제 프로그램

Exercise

01. 다음 예에서 보듯이 주어진 숫자 n에 대해 첫 n 비트의 합과 마지막 n 비트의 합이 동일한 모든 길이가 2n인 이진 시퀀스를 찾는 프로그램을 재귀 함수를 이용하여 작성하시오.

```
Input:  N = 2
Output:
0101 1111 1001 0110 0000 1010

Input:  N = 3
Output:
011011 001001 011101 010001 101011 111111
110011 101101 100001 110101 001010 011110
010010 001100 000000 010100 101110 100010
110110 100100
```

힌트 아이디어는 첫 번째와 마지막 비트를 고정하고 나머지 2 * (n-1) 비트에 대해 재귀적으로 처리하는 것이며, 첫 번째와 마지막 비트를 고정할 때 네 가지 가능성이 있다.
첫 번째와 마지막 비트가 1이며, 나머지 n - 1 비트 양쪽에도 합이 같아야 한다.
첫 번째와 마지막 비트가 0이며, 나머지 n - 1 비트 양쪽에도 합이 같아야 한다.
첫 번째 비트가 1이고 마지막 비트가 0이면, 왼쪽에 남은 n - 1 비트의 합은 오른쪽에 남은 n - 1 비트의 합보다 1 작아야 한다.
첫 번째 비트가 0이고 마지막 비트가 1이면, 왼쪽에 남은 n - 1 비트의 합은 오른쪽에 남은 n - 1 비트의 합보다 1 커야 한다.

02. 다음 예에서 보듯이, 주어진 문자열은 0에서 9까지의 숫자만 포함하고 있으며 정수 값인 target이 주어진다. 문자열의 숫자와 이진 연산자 +, – 및 *를 사용하여 대상 값으로 평가할 수 있는 표현식의 수를 찾는 프로그램을 재귀 함수를 이용하여 작성하시오.

```
Input : "123",  Target : 6
Output : {“1+2+3”, “1*2*3”}

Input : “125”, Target : 7
Output : {“1*2+5”, “12-5”}
```

03. 다음 예에서 보듯이, 두 개의 길이가 N인 문자열 str1과 str2가 주어졌을 때, 인덱스 i의 생성된 문자열의 문자가 str1[i] 또는 str2[i] 중 하나가 될 수 있는 모든 가능한 문자열을 생성하는 프로그램을 재귀 함수를 이용하여 작성하시오.

```
Input : str1 = “abc”, str2 = “def”
Output :
abc
abf
aec
aef
dbc
dbf
dec
def
Input : str1 = “a”, str2 = “b”
Output :
a
b
```

04. 다음 예에서 보듯이, 두 개의 문자열이 주어졌을 때, 재귀를 사용하여 한 문자열을 다른 문자열로 복사하는 프로그램을 재귀 함수를 이용하여 작성하시오. 슬라이싱이나 str 클래스의 메서드를 사용하면 어렵지 않게 가능하지만, 편리한 기능들을 배제하고 한 글자씩 복사해볼 것.

```
Input :
s1 = "hello"
s2 = "geeksforgeeks"
Output :
s2 = "hello"

Input :
s1 = "geeksforgeeks"
s2 = ""
Output :
s2 = "geeksforgeeks"
```

Chapter IV

연결 리스트(Linked List)

본 장에서는 어떤 데이터를 저장할 때 그다음 순서의 자료가 있는 위치를 데이터에 포함하는 방식으로 자료를 저장하는 연결 리스트에 대에 다룬다. 연결 리스트는 각 노드가 데이터와 포인터를 가지고 있으며, 노드들이 연결된 형태로 자료를 저장한다.

리스트는 기본적으로 순차적인 방식으로 원소가 나열된 것이다. 컴퓨터 시스템 메모리는 두 가지 방법으로 리스트를 저장할 수 있다. 하나는 원소를 순차적인 메모리 위치에 저장하는 것이다. 즉, 배열에 리스트를 저장하는 방법이다. 다른 방법은 포인터나 링크를 사용하여 원소를 순차적으로 연결하는 것이다. 이를 연결 리스트라고 한다.

연결 리스트는 배열과 매우 다른 유형의 자료구조로 연결 리스트는 포인터를 사용하여 노드를 서로 연결하여 리스트(sequence)를 만든다. 연결 리스트를 사용하면 운영 체제가 허용하는 총 메모리 양만큼의 자료들을 저장할 수 있다. 이는 연결 리스트가 매우 유연하고 동적인 구조이기 때문이다. 배열 기반 리스트를 비교할 때 연결 리스트의 단점은 어떤 원소에도 get(i)나 set(i;x)를 사용하여 상수 시간 내에 접근할 수 없다는 것이다. 연결 리스트는 한 번에 한 원소씩 리스트를 통해 찾아야 한다. 배열 기반 리스트를 비교할 때 연결 리스트의 장점은 보다 동적이라는 것이다. 리스트 노드 u를 엑세스했으면, 상수 시간 내에 u를 삭제하거나 u의 인접한 곳에 노드를 삽입할 수 있다. 연결 리스트는 단일(또는 단순) 연결 리스트, 이중 연결 리스트, 그리고 환형 연결 리스트 등이 있다.

1 단일 연결 리스트(Singly Linked List)

단일 연결 리스트(singly linked list)는 두 가지 표현 방법, 즉 순차적 표현 방법과 비순차적 표현 방법이 있다. 순차적 표현은 리스트의 원소들을 메모리에 연속적으로 저장하는 방식이다. 일반적으로 배열을 이용해 구현한다. 이 방식에서는 원소들의 저장 순서가 리스트에 표현된 순서와 동일하다. 따라서 임의의 원소에 접근하거나 스택이나 큐에서 원소를 삽입하거나 삭제하는 작업에 적합하다. 그러나 순차적인 표현 방식은 원소의 삽입 또는 삭제 시, 해당 원소의 위치를 찾아 이동시켜야 하므로 연산 비용이 클 수 있다는 것이다. 즉, 한 자리씩 이동해야 하는 경우가 발생할 수 있다.

이와 반대로 비순차적 표현은 비순차적 표현은 각 노드가 데이터와 다음 노드를 가리키는 포인터로 이루어진 형태이다. 원소들의 저장 순서와 표현된 순서가 다를 수 있다. <그림 IV-1>은 2개의 배열을 이용하여 리스트를 비순차적으로 표현한 예를 보여 준다. 각 노드는 메모리에서 임의의 위치에 저장될 수 있으며, 다음 노드를 가리키는 포인터를 통해 순서를 유지한다. 비순차적인 표현의 장점은 원소의 삽입 또는 삭제가 상대적으로 간단하다는 것이다. 해당 위치의 노드를 수정하거나 연결만 해주면 된다. 또한 원소들의 순서가 변경되더라도 기존 포인터만 수정하면 되므로 연산 비용이 작다. 그러나, 비순차적 표현은 임의의 위치에 있는 원소에 접근하기 위해서는 처음부터 순회해야 하는 단점이 있다. 따라서 원소에 직접적인 접근이 어려울 수 있다. 또한, 순차적 표현에 비해 구현이 조금 더 복잡할 수 있다. 순차적 표현과 비순차적 표현은 각각 장단점을 가지고 있으며, 사용 목적에 따라 적절하게 사용해야 한다. 연결 리스트를 지칭할 때 순차적인지 비순차적인지 구분 하지 않는 경우, 대부분 비순차적 연결 리스트를 뜻한다.

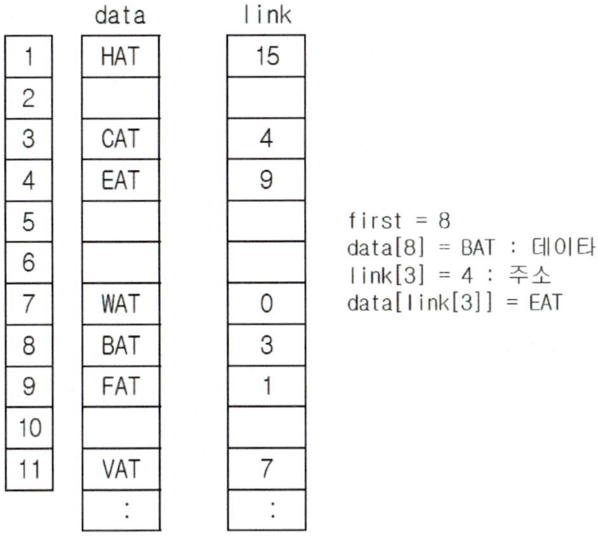

그림 IV-1 배열 2개를 사용한 비순차적 리스트 표현

(1) 노드와 노드 구조체

연결 리스트의 노드는 데이터를 저장하는 부분과 다음 노드를 가리키는 포인터로 구성된다. <그림 IV-2>는 노드의 구성 원소인 데이터와 포인터(링크)를 보여준다. 노드는 데이터를 저장하기 위한 특정 형식의 변수나 구조체로 만든다. 여기서 데이터는 사용자가 원하는 자료형으로 만들 수도 있다. 일반적으로 노드는 데이터 필드라고도 불린다. 또한, 노드는 다음 노드를 가리키는 포인터를 갖고 있다. 이 포인터는 다음 노드의 위치나 주소를 가리키며, 다음 노드와의 연결을 가능하게 한다. 이를 링크 또는 포인터 필드라고도 한다. 이러한 구조를 통해 연결 리스트는 유연하게 데이터를 저장하고, <그림 IV-3>과 같이 노드들 간의 연결을 통해 리스트를 만들 수 있다.

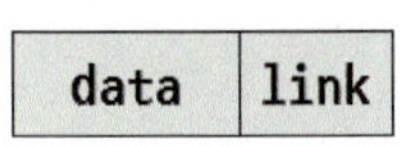

그림 IV-2 노드의 구성 원소

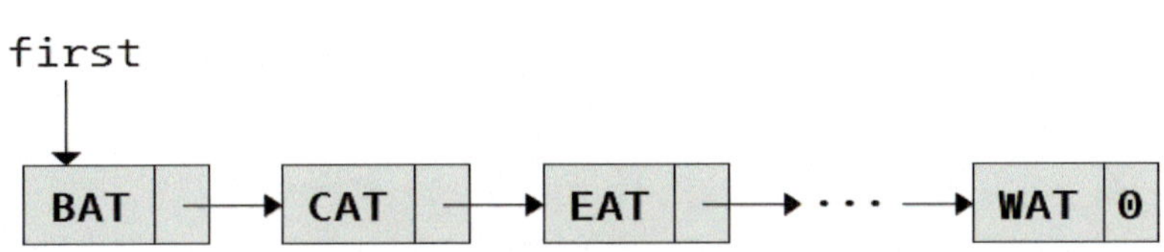

그림 IV-3 연결 리스트를 그리는 일반적인 방법

C언어의 경우, 연결 리스트를 구성하는 노드는 보통 자기 참조 구조체를 사용하여 정의한다. 자기 참조 구조체는 자신과 동일한 타입의 포인터를 멤버로 가지는 구조체로 이를 활용하여 각 노드는 데이터를 저장하는 데이터 필드와 다음 노드를 가리키는 링크 필드를 갖게 된다. 파이썬 언어에서는 <예 IV-1>과 같이 클래스 선언으로 나타낼 수 있다. <예 IV-1>에서 link 멤버는 다음 노드를 가리키는 포인터로, 자기 자신과 같은 클래스의 인스턴스를 참조한다.

```
class ListNode:
    def __init__(self, data=0, link=None):
        self.data = data
        self.link: ListNode = link


listNode = ListNode()
```

〈예 IV-1〉 노드 구조체의 예

(2) 연결 리스트의 정의와 시작

연결 리스트는 첫 번째 원소를 가리키는 포인터로 시작된다. 이를 통해 리스트의 첫 번째 노드에 접근할 수 있다. 새로운 연결 리스트는 초기에는 비어있는 상태이므로 시작 포인터는 초기에 0 또는 NULL(파이썬에서는 None)로 초기화해야 한다.

```
class LinkedList:
    def __init__(self):
        self.first = None
```

〈예 IV-2〉 노드 구조체의 초기화

노드 구조체를 정의하고 시작 포인터를 통해 연결 리스트를 생성하고 조작할 수 있다. 시작 포인터를 이용하여 리스트의 첫 번째 노드에 접근하고, 링크 필드를 통해 다음 노드로 이동하여 리스트를 순회하거나 수정할 수 있다.

(3) 연결 리스트의 삽입

새로운 노드의 삽입은 first가 가리키고 있는 것이 None일 경우와 그렇지 않을 경우로 나눌 수 있다. first가 None인 경우(빈 리스트인 경우)는 새로운 노드를 생성하여 데이터를 저장하고 링크를 None으로 설정하고, first를 새로운 노드를 가리키도록 설정하면 된다.

first가 None이 아닌 경우(리스트에 노드가 있는 경우)는 새로운 노드를 생성하여 데이터를 저장하고 링크를 first가 가리키는 노드를 가리키도록 설정한다. 그리고 first를 새로운 노드를 가리키도록 설정한다. 이렇게 함으로써 새로운 노드가 리스트의 첫 번째 노드로 삽입되는 것을 구현할 수 있다. 이후에 다른 노드들을 추가적으로 삽입하거나 리스트를 조작할 수 있다.

<그림 IV-4>는 연결 리스트에서 새로운 노드 삽입하는 과정을 보여 주고, <예 IV-3>은 파이썬 프로그래밍 언어로 작성한 노드 삽입 방법을 보여준다. <예 IV-3>에서 연결 리스트의 first 노드 x 뒤에 데이터가 50인 새로운 노드를 삽입하기 위해 temp라는 임시 노드를 생성하여 동적으로 메모리를 할당한다. 이 노드는 데이터를 50으로 설정하고 링크는 초기에 None로 설정된다. 연결 리스트의 first가 비어있지 않은 경우(노드가 존재하는 경우)는 temp의 링크를 x의 링크가 가리키는 노드를 가리키도록 설정하는데 이는 temp를 x의 뒤에 삽입하기 위함이다. x의 링크를 temp를 가리키도록 설정하여 temp가 x의 다음 노드로 삽입한다. 연결 리스트의 first가 비어있는 경우 (리스트가 비어있는 경우)를 위해 temp의 링크를 None으로 설정하고 first를 temp를 가리키도록 하여 temp가 첫 번째 노드로 삽입되게 한다.

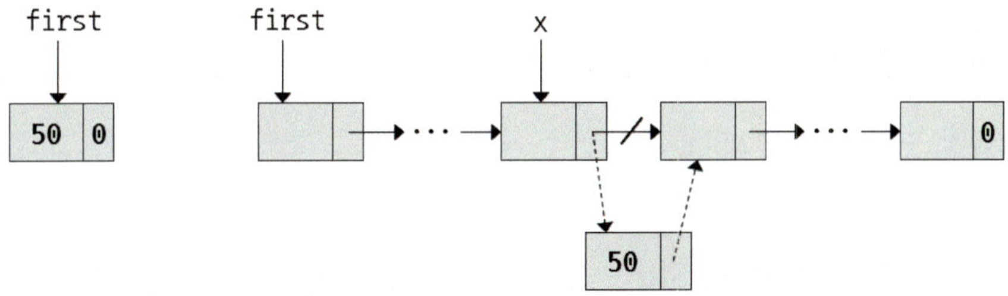

그림 IV-4 연결 리스트의 노드 삽입

```
class LinkedList:
    def __init__(self):
        self.first = None

    def insert(self, x: ListNode):
        # data = 50인 새로운 노드를 노드 x 뒤에 삽입
        temp = ListNode(50)
        if self.first is not None:
            temp.link = x.link
            x.link = temp
        else:
            temp.link = None
            self.first = temp
```

〈예 IV-3〉 연결 리스트의 노드 삽입

(4) 연결 리스트의 삭제

연결 리스트에서 노드를 삭제할 때는 삭제할 노드가 첫 번째 노드인지 아닌지에 따라 처리 방식이 다르다. <그림 IV-5>와 같이 연결 리스트의 첫 번째 노드를 삭제하는 경우 first가 가리키는 노드가 삭제할 노드가 된다. first를 삭제할 노드의 다음 노드를 가리키도록 해야 한다. 삭제할 노드를 해제하기 위해 동적 메모리를 해제한다.

<그림 IV-6>은 첫 번째 노드가 아닌 노드를 삭제할 경우를 보여준다. 삭제할 노드를 y라고 가정하면, y는 삭제할 노드의 이전 노드를 가리키는 포인터가 된다. y의 링크를 삭제할 노드의 다음 노드를 가리키도록 해야 한다. 마찬가지로 동적 메모리를 해제하여 노드를 삭제한다. <예 IV-4>는 파이썬 프로그래밍 언어로 작성한 노드 삭제 방법을 보여준다. <예 IV-4>에서 trail이 삭제될 removeNode의 선행 노드라고 할 때 trail이 None이 아닌 경우 trail이 가리키는 노드의 링크를 삭제할 노드의 링크로 업데이트한다. 이렇게 함으로써 removeNode를 리스트에서 분리한다. 또한 trail이 None인 경우, 즉, first가 가리키는 노드가 삭제할 노드인 경우는 first를 삭제할 노드의 다음 노드를 가리키도록 업데이트하여 첫 번째 노드를 변경한다. 그리고 삭제할 노드인 removeNode의 동적 메모리를 해제한다.

그림 IV-5 delete(null, first); 의 전과 후의 리스트

그림 IV-6 delete(y, y.link); 의 전과 후의 리스트

```
def delete(self, trail, removeNode):
    # 리스트로부터 노드를 삭제, trail은 삭제될 removeNode의 선행 노드
    if trail is not None:
        trail.link = removeNode.link
    else:
```

```
        self.first = self.first.link
    del removeNode
```

〈예 IV-4〉 연결 리스트의 노드 삭제

(5) 응용 1. 간단한 다항식 프로그램

<예 IV-5>는 연결 리스트를 생성하고, 노드를 삽입하고 삭제하는 기능과 노드를 탐색 및 출력하는 기능을 포함한 간단한 프로그램 예를 보여준다. 여기서 ListNode()는 새로운 노드를 생성하며, 주어진 데이터와 링크를 가지는 새로운 노드를 동적으로 할당하고, 해당 노드를 반환한다. insertHead()는 새로운 노드를 리스트의 헤더에 삽입하는 메서드로 새로운 노드의 링크를 현재의 헤더 노드를 가리키도록 설정하고, 헤더 포인터를 새로운 노드로 업데이트한다.

insert()는 새로운 노드를 주어진 노드 x의 뒤에 삽입하는 메서드로 연결 리스트가 비어있지 않은 경우, 새로운 노드의 링크를 x의 링크로 설정하고, x의 링크를 새로운 노드로 업데이트하고, 연결 리스트가 비어있는 경우, 새로운 노드의 링크를 None으로 설정하고, 헤더 포인터를 새로운 노드로 업데이트한다. delete()는 연결 리스트로부터 노드를 삭제하는 메서드이다. 삭제할 노드의 선행 노드 trail이 주어지고, 연결 리스트의 시작을 가리키는 멤버 변수 self.first가 사용된다. 만약 trail이 None이 아닌 경우, trail의 링크를 삭제할 노드의 링크로 설정하여 노드를 분리하고, 그렇지 않은 경우, first를 삭제할 노드의 다음 노드를 가리키도록 업데이트하여 첫 번째 노드를 변경한다. 마지막으로, 삭제할 노드를 동적으로 해제하여 메모리를 반환한다.

```
class ListNode:
    def __init__(self, data=0, link=None):
        self.data = data
        self.link: ListNode = link


class LinkedList:
    def __init__(self):
        self.first = None

    def insertHead(self, newNode):
        # 새로운 노드를 헤더에 삽입
        newNode.link = self.first
        self.first = newNode

    def insert(self, x, newNode):
        # 새로운 노드를 노드 x 뒤에 삽입
```

```
        if self.first is not None:
            newNode.link = x.link
            x.link = newNode
        else:
            newNode.link = None
            self.first = newNode

    def delete(self, trail, removeNode):
        # trail은 삭제될 removeNode의 선행 노드이며 first는 리스트의 시작
        if trail is not None:
            trail.link = removeNode.link
        else:
            self.first = self.first.link
            del removeNode

    def search(self, x):
        # 탐색
        node = self.first
        while node:
            if node.data == x:
                return node
            node = node.link

        return None

    def __str__(self):
        # 리스트 출력
        if self.first is None:
            return ""
        else:
            node = self.first
            result = []
            while node is not None:
                result.append(str(node.data))
                node = node.link
            return ' '.join(result)


if __name__ == '__main__':
    lst = LinkedList()

    lst.insertHead(ListNode(10))
    lst.insertHead(ListNode(20))
    lst.insertHead(ListNode(30))
    lst.insertHead(ListNode(40))
```

```
lst.insertHead(ListNode(50))

temp = lst.search(30)

lst.insert(temp, ListNode(25))
print(lst)
lst.delete(temp, temp.link)
print(lst)
lst.delete(None, lst)
print(lst)
```

▶ 실행결과

```
The list contains:  50  40  30  25  20  10
The list contains:  50  40  30  20  10
The list contains:  40  30  20  10
```

〈예 IV-5〉 간단한 연결 리스트 예제 프로그램

(6) 응용 2. 연결 리스트를 활용한 다항식 프로그램

일반적인 다항식은 0이 아닌 계수와 음수가 아닌 정수 지수로 구성된다. 이러한 다항식을 컴퓨터로 처리하기 위해 연결 리스트를 사용하는 자료구조를 활용할 수 있다. 하나의 다항식은 하나의 연결 리스트로 표현되고, 각 노드는 다항식의 항을 나타내며, 계수와 지수를 저장하는 정보를 포함한다. 일반적인 다항식은 $A(x) = a_{m-1}x^{e_{m-1}} + \ldots + a_0x^{e_0}$ 로 표현할 수 있다. 여기서 a_i는 0이 아닌 계수, e_i는 음수가 아닌 정수 지수가 된다.

예를 들어, 다항식 $A(x) = 3x^{12} + 2x^8 + 1$ 과 $B(x) = 8x^{14} - 3x^{10} + 10x^6$ 를 연결 리스트로 표현하면 연결 리스트의 각 노드는 계수와 지수를 저장하는 구조체로 구성되며, 각각 <그림 IV-7>의 (a)와, (b)와 같이 표현할 수 있다.

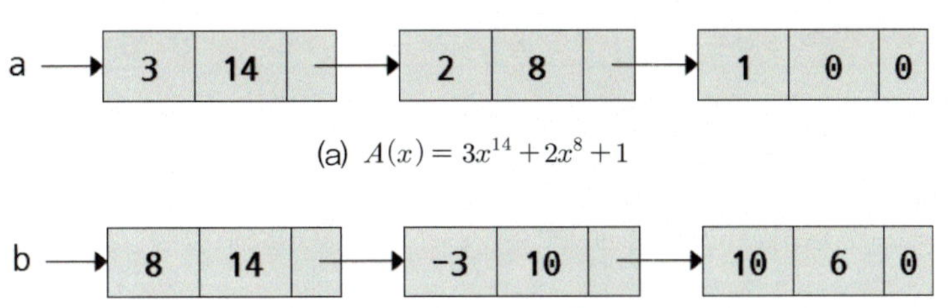

(a) $A(x) = 3x^{14} + 2x^8 + 1$

(b) $B(x) = 8x^{14} - 3x^{10} + 10x^6$

그림 IV-7 연결 리스트로 표현한 다항식

다항식을 위한 연결리스트의 노드는 <예 IV-6>과 같이 PolyNode 클래스의 변수 a와 b를 정의할 수 있다. 연결리스트의 노드를 class PolyNode로 정의하고 coef(계수, coefficient), expon(지수, exponent) 멤버로 다항식의 항을 정의한다. 또한, link는 다음 항을 가리키는 포인터로 사용된다.

```
class PolyNode:
    def __init__(self, coef=0.0, expon=0, link=None):
        self.coef = coef
        self.expon = expon
        self.link: PolyNode = link


a = PolyNode()
b = PolyNode()
```

〈예 IV-6〉 다항식 표현을 위한 구조체 정의

가. 다항식의 덧셈

두 다항식을 더하려면 위에서 정의한 노드 a와 b에서 시작되는 항을 비교해야 한다. 먼저 계수를 비교한 뒤 지수를 비교하여 같으면 계수를 더하여 결과 다항식에 새로운 항을 만든다. 만약 지수가 다르면 더 큰 지수를 갖는 포인터의 지수와 같은 항을 만들어 결과 다항식에 추가하면 된다. 즉, 2개의 다항식을 더하는 덧셈은 다항식 A와 B의 항들을 따라 순회하면서 각 항들을 <표 IV-1> 에서 보여주는 방법으로 두 개의 다항식을 더하면 된다.

표 IV-1 다항식의 덧셈

① p.expon == q.expon : 두 계수를 더해서 0이 아니면 새로운 항을 만들어 결과 다항식 C에 추가하고 p와 q는 모두 다음 항으로 이동
② p.expon < q.expon : q가 지시하는 항을 새로운 항으로 복사하여 결과 다항식 C에 추가하고 q만 다음 항으로 이동
③ p.expon > q.expon : p가 지시하는 항을 새로운 항으로 복사하여 결과 다항식 C에 추가하고 p만 다음 항으로 이동

예를 들어, <그림 IV-8>에서 보여주듯이, 다항식 $A(x) = 4x^3 + 3x^2 + 5x$와 다항식 $B(x) = 3x^4 + 3x^2 + 2x + 1$을 더하는 과정을 보면, 먼저 <그림 IV-9>와 같이 각 다항식의 첫 번째 항인 $4x^3$항과 $3x^4$을 비교하여 p.expo < q.expo이므로 지수가 큰 q 노드를 리스트 C에 복사한다. 그리고 포인터 q는 다음 노드로 이동시킨다.

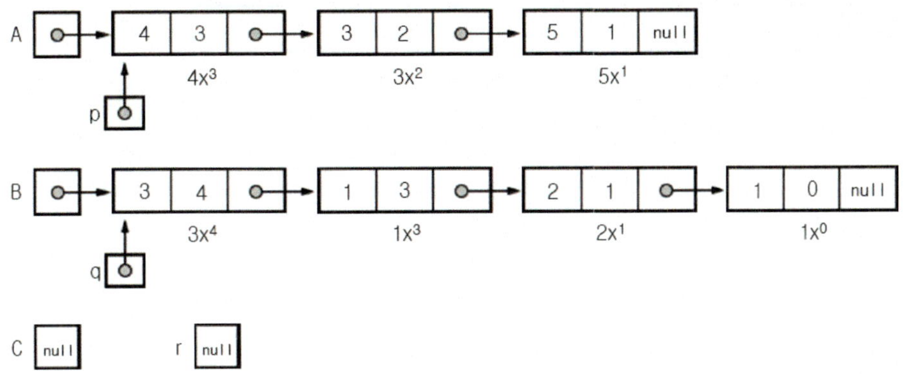

그림 IV-8 두 다항식 $A(x)=4x^3+3x^2+5x$와 $B(x)=3x^4+3x^2+2x+1$의 덧셈 과정

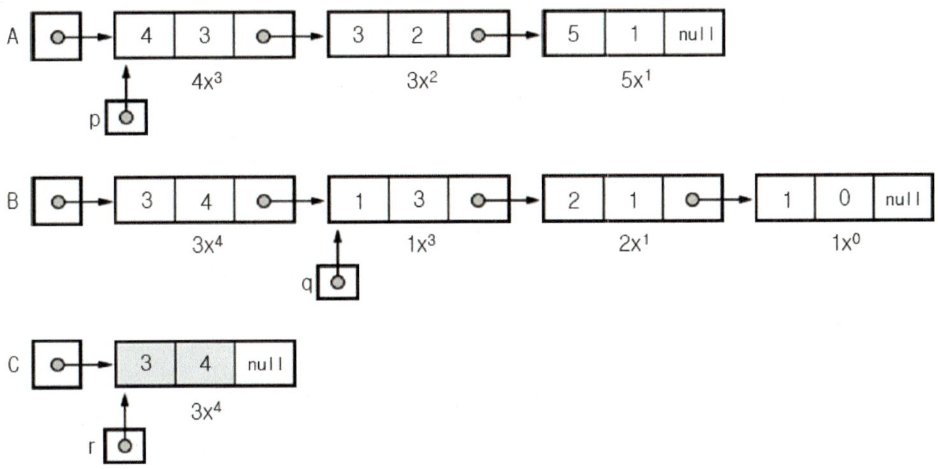

그림 IV-9 두 다항식의 덧셈, p.expo 〈 q.expo의 경우

다음으로 <그림 IV-10>에서 보여주듯이 $4x^3$항과 $1x^3$항은 p.expo = q.expo 이므로 두 노드의 coef 필드의 값을 더하고, expo 필드의 값을 복사한 노드를 리스트 C에 추가한다. 그리고 포인터 p와 q는 다음 노드로 이동시킨다.

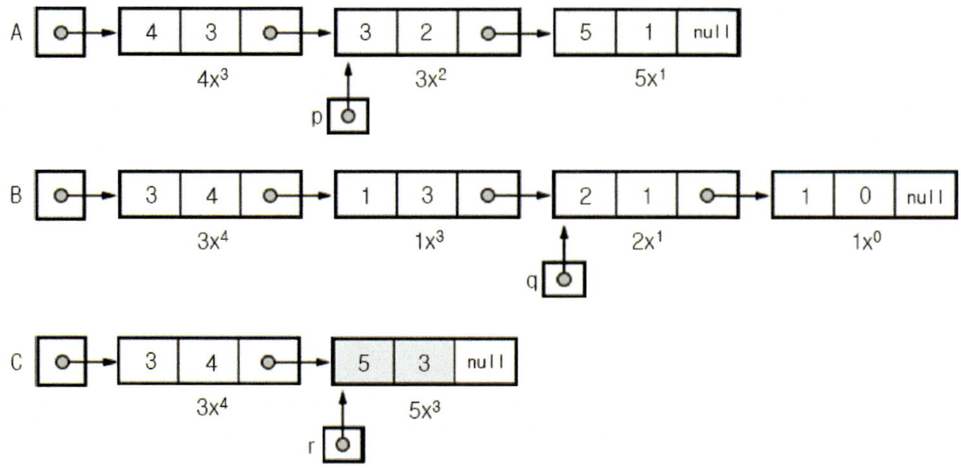

그림 IV-10 두 다항식의 덧셈, p.expo = q.expo의 경우

다음으로 <그림 IV-11>에서 보여주듯이, $3x^2$항과 $2x^1$항은 p.expo > q.expo 이므로 지수가 큰 p 노드를 리스트 C에 복사하고, 포인터 p는 다음 노드로 이동시킨다.

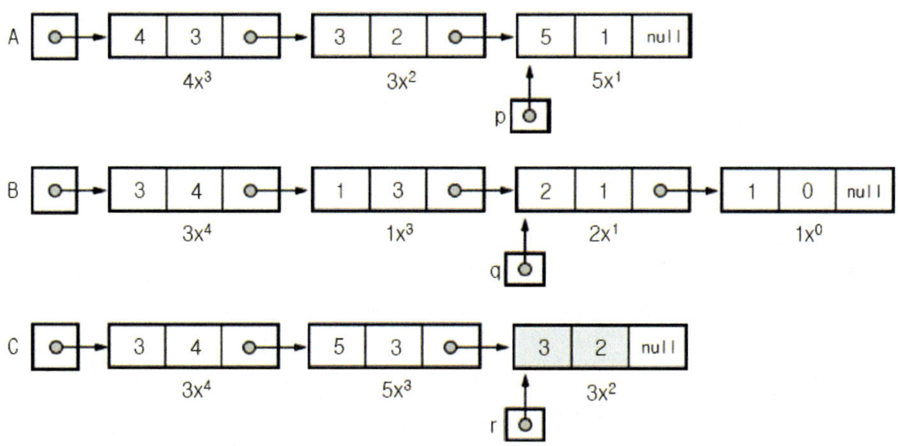

그림 IV-11 두 다항식의 덧셈, p.expo 〉 q.expo의 경우

다음으로 <그림 IV-12>에서 보여주듯이, $5x^1$항과 $2x^1$항은 p.expo = q.expo 이므로 두 노드의 coef 필드의 값을 더하고, expo 필드의 값을 복사한 노드를 리스트 C에 추가한다. 그리고 포인터 p와 q는 다음 노드로 이동시킨다.

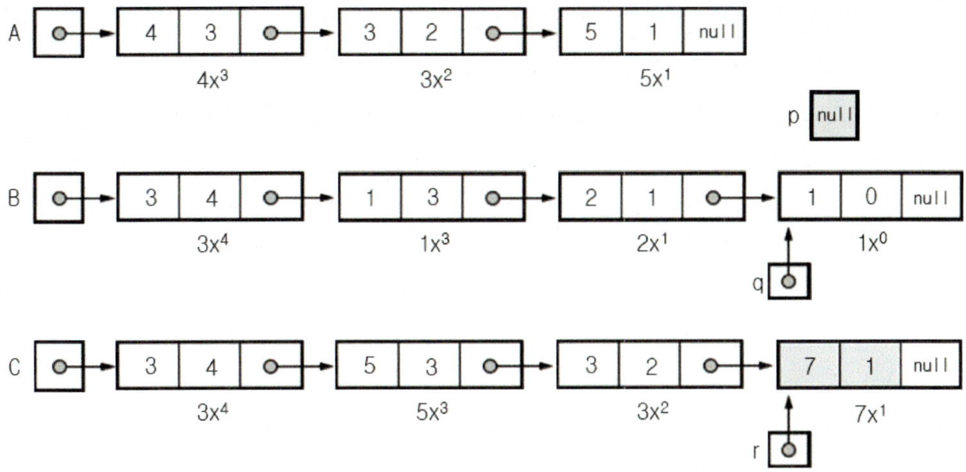

그림 IV-12 두 다항식의 덧셈, p.expo = q.expo의 경우

마지막으로 <그림 IV-13>에서 보여주듯이 B(x)의 남은 항에 대한 처리를 한다. 포인터 p가 null이므로 다항식 A(x)의 항에 대한 처리는 끝나고, 처리할 항이 남아있는 다항식 B(x)의 포인터 q는 null이 될 때까지 모든 노드를 복사하여 리스트 C에 추가한다.

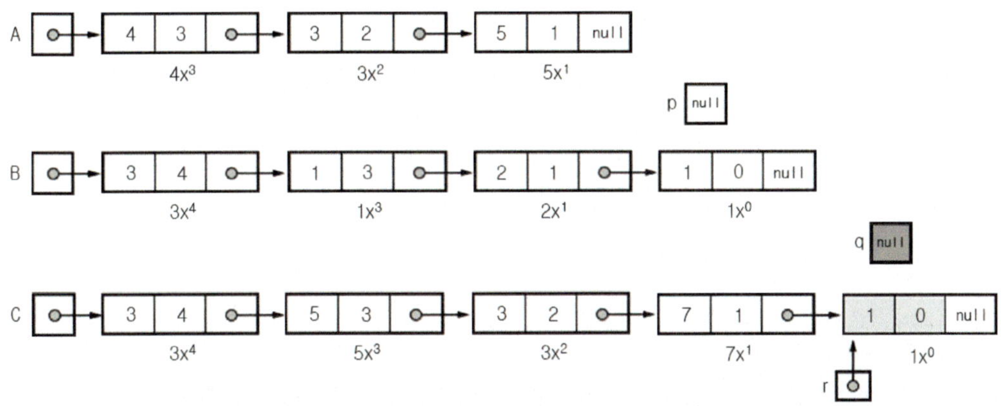

그림 IV-13 두 다항식의 덧셈, 마지막 항의 처리

<예 IV-7>은 다항식을 표현하고, 다항식 덧셈 연산을 수행하는 프로그램의 일부분을 보여준다. 먼저 compare() 함수는 두 개의 인자 x와 y를 받아서, x가 y보다 작으면 -1을, x와 y가 같으면 0을, 그렇지 않으면 1을 반환한다. 이러한 비교 결과를 사용하여 나중에 다항식 노드들을 지수(exponent)를 비교할 때 사용한다. attach()는 주어진 계수, coefficient와 지수, exponent를 갖는 새로운 다항식 노드를 생성하고, 이 노드를 세 번째 인자 polyList의 마지막 노드 polyList['rear'] 뒤에 추가하는 함수이다. 그리고 polyList['rear']을 새로 추가된 노드를 가리키도록 갱신한다.

padd()는 두 다항식 a와 b를 더한 결과를 반환하는 함수이다. 이때 위에서도 설명했지만, a와 b의 각 항목을 지수, exponent에 따라 비교하고, 지수, exponent에 따라 더하거나, a 또는 b에서 항목을 추가하여 결과 다항식을 생성한다. polyList는 다항식을 나타내는 리스트의 시작과 끝 항목을 기억하는 사전이다. 파이썬 리스트 또는 클래스로 나타낼 수도 있으나, 이 예제에서는 간단히 사전으로 polyList를 표현했다. C 언어의 경우에는 이중 포인터를 사용해서 구현하게 된다.

if문과 compare 함수를 사용하여 지수에 따라 덧셈을 수행하는데, a의 지수가 b의 지수보다 작을 경우(-1), b의 항목을 결과 다항식에 추가하고, a와 b의 지수가 같을 경우(0) 계수를 합산하고, 합이 0이 아닌 경우에만 결과 다항식에 추가한다. a의 지수가 b의 지수보다 클 경우(1)는 a의 항목을 결과 다항식에 추가한다. 그리고 이를 for 루프를 사용하여 a와 b의 나머지 항목을 결과 다항식에 추가한다.

```
class PolyNode:
    # coef=계수 expon=지수
    def __init__(self, coef, expon, link=None):
        self.coef = coef
        self.expon = expon
        self.link = link


def compare(x, y):
    if x < y:
        return -1
    elif x == y:
        return 0
    else:
        return 1


def attach(coefficient, exponent, polyList):
    """
    coef = coefficient이고 expon = exponent인 새로운 노드를 생성하고, 그것을
    ptr에 의해 참조되는 노드에 첨가 한다. ptr을 갱신하여 이 새로운 노드를 참조하도록 한다.
    """
    temp = PolyNode(coefficient, exponent)
    polyList['rear'].link = temp
    polyList['rear'] = temp


def padd(self, a: PolyNode, b: PolyNode):
    # a와 b가 합산된 다항식을 반환
    rear = PolyNode(0, 0)
    polyLlst = {'front': rear, 'rear': rear}  # 리스트
```

```
    while a and b:
        comp = compare(a.expon, b.expon)
        if comp == -1:  # a.expon < b.expon
            attach(b.coef, b.expon, polyLlst)
        elif comp == 0:  # a.expon == b.expon
            sum_ = a.coef + b.coef
            if sum:
                attach(sum, a.expon, polyLlst)
            a = a.link
            b = b.linnk
        else:  # case 1: a.expon > b.expon
            attach(a.coef, a.expon, polyLlst)
            a = a.link

    # 리스트 a와 리스트 b의 나머지를 복사
    while a:
        attach(a.coef, a.expon, polyLlst)
        a = a.link
    while b:
        attach(b.coef, b.expon, polyLlst)
        b = b.link
    return polyLlst
```

〈예 IV-7〉 다항식의 덧셈

<예 IV-8>은 지금까지 설명한 다항식의 덧셈을 파이썬 프로그래밍 언어로 구현한 것을 보여준다. <예 IV-7> 다항식의 덧셈과는 달리 리스트를 PolyList 클래스로 나타내었다. PolyNode 클래스는 계수(coef), 지수(expon) 및 다음 항목을 가리키는 링크(link)로 맴버 변수로 구성되고, PolyList 클래스는 연결 리스트의 헤더를 나타내는 것으로 리스트의 길이(length), 헤드(head), 테일(tail)을 가리키는 맴버 변수로 구성되어 있다. PolyList 인스턴스를 생성하면 리스트의 길이를 0으로 설정하고 헤드와 테일을 None으로 초기화한다. insertTail()은 리스트의 끝에 새 항목을 추가하는 메서드이다. 계수 coef와 지수 expon를 받아서 새 항목을 생성하고 리스트의 끝에 추가한다.

add()는 두 다항식을 더하는 메서드로 리스트 plist1과 plist2의 항목들을 합하여 세 번째 리스트(self)에 저장한다. 지수가 같은 항목끼리 더하고, 계수가 0이 아닌 경우에만 결과 리스트에 추가한다. print()는 다항식을 출력하는 메서드로 리스트의 항목들을 계수와 지수 형식으로 출력하고, 각 항목 사이에 '+'를 넣어 출력한다.

```
class PolyNode:
    # coef=계수 expon=지수
    def __init__(self, coef, expon, link=None):
        self.coef = coef
        self.expon = expon
        self.link = link


class PolyList:
    def __init__(self):
        self.length = 0
        self.head = self.tail = None

    def insertTail(self, coef, expon):
        temp = PolyNode(coef, expon)

        if self.tail is None:
            self.head = self.tail = temp
        else:
            self.tail.link = temp
            self.tail = temp

        self.length += 1

    # self = plist1 + plist2
    def add(self, plist1, plist2):
        a = plist1.head
        b = plist2.head

        while a and b:
            if a.expon == b.expon:
                sum_ = a.coef + b.coef
                if sum_ != 0:
                    self.insertTail(sum_, a.expon)
                a = a.link
                b = b.link
            elif a.expon > b.expon:
                self.insertTail(a.coef, a.expon)
                a = a.link
            else:
                self.insertTail(b.coef, b.expon)
                b = b.link

        # a식과 b식 중 하나가 먼저 끝나게 되면 남아있는 항들을 모두 결과 식으로
        while a is not None:
```

```python
            self.insertTail(a.coef, a.expon)
            a = a.link

        while b is not None:
            self.insertTail(b.coef, b.expon)
            b = b.link

    def __del__(self):
        node = self.head
        while node is not None:
            temp = node
            node = node.link
            # print(f"DELETING {temp.coef}X^{temp.expon}")
            del temp

    def print(self):
        p = self.head

        while p is not None:
            print(f"{p.coef}X^{p.expon}", end="")
            if p.link is not None:
                print(" + ", end="")
            p = p.link
        print()


if __name__ == "__main__":
    # 연결 리스트 초기화
    list1 = PolyList()
    list2 = PolyList()
    list3 = PolyList()

    # 다항식 1을 생성
    list1.insertTail(3, 5)
    list1.insertTail(2, 3)
    list1.insertTail(2, 2)

    # 다항식 2를 생성
    list2.insertTail(8, 6)
    list2.insertTail(3, 4)
    list2.insertTail(10, 2)

    # 다항식3 = 다항식1 + 다항식2
    list3.add(list1, list2)
```

```
    print("A의 다항식 : ", end="")
    list1.print()

    print("B의 다항식 : ", end="")
    list2.print()
    print("------------------------------------------")

    print("결과 다항식: ", end="")
    list3.print()

    del list1  # list1.__del__() 메서드가 호출된다.
    del list2
    del list3
```

실행결과

```
A의 다항식 : 3X^5 + 2X^3 + 2X^2
B의 다항식 : 8X^6 + 3X^4 + 10X^2
------------------------------------------
결과 다항식: 8X^6 + 3X^5 + 3X^4 + 2X^3 + 12X^2
```

〈예 IV-8〉 다항식 덧셈의 구현

나. 다항식의 곱셈

<예 IV-9>에서 다항식의 곱셈을 파이썬 프로그래밍 언어로 구현한 것을 보여준다. 다항식의 덧셈의 과정과 크게 다르지 않으니, 앞에서 설명한 연결 리스트의 구조로 다항식의 곱셈을 이해하면 구현 방법을 이해할 수 있을 것이다.

```
class PolyList:

    ... 중략 ...

    def mul(self, plist1, plist2):
        a = plist1.head
        b = plist2.head

        # 각 다항색은 내림차순으로 정리되므로 각 첫 항을 곱해주면 최고차항을 알 수 있음
        highest = a.expon + b.expon

        # 최고차항의 지수 크기만큼 할당 후 0으로 초기화
        multiply = [0] * (highest + 1)
```

```
        # 다항식 a의 n번째항과 b의 각 항을 곱한 뒤 a를 n+1, b를 다시 head로 돌림
        while a is not None:
            if b is not None:
                sum_ = a.expon + b.expon
                if multiply[sum_] == 0:
                    multiply[sum_] = a.coef * b.coef
                else:
                    multiply[sum_] += a.coef * b.coef
                b = b.link
            else:
                a = a.link
                b = plist2.head

        # 각 지수에 대응되는 index에 0이 아닌 숫자가 있으면 결과식에 삽입
        for i in range(highest, -1, -1):
            if multiply[i] != 0:
                self.insertTail(multiply[i], i)

if __name__ == "__main__":
    # 연결 리스트 초기화
    list1 = PolyList()
    list2 = PolyList()
    list3 = PolyList()

    # 다항식 1을 생성
    list1.insertTail(3, 3)
    list1.insertTail(2, 2)
    list1.insertTail(2, 1)

    # 다항식 2를 생성
    list2.insertTail(8, 3)
    list2.insertTail(3, 2)
    list2.insertTail(10, 0)

    # 다항식의 곱셈
    list3.mul(list1, list2)

    print("A의 다항식 : ", end="")
    list1.print()

    print("B의 다항식 : ", end="")
    list2.print()
    print("---------------------------------------------")

    print("다항식 곱셈: ", end="")
```

```
    list3.print()

    del list1
    del list2
    del list3
```

▶ 실행결과

```
A의 다항식 : 3X^3 + 2X^2 + 2X^1
B의 다항식 : 8X^3 + 3X^2 + 10X^0
-------------------------------------------
다항식 곱셈: 24X^6 + 25X^5 + 22X^4 + 36X^3 + 20X^2 + 20X^1
```

〈예 IV-9〉 다항식 곱셈의 구현

2 이중 연결 리스트(Doubly Linked List)

단순 연결 리스트(simply linked list / singly linked list)의 구조에서는 다음 노드로 이동할 수 있지만, 이전 노드로 이동할 수 없다는 문제가 있다. 즉, 노드는 한 방향으로만 따라갈 수 있고, 이전 노드를 찾으려면 처음부터 링크를 따라가야 한다는 것이다. 또한 단순 연결 리스트는 임의의 노드를 삭제하기 어렵다는 문제도 있다. 노드를 삭제하려면 앞과 뒤 노드 포인터를 알아야 하고, 노드의 위치만큼 링크를 따라가야 하는 오버헤드(O(n))가 든다. 이러한 단순 연결 리스트의 단점을 해결하기 위해 이중 연결 리스트(doubley linked list)와 환형 연결 리스트 (circular linked list) 등이 제안되었다.

먼저 이중 연결 리스트의 경우 각 노드에는 2개의 링크가 있는데, 하나는 뒷 노드를 가리키고, 다른 하나는 앞 노드를 가리키는 구조로 2개의 링크들은 각각 노드의 앞쪽과 뒤쪽을 나타내는 데 사용된다. 노드의 앞쪽을 나타내는 링크는 왼쪽 링크(left link)라고 하며, 노드의 뒤쪽을 나타내는 링크는 오른쪽 링크(right link)라고 한다.

node = node.llink.rlink = node.rlink.llink 는 이중 연결 리스트의 노드에서 포인터를 변경할 때 사용되는 일반적인 표현식이다. 이것은 현재 노드(node)의 왼쪽 링크(llink)를 통해 이전 노드로 이동한 다음, 오른쪽 링크(rlink)를 통해 현재 노드로 돌아오는 과정을 나타낸다.

더미 노드 (dummy node)는 데이터를 저장하지 않고, 리스트의 시작 또는 끝을 나타내는 가상의 노드이다. 더미 노드는 리스트의 처음 시작 때 사용될 수 있으며, 비어있는 리스트의 경우 머리 노드만 존재할 수 있다. 이 더미 노드는 프로그램의 구현을 단순화하고, 특히 경계 조건을 처리하는 데 도움을 준다. 더미 노드와 반대로 헤드 노드(head node)는 실제 데이터를 저장하지 않으며, 리스트의 첫 번째 노드를 가리키는 역할을 한다. 이 노드는 리스트의 시작을 나타내는데 사용되며, 특히 리스트에 데이터가 없을 때 유용하게 사용된다.

이중 연결 리스트는 특히 노드의 삽입 및 삭제 연산에서 이전 노드에 대한 포인터를 변경해야 하는 경우에 유용하게 사용되며, 더미 노드와 헤드 노드를 사용하면 코드를 더 간결하게 작성할 수 있다는 특징이 있다. 이중 연결 리스트를 양방향 리스트(two-way linked list)라고 부르기도 한다. <그림 IV-14>는 이중 연결 리스트의 구조를 보여준다.

그림 IV-14 이중 연결 리스트 구조

단순 연결 리스트에 비해 이중 연결 리스트의 장점은 먼저 이중 연결 리스트는 앞쪽과 뒤쪽 방향으로 모두 탐색할 수 있다는 것이다. 이중 연결 리스트에서 삭제 연산은 삭제할 노드의 포인터가 주어진 경우 더 효율적으로 수행될 수 있다. 또한 단순 연결 리스트는 특정 노드의 앞에 새로운 노드를 빠르게 삽입할 수 있다는 것이다. 단순 연결 리스트에서는 노드를 삭제하기 위해 이전 노드의 포인터가 필요하다. 이전 노드를 얻기 위해 때로는 리스트를 전체적으로 탐색해야 할 수도 있다. 그러나 이중 연결 리스트에서는 이전 노드를 이전 포인터를 사용하여 쉽게 얻을 수 있다.

이와 달리, 단순 연결 리스트에 비해 이중 연결 리스트의 단점도 있다. 먼저 이중 연결 리스트의 각 노드마다 이전 포인터를 위한 추가 공간이 필요하게 된다. 또한 모든 연산에서 추가 포인터인 이전 포인터를 유지해야 한다. 예를 들어 삽입 연산에서는 다음 포인터와 함께 이전 포인터도 수정해야 하고, 다양한 위치에 특정 데이터를 삽입하는 경우 이전 포인터를 설정하기 위해 1개 또는 2개의 포인터 추가 단계가 필요하게 된다.

두 번째로, 환형 연결 리스트는 모든 노드가 연속적인 원형으로 연결된 특수한 종류의 연결 리스트이다. 환형 연결 리스트에서는 리스트의 마지막 노드의 포인터는 리스트의 첫 번째 노드의 주소를 가지고 있으며, 첫 번째 노드의 left 필드가 리스트의 마지막 노드의 주소를 가지고 있는 구조이기 때문에 이중 연결 리스트와 마찬가지로 앞뒤로 노드에 쉽게 접근할 수 있게 된다. 따라서, 환형 연결 리스트에는 NULL(None)이 없다는 것을 유의해야 한다.

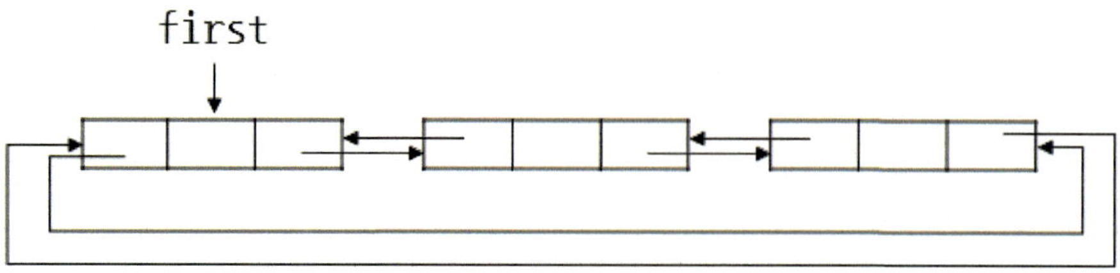

그림 IV-15 환형 연결 리스트 구조

환형 연결 리스트에서는 원소를 리스트의 뒷부분에 추가하고, 앞부분에서는 상수 시간에 원소를 제거할 수 있다는 장점이 있다. 그리고 특정 노드에서 시작하여 전체 리스트를 순회할 수 있는 장점도 있다. 이는 첫 번째 노드와 마지막 노드를 저장해야 하는 필요성을 피할 수 있음을 의미하지만, 비어 있는 리스트에 대한 특별한 표현이 필요하다. 비어 있는 리스트의 경우, 리스트에서 어떤 노드를 가리키는 마지막 노드 변수가 필요하거나 None일 수 있다. 이것은 비어 있지 않은 리스트에서 노드를 추가하고 제거하는 것을 상당히 간단하게 만들어 준다. 그러나 비어 있는 리스트는 특수한 경우로 처리해야 한다는 것을 의미하기도 한다. 그러나 환형 연결 리스트는 처리 과정에서 특정 조건 없이 무한 루프에 빠질 수 있다는 것이 단점이다.

(1) 이중 연결 리스트(Double Linked List)를 위한 노드 클래스

<예 IV-10>은 이중 연결 리스트의 각 노드를 나타내기 위한 클래스 DNode의 정의를 보여준다. DNode 객체는 세 개의 멤버, 이전 노드 즉, 왼쪽 연결(link)을 가리키는 포인터인 llink, 실제 데이터를 저장하는 item, 그리고 다음 노드를 가리키는 포인터 즉, 이 노드의 오른쪽 연결(link)을 나타내는 rlink로 구성된다.

앞선 예제와 달리, 이번에는 연결리스트를 리스트의 헤드 노드를 저장하는 파이썬 리스트로 표현했다.

```
class DNode:
    def __init__(self, item, llink=None, rlink=None):
        self.llink = llink
        self.item = item
        self.rlink = rlink

head = DNode(None)
lst = [head]  # 헤드 노드를 기억하는 리스트
```

〈예 IV-10〉 이중 연결리스트를 위한 노드의 선언

<그림 IV-16>은 비어 있는 이중 연결 리스트에서 한 개의 노드를 추가한 후 이중 연결 리스트 구조를 보여주며, <그림 IV-17>은 헤드 노드가 있는 이중 연결 리스트 구조를 보여준다.

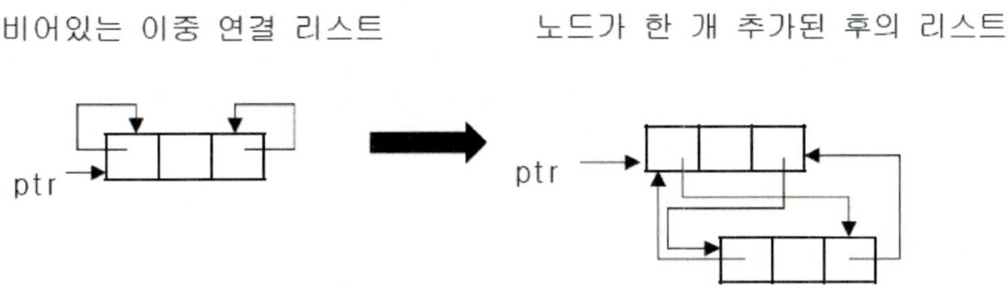

그림 IV-16 한 개의 노드를 추가한 후 이중 연결 리스트 구조

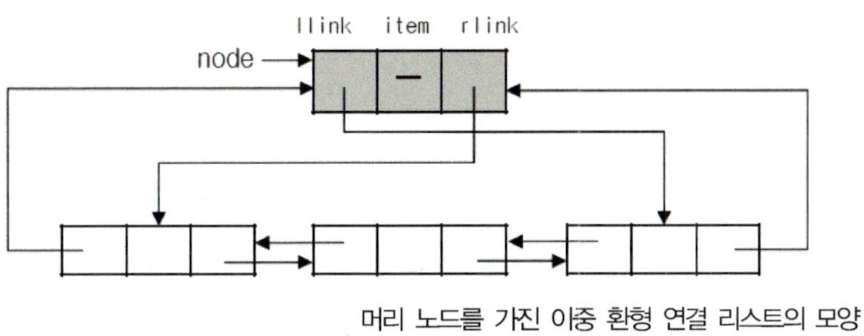

그림 IV-17 헤드 노드가 있는 이중 연결 리스트 구조

(2) 이중 연결 리스트에 노드 삽입

이중 연결 리스트에 노드를 삽입하는 것은 노드를 리스트 내에 원하는 위치에 추가하는 과정을 의미한다. 이중 연결 리스트의 노드를 삽입하기 위해서는 먼저 삽입할 새로운 노드를 생성해야 한다. 이 노드는 데이터와 두 개의 포인터 (llink와 rlink)로 구성된다. <그림 IV-18>과 <예 IV-11>에서 보여주듯이 (1) 이전 노드와 다음 노드의 연결 수정을 위해 노드를 삽입할 위치의 이전 노드와 다음 노드를 연결해야 하는데 이를 위해 먼저 새로운 노드의 llink를 이전 노드로 설정한다. (2) 그리고 새로운 노드의 rlink를 다음 노드로 설정한다. (3) 다음으로 이전 노드의 rlink를 새로운 노드로 설정한다. (4) 마지막으로 다음 노드의 llink를 새로운 노드로 설정한다.

이중 연결 리스트의 시작 노드를 나타내는 헤더 노드의 rlink 또는 llink를 새로운 노드로 설정하여 리스트의 맨 앞 또는 맨 뒤에 노드를 삽입하는 경우에도 리스트의 시작 위치를 올바르게 업데이트해야 한다. <예 IV-12>는 insertNode()를 사용하여 노드를 삽입하고 리스트의 시작 위치를 헤더로 업데이트하는 프로그램으로 초기에 머리 노드 1을 생성하고, 그 다음에 2를 삽입하여 연결 리스트를 만든다. 그리고 구성된 연결 리스트를 순회하여 출력한다. 리스트는 간단히 파이썬 리스트로 표현했다. 이 리스트는 원소 1개를 가지며, 이 원소는 이중 연결 리스트의 헤드 노드를 가리킨다.

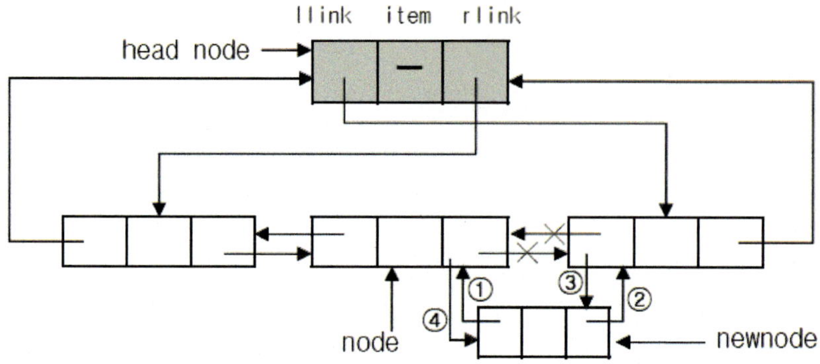

그림 IV-18 이중 연결 리스트에서 노드의 삽입 과정

```
def dinsert(node, newNode):
    """
    이중 환형 연결 리스트에 노드를 삽입하는 프로그램 : 삽입할 노드의 바로 앞 노드만 알면 된다.
    """
    newNode.llink = node  # ①
    newNode.rlink = node.rlink  # ②
    node.rlink.llink = newNode  # ③
    node.rlink = newNode  # ④
```

〈예 IV-11〉 이중 연결 리스트에서 노드의 삽입

```
head = 0  # 0으로 고정

class Node:
    def __init__(self, data, llink=None, rlink=None):
        self.data = data
        self.llink = llink
        self.rlink = rlink


# 이중 연결 리스트에 노드를 삽입하는 함수
def insertNode(lst, prevNode, data):
    # 1. 새로운 노드 생성 및 2. 연결 설정
    newNode = Node(data, prevNode, prevNode.rlink)

    # 3. 이전 노드와 다음 노드의 연결 설정
```

```
    prevNode.rlink = newNode
    if newNode.rlink is not None:
        newNode.rlink.llink = newNode

    # 4. 만약 새로운 노드가 리스트의 첫 번째 노드라면 헤드 업데이트
    if lst[head] is None or prevNode == lst[head]:
        lst[head] = newNode


if __name__ == "__main__":
    # 리스트 초기화
    lst = [None]
    firstNode = Node(1)
    lst[head] = firstNode # 리스트 헤드만 저장

    # 새로운 노드 삽입
    insertNode(lst, firstNode, 2)

    # 리스트 출력
    currentNode = lst[head]
    while currentNode is not None:
        print(currentNode.data)
        currentNode = currentNode.rlink
```

▶ 실행결과

```
2
```

〈예 IV-12〉 이중 연결 리스트에서 노드의 삽입

(3) 이중 연결 리스트에서 노드 삭제

이중 연결 리스트에서 노드를 삭제하기 위해서는 먼저 삭제될 대상인 노드를 찾아야 한다. 그리고 삭제할 노드의 이전 노드와 다음 노드를 적절하게 연결을 수정해야 하는데 이 부분이 이중 연결 리스트의 핵심 특징이다. 앞에서도 여러 번 언급했지만, 이중 연결 리스트에서 각 노드는 두 개의 링크(왼쪽 링크 llink와 오른쪽 링크 rlink)를 가지고 있어서 노드를 삭제하면 이 링크를 이용해 연결을 변경해야 한다. <그림 IV-19>와 <예 IV-13>에서 보여주듯이 먼저 (1) 삭제 대상 노드가 헤드 노드가 아닌 경우 삭제 대상 노드의 이전 노드의 rlink를 삭제 대상 노드의 다음 노드로 설정하고, 즉, 삭제 대상 노드의 이전 노드(deleted.llink)의 rlink를 삭제 대상 노드의 다음 노드(deleted.rlink)로 설정하여 연결을 끊는다. 그리고 (2) 삭제 대상 노드의 다음 노드의 llink를 삭제 대상 노드의 이전 노드로 설정하면 삭제 대상 노드가 연결 리스트에서 삭제할 수 있게 된다. 즉,

삭제 대상 노드의 다음 노드(deleted.rlink)의 llink를 삭제 대상 노드의 이전 노드(deleted.llink)로 설정하여 연결을 끊는다. 만약 삭제 대상 노드가 헤드 노드인 경우, 연결 리스트의 헤더를 업데이트하여 새로운 헤드 노드를 가리키도록 한다. 그러나, 보통의 경우 헤드 노드를 삭제하려는 경우, 이중 환형 연결 리스트의 특성상 리스트가 원형으로 연결되어 있어 리스트의 무결성이 깨질 수 있어 헤드 노드를 삭제하는 것은 보통 if node == deleted로 예외 처리를 한다. 마지막으로 (3) 삭제한 노드의 메모리를 해제하여 메모리 누수를 방지한다. 파이썬 프로그램 작성 시에는 메모리를 해제하는 작업이 생략된다.

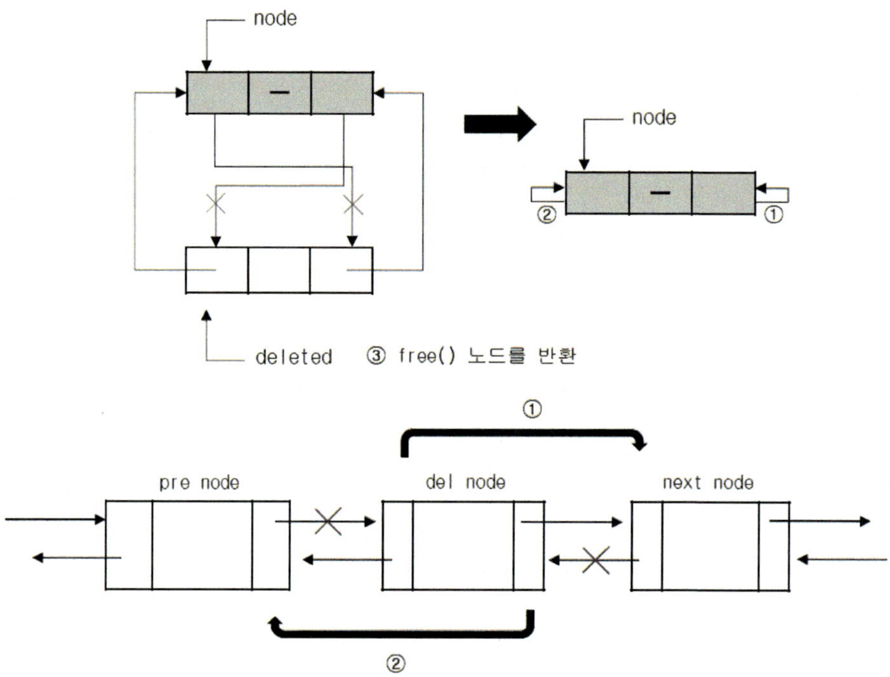

그림 IV-19 이중 연결 리스트에서 노드의 삭제 과정

```
def ddelete(node, deleted):
    if node == deleted:
        print("헤드 노드 삭제 금지")
    else:
        deleted.llink.rlinkn = deleted.rlink  # ①
        deleted.rlink.llink = deleted.llink  # ②
        del deleted  # ③
```

〈예 IV-13〉 이중 연결리스트에서 노드의 삭제

(4) 응용 1. 이중 연결 리스트를 활용한 프로그램

<예 IV-14>는 이중 연결 리스트의 기본 작업을 수행하는 간단한 콘솔 응용 프로그램으로 사용자가 데이터를 삽입하고 삭제하고 리스트를 관리하는 방법을 연습할 수 있도록 설계되었다.

전술했다시피, 메모리 해제가 불필요하므로 표준적인 이중연결리스트에 비하면 코드가 상당히 간결하다. 이중 연결 리스트의 각 노드는 prev와 next 포인터로 이전 노드와 다음 노드를 가리키며, data로 데이터를 저장한다. 이중 연결 리스트는 간단히 시작 노드 'start'를 기억하는 사전으로 나타내었다.

insert()는 이중 연결 리스트에 새로운 데이터를 삽입하는 함수로 첫 번째 인자인 pos는 삽입할 위치를 두 번째 인자인 data는 삽입할 데이터 그리고 마지막으로 start는 연결 리스트의 시작 노드를 나타낸다. deleteByPosition()은 주어진 위치 pos에 있는 노드를 삭제한다. deleteByValue()는 주어진 값 Value과 일치하는 데이터를 가진 노드를 삭제한다. traverse()와 traverseInReverse()는 연결 리스트를 앞에서부터 순회하거나 거꾸로 순회하여 데이터를 출력하는 함수이다.

```
class Node:
    def __init__(self, data, prev=None, next=None):
        self.prev = prev
        self.data = data
        self.next = next


def insert(pos, data, lst):
    """
    insert: insert new data in the list at position specified by pos,
    beginning from 1 pos is invalid if < 1. If pos>length of list, insert at end
    """
    if pos < 1:
        print("Invalid position")
        return lst

    if lst['start'] is None:
        lst['start'] = Node(data)
        return lst

    curr = lst['start']
    while curr.next and pos > 1:
        curr = curr.next
        pos -= 1
```

```
    if pos > 1:  # insert at end
        newNode = Node(data, prev=curr, next=curr.next)
        curr.next = newNode
    elif curr == lst['start']:  # insert at beginning
        newNode = Node(data, prev=curr.prev, next=curr)
        curr.prev = newNode
        lst['start'] = newNode
    else:
        newNode = Node(data, prev=curr.prev, next=curr)
        curr.prev.next = newNode
        curr.prev = newNode

    return lst


def deleteByPosition(pos, lst):
    if pos < 1 or lst['start'] is None:
        print("Invalid position")
    elif pos == 1:  # delete first node
        temp = lst['start']
        lst['start'] = lst['start'].next
        del temp
    else:  # find the position
        temp = lst['start']
        while temp and pos > 1:
            temp = temp.next
            pos -= 1
        if temp is None:
            print("Invalid position")
        else:
            temp.prev.next = temp.next
            if temp.next:
                temp.next.prev = temp.prev
            del temp

    return lst


def deleteByValue(value, lst):
    if lst['start'].data == value:  # delete first node
        temp = lst['start']
        lst['start'] = lst['start'].next
        del temp
    else:  # find the node
        temp = lst['start'].next
```

```
        while temp and temp.data != value:
            temp = temp.next
        if temp is None:
            print("Element not found")
        else:
            temp.prev.next = temp.next
            if temp.next:
                temp.next.prev = temp.prev
            del temp

    return lst


def traverse(lst):
    x = lst['start']
    cnt = 1
    while x:
        print(f"{cnt}: {x.data}n\t", end="")
        cnt += 1
        x = x.next
    print()


def traverseInReverse(lst):
    x = lst['start']
    cnt = 1
    if x:
        while x.next:  # Go to the end
            x = x.next
            cnt += 1
        while x:
            print(f"{cnt}: {x.data}n\t", end="")
            cnt -= 1
            x = x.prev
    print()


def menu():
    print("1-insert data at end")
    print("2-insert at beginning")
    print("3-insert at position")
    print("4-delete by position")
    print("5-delete by element")
    print("6-Display")
    print("7-Display in reverse")
```

```
    print("8-Exit")
    choice = int(input("Enter choice: "))
    return choice


if __name__ == "__main__":
    lst = {'start': None}

    while True:
        choice = menu()

        if choice == 1:
            print("Enter numbers, blank line to stop")
            input_data = input()
            while input_data != "":
                lst = insert(float("inf"), int(input_data), lst)
                input_data = input()
        elif choice == 2:
            value = int(input("Enter number: "))
            lst = insert(1, value, lst)
        elif choice == 3:
            pos = int(input("Enter position: "))
            value = int(input("Enter number: "))
            lst = insert(pos, value, lst)
        elif choice == 4:
            pos = int(input("Enter position: "))
            lst = deleteByPosition(pos, lst)
        elif choice == 5:
            value = int(input("Enter value: "))
            lst = deleteByValue(value, lst)
        elif choice == 6:
            traverse(lst)
        elif choice == 7:
            traverseInReverse(lst)
        elif choice == 8:
            exit(0)
```

실행결과

```
1-insert data at end
2-insert at beginning
3-insert at position
4-delete by position
5-delete by element
```

```
6-Display
7-Display in reverse
8-Exit
Enter choice: 1
Enter numbers, blank line to stop
10
20
30
40
50

1-insert data at end
2-insert at beginning
3-insert at position
4-delete by position
5-delete by element
6-Display
7-Display in reverse
8-Exit
Enter choice: 6
1: 10n  2: 20n  3: 30n  4: 40n  5: 50n
1-insert data at end
2-insert at beginning
3-insert at position
4-delete by position
5-delete by element
6-Display
7-Display in reverse
8-Exit
Enter choice: 7
5: 50n  4: 40n  3: 30n  2: 20n  1: 10n
1-insert data at end
2-insert at beginning
3-insert at position
4-delete by position
5-delete by element
6-Display
7-Display in reverse
8-Exit
Enter choice: 8
```

〈예 IV-14〉 이중 연결 리스트를 활용한 프로그램 예 1

(5) 응용 2. 이중 연결 리스트를 활용한 프로그램

<예 IV-15>는 이중 연결 리스트를 활용하여 학생 정보를 저장하고 관리하는 예제 프로그램으로 사용자로부터 입력을 받고, 초기화(init), 삽입(insert), 삭제(delete), 탐색(search) 등과 같은 다양한 작업을 수행할 수 있다. 사용자가 작업을 완료하면 다른 작업을 계속할 것인지를 묻고, 'Y' 또는 'y'를 입력하면 다음 작업을 수행하거나, 그렇지 않으면 프로그램이 종료된다.

이중 연결 리스트의 노드, Node 클래스의 인스턴스에는 roll_no(학번), name(이름), marks(성적) 등을 저장한다. init()은 노드를 초기화하는 함수로, 학번, 이름 및 성적을 입력받으며, insertAfter()는 특정 노드, current 뒤에 새로운 노드를 삽입하는 함수이며, insertBefore()는 특정 노드, current 앞에 새로운 노드를 삽입하는 함수이다. delete()는 특정 노드, current를 삭제하는 함수로 사용자로부터 삭제할 학번을 입력받는다. search()는 특정 노드를 탐색하는 함수로, 학번, 이름 또는 성적을 기준으로 탐색할 수 있다. rollSrch(), nameSrch(), markSrch()는 각각 학번, 이름, 성적을 기준으로 노드를 탐색하는 함수이다.

```
class Node:
    def __init__(self):
        self.prev = None
        self.roll_no = 0
        self.name = ""
        self.marks = 0.0
        self.next = None

def init(current):
    current.prev = None
    current.roll_no = int(input("\nEnter Roll number\n"))
    current.name = input("\nEnter the name\n")
    current.marks = float(input("\nEnter the marks\n"))
    current.next = None

def insertAfter(current):
    rno = int(input("\nEnter the roll number after which you want to insert a node\n"))
    new_node = Node()
    init(new_node)

    flag = 0
    while current.next is not None:
        if current.roll_no == rno:
            new_node.next = current.next
            current.next.prev = new_node
            current.next = new_node
```

```
            new_node.prev = current
            flag = 1
        current = current.next

    if flag == 0 and current.next is None and current.roll_no == rno:
        new_node.next = current.next
        current.next = new_node
        flag = 1
    elif flag == 0 and current.next is None:
        print("\nNo match found")

def insertBefore(current):
    # rno: Roll number for inserting a node
    rno = int(input("\nEnter the roll number before which you want to insert a node\n"))
    new_node = Node()
    init(new_node)

    if current.roll_no == rno:
        # Insertion checking for first node
        new_node.next = current
        current.prev = new_node
        current = new_node
        return current

    temp = current
    while temp.next is not None:
        # Insertion checking for all node except first
        if temp.next.roll_no == rno:
            new_node.next = temp.next
            temp.next.prev = new_node
            new_node.prev = temp
            return current
        temp = temp.next

    # If the function does not return from any return statement.
    # There is no match to insert before the input  roll number.

    print("\nMatch not found")
    return current

def delete(current):
    # rno: Roll number for deleting a node
    rno = int(input("\nEnter the roll number whose node you want to delete\n"))
    new_node = current
```

```
    if current.roll_no == rno:
        # Checking condition for deletion of first node
        new_node = current
        current = current.next
        current.prev = None
        del new_node
        return current
    else:
        while new_node.next.next is not None:
            # Checking condition for deletion of
            # all nodes except first and last node
            if current.next.roll_no == rno:
                new_node = current
                temp = current.next
                new_node.next = new_node.next.next
                new_node.next.prev = current
                del temp
                return current
            new_node = new_node.next

        if new_node.next.next is None and new_node.next.roll_no == rno:
            # Checking condition for deletion of last node
            temp = new_node.next
            del temp
            new_node.next = None
            return current

    print("\nMatch not found")
    return current

def search(current):
    ch = int(input("\nEnter the criteria for search\n1. Roll number\n2. Name\n3. Marks\n"))
    if ch == 1:
        rollSrch(current)
    elif ch == 2:
        nameSrch(current)
    elif ch == 3:
        markSrch(current)
    else:
        rollSrch(current)

def rollSrch(current):
    rno = int(input("\nEnter the roll number to search\n"))
    while current.next is not None:
        if current.roll_no == rno:
```

```
            print(f"\n{current.roll_no}\t{current.name}\t{current.marks}")
        current = current.next
    if current.next is None and current.roll_no == rno:
        print(f"\n{current.roll_no}\t{current.name}\t{current.marks}")

def nameSrch(current):
    name_to_search = input("\nEnter the name to search\n")
    while current.next is not None:
        if current.name == name_to_search:
            print(f"\n{current.roll_no}\t{current.name}\t{current.marks}")
        current = current.next
    if current.next is None and current.name == name_to_search:
        print(f"\n{current.roll_no}\t{current.name}\t{current.marks}")

def markSrch(current):
    marks = float(input("\nEnter the marks to search\n"))
    while current.next is not None:
        if current.marks == marks:
            print(f"\n{current.roll_no}\t{current.name}\t{current.marks}")
        current = current.next
    if current.next is None and current.marks == marks:
        print(f"\n{current.roll_no}\t{current.name}\t{current.marks}")

def display(current):
    print("\nroll no\t\tname\t\tmark")
    while current is not None:
        print(f"\n{current.roll_no}\t\t{current.name}\t\t{current.marks}")
        current = current.next

if __name__ == "__main__":
    head = Node()
    ch = 'y'  # Choice inputing varible
    flag = 0  # Unchanged after iniialization
    while ch.lower() == 'y':
        if flag == 0:
            print("\nNo. You must first initialize at least one node")
        elif flag == 1:
            print("\nInitialization can occur only once.")
            print("Now you can insert a node")

        print("\nEnter your option\n1. Initialize the node\n2. Insert before a specified
node\n"
              "3. Insert after a specified node\n4. Delete a particular node\n5. Search the
nodes\n"
              "6. Display all the nodes")
```

```
        opt = int(input())
        if flag == 0 and opt != 1:
            goto_again = input("\nNo. You must first initialize at least one node\nDo you
want to try again? (y/n)\n")
            if goto_again.lower() == 'n':
                break
            else:
                continue
        if flag == 1 and opt == 1:
            print("\nInitialisation can occur only once.")
            print("Now you can insert a node")
            goto_again = input("Do you want to try again? (y/n)\n")
            if goto_again.lower() == 'n':
                break
            else:
                continue
        if opt == 4 and head.next is None:
            print("\nYou cannot delete the one and only single node")
            goto_again = input("Do you want to try again? (y/n)\n")
            if goto_again.lower() == 'n':
                break
            else:
                continue
        if flag == 0 and opt == 1:
            flag = 1

        if opt == 1:
            init(head)
        elif opt == 2:
            head = insertBefore(head)
        elif opt == 3:
            insertAfter(head)
        elif opt == 4:
            head = delete(head)
        elif opt == 5:
            search(head)
        elif opt == 6:
            display(head)

        ch = input("\nDo you wish to continue? (y/n)\n")
    print("\nDone by \"SHABBIR\"\nPress any key to exit")
```

▶ 실행결과

```
Enter your option
```

```
1. Initialize the node

2. Insert before a specified node

3. Insert after a specified node

4. Delete a particular node

5. Search the nodes

6. Display all the nodes
1

Enter Roll number
1

Enter the name
oslab

Enter the marks
100

Do you wish to continue[y/n]
```

〈예 IV-15〉 이중 연결 리스트를 활용한 프로그램 예 2

3 환형 연결 리스트(Circularly Linked List)

환형 연결 리스트 또는 간단히 환형 리스트는 마지막 노드가 항상 첫 번째 노드를 가리키는 연결 리스트이다. 이러한 종류의 리스트는 리스트 끝에 있는 NULL 포인터를 첫 번째 노드를 가리키는 포인터로 대체하여 생성할 수 있다. 환형 리스트에는 첫 번째 노드나 마지막 노드가 없다.

환형 연결 리스트의 장점은 어떤 노드든 다른 노드에서 출발하여 순회할 수 있으며, 리스트의 끝을 나타내는 NULL 포인터가 필요하지 않으므로 모든 포인터가 유효한 주소를 가진다는 것이다. 또한 환형 리스트에서 삭제 작업은 단일 연결 리스트와 달리 이 삭제 대상 원소의 이전 노드를 찾는 작업이 해당 원소에서부터 시작할 수 있어 간단해진다.

<예 IV-16>은 Node 클래스를 사용하여 간단한 환형 연결 리스트 예제 프로그램을 보여준다. insertNode()를 통해 노드를 추가하고, printCircularList()를 사용하여 리스트를 출력한다.

```
head, tail = 0, 1

class Node:
    # 환형 연결 리스트 노드 정의 및 초기화
    def __init__(self, data):
        self.data = data
        self.next = None

def insertNode(lst, data):
    # 환형 연결 리스트에 노드를 추가하는 함수
    new_node = Node(data)
    if lst[head] is None:
        # 빈 리스트인 경우
        lst[head] = lst[tail] = new_node
        new_node.next = new_node  # 자기 자신을 가리킴
    else:
        # 빈 리스트가 아닌 경우
        new_node.next = lst[head]
        lst[tail].next = new_node
        lst[tail] = new_node

    return head

def printCircularList(lst):
    if lst[head] is None:
        print("리스트가 비어 있다.")
        return

    current = lst[head]
    while True:
        print(current.data, "->", end=" ")
        current = current.next
        if current == lst[head]:
            break
    print("...")

if __name__ == "__main__":
    lst = [None, None]  # 빈 환형 연결 리스트

    # 노드 추가
    insertNode(lst, 1)
    insertNode(lst, 2)
    insertNode(lst, 3)

    # 환형 연결 리스트 출력
```

```
    print("환형 연결 리스트: ", end="")
    printCircularList(lst)
```

실행결과

```
환형 연결 리스트: 1 -> 2 -> 3 -> ...
```

<u>**〈예 IV-16〉**</u> Node 구조체를 사용하여 간단한 환형 연결 리스트

Exercise

01. 단일 연결 리스트가 주어졌을 때, 연결 리스트의 중간 지점을 찾는 프로그램을 작성하시오. 예를 들어, 주어진 연결 리스트가 1→2→3→4→5인 경우 출력은 3이어야 한다. 노드 수가 짝수이면 두 개의 중간 노드가 있을 것이므로 두 번째 중간 요소를 출력해야 한다. 예를 들어, 주어진 연결 리스트가 1→2→3→4→5→6이면 출력은 4가 된다.

02. 아래 주어진 예와 같이 n 개의 노드를 포함하고 있는 단일 연결 리스트의 첫 번째 절반의 노드 값이 수정하는 프로그램을 작성하시오. 단, 첫 번째 노드의 새로운 값은 마지막 노드의 값에서 첫 번째 노드의 현재 값을 뺀 것과 같아야 하며, 두 번째 노드의 새로운 값은 두 번째에서 마지막 노드의 값을 뺀 것과 같아야 한다. 이러한 방식으로 첫 번째 절반의 노드 값이 수정되어야 한다. 만약 n이 홀수이면 중간 노드의 값은 변경되지 않아야 하며, 추가적인 메모리는 사용하지 않아야 한다.

```
Input : 10 -> 4 -> 5 -> 3 -> 6
Output : 4 -> 1 -> 5 -> 3 -> 6

Input : 2 -> 9 -> 8 -> 12 -> 7 -> 10
Output : -8 -> 2 -> -4 -> 12 -> 7 -> 10
```

03. 주어진 연결 리스트에 loop(사이클)이 존재하는지 검사하는 프로그램을 작성하시오.

04. 연결 리스트에 퀵 정렬 알고리즘을 적용하여 연결 리스트를 정렬하는 프로그램을 작성하시오. 단, 데이터를 교환하는 대신에 포인터를 변경하는 방식으로 구현해야 한다.

05. 아래 주어진 예와 같이 행렬이 주어졌을 때, 각 노드가 오른쪽과 아래의 노드에 두 방향으로 연결된 연결 리스트 행렬로 변환하는 프로그램을 작성하시오. 단, 각 노드는 오른쪽 방향의 노드와 아래쪽 방향의 노드에 연결되어 있어야 한다.

```
Input :2D matrix
1 2 3
4 5 6
7 8 9
Output :
1 -> 2 -> 3 -> None
¦    ¦    ¦
v    v    v
4 -> 5 -> 6 -> None
¦    ¦    ¦
v    v    v
7 -> 8 -> 9 -> None
¦    ¦    ¦
v    v    v
None None None
```

06. 한 번만 순회하면서 연결 리스트를 뒤집는 함수를 작성하시오. 마지막에 각 노드는 이전에 자신의 선행 노드를 가리켜야 하고, 헤드는 이전에 끝에 있던 노드를 가리켜야 하며, 처음이었던 노드는 null 링크를 가져야 한다.

07. 크기가 n인 배열의 모든 항목을 k만큼 순환적으로 반시계 방향으로 이동시키는 O(n) 알고리즘을 설계하시오.

Chapter V

스택(Stack)

본 장에서는 데이터를 차곡차곡 쌓아 올린 형태의 자료구조인 스택에 대해 다룬다. 스택은 가장 마지막에 삽입된 데이터가 가장 먼저 삭제되는 구조로 되어 있다.

스택은 카드 덱이나 접시의 더미와 같이 동작하기 때문에 스택이라는 이름이 붙었다. 스택은 데이터를 저장하는 순서 리스트로, 삽입과 삭제 연산이 스택의 한쪽 끝에서 이루어진다. 스택의 한쪽 끝을 top이라고 하고 반대쪽 스택의 바닥을 bottom(또는 base)이라고 한다.

삽입과 삭제가 모두 top에서 이루어지기 때문에 가장 최근에 삽입된 원소가 가장 먼저 삭제되고 이를 후입선출(LIFO, last-in first-out) 리스트라고도 한다. 스택은 주로 임시 데이터의 저장, 함수 호출의 관리, 수식의 계산 등 다양한 응용 분야에서 사용되는데, 하노이 타워, N-퀸 문제(N-queens problem), 중위 표기법에서 전위 표기법으로의 변환 (infix to prefix conversion) 등의 응용이 스택을 이용한 문제들이다.

스택 연산은 스택에 원소를 삽입하는 push 연산과 스택에서 원소를 삭제하는 pop 연산이 있다. 스택을 생성할 때 스택의 base는 고정되어 있고, 스택의 top은 원소가 추가되거나 제거될 때마다 변경된다. <그림 V-1>은 스택 구조를 보여준다. push 연산을 통해 원소 A를 넣으면 top을 A를 가리킨다. 여기에 원소 B를 넣으면 top은 B를 가리키게 된다. 이렇게 계속 원소를 스택에 쌓다가 E를 push하고 E를 pop을 하게 되면 top은 D를 가리키게 된다. 한 가지 주의할 점은 스택이 가득 차 있는 경우, 추가적인 원소 삽입이 불가능하며, push를 수행할 수 없다는 것이다. 또한 반대로 스택이 비어있을 경우, 즉 스택에 삭제할 원소가 없는 경우에는 pop을 수행할 수 없다.

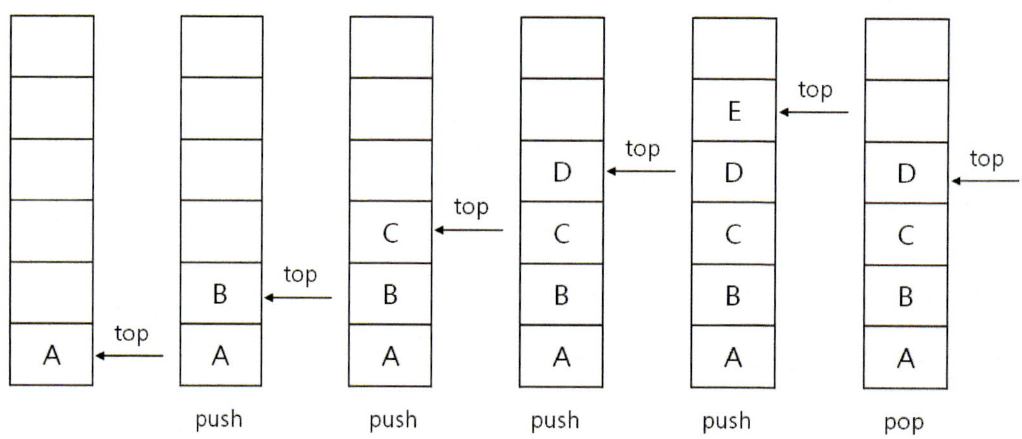

그림 V-1 스택에서의 원소 삽입과 삭제

1 스택 기본 연산

```
ADT Stack
  objects: 0개 이상의 원소를 가진 유한 순서 리스트
  functions:
    모든 stack ∈ Stack, item ∈ element, maxStackSize ∈ positive integer
    Stack CreateS(maxStackSize)          ::= 최대 크기가 maxStackSize인 공백 스택을 생성
    Boolean IsFull(stack, maxStackSize)  ::= if(stack의 원소 수 == maxStackSize)
                                                return TRUE
                                             else return FALSE
    Stack Push(stack, item)              ::= if(IsFull(stack)) stackFull
                                             else stack의 top에 item을 삽입하고 return
    Boolean IsEmpty(stack)               ::= if(stack == CreateS(maxStackSize))
                                                return TRUE
                                             else return FALSE
    Element Pop(stack)                   ::= if(IsEmpty(stack)) stackEmpty
                                             else stack top의 item을 제거해서 반환
```

(1) 스택의 원소 정의와 초기화

스택의 원소는 스택에 저장될 데이터를 나타낸다. 스택을 초기화하기 위해서는 먼저 스택의 크기를 결정해야 한다. 크기는 스택에 저장할 수 있는 최대 원소의 개수를 의미한다. 이후 스택을 사용하기 전에, 원소를 저장할 메모리 공간을 할당하고 스택을 초기화해야 한다.

이 장의 코드에서는 리스트를 배열로 간주한다. 즉, 크기가 가변적이지 않고, 생성될 때 정해진 크기의 공간만을 다루며, 연결리스트와 같이 자유롭게 삽입·삭제할 수 없다. 스택을 초기화할 때는 일반적으로 스택의 크기에 맞게 원소를 저장할 배열을 생성하고, 스택의 top을 초기값으로 설정한다. 초기화된 스택은 비어있는 상태가 되며, 원소를 추가하거나 제거할 수 있는 준비가 완료된 것이다.

<예 V-1>은 스택의 원소를 정의하고 배열로 스택을 초기화하는 방법을 보여준다. 스택의 원소는 Element라는 클래스로 정의하고 있고 key라는 필드를 포함하며, 다른 필드들도 추가할 수 있다. 스택은 한 개의 리스트로 다룰 수도 있지만 push(), pop() 등 메서드 구현을 위해 Stack 클래스로 선언했다. 또한 스택의 최대 크기인 MAX_STACK_SIZE를 정의하고, 이 값은 스택에 저장할 수 있는 최대 원소의 개수를 나타낸다. 그리고 스택의 top은 정수형 변수인 top으로 선언되고, -1로

초기화한다. top은 현재 스택의 가장 상단 원소의 인덱스를 나타내고, -1은 스택이 비어있음을 나타낸다. 이후에는 push와 pop 연산을 통해 원소를 추가하거나 삭제할 수 있게 된다.

```
MAX_STACK_SIZE = 100 # 스택의 최대 크기

class Element:
    def __init__(self, key):
        self.key = key
        # 다른 필드들

class Stack:
    def __init__(self):
        self.stk = [None for _ in range(MAX_STACK_SIZE)]
        self.top_ = -1  # 이후 top() 메서드를 만들기 위해 top_으로 명명했으나, 본문에서는 top
으로 지칭함

stack = Stack()
```

〈예 V-1〉 스택의 초기화

(2) 스택이 비어있는지 가득 차 있는지 검사

<예 V-2>는 스택이 비어있는지 또는 가득 차 있는지를 검사하는 Stack 클래스의 isEmpty() 메서드를, 그리고 <예 V-3>은 스택이 가득 차 있는지를 검사하는 isFull() 메서드를 보여준다. isEmpty() 메서드는 스택의 top 값이 -1인 경우, 즉 스택이 비어있는 경우에는 True를 반환하고 그렇지 않은 경우에는 False를 반환한다. isFull() 메서드는 반대로 스택의 top 값이 MAX_STACK_SIZE - 1보다 크거나 같은 경우, 즉 스택이 가득 차 있는 경우에는 True를 반환한다. 그렇지 않은 경우에는 False를 반환한다.

```
def isEmpty(self):
    if self.top_ == -1:
        return True
    else:
        return False
```

〈예 V-2〉 스택이 비어 있는지 확인

```
def isFull(self):
    if self.top_ >= MAX_STACK_SIZE - 1:
        return True
    else:
        return False
```

〈예 V-3〉 스택이 가득 차 있는지 확인

(3) push()

<예 V-4>는 스택에 원소를 삽입하는 push() 메서드를 보여준다. 먼저, isFull() 메서드를 사용하여 스택이 가득 차 있는지를 검사하고, 만약 스택이 가득 차 있는 경우에는 stackFull() 메서드를 호출하여 스택 오버플로우 상황을 처리한다. 그렇지 않은 경우에는 top 값을 증가시킨 후, stack 배열의 해당 인덱스에 item을 저장한다.

주의할 점은 스택이 가득 차 있는 경우에는 오버플로우 처리를 하므로, 삽입하기 전에 항상 스택의 상태를 확인해야 한다는 것이다.

```
def push(self, item):
    # self.stk에 item을 삽입
    if self.isFull():
        self.stackFull()
    else:
        self.top_ += 1
        self.stk[self.top_] = item
```

〈예 V-4〉 스택에 원소 삽입

(4) pop()

<예 V-5>는 스택에 원소를 삭제하는 pop() 메서드를 보여준다. pop() 메서드는 스택의 최상위 원소를 삭제하고 반환하는데 먼저 스택이 비어있는지 확인한다. 스택이 비어있으면 stackEmpty() 메서드를 호출하고 그렇지 않으면, 스택의 최상위 원소인 stack[top]을 반환한다. 그리고 top 변수를 1만큼 감소시켜 스택의 최상위를 가리키는 인덱스를 갱신한다.

```
def pop(self):
    # 스택의 최상위 원소를 삭제하고 반환
    if self.isEmpty():
        return self.stackEmpty()
    returnValue = self.stack[self.top_]
    self.top_ -= 1
    return returnValue
```

〈예 V-5〉 스택에서 원소 삭제

(5) 스택의 오류 처리

<예 V-6>은 스택이 가득 찼을 때와 비어 있을 때 오류를 처리하는 stackFull() 메서드와 stackEmpty() 메서드 구현을 보여준다. stackEmpty() 메서드에서 임시로 사용할 element 구조체 타입의 변수 temp를 선언하고, temp.key 즉, temp 구조체의 key 맴버를 ERROR_CODE로 설정하여 스택이 비어 있을 때의 오류를 처리한다.

```
def stackFull(self):
    print("Stack is full, cannot add element")
    exit(EXIT_FAILURE)

def stackEmpty(self):
    temp = Element(ERROR_CODE)
    print("Stack is empty, cannot delete element")
    return temp
```

〈예 V-6〉 스택의 오류 처리

(6) 동적 배열을 사용하는 스택 구현

위에서 설명한 스택을 실제로 다양한 프로그램에서 사용하기 위해서는 동적 배열을 이용하는 것이 좋다.

<예 V-7>에서 보여주듯이 먼저 매크로상수 MAX_STACK_SIZE를 capacity 변수로 변경한다. capacity는 스택의 용량(capacity)을 나타내는 변수로 사용되는데 스택이 저장할 수 있는 최대 원소 개수를 나타낸다. 이 경우에는 초기에 1로 설정되어 스택이 하나의 원소만 저장할 수 있게 된다.

또한 class Stack의 stack 멤버는 스택의 원소들을 저장하기 위한 동적으로 메모리를 할당할 때 사용된다. 당연히 초기에는 아무것도 가리키지 않고 비어있는 상태이다. 앞에서도 설명하였지만 top은 스택의 최상위(top) 원소의 인덱스를 나타내는 변수로 -1로 초기화되어 스택이 비어있는

상태를 나타낸다.

```
class Element:
    def __init__(self, key):
        self.key = key
        # 다른 필드들

class Stack:
    def __init__(self):
        self.capacity = 1
        self.top_ = -1
        self.stack = [None]
```

〈예 V-7〉 동적 배열

이제 stackFull()을 수정하여 stack의 크기를 2배로 확장할 수 있게 한다. 즉, 스택이 가득 차 있는지를 확인하고, 스택이 가득 차 있을 경우 스택의 용량을 확장하게 한다. 이를 위하여 먼저 현재 스택의 용량을 2배로 늘리고, 이에 따라 stack 포인터가 새로운 메모리 공간을 가리키도록 갱신한다. 또한, capacity 변수도 2배로 갱신하여 새로운 용량을 반영하게 한다.

isFull() 메서드는 스택의 최상위 원소 인덱스(top)가 용량(capacity)보다 작거나 같으면 가득 차 있다고 판단하고 True를 반환하고, 그렇지 않으면 False를 반환한다.

```
    def isFull(self):
        if self.top_ >= self.capacity - 1:
            return True
        else:
            return False

    def stackFull(self):
        self.stack.extend([None] * self.capacity)
        self.capacity *= 2
```

〈예 V-8〉 스택 크기의 확장

<예 V-9>는 동적배열을 이용해서 스택을 구현한 예를 보여준다. ‘stack.py’로 저장하고 이후의 예제에서도 사용한다. top() 메서드는 @property 데코레이터를 사용해서 구현했는데, property는 클래스 외부에서 접근할 때 멤버 변수처럼 보이는 메서드를 만드는 기능이다.

```
ERROR_CODE = -1


class Element:
    def __init__(self, key):
        self.key = key
        # 다른 필드들

    def __str__(self):
        return str(self.key)


class Stack:
    def __init__(self):
        self.capacity = 1
        self.top_ = -1
        self.stack = [None]

    def isEmpty(self):
        if self.top_ == -1:
            return True
        else:
            return False

    def isFull(self):
        if self.top_ >= self.capacity - 1:
            return True
        else:
            return False

    def stackFull(self):
        self.stack.extend([None] * self.capacity)
        self.capacity *= 2

    def push(self, item):
        if self.isFull():
            self.stackFull()
        self.top_ += 1
        self.stack[self.top_] = item

    def pop(self):
        if self.isEmpty():
            return self.stackEmpty()
        returnValue = self.stack[self.top_]
        self.top_ -= 1
        return returnValue
```

```
    @property
    def top(self):
        if self.isEmpty():
            return self.stackEmpty()
        else:
            return self.stack[self.top_]

    def stackEmpty(self):
        temp = Element(ERROR_CODE)
        print("Stack is empty, cannot delete element")
        return temp

    def print(self):
        print("Stack:", end=' ')
        for i in range(self.top_ + 1):
            element = self.stack[i]
            print(element, end=' ')
        print()


if __name__ == '__main__':
    stack = Stack()

    item1, item2, item3 = Element(10), Element(22), Element(55)

    stack.print()

    stack.push(item1)
    stack.print()

    stack.push(item2)
    stack.print()

    stack.push(item3)
    stack.print()

    stack.pop()
    stack.print()

    stack.pop()
    stack.print()

    stack.pop()
    stack.print()
```

▶ 실행결과

```
Stack:
Stack: 10
Stack: 10 22
Stack: 10 22 55
Stack: 10 22
Stack: 10
Stack:
```

〈예 V-9〉 동적 배열을 이용한 스택

2 응용

(1) 응용 1. 하노이 타워(Tower of Hanoi)

하노이 타워는 타워라고 부르는 세 개의 기둥과 이 기둥 위에 놓인 원판들로 이루어진 퍼즐로서, 스택을 이용하여 해결할 수 있는 대표적인 문제이다. <그림 V-2>는 하노이 타워의 구조를 보여준다. 하노이 타워 퍼즐은 다음과 같은 규칙을 가지고 있다.

- 세 개의 기둥 중 하나는 출발 기둥, 하나는 중간 기둥, 나머지 하나는 목적지 기둥이다.
- 출발 기둥에는 크기가 다른 여러 개의 원판이 쌓여 있다. 원판은 크기순으로 쌓여 있으며, 가장 작은 원판이 맨 위에 위치한다.
- 한 번에 하나의 원판만 이동할 수 있으며, 이동할 때는 항상 맨 위에 있는 원판을 선택해야 한다.
- 더 작은 원판 위에는 더 큰 원판이 올라갈 수 없다.
- 중간 기둥을 거쳐 목적지 기둥으로 원판들을 모두 옮겨야 한다.

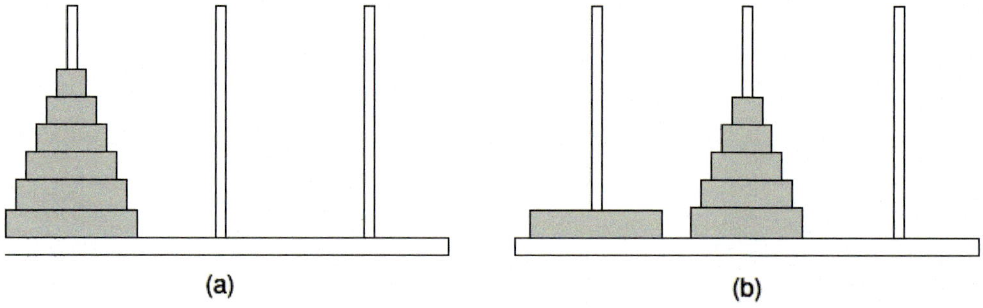

그림 V-2 하노이 타워

하노이 타워 퍼즐을 스택을 이용하여 해결하는 알고리즘은 다음과 같다.

1. 출발 기둥의 모든 원판을 스택에 순서대로 쌓는다. 가장 작은 원판이 스택의 가장 위에 위치하도록 한다.
2. 스택에서 가장 위에 있는 원판을 꺼내 출발 기둥에서 중간 기둥이나 목적지 기둥으로 옮긴다.
3. 만약 해당 원판 위에 더 큰 원판이 쌓여 있으면 옮길 수 없으므로, 그 원판을 다시 스택에 넣는다.
4. 그렇지 않은 경우, 해당 원판을 중간 기둥이나 목적지 기둥으로 옮기고, 이동한 원판 위에 쌓인 작은 원판들도 스택에 순서대로 쌓는다.
5. 중간 기둥에서 출발 기둥이나 목적지 기둥으로 원판들을 옮길 때에도 동일한 과정을 반복한다.

원판들이 목적지 기둥으로 옮겨질 때까지 2에서 5의 과정을 반복한다.

<예 V-10>은 사용자로부터 원판의 개수를 입력받고, towerOfHanoi() 함수를 호출하는 하노이 타워를 구현한 프로그램을 보여준다. moveDisk() 함수는 재귀적으로 원판을 이동시키는 역할을 하고, 각 원판의 이동은 print() 함수를 사용하여 출력된다.

```
def moveDisk(n, source, destination, auxiliary):
    if n == 1:
        print(f"Move disk 1 from {source} to {destination}")
        return

    moveDisk(n - 1, source, auxiliary, destination)
    print(f"Move disk {n} from {source} to {destination}")
    moveDisk(n - 1, auxiliary, destination, source)


def tower_of_hanoi(numDisks, source, destination, auxiliary):
    print("Tower of Hanoi solution:")
    moveDisk(numDisks, source, destination, auxiliary)


if __name__ == "__main__":
    source = 'A'
    destination = 'C'
    auxiliary = 'B'

    numDisks = int(input("Enter the number of disks: "))
```

```
    tower_of_hanoi(numDisks, source, destination, auxiliary)
```

▶ 실행결과

```
Enter the number of disks: 3
Tower of Hanoi solution:
Move disk 1 from A to C
Move disk 2 from A to B
Move disk 1 from C to B
Move disk 3 from A to C
Move disk 1 from B to A
Move disk 2 from B to C
Move disk 1 from A to C
```

〈예 V-10〉 하노이 타워

(2) 응용 2. N-퀸 문제(N-Queens Problem)

N-퀸 문제 (N-queens problem): N-퀸 문제는 N x N 체스판 위에 N개의 퀸을 배치하는 문제이다. 퀸은 같은 행, 열 또는 대각선에 다른 퀸이 없도록 배치되어야 한다. 스택은 N-퀸 문제의 해결에 활용될 수 있다.

(3) 응용 3. 수식 표기법의 변환

수식을 표현하는 방법으로 중위(infix), 전위(prefix) 및 후위(postfix) 표기법이 있다. 연산자는 피연산자 사이에 놓이며, 각 연산자는 인접하는 피연산자 또는 중간 결과에 대하여 행해지는 연산, 예를 들어 "A * B + C" 와 같은 중위표기법은 일반적으로 우리가 흔히 사용하는 수식의 표기법이다. 전위표기법에서 연산자는 피연산자의 앞에 놓이고 여기에 잇대어지는 피연산자 또는 중간 결과에 대하여 행해지며, "* A B + C" 와 같이 수식이 표현된다. 마지막으로 후위표기법에서 연산자는 피연산자의 뒤에 놓이고, 그 앞에 있는 피연산자 또는 중간 결과에 대하여 행해지며, "A B * C +" 와 같이 수식이 표현된다. <표 V-1>에 전위, 중위, 후위표기법의 예를 보여준다.

표 V-1 전위, 중위, 후위 표기법

중위 표기법(infix)	전위 표기법(prefix)	후위 표기법(postfix)
2 + 3 * 4	+ 2 * 3 4	2 3 4 * +
a * b + 5	+ * a b 5	a b * 5 +
(1 + 2) * 7	* + 1 2 7	1 2 + 7 *

중위표기법을 사용하는 경우 "a+b*c"와 같이 작성할 경우, 연산자의 우선순위 규칙을 적용해야 한다. 실제로 변수 또는 값 사이에 연산자를 두는 것은 별다른 이유는 없다. 연산자 피연산자 앞(전위표기법)이나 뒤(후위 표기법)에 위치할 수도 있으며 전위 및 후위표기법을 사용의 장점은 우선순위 규칙과 괄호를 제거할 수도 있다는 것이다. 스택은 중위표기법으로 표현된 수식을 전위표기법이나 후위표기법으로 변환할 때 유용하게 사용될 수 있다.

가. 후위 표기법의 식을 중위 표기법의 식으로 변환

<표 V-2>에서 보여주듯이 후위표기법의 식인 “62/3-42*+”를 중위표기법의 식으로 변환하기 위해서는 수식을 토큰 단위로 분리해야 한다. 그리고 연산자 우선순위를 고려하여 중위표기법의 식을 생성해야 한다. 변환 중 연산자를 저장하기 위해서는 스택을 사용한다. "6"과 "2"를 피연산자로 스택에 넣고, "/" 연산자를 만나면 "6"을 pop하고 "2"를 pop한 뒤, "6/2"를 계산한 결과 "3"을 다시 스택에 push한다. "3"과 "-" 연산자를 만나면 "3"을 pop하고 "-"를 만나기 전 스택의 마지막 상태인 "3"과 연산하여 결과 "0"을 스택에 push한다. "4"와 "2"를 피연산자로 스택에 넣고, "" 연산자를 만나면 "4"를 pop하고 "2"를 pop한 뒤, "42"를 계산한 결과 "8"을 다시 스택에 push한다. "+" 연산자를 만나면 "0"을 pop하고 "8"을 pop한 뒤, "0+8"을 계산한 결과 "8"을 다시 스택에 push한다.

표 V-2 후위 표기식의 토큰 분리와 스택의 사용

토큰	스택			Top
	[0]	[1]	[2]	
6	6			0
2	6	2		1
/	6/2			0
3	6/2	3		1
-	6/2-3			0
4	6/2-3	4		1
2	6/2-3	4	2	2
*	6/2-3	4*2		1
+	6/2-3+4*2			0

<예 V-11>은 스택을 이용하여 후위표기법의 식을 계산하는 방법을 보여준다(<예 V-9>의 Stack, Element 클래스를 재사용했다). 먼저 토큰의 종류 및 우선순위를 나타내는 Precedence 클래스 및 멤버를 정의했다.

eval() 함수는 stack을 사용해 스택의 상태를 관리하며, expr는 전역변수로서 계산할 후위표기법의 식이 저장된 문자열이다. 또한 token은 현재 처리 중인 토큰(피연산자 또는 연산자)을 나타내는 변수이다.

<예 V-12>의 getToken()은 입력 스트링에서 다음 토큰을 읽어 토큰의 타입과 문자 심볼을 반환하는 함수이다. 주어진 후위표기법의 식을 계산하는 방법은 먼저 스택을 비우고, getToken()을 사용하여 수식에서 토큰을 읽어온다. 토큰은 피연산자일 경우 숫자 값을 스택에 push하고 피연산자는 한 문자로 된 숫자임을 가정하며, 이를 정수로 변환하여 스택에 push한다. 토큰이 연산자인 경우는 스택에서 두 개의 피연산자를 pop하여 해당 연산자로 계산하고, 결과를 다시 스택에 push한다.

Token 클래스는 Stack 클래스 내에서 사용하기 위해 Element 클래스를 상속한다. Token 클래스는 token을 Element의 key로 사용하고, 토큰 타입, 심벌, isp, icp 정보를 저장한다. 비교와 출력을 위해 '==' 연산자와 __str__() 메서드를 오버라이딩했다. 조금 기묘한 코드이지만, '==' 연산자는 Token 인스턴스 사이의 비교와, 토큰과 Precedence 사이의 비교를 함께 가능하게 만들어서 다른 함수에서 편리하게 사용할 수 있게 했다. 물론 클래스로 정의하지 않고 변수만 선언해서 사용하거나 튜플을 활용하는 방법도 있다. 파이썬은 객체지향프로그래밍(OOP) 언어이지만 객체지향 패러다임을 엄격하게 강제하지 않으므로 개인의 취향에 맞는 코딩 스타일을 찾으면 된다.

```
from stack import Element, Stack  # <예 V-9> 동적 배열을 사용한 스택

class Precedence:
    lparen, rparen, plus, minus, times, divide, mod, operand = range(8)


class Token(Element):
    isp = [0, 19, 12, 12, 13, 13, 13, 0]
    icp = [20, 19, 12, 12, 13, 13, 13, 0]

    def __init__(self, token, symbol):
        super(Token, self).__init__(token)  # token이 self.key로 저장됨
        self.symbol = symbol
        self.isp = Token.isp[token]
        self.icp = Token.icp[token]


    def __eq__(self, other):
        # '==' 연산자 오버라이딩
        if type(other) == type(self):
            # other이 Token 클래스
```

```
            return self.key == other.key
        else:
            # other이 Precedence 클래스 멤버(정수)
            return self.key == other

    def __str__(self):
        # 오버라이딩
        return self.symbol


def eval():
    """
    전역 변수 expr에 문자열로 저장된 후위 표기식을 계산.
    피연산자는 한 문자로 된 숫자임을 가정. 나눗셈 연산자는 '//'가 아니라 '/'를 사용
    함수 getToken은 토큰의 타입과 문자 심벌을 반환.
    """
    stack = Stack()
    for token in getToken():
        if token == Precedence.operand:
            stack.push(int(token.symbol))
        else:
            op2 = stack.pop()
            op1 = stack.pop()
            if token == Precedence.plus:
                stack.push(op1 + op2)
            elif token == Precedence.minus:
                stack.push(op1 - op2)
            elif token == Precedence.times:
                stack.push(op1 * op2)
            elif token == Precedence.divide:
                stack.push(op1 // op2)
            elif token == Precedence.mod:
                stack.push(op1 % op2)

    return stack.pop()
```

〈예 V-11〉 후위표기법 수식 계산

<예 V-12>는 계산할 식이 저장된 문자열인 expr에서 토큰을 하나씩 읽어오는 getToken()을 보여준다. 읽은 토큰의 문자 표현은 symbol에 저장되고, 해당 토큰의 타입을 문자열 형식으로 반환한다.

```
def getToken():
    """
    다음 토큰을 취함.
    symbol은 문자 표현, token은 토큰 타입.
    사전 대신 if~elif 형식으로도 작성 가능
    """
    global expr

    symbolToToken = {
        '(': Precedence.lparen,
        ')': Precedence.rparen,
        '+': Precedence.plus,
        '-': Precedence.minus,
        '*': Precedence.times,
        '/': Precedence.divide,
        '%': Precedence.mod
    }
    for symbol in expr:
        if symbol in symbolToToken:
            token = Token(symbolToToken[symbol], symbol)
        else:
            token = Token(Precedence.operand, symbol)
        yield token
```

〈예 V-12〉 입력 스트링에서 토큰을 가져오는 함수

> **참고** return 대신 yield를 쓰는 함수를 generator라고 부른다. getToken() 함수 내에서 yield를 사용하면 함수는 리턴되지만, 자원을 반환하지 않고 그대로 멈춘 상태로 대기한다. 그 후 getToken() 함수를 다시 호출하면 처음부터 실행되지 않고 직전의 yield 이후부터 이어서 실행된다. 다만 성능 면에서는 리스트를 만들어서 한 번에 리턴하는 쪽이 더 빠르고, 일반적이다. 〈예 V-12〉에서는 '토큰을 하나씩 읽어온다'라는 의미를 살리기 위해 generator를 사용해 보았다.

나. 중위 표기법의 식을 후위 표기법의 식으로 변환

중위표기법의 식을 후위표기법의 식으로 변환하기 위해서는 수식 문자열을 왼쪽에서 오른쪽으로 읽으면서 토큰 단위로 처리하고, 토큰이 피연산자인 경우 그대로 결과 문자열에 추가하고 토큰이 연산자인 경우 스택에 있는 연산자와 비교하여 우선순위를 판단해야 한다. 현재 토큰의 우선순위가 스택의 맨 위 연산자보다 높거나 같을 때까지 스택의 연산자를 pop하여 결과 문자열에 추가한다. 그리고 현재 토큰을 스택에 push한다.

<표 V-3>에서 보여주듯이 중위표기법의 식인 "a+b*c"를 후위표기법의 식으로 변환하기 위해서는

수식을 토큰 단위로 분리해야 한다. 토큰이 피연산자인 "a", "b", "c" 인 경우 그대로 문자열에 추가하고, 토큰이 연산자인 "+", "*"를 읽으면 스택에 있는 연산자와 비교하여 우선순위를 판단해야 한다. 현재 토큰의 우선순위가 스택의 맨 위 연산자보다 높거나 같을 때까지 스택의 연산자를 pop하여 결과 문자열에 추가한다. 그리고 현재 토큰을 스택에 push한다. "a+b*c"에서는 "+"를 읽을 때 스택이 비워 있기 때문에 바로 스택에 push하고, "*"를 읽으면 스택에 있는 "+"보다 우선순위가 높기 때문에 "+"를 pop하여 결과 문자열에 추가하고 "*"를 스택에 push한다. 그리고 마지막으로 모든 토큰을 처리한 후, 스택에 남아 있는 모든 연산자를 pop하여 결과 문자열에 추가한다.

표 V-3 중기 표기식의 토큰 분리와 스택의 사용

토큰	스택 [0]	[1]	[2]	Top	결과 문자열
a				-1	a
+	+			0	a
b	+			0	ab
*	+	*		1	ab
c	+	*		1	abc
eos				-1	abc*+

다. 괄호가 있는 중위 표기법의 식을 후위 표기법의 식으로 변환

중위표기법의 식에서 괄호"( )"가 있는 경우 후위표기법의 식으로 변환하려면 먼저 중위 표기식을 왼쪽에서 오른쪽으로 한 글자씩 읽으면서, 피연산자(숫자 또는 변수)인 경우, 그대로 출력하고, 왼쪽 괄호 "("인 경우, 스택에 push한다. 오른쪽 괄호 ")"를 만날 경우, 스택에서 왼쪽 괄호 "("가 나올 때까지 스택에서 모든 연산자를 pop하고 출력한다. 왼쪽 괄호는 스택에서 pop하지 않는다. 연산자인 경우, 스택에서 현재 연산자보다 우선순위가 높거나 같은 연산자를 스택에서 모두 pop하고 출력한 후, 현재 연산자를 스택에 push하는데 이때, 연산자의 우선순위에 따라 pop할지 여부를 결정해야 한다. 그리고 수식을 모두 읽은 후, 스택에 남아 있는 모든 연산자를 pop하고 출력한다.

<표 V-4>에서 보여주듯이 "a+(b+c)*d"를 후위표기법의 식으로 변환하기 위해서는 수식을 토큰 단위로 분리해야 한다. 먼저 토큰 "a"를 읽고 출력한다. 연산자인 "+"를 스택에 push한다. 그리고 "("를 스택에 push한다. "b"를 읽고 출력한다. 연산자인 "+"를 스택에 push하고 "c"를 읽고 출력한다 오른쪽 괄호 ")"를 만나면, 스택에서 왼쪽 괄호 "("가 나올 때까지 모든 연산자를 pop하고 출

력한다. 결과는 "bc+"가 된다. 연산자 "*"를 스택에 push하고 "d"를 읽고 출력한다. 수식을 모두 읽었으므로, 스택에 남아 있는 모든 연산자를 pop하고 출력한다.

표 V-4 **중기 표기식의** 후위 표기식으로 변환을 위한 토큰 분리와 스택의 사용

토큰	스택			Top	결과 문자열
	[0]	[1]	[2]		
a				-1	a
+	+			0	a
(	*	(		1	a
b	*	(		1	ab
+	*	(	+	2	ab
c	*	(	+	2	abc
)	*			0	abc+
*	*			0	abc+*
d	*			0	abc+*d
eos	*			0	abc+*d+

라. 두 종류의 우선순위

isp (in-stack precedence)와 icp (incoming precedence) 는 중위 표기법의 식을 후위 표기법으로 변환할 때 사용되는 연산자 우선순위를 나타내는 두 종류의 우선순위이다. 일반적으로, isp와 icp는 연산자들의 우선순위를 비교하여 어떤 연산자를 스택에 저장하고 어떤 연산자를 처리해야 하는지를 결정하는 데 사용된다. 즉, 연산자를 처리할 때 icp와 isp를 비교하여 스택에서 pop하거나 스택에 push하며 후위 표기식을 생성한다.

isp (in-stack precedence)는 스택 안에서의 우선순위로 isp는 스택 안에서 현재 저장된 연산자들의 우선순위를 나타낸다. 스택 안에 있는 연산자들 중에서 우선순위가 가장 높은 연산자의 우선순위를 isp로 사용한다. 스택에 저장된 연산자들은 후위 표기식을 구성하는 과정에서 먼저 처리되어야 하는 연산자들이다.

icp (incoming precedence)는 들어오는 연산자의 우선순위로 icp는 중위 표기법 식을 후위 표기법으로 변환하면서 들어오는 연산자의 우선순위를 나타낸다. 변환 과정에서 다음으로 처리할 연산자의 우선순위를 icp로 사용하며, icp는 신규로 들어오는 연산자들에 대한 우선순위 정보를 갖는다.

<예 V-13>은 +, -, *, / 등의 연산자들이 있을 때 연산자의 우선순위의 예를 보여준다. isp와 icp값

이 동일한 경우 연산자 우선순위가 같다는 것을 나타내며, 중위표기식을 변환할 때 이러한 우선순위 정보를 사용하여 연산자를 스택에 push하거나 pop하여 후위표기식을 구성한다.

```
isp(+): 12
isp(-): 12
isp(*): 13
isp(/): 13
icp(+): 12
icp(-): 12
icp(*): 13
icp(/): 13
```

〈예 V-13〉 연산자의 icp 및 isp 우선순위

<예 V-14>는 중위표기식을 후위표기식으로 변환하기 위해 연산자들의 우선순위를 저장한 isp와 icp배열(리스트)을 보여준다. 주어진 값들은 여덟 가지 연산자에 대한 우선순위를 표현한다. 필요하다면 EOS(end of stack)까지 정의할 수도 있다.

```
# isp와 icp 배열 -- 인덱스는 연산자
# lparen, rparen, plus, minus, times, divide, mod의 우선순위 값
isp = [0, 19, 12, 12, 13, 13, 13]
icp = [20, 19, 12, 12, 13, 13, 13]
```

〈예 V-14〉 연산자들의 우선순위를 저장한 icp 및 isp 배열

마. 스택 구조의 사용과 스택 원소의 데이터 타입

스택을 토큰 니모닉(mnemonic) 저장에 사용하는데 여기서 토큰은 주로 중위표기법에서 연산자, 피연산자 또는 다른 기호를 나타낸다. 예를 들어, 중위표기식 "a + b"를 후위표기식으로 변환할 때, "a"와 "b"는 피연산자 토큰이며, "+"는 연산자 토큰이 된다.

스택의 원소는 연산자의 우선순위를 나타내는 데이터 타입으로 사용된다. 이것은 후위표기식으로 변환하는 과정에서 현재 처리 중인 연산자와 스택 안의 연산자를 비교하여 올바른 우선순위에 따라 스택을 조작하기 위한 정보를 제공한다. 우선순위 데이터 타입은 보통 각 연산자에 대한 우선순위 값을 저장하기 위한 정수나 열거 타입으로 구현된다. 이러한 값은 isp(in-stack precedence)와 icp(incoming precedence) 배열과 같이 사용되어 연산자 우선순위를 비교하는 데 도움을 준다.

예를 들어, 중위 표기법의 수식 "a + b * c"를 후위 표기법으로 변환하는 경우, 스택에는 다음과 같

이 토큰과 그에 해당하는 니모닉 및 우선순위 값이 저장될 수 있다.

- 피연산자 "a"를 스택에 저장할 때, 니모닉은 "피연산자"이고, 우선순위 값은 해당하지 않을 수 있다.
- 연산자 "+"를 스택에 저장할 때, 니모닉은 "덧셈"이고, 우선순위 값은 해당 연산자의 우선순위이다.
- 연산자 "*"를 스택에 저장할 때, 니모닉은 "곱셈"이고, 우선순위 값은 해당 연산자의 우선순위이다.

<예 V-15>는 중위표기식을 후위표기식으로 변환하는 함수를 보여준다. if token == Precedence.operand 는 현재 토큰이 피연산자인 경우, 바로 출력하고, elif token == Precedence.rparen 는 현재 토큰이 오른쪽 괄호인 경우, 왼쪽 괄호가 나올 때까지 스택에서 연산자를 pop하여 출력한다. 그 후, 왼쪽 괄호를 스택에서 제거한다. else 이하 문장은 현재 토큰이 연산자인 경우, 스택에서 연산자를 pop하고 출력한다. 이때, 스택의 연산자가 현재 토큰의 우선순위(isp와 icp배열로 비교)보다 크거나 같을 때까지 반복하여 출력한다. 그 후, 현재 토큰을 스택에 push한다.

```
def postfix():
    # 수식(전역변수 expr)을 후위 표기식으로 출력
    stack = Stack()
    for t in getToken():
        token, symbol = t
        if token == Precedence.operand:
            print(symbol)
        elif token == Precedence.rparen:
            # 왼쪽 괄호가 나올 때까지 토큰들을 제거해서 출력
            while stack.top() != Precedence.lparen:
                print(stack.pop())
            stack.pop()  # 왼쪽 괄호를 버림
        else:
            # symbol의 isp가 token의 icp보다 크거나 같으면 symbol을 제거하고 출력
            while isp[stack.top()] >= icp[token]:
                print(stack.pop())
            stack.push(token)

    while not stack.isEmpty():
        print(stack.pop())
    print()
```

<예 V-15> 중위표기식을 후위표기식으로 변환하는 함수

<예 V-16>은 중위식 표기를 후위식 표기로 변환하여 계산하는 예제 프로그램을 보여준다. expr에 입력 받은 중위식 표기를 postfix()와 getToken() 함수로 후위식 표기로 변환한 후 expr에 다시 저장한다. 이후 eval() 함수는 expr에 저장된 후위식 표기를 연산하여 결과값을 리턴한다.

```
from stack import Element, Stack  # <예 V-9> 동적 배열을 사용한 스택


class Precedence:
    lparen, rparen, plus, minus, times, divide, mod, operand = range(8)


class Token(Element):
    isp = [0, 19, 12, 12, 13, 13, 13]
    icp = [20, 19, 12, 12, 13, 13, 13]

    def __init__(self, token, symbol):
        super(Token, self).__init__(token)  # token이 self.key로 저장됨
        self.symbol = symbol
        self.isp = Token.isp[token]
        self.icp = Token.icp[token]

    def __eq__(self, other):
        # '==' 연산자 오버라이딩
        if type(other) == type(self):
            # other이 Token 클래스
            return self.key == other.key
        else:
            # other이 Precedence 클래스 멤버(정수)
            return self.key == other

    def __str__(self):
        # 오버라이딩
        return self.symbol


def eval():
    """
    전역 변수 expr에 문자열로 저장된 후위 표기식을 계산.
    피연산자는 한 문자로 된 숫자임을 가정. 나눗셈 연산자는 '//'가 아니라 '/'를 사용
    함수 getToken은 토큰의 타입과 문자 심벌을 반환.
    """
    stack = Stack()
    for token in getToken():
        if token == Precedence.operand:
```

```
            stack.push(int(token.symbol))
        else:
            op2 = stack.pop()
            op1 = stack.pop()
            if token == Precedence.plus:
                stack.push(op1 + op2)
            elif token == Precedence.minus:
                stack.push(op1 - op2)
            elif token == Precedence.times:
                stack.push(op1 * op2)
            elif token == Precedence.divide:
                stack.push(op1 // op2)
            elif token == Precedence.mod:
                stack.push(op1 % op2)

    return stack.pop()


def getToken():
    """
    다음 토큰을 취함. symbol은 문자 표현, token은 토큰 타입.
    사전 대신 if~elif 형식으로도 작성 가능
    """
    global expr

    symbolToToken = {
        '(': Precedence.lparen,
        ')': Precedence.rparen,
        '+': Precedence.plus,
        '-': Precedence.minus,
        '*': Precedence.times,
        '/': Precedence.divide,
        '%': Precedence.mod
    }
    for symbol in expr:
        if symbol in symbolToToken:
            token = Token(symbolToToken[symbol], symbol)
        else:
            token = Token(Precedence.operand, symbol)
        yield token


def postfix():
    # 수식(전역변수 expr)을 후위 표기식으로 변환
    stack = Stack()
```

```
    postfixExpr = []
    for token in getToken():
        if token == Precedence.operand:
            postfixExpr.append(token)
        elif token == Precedence.rparen:
            # 왼쪽 괄호가 나올 때까지 토큰들을 제거해서 출력
            while stack.top != Precedence.lparen:
                postfixExpr.append(stack.pop())
            stack.pop()  # 왼쪽 괄호를 버림
        else:
            # symbol의 isp가 token의 icp보다 크거나 같으면 symbol을 제거하고 출력
            while not stack.isEmpty() and stack.top.isp >= token.icp:
                postfixExpr.append(stack.pop())
            stack.push(token)

    while not stack.isEmpty():
        postfixExpr.append(stack.pop())

    return ''.join(map(str, postfixExpr))

if __name__ == '__main__':
    expr = input("input infix: ")
    expr = postfix()  # 후위표기식으로 변환
    print("postfix:", expr)
    print("result:", eval())
```

▶ 실행결과

```
input infix: 3+(4*2)+((4/2)-1)
postfix: 342*+42/1-+
result: 12
```

〈예 V-16〉 중위식 표기를 후위식 표기로 변환하여 계산하는 예제 프로그램

3 연결 스택

연결 스택(linked stack)은 스택을 구현하는 데 사용되는 자료구조 중 하나이다. 배열 기반 스택과 달리 연결 리스트를 기반으로 구현되며, 스택의 동작 및 특성을 유지하면서 동적으로 크기를 조절할 수 있기 때문에 필요에 따라 노드를 추가하거나 제거함으로써 크기를 조절할 수 있다. 배열 기반 스택은 미리 정의된 크기로 제한되지만, 연결 스택은 메모리가 허용하는 한 데이터를 저장할 수 있다. 또한 연결 스택은 노드를 삽입하거나 삭제하기가 비교적 간단하다. 따라서 중간에 있는 항목을 삽입하거나 삭제하는 데도 효율적이다.

그러나, 연결 스택은 각 노드에 대한 메모리를 추가로 필요로 한다. 따라서 저장 공간의 오버헤드가 발생할 수 있다. 배열 기반 스택은 인덱스를 사용하여 직접적으로 항목에 액세스할 수 있지만, 연결 스택은 순차적으로 접근해야 한다. 따라서 특정 항목에 빠르게 액세스하는 데 시간이 더 걸릴 수 있다.

따라서 연결 스택은 크기가 동적으로 조절될 수 있어야 하는 경우나 저장 공간이 제한 없이 필요한 경우에 유용하다.

(1) 연결 스택의 구조

연결 스택은 노드(node)라고 불리는 개별 원소로 구성된다. 각 노드에는 데이터 필드와 다음 노드를 가리키는 링크(또는 포인터) 필드가 있다. 연결 리스트로 스택을 구현하기 때문에 크기에 제한이 없다. <그림 V-3>에서 연결 스택의 구조를 보여준다.

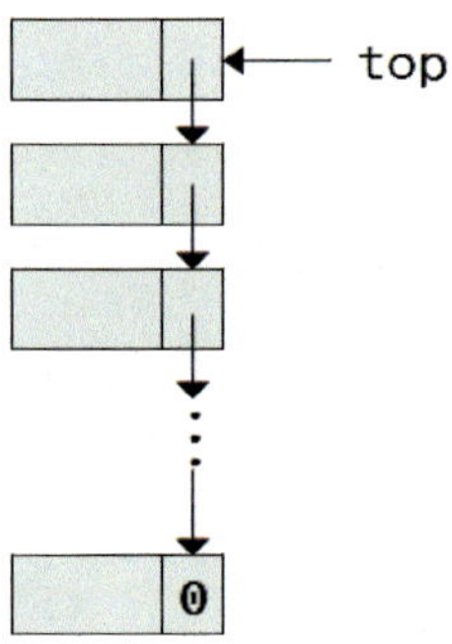

그림 V-3 연결 스택

<예 V-17>은 연결 스택 구조를 보여준다.

```
MAX_STACKS = 10  # 스택의 최대 크기

class Element:
    def __init__(self, key):
        self.key = key
        # 다른 필드들

class Stack:
    def __init__(self, data, link):
        self.data = data
        self.link = link
```

```
# Stack 인스턴스를 저장할 리스트
top = [None for _ in range(MAX_STACKS)]
```

〈예 V-17〉 연결 스택 구조

<예 V-18>은 여러 개의 스택 중에서 i번째 스택에 새로운 원소(item)를 삽입하는 함수인 push()를 보여준다. Stack() 생성자를 사용하여 새로운 스택 노드를 위한 메모리를 할당하고, 새로운 원소(item)를 대입하여 temp가 가리키는 노드에 데이터가 저장된다. Stack()의 두 번째 인자 top[i]는 temp가 가리키는 노드의 link필드에 top[i]를 대입하는데 이는 새로운 노드를 현재 스택의 가장 상단 노드로 연결하는 역할을 하며, 기존의 상단 노드는 새로운 노드를 가리키게 된다. top[i] = temp는 top[i]를 새로운 노드 temp로 업데이트하여 temp가 새로운 상단 노드가 되고, 스택에 원소가 추가된다.

```
def push(i, item):
    # i번째 스택에 원소를 삽입
    temp = Stack(item, top[i])
    top[i] = temp
```

〈예 V-18〉 연결 스택에서 삽입

<예 V-19>는 여러 개의 스택 중에서 i번째 스택에서 원소(item)를 삭제하는 함수인 pop()을 보여준다.

temp = top[i]는 스택을 참조하는 변수 temp를 선언하고, 이 변수를 사용하여 삭제할 노드를 가리키게 한다. 여기서 top[i]는 현재 스택에서 가장 상단의 노드를 가리키고 있다. if not temp: return stackEmpty()는 스택이 비어있는 경우, 즉 temp가 None인 경우, 스택이 비어있음을 나타내는 stackEmpty()함수를 호출하고 결과를 반환한다. item = temp.data는 삭제할 노드의 데이터를 item변수에 저장하여 삭제된 원소의 데이터가 복사되게 한다. top[i] = temp.link는 top[i]를 삭제한 노드의 다음 노드인 temp.link로 업데이트하여 스택의 상단이 변경되고, 삭제한 노드는 연결이 끊어진다.

```
def pop(i):
    # i번째 스택으로부터 탑 원소를 삭제
    temp = top[i]
    if not temp:
        return stackEmpty()
```

```
    item = temp.data
    top[i] = temp.link
    return temp
```

〈예 V-19〉 연결 스택에서 삭제

<예 V-20>은 연결 스택을 구현한 예제 프로그램을 보여준다. peek()은 스택의 맨 위의 원소를 확인하는 함수로서 top 포인터를 사용해서 맨 위의 원소를 item에 복사하여 반환한다.

```
class Element:
    def __init__(self, key):
        self.key = key
        self.param1 = None  # 기타 필드
        self.param2 = None

    def __str__(self):
        return str(self.key)


class StackNode:
    def __init__(self, data, link=None):
        self.data = data
        self.link = link


class LinkedStack:
    def __init__(self):
        self.top = None

    def push(self, item):
        self.top = StackNode(item, self.top)

    def pop(self):
        if self.top is None:
            return None

        temp = self.top
        item = temp.data
        self.top = temp.link
        del temp
        return item

    def peek(self):
```

```
        return self.top.data if self.top else None

    def print(self):
        current = self.top
        print('The stack contains:', end=' ')
        while current:
            print(current.data, end=' ')
            current = current.link
        print()


if __name__ == "__main__":
    stack = LinkedStack()

    data1, data2, data3, data4 = Element(10), Element(20), Element(30), Element(40)

    stack.push(data1); print("push :", data1)
    stack.push(data2); print("push :", data2)
    print("peek :", stack.peek())
    stack.push(data3); print("push :", data3)
    stack.push(data4); print("push :", data4)

    stack.print()

    print("peek :", stack.peek())

    print("pop :", stack.pop())
    print("pop :", stack.pop())
    print("pop :", stack.pop())
    print("pop :", stack.pop())
    stack.pop()

    stack.print()
```

실행결과

```
push :   10
push :   20
peek :   20
push :   30
push :   40
The stack contains:   40   30   20   10
peek :   40
pop  :   40
```

```
pop :  30
pop :  20
pop :  10
The stack contains:
```

<예 V-20> 연결 스택에 예제 프로그램

<예 V-21>은 <예 V-20>을 파이썬의 list를 활용해서 구현한 예제이다. append(), pop() 메서드 등을 사용했다. 엄밀히 따지면 모든 pop() 호출 시, 그리고 peek() 함수를 대신하는 stack[-1]에서도 (1)과 같이 예외를 처리해줘야 한다. <예 V-21>에서는 append(), pop()을 쓰게 되면 가장 마지막 원소가 스택의 top이 되므로, 출력은 리스트의 역순으로 출력했다. 정답이 있는 것은 아니지만 <예 V-20>에 비하면 <예 V-21>이 조금 더 파이썬다운(pythonic) 코드로 볼 수 있다. 또 다른 방법으로 collections 모듈의 UserList 클래스를 상속받아 확장할 수도 있고, 만약 Element 클래스도 없애고 싶다면 "data1 = {'key': 10, 'param1': None, 'param2': None}"와 같이 사전을 쓰거나 "data1 = (10, None, None)"과 같이 튜플로 간단히 표현하는 것도 가능하다.

```
class Element:
    def __init__(self, key):
        self.key = key
        self.param1 = None  # 기타 필드
        self.param2 = None

    def __str__(self):
        return str(self.key)


data1, data2, data3, data4 = Element(10), Element(20), Element(30), Element(40)

stack = []
stack.append(data1); print("push :", data1)
stack.append(data2); print("push :", data2)
print("peek :", stack[-1])
stack.append(data3); print("push :", data3)
stack.append(data4); print("push :", data4)

print('The stack contains:', *reversed(stack))
print("peek :", stack[-1])

print("pop :", stack.pop())
print("pop :", stack.pop())
```

```
print("pop :", stack.pop())
print("pop :", stack.pop())
try:
    stack.pop()  # (1)
except IndexError:
    pass  # 빈 리스트에서 pop() 하면 IndexError 발생

print('The stack contains:', *reversed(stack))
```

〈예 V-21〉 파이썬 리스트로 구현한 연결 스택 예제 프로그램

참고

print('The stack contains:', *reversed(stack)) 에서 '*' 연산자(star/asterisk operator)는 리스트, 튜플, 문자열, range 등 시퀀스 · 콜렉션의 앞에 두면 원소들을 풀어서(unpack) 나열한다. '*'가 붙은 표현식을 starred expression이라고 부른다. 예를 들어 아래와 같다:

```
>>> print([1, 2, 3])
[1, 2, 3]
>>> print(*[1, 2, 3])  # print(1, 2, 3)과 같은 결과
1 2 3
```

즉, print() 함수에 '정수를 원소로 갖는 1개의 리스트'를 전달할 것인지, '정수' 여러 개를 전달할 것인지의 문제다. 만약 위의 print() 함수를 직접 선언한다면 이렇게 된다:

```
def print(*args):
    ...
```

이 경우 args는 (1, 2, 3) 튜플이다. *args이므로 3개의 인자 1, 2, 3이 전달되게 된다. *args를 사용하면 매개변수의 개수를 가변적으로 전달받을 수 있다. 파이썬 코드는 내부적으로 튜플로 처리하는 경우가 많은데,

```
a, b, c = 1, 2, 3, 4
```

를 실행하면 아래와 같은 오류 메시지를 볼 수 있다:

```
ValueError: too many values to unpack (expected 3)
```

이 대입문은 튜플 (1, 2, 3, 4)를 '*'로 언팩하고, (a, b, c)도 '*'로 언팩해서 각각의 변수에 값을 대입하는 방식으로 처리되기 때문에 위와 같은 메시지가 출력되는 것이다.
'**'(double star) 연산자도 비슷한 역할을 한다. 사전 객체를 키워드 인자로 풀어서 나열해주는 연산자이다. 예를 들어,

```
>>> sorted(["a", "ab", "abc"], reverse=True, key=len)
['abc', 'ab', 'a']
```

내장함수 sorted()의 선언은 아래와 같다:

```
def sorted(*args, **kwargs):
    ...
```

이때 전달되는 args는 크기 1인 튜플 ([“a”, “ab”, “abc”],)이고, *args는 1개의 리스트 [“a”, “ab”, “abc”]가 된다. kwargs에는 사전 {‘reverse’: True, ‘key’: len}이 전달되고, **kwargs는 두 매개변수 reverse=True, key=len 를 나열한 것과 같다.

Exercise

01. 정적 배열과 동적 배열을 각각 사용하여 스택의 연산을 구현하는 방법에 대해 서술하시오.

02. 스택을 구현할 때 배열 대신 연결 리스트를 사용하는 이유를 쓰시오.

03. 연결리스트와 배열로 구현된 스택 각각에 대해 push, pop 및 empty 작업을 위한 파이썬 프로그래밍 언어 코드로 작성하시오.

04. 다음 조건을 만족하는 두 개의 스택을 나타내는 자료구조인 twoStacks를 설계하시오. twoStacks의 구현은 하나의 배열만을 사용해야 한다. 즉, 두 스택 모두 원소를 저장하기 위해 동일한 배열을 사용해야 한다.

```
twoStacks에서 다음 함수들이 지원되어야 함
push1(x): x를 첫 번째 스택에 push함
push2(x): x를 두 번째 스택에 push함
pop1(): 첫 번째 스택에서 요소를 pop하고 pop된 요소를 반환
pop2(): 두 번째 스택에서 요소를 pop하고 pop된 요소를 반환
twoStacks의 구현은 공간 효율적이어야 함
```

05. 다음 예와 같이 특별한 스택을 지원하는 자료구조인 SpecialStack을 설계하시오. 이는 push(), pop(), isEmpty(), isFull()과 추가로 getMin() 작업을 지원해야 하며, SpecialStack의 모든 이러한 작업은 O(1)이어야 한다. SpecialStack을 구현하기 위해서는 표준 스택 자료구조만을 사용하고 배열, 연결리스트 등 다른 자료구조를 사용해서는 안된다.

```
다음과 같은 SpecialStack이 있을 때:
16 --> TOP
15
29
19
18

여기서 getMin()이 호출되면 현재 스택에서의 최솟값인 15를 반환함
```

```
스택에서 두 번 pop을 수행하면 스택은 다음과 같이 됨
29  --> TOP
19
18

여기서 getMin()이 호출되면 현재 스택에서의 최솟값인 18을 반환함.
```

Chapter VI

큐(Queue)

본 장에서는 앞장에서 다룬 스택과 달리 선입선출(First In First Out) 구조를 갖는 큐에 대해 다룬다. 큐도 스택과 같이 배열과 연결 리스트를 이용하여 구현할 수 있다.

큐(queue)는 자료구조 중 하나로, 데이터를 저장하고 관리하는 방법 가운데 하나이다. 큐는 선입선출(FIFO, first-in first-out) 원칙에 따라 동작하며, 이는 가장 먼저 들어온 데이터가 가장 먼저 나가는 원리를 의미한다. 큐에서 front는 원소가 제거되는 끝을 가리키며, rear는 새로운 원소가 추가되는 끝을 가리킨다. <그림 VI-1>에서 보여주듯이 큐의 한쪽 끝(rear)에서 새로운 원소가 삽입(enqueue) 또는 추가(addition)되며 새로 추가된 원소는 큐의 맨 뒤에 위치하게 된다. 큐의 반대쪽 끝(front)에서 원소가 삭제(dequeue) 또는 제거(removal)된다. 이때 가장 먼저 추가된 원소부터 삭제된다.

큐의 동작 원리를 예를 들어 설명하면, 마치 실제 생활에서 줄을 서서 기다리는 것과 같다. 가장 먼저 온 사람이 가장 먼저 처리를 받는 것처럼, 큐에 들어온 데이터 중 가장 먼저 들어온 데이터가 가장 먼저 처리된다.

큐는 작업 대기열을 구현할 때, 탐색 알고리즘에서 사용될 때, 멀티스레딩 환경에서 데이터 동기화에 사용될 때 등 다양한 응용에서 구현된다.

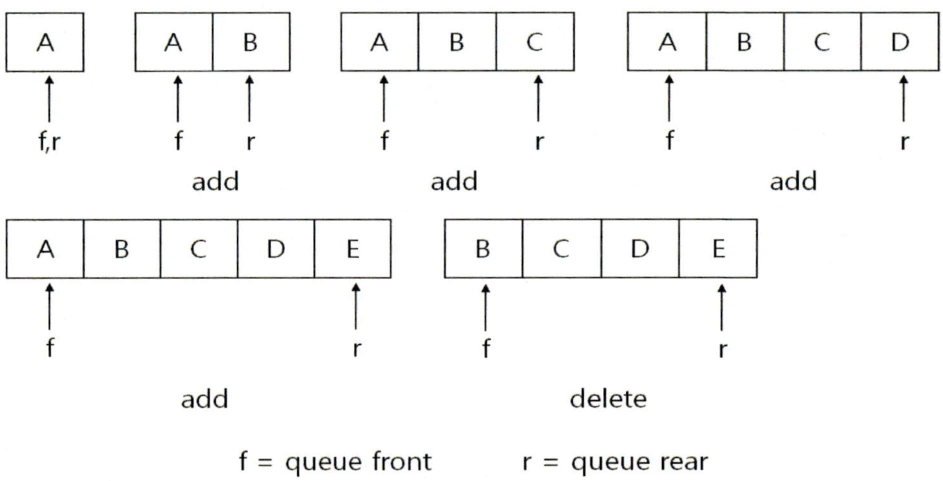

그림 VI-1 큐에서의 원소 삽입과 삭제

```
ADT Queue
  Objects : 0개 이상의 원소를 가진 유한 순서 리스트
  functions :
   모든 queue ∈ Queue, item ∈ element, maxQueueSize ∈ positive integer
   Queue CreateQ(maxQueueSize)            ::=  최대 크기가 maxQueueSize인 공백 큐를 생성
   Boolean IsFullQ(queue, maxQueueSize) ::=  if(queue의 원소 수 == maxQueueSize)
                                                   return TRUE
                                               else return FALSE
    Queue AddQ(queue, item)               ::=  if(IsFull(queue)) queueFull
                                               else queue의 뒤에 item을 삽입하고 이 queue를 반환
    Boolean IsEmptyQ(queue)               ::=  if(queue == CreateQ(maxQueueSize))
                                                   return TRUE
                                               else return FALSE
    Element DeleteQ(queue)                ::=  if(IsEmptyQ(queue)) queueEmpty
                                               else queue 앞에 있는 item을 제거해서 반환
```

1 배열을 사용한 큐의 구현

배열을 사용하여 큐를 구현하는 것은 연결 리스트를 사용하여 큐를 구현하는 것보다 상대적으로 간단하다. 배열을 선언하고, front와 rear 인덱스를 사용하여 원소를 추가하고 제거하면 된다. 그러나 배열의 크기는 미리 정의되어 있으므로 큐의 최대 크기에 제한이 있으며, 큐가 가득 차면 더 이상 원소를 추가할 수 없게 된다. 일반 배열을 사용한 큐에서 원소 추가 및 제거 연산은 평균적으로 O(1)이다. 그러나 큐가 가득 차거나 비어있을 때 원소를 추가하거나 제거하려면 원소들의 이동 작업으로 인해 O(n)의 시간이 소요될 수 있다.

큐는 데이터를 FIFO(first-in-first-out) 순서로 저장하고 처리하는 자료구조로, 일반 배열을 이용하여 간단하게 구현할 수 있다. <예 VI-1>에서 MAX_QUEUE_SIZE = 100으로 큐의 최대 크기를 정의한다. 클래스 Element를 정의하는데 key 필드만 정의되어 있지만, 필요에 따라 다른 필드를 추가할 수 있다.

큐의 실제 데이터를 저장할 배열 queue를 선언하여 이 배열은 큐의 원소들을 저장하는 공간으로 사용되며 배열의 크기는 MAX_QUEUE_SIZE로 정의된 최대 크기만큼 할당된다.

front = rear = -1로 큐의 인덱스 변수 rear와 front를 초기화하는데 -1은 큐가 비어있음을 나타내며, 초기화 상태에서 큐에 아무 원소도 없음을 의미한다. 원소를 추가할 때는 rear를 증가시키고,

원소를 제거할 때는 front를 증가시킨다. 큐가 비어있는지 여부를 확인하기 위해 rear와 front가 모두 -1인지 확인하거나 또는 front == rear 인지 확인하면 된다.

역으로 큐가 가득 차 있는지 확인하려면 rear == MAX_QUEUE_SIZE-1 인지 확인하면 되는데 배열의 앞부분이 비어있음에도 불구하고 큐가 가득 차 있는 것처럼 확인되는 문제점이 생긴다. 이런 경우 환형 큐를 구현하면 문제점을 해결할 수 있다.

```
MAX_QUEUE_SIZE = 100  # 큐의 최대 크기


class Element:
    def __init__(self, key):
        self.key = key
        # 다른 필드


queue = [Element(0) for _ in range(MAX_QUEUE_SIZE)]
front = rear = -1
```

〈예 VI-1〉 배열을 사용하여 큐를 정의

참고

```
queue = [Element(0) for _ in range(MAX_QUEUE_SIZE)]  # (1)
queue = [Element(0)] *MAX_QUEUE_SIZE  # (2)
```

(1)과 (2)는 다른 코드다. (1)은 Element 객체를 10번 생성해서 큐에 넣는다. 다르게 표현하면 아래와 같다:

```
queue = []
for _ in range(MAX_QUEUE_SIZE):
    queue.append(Element(0))
```

(2)는 1개의 Element 객체를 큐에 10번 넣는다. 큐의 원소는 10개이지만, 모두 동일한 객체를 가리키는 포인터다. 다르게 표현하면 아래와 같다:

```
e = Element(0)
for _ in range(MAX_QUEUE_SIZE):
    queue.append(e)
```

이 코드와 설명을 읽으면서 머릿속에 그림이 그려지지 않는다면 포인터, 참조, 클래스와 객체에 대한 이해가 심각하게 부족하다는 뜻이다. 반드시 1장의 배열, 특히 '2차원 동적배열'을 이해가 될 때까지 두 번 세 번 다시 읽어보고 오기 바란다.

<예 VI-2>는 배열을 사용하여 구현한 큐에서 원소를 삽입하고 삭제하는 방법을 보여준다. addQueue()는 큐에 원소를 추가하는 역할을 하는데 Element item은 큐에 추가할 원소를 나타내는 매개변수이다. if rear == MAX_QUEUE_SIZE-1는 바로 위에서도 언급했지만 큐가 가득 찼는지 확인하기 위해 rear가 큐의 최대 크기인 MAX_QUEUE_SIZE-1과 같은지 확인하고, 만약 큐가 가득 찼다면 queueFull()을 호출한다. 큐가 가득 차지 않았다면, rear 값을 증가시킨 후 그 위치에 item을 추가한다.

```
def addQueue(item: Element):
    # queue에 item을 삽입
    global front, rear
    if rear == MAX_QUEUE_SIZE - 1:
        queueFull()

    rear += 1
    queue[rear] = item


def deleteQueue():
    # queue의 앞에 있는 원소를 삭제
    global front, rear
    if front == rear:
        return queueEmpty()
    front += 1
    return queue[front]
```

〈예 VI-2〉 배열을 사용하여 큐를 삽입하고 삭제하는 함수

<예 VI-3>은 배열을 사용하여 큐를 구현한 예제 프로그램이며, 큐에 하나의 원소를 추가하고 제거한 것을 보여주고 있다. isQueueFull()과 isQueueEmpty()는 각각 큐가 가득 차 있는지와 비어 있는지를 검사한다. enQueue()는 원소를 큐에 추가하고, deQueue() 함수는 큐에서 원소를 제거한다. 이 함수들은 큐가 가득 찼거나 비어 있을 때 적절한 메시지를 출력한다.

```
MAX_QUEUE_SIZE = 100  # 큐의 최대 크기


class Element:
    def __init__(self, key):
        self.key = key
        # 다른 필드
```

```
def isQueueFull():
    return rear == MAX_QUEUE_SIZE - 1


def isQueueEmpty():
    return front == rear


def enQueue(item):
    global front, rear
    if isQueueFull():
        print("Queue is full. Cannot enqueue.")
        return

    rear += 1
    queue[rear] = item


def deQueue():
    global front, rear
    if isQueueEmpty():
        print("Queue is empty. Cannot dequeue.")
        emeptyElement = Element(-1)  # or any other value to indicate empty
        return emeptyElement

    front += 1
    return queue[front]


if __name__ == '__main__':
    queue = [Element(0) for _ in range(MAX_QUEUE_SIZE)]
    front = rear = -1

    # Example usage
    item = Element(42)

    if not isQueueFull():
        enQueue(item)
        print("Enqueued:", item.key)

    if not isQueueEmpty():
        removedItem = deQueue()
        print("Dequeued:", removedItem.key)
```

▶ 실행결과

```
Enqueued: 42
Dequeued: 42
```

〈예 VI-3〉 배열을 사용한 큐 예제 프로그램

<예 VI-4>는 큐를 활용하여 간단한 작업 관리 시스템 프로그램을 보여준다. <예 VI-3>과 같이 사용자는 메뉴를 통해 작업을 추가하거나 처리할 수 있으며 큐는 작업을 저장하고 처리하는 데 사용되며, 큐가 가득 찼거나 비어있는지를 검사하여 적절한 메시지를 출력한다. <예 VI-4>에서 큐의 크기는 MAX_QUEUE_SIZE로 정의하고, 큐의 내용은 Task 클래스를 사용하여 저장한다. rear와 front 변수는 큐의 뒤쪽(rear)과 앞쪽(front)을 가리키는 인덱스를 나타내며 초기에 -1로 초기화된다.

```
MAX_QUEUE_SIZE = 100


class Task:
    def __init__(self, id, description):
        self.id = id
        self.description = description


def isQueueFull():
    return rear == MAX_QUEUE_SIZE - 1


def isQueueEmpty():
    return front == rear


def enQueue(task):
    global rear
    if isQueueFull():
        print("Queue is full. Cannot enqueue.")
        return
    rear += 1
    queue[rear] = task


def deQueue():
```

```
    global front
    if isQueueEmpty():
        print("Queue is empty. Cannot dequeue.")
        empty_task = Task(-1, "")  # or any other value to indicate empty
        return empty_task
    front += 1
    return queue[front]


def printTask(task):
    print("Task ID:", task.id)
    print("Description:", task.description)


if __name__ == "__main__":
    queue = [None] * MAX_QUEUE_SIZE
    rear = -1
    front = -1

    while True:
        print("1. Add Task\n2. Process Task\n3. Exit\nEnter your choice: ")
        choice = int(input())

        if choice == 1:
            if not isQueueFull():
                new_task = Task(rear + 2, input("Enter task description: "))
                enQueue(new_task)
                print("Task added successfully.")
            else:
                print("Queue is full. Cannot add a new task.")
        elif choice == 2:
            if not isQueueEmpty():
                task = deQueue()
                print("Processing Task...")
                printTask(task)
                print("Task processed successfully.")
            else:
                print("Queue is empty. No task to process.")
        elif choice == 3:
            print("Exiting the program.")
            break
        else:
            print("Invalid choice. Please try again.")
```

실행결과

```
1. Add Task
2. Process Task
3. Exit
Enter your choice: 1
Enter task description: Task 1
Task added successfully.

1. Add Task
2. Process Task
3. Exit
Enter your choice: 1
Enter task description: Task 2
Task added successfully.

1. Add Task
2. Process Task
3. Exit
Enter your choice: 2
Processing Task...
Task ID: 1
Description: Task 1
Task processed successfully.

1. Add Task
2. Process Task
3. Exit
Enter your choice: 2
Processing Task...
Task ID: 2
Description: Task 2
Task processed successfully.

1. Add Task
2. Process Task
3. Exit
Enter your choice: 2
Queue is empty. No task to process.

1. Add Task
2. Process Task
3. Exit
Enter your choice: 3
Exiting the program.
```

〈예 VI-4〉 큐를 활용하는 간단한 작업 관리 시스템 프로그램 예

2 정적 배열을 이용한 환형 큐(Circular Queue)

환형 큐는 배열의 끝과 처음을 연결하여 일종의 원형으로 사용하는 큐 구현 방식이다. 환형 큐는 선형 배열을 원형처럼 사용하며, 원형 형태로 큐를 구현하므로 배열의 처음과 끝이 연결된다. 환형 큐는 직선 형태의 배열로 표현되지만, rear가 MAX_QUEUE_SIZE-1에 도달할 경우에 큐가 가득 찬 것으로 처리되기 때문에 배열의 앞부분이 비어있더라도 큐가 가득 찬 것으로 간주된다. <그림 VI-2>에서 보여주듯이 front는 첫 번째 원소로부터 반시계 방향으로 하나 앞을 가리키고, rear는 마지막 원소를 가리킨다. 원소를 삽입을 할 때는 rear를 무조건 먼저 하나 증가시킨 다음, 그 위치에 원소를 삽입한다. 원소를 삭제를 할 때는 먼저 front를 증가시킨 다음, 그 위치에서 데이터를 꺼낸다.

front와 rear가 같으면 큐가 비어있는 상태로 판단한다. 반대로 (rear + 1) % MAX_QUEUE_SIZE가 front와 같으면 큐가 가득 찬 상태로 판단한다. 이때 % (모듈라, modular) 연산자를 사용하여 환형 큐의 끝과 처음이 연결되도록 한다. 큐의 마지막 원소를 비워두어 front와 rear가 동일한 위치를 가리키더라도 비어 있는 상태와 가득 찬 상태를 구분할 수 있게 한다.

환형 큐는 원형으로 데이터를 관리하기 때문에, 데이터 삽입과 삭제가 순환적으로 이루어지며, 배열을 최대한 효율적으로 활용할 수 있는 장점이 있다.

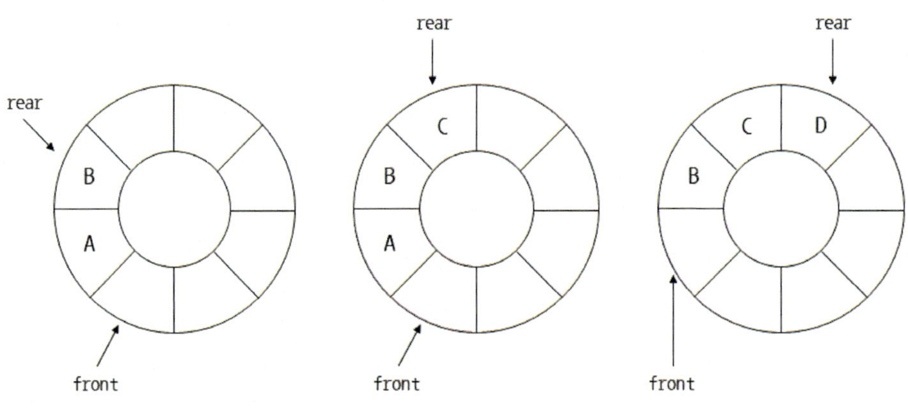

그림 VI-2 환형 큐의 초기 상태, 삽입 그리고 삭제

<예 VI-5>는 환형 큐에서의 삽입하는 방법을 보여준다. 환형 배열에서는 front와 rear 포인터가 배열의 끝과 처음을 연결해야 하는데 이때 중요한 것은 큐가 가득 찬 상태를 정확하게 판단하고, rear 포인터를 업데이트하는 것이다.

rear를 (rear + 1) % MAX_QUEUE_SIZE로 바꾸는 것은 환형 배열의 특성을 활용하여 rear가 배열의 끝에 도달하면 다시 배열의 처음으로 돌아가게 하는 것이다. 위에서도 설명하였지만, front와 rear가 같다면 큐가 가득 찬 상태이고, 이것은 배열의 끝과 처음을 연결하면서, 포화 상태를 올바르게 판단하기 위한 조건이다. 만약 큐가 가득 찼다면, queueFull() 함수를 호출하여 오류를 출력하고 프로그램을 종료하거나 적절한 처리를 수행하게 한다. 그렇지 않은 경우, rear가 가리키는 위치에 원소를 삽입한다. 환형 큐를 사용하면 배열의 끝과 처음이 연결되므로 데이터 삽입이 순환적으로 이루어진다.

```
def addQueue(item: Element):
    # queue에 item을 삽입
    global front, rear
    rear = (rear + 1) % MAX_QUEUE_SIZE
    if front == rear:
        queueFull()  # print error and exit

    rear += 1
    queue[rear] = item
```

〈예 VI–5〉 환형 큐에서 삽입

<예 VI-6>은 환형 큐에서의 원소를 삭제하는 방법을 보여준다. 먼저 front와 rear가 같은지 확인하여 큐가 비어있는지 여부를 판단한다. 만약 둘이 같다면 큐가 비어있다는 뜻이다. 이 경우를 처리하기 위해 queueEmpty()를 호출한다. 오류 처리 방식은 사용자가 원하는 방식으로 변경하면 된다.

front 포인터를 (front + 1) % MAX_QUEUE_SIZE로 만드는 것은 다음 위치로 이동하기 위함이다. 이것은 큐에서 원소를 삭제하는 동작을 나타내고 환형 배열의 특성을 활용하여 순환적으로 이동하게 한다.

```
def deleteQueue():
    # queue 앞에 있는 원소를 삭제
    global front, rear
    if front == rear:
        return queueEmpty()  # return an error key
    front = (front + 1) % MAX_QUEUE_SIZE
    return queue[front]
```

〈예 VI-6〉 환형 큐에서 삭제

<예 VI-7>은 큐를 활용한 간단한 프로그램을 보여준다. 환형 큐는 배열을 기반으로 하며, front와 rear 포인터를 사용하여 원소를 삽입하고 삭제한다. 먼저 element 구조체를 정의하여 큐에 저장될 원소를 표현한다. 여기서는 간단하게 정수 key 하나만을 포함하는 구조체를 사용하고 있다.

크기가 MAX_QUEUE_SIZE로 정의된 배열 queue를 선언하여 큐의 원소를 저장한다. 이 배열은 환형 큐의 특성을 따르며, 큐의 크기를 나타낸다. front와 rear는 각각 큐의 시작과 끝을 가리키는 포인터이며, 초기에 -1로 설정되어 큐가 비어 있음을 나타낸다.

queueFull()은 큐가 가득 찼을 때 호출되며, 오류 메시지를 출력하고 프로그램을 종료하고, queueEmpty()는 큐가 비어 있을 때 호출되며, 오류 메시지를 출력하고 ERROR_CODE를 가진 더미 원소를 반환한다.

addQueue(element item)는 큐에 원소를 삽입한다. rear를 순환적으로 갱신하고, 큐가 가득 찼을 경우 queueFull()을 호출한다.

deleteQueue()는 큐에서 원소를 삭제하고 반환한다. front를 순환적으로 갱신하고, 큐가 비어 있을 경우 queueEmpty()를 호출한다. printQueue()는 front와 rear 포인터를 사용하여 큐를 순환하며 원소를 출력한다.

```
MAX_QUEUE_SIZE = 5
ERROR_CODE = -1
EXIT_FAILURE = -1


class Element:
    def __init__(self, key):
        self.key = key
        # 다른 필드들


queue = [None] * MAX_QUEUE_SIZE
rear = -1
front = -1


def queueFull():
    print("Queue is full, cannot add element")
    exit(EXIT_FAILURE)
```

```python
def queueEmpty():
    temp = Element(ERROR_CODE)
    print("Queue is empty, cannot delete element")
    return temp


def addQueue(item):
    global front, rear
    rear = (rear + 1) % MAX_QUEUE_SIZE
    if front == rear:
        queueFull()
    queue[rear] = item


def deleteQueue():
    global front, rear
    if front == rear:
        return queueEmpty()
    front = (front + 1) % MAX_QUEUE_SIZE
    return queue[front]


def printQueue():
    global front, rear
    print("front:", front, "rear:", rear)
    print("Queue:", end=" ")
    if front == rear:
        print()
        return

    i = front
    while True:
        i = (i + 1) % MAX_QUEUE_SIZE
        print(f"[{i}]{queue[i].key}", end=" ")
        if i == rear:
            break
    print()


if __name__ == "__main__":
    item1 = Element(10)
    item2 = Element(20)
    item3 = Element(30)

    addQueue(item1)
```

```
    printQueue()

    addQueue(item2)
    printQueue()

    addQueue(item3)
    printQueue()

    deleteQueue()
    printQueue()

    deleteQueue()
    printQueue()

    deleteQueue()
    printQueue()

    deleteQueue()
    printQueue()

    addQueue(item1)
    printQueue()

    addQueue(item2)
    printQueue()

    addQueue(item3)
    printQueue()

    addQueue(item1)
    printQueue()

    addQueue(item2)
    printQueue()
```

실행결과

```
front:-1 rear:0
Queue: [0]10
front:-1 rear:1
Queue: [0]10 [1]20
front:-1 rear:2
Queue: [0]10 [1]20 [2]30
front:0 rear:2
Queue: [1]20 [2]30
```

```
front:1 rear:2
Queue: [2]30
front:2 rear:2
Queue:
Queue is empty, cannot delete element
front:2 rear:2
Queue:
front:2 rear:3
Queue: [3]10
front:2 rear:4
Queue: [3]10 [4]20
front:2 rear:0
Queue: [3]10 [4]20 [0]30
front:2 rear:1
Queue: [3]10 [4]20 [0]30 [1]10
Queue is full, cannot add element
```

〈예 VI-7〉 환형 큐를 활용한 간단한 프로그램

<예 VI-8>은 환형 큐로 구현한 간단한 작업 관리 시스템을 시뮬레이션하는 프로그램 예를 보여준다. Task 클래스를 사용하여 작업의 ID와 설명을 저장하며, 큐를 사용하여 작업을 관리하며, 사용자가 메뉴를 통해 작업을 추가하거나 처리할 수 있다. 프로그램 실행 중에는 큐의 현재 상태와 작업 처리 내역이 출력되며, 큐가 가득 찼거나 비어있을 때 해당 상태에 대한 오류 메시지가 출력된다.

```
MAX_QUEUE_SIZE = 5
ERROR_CODE = -1

class Task:
    def __init__(self, id, description):
        self.id = id
        self.description = description

queue = [None] * MAX_QUEUE_SIZE
rear = -1
front = -1

def queueFull():
    print("Queue is full. Cannot add task")
    exit(EXIT_FAILURE)

def queueEmpty():
```

```
    emptyTask = Task(ERROR_CODE, "")
    print("Queue is empty. No task to process")
    return emptyTask

def addQueue(task):
    global rear, front
    rear = (rear + 1) % MAX_QUEUE_SIZE
    if front == rear:
        queueFull()
    queue[rear] = task

def deleteQueue():
    global front, rear
    if front == rear:
        return queueEmpty()
    front = (front + 1) % MAX_QUEUE_SIZE
    return queue[front]

def printQueue():
    global front, rear
    print("Front:", front, "Rear:", rear)
    print("Queue:")

    if front == rear:
        print("Empty")
        return

    i = (front + 1) % MAX_QUEUE_SIZE
    while True:
        print("Task ID:", queue[i].id)
        print("Description:", queue[i].description)

        if i == rear:
            break

        i = (i + 1) % MAX_QUEUE_SIZE

if __name__ == "__main__":
    while True:
        print("1. Add Task\n2. Process Task\n3. Exit\nEnter your choice:", end=" ")
        choice = int(input())

        if choice == 1:
            if (rear + 1) % MAX_QUEUE_SIZE == front:
                print("Queue is full. Cannot add a new task.")
```

```
        else:
            new_task = Task(rear + 2, input("Enter task description: "))
            addQueue(new_task)
            print("Task added successfully.")

    elif choice == 2:
        if front == rear:
            print("Queue is empty. No task to process.")
        else:
            task = deleteQueue()
            print("Processing Task...")
            print("Task ID:", task.id)
            print("Description:", task.description)
            print("Task processed successfully.")

    elif choice == 3:
        print("Exiting the program.")
        break

    else:
        print("Invalid choice. Please try again.")

    printQueue()
```

실행결과

```
1. Add Task
2. Process Task
3. Exit
Enter your choice: 1
Enter task description: Task 1
Task added successfully.
Front: -1 Rear: 0
Queue:
Task ID: 1
Description: Task 1

1. Add Task
2. Process Task
3. Exit
Enter your choice: 1
Enter task description: Task 2
Task added successfully.
Front: -1 Rear: 1
Queue:
```

```
Task ID: 1
Description: Task 1
Task ID: 2
Description: Task 2

1. Add Task
2. Process Task
3. Exit
Enter your choice: 2
Processing Task...
Task ID: 1
Description: Task 1
Task processed successfully.
Front: 0 Rear: 1
Queue:
Task ID: 2
Description: Task 2

1. Add Task
2. Process Task
3. Exit
Enter your choice: 1
Enter task description: Task 3
Task added successfully.
Front: 0 Rear: 2
Queue:
Task ID: 2
Description: Task 2
Task ID: 3
Description: Task 3

1. Add Task
2. Process Task
3. Exit
Enter your choice: 3
Exiting the program.
```

〈예 VI-8〉 환형 큐 예제 프로그램

3 동적 배열을 이용한 환형 큐

동적 배열을 사용하여 환형 큐를 구현하는 것은 정적 배열을 사용한 경우와 매우 유사하지만 큐 크기를 동적으로 조정할 수 있다는 점에서 차이가 있다.

먼저 정적 배열을 사용한 환형 큐는 크기가 고정되어 있으며, 큐의 최대 용량을 초기에 설정해야 하고 큐가 가득 차면 더 이상 원소를 추가할 수 없게 된다. 이와 다르게 동적 배열을 사용하는 환형 큐는 크기를 동적으로 조절할 수 있기 때문에 큐가 가득 차면 동적으로 크기를 늘릴 수 있으며, 큐가 비어있을 때도 크기를 축소할 수 있다. 따라서 동적 배열을 사용하는 환형 큐는 필요에 따라 메모리를 할당하므로 메모리 사용을 최적화할 수 있으며, 크기가 조절 가능하기 때문에 정확한 메모리 양을 사용한다고 할 수 있다.

또한 정적 배열은 크기가 고정되어 있다. 따라서 구현이 상대적으로 간단한 반면에 동적 배열을 사용하는 환형 큐는 크기 변화를 처리해야 하므로 구현이 복잡할 수 있다.

정적 배열을 사용한 환형 큐의 경우 큐의 크기가 고정되어 있으므로 큐에 원소를 추가하거나 제거할 때 별다른 크기 조절 작업이 필요하지 않으므로 시간복잡도는 일반적으로 상수 시간이다. 반면, 동적 배열을 사용한 환형 큐의 경우 큐의 크기를 조절하기 위해 추가 작업이 필요하므로 큐에 원소를 추가하거나 제거하는 데 더 많은 시간이 걸릴 수 있다. 그러나 큐의 크기가 자주 변경되지 않는 한 이 추가 오버헤드는 큰 문제가 되지 않는다.

동적 배열을 사용하는 환형 큐는 큐의 크기를 동적으로 조절할 수 있다. <그림 VI-3>에서 보여 주듯이 환형 큐의 연결 리스트에서 front=5가 가리키는 곳에 원소를 넣으면 rear가 하나 증가하게 되고 결국 front==rear 가 되기 때문에 큐가 가득 차게 되고 더 이상 원소를 넣을 수 없게 된다. 이 경우 <그림 VI-3>의 (c)에서 처럼 배열을 2배로 늘여준 뒤, 뒷부분에 원소 즉 <그림 VI-3>의 (b)에서 [6]과 [7]에 있는 원소를 가장 뒤로 밀어주어 <그림 VI-3>의 (d)형태로 만들면 된다. 그러나 이 경우 문제점이 발생한다.

따라서 새로운 크기로 메모리 할당하기 위해 먼저 현재 배열의 크기인 capacity의 현재 값에 2를 곱한 크기로 새로운 큐를 위해 메모리를 할당한다. 이 메모리를 가리키는 Queue 포인터를 newQueue에 저장하고, <그림 VI-3>의 (d)처럼 front 이후의 원소들 (인덱스 front+1부터 capacity-1까지)은 새로운 큐의 0번째 인덱스부터 복사하여 넣으면 데이터는 환형 큐의 끝에서 새로운 큐의 시작으로 복사된다. 여기서 복사할 원소 개수는 capacity - front - 1개가 되고 front 이전의 원소들 (인덱스 0부터 rear까지)은 새로운 큐의 capacity - front - 1부터 복사하여 넣으면 환형 큐의 시작에서 새로운 큐의 끝으로 데이터가 복사된다. 마지막으로 front 포인터는 capacity - 1로, rear 포인터는 capacity - front - 2로 갱신한다.

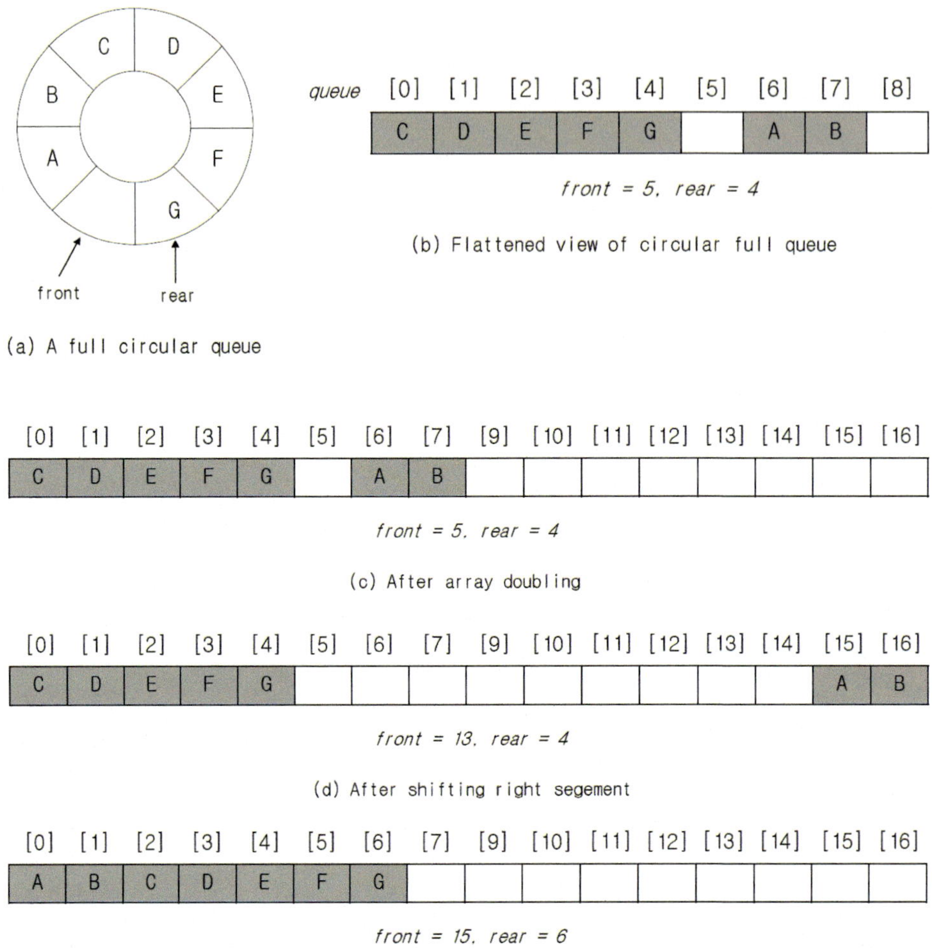

그림 VI-3 환형 큐가 가득 찬 상태에서 배열의 크기를 2배로 확장 시 처리 과정

<예 VI-9>는 배열 기반의 환형 큐에 원소를 삽입하는 예를 보여준다. 먼저 capacity는 큐의 최대 용량을 나타내며, 큐가 가득 찬 상태를 검사하는 데 사용된다. rear 변수는 큐의 뒤쪽을 가리키는 포인터이며 (rear + 1) % capacity를 사용하여 rear를 갱신하여 환형 큐에서 rear 포인터가 배열의 끝에 도달하면 다시 배열의 처음으로 돌아가게 된다. 큐가 환형으로 연결되어 있으므로, 배열의 끝에 도달한 후에도 앞부분을 이용하여 원소를 삽입할 수 있다.

if (front == rear)를 사용하여 큐가 가득 찼는지 확인한다. 즉, front와 rear가 같은 위치에 있으면 큐가 가득 찬 것으로 간주한다. 만약 큐가 가득 찬 경우, queueFull() 함수를 호출하여 큐가 가득 찼음을 알리고 에러 처리를 수행한다.

큐가 가득 차지 않았을 경우, queue[rear] 위치에 item을 저장하여 새로운 원소가 큐의 뒤쪽에 삽입되게 된다.

이 코드는 환형 큐의 기본 동작을 구현한 것으로, rear 포인터를 활용하여 원소를 삽입하고, 가득 찬 경우에는 오류를 처리한다. 코드에서 capacity는 큐의 최대 용량을 나타내며, 큐가 가득 찬 상태를 검사하는 데 사용된다.

```
def addQueue(item):
    # queue에 item을 삽입
    rear = (rear + 1) % capacity
    if front == rear:
        queueFull()
    queue[rear] = item
```

〈예 VI-9〉 환형 큐에서 원소 삽입

<예 VI-10>은 환형 큐가 가득 찼을 때 큐를 확장하는 queueFull() 함수를 구현한 것으로, 큐의 용량을 두 배로 늘리고 데이터를 새로운 큐로 복사하여 처리하는 과정을 수행한다. 먼저 newQueue는 확장된 큐를 가리키는 포인터로, 동적 메모리 할당을 통해 새로운 큐를 만든다. newQueue = [None] * (2 * capacity)는 새로운 큐에 새로운 큐에 2 * capacity만큼의 공간을 할당하여 큐의 용량을 두 배로 확장한다. 그리고 현재 큐의 데이터를 새로운 큐로 복사한다.

start 변수는 현재 큐에서 앞쪽(front 다음 위치)에서 시작하도록 계산되는데 (front + 1) % capacity를 사용하면 된다.

만약 start가 2 미만인 경우, 큐가 환형 큐의 뒷부분에서는 데이터가 연속적으로 저장되어 있기 때문에, copy(queue+start, queue+start+capacity-1, newQueue)를 사용하여 데이터를 복사한다. 그렇지 않은 경우, 큐가 환형 큐를 한 바퀴 이상 돌아간 경우이므로 데이터를 두 부분으로 나누어 복사한다. 먼저 copy(queue+start, queue+capacity, newQueue)로 환형 큐의 첫 부분을 복사하고, 그 다음에 copy(queue, queue+rear+1, newQueue+capacity-start)로 나머지 부분을 복사한다. front는 2 * capacity - 1로, rear는 capacity - 2로 갱신하여 새로운 큐의 시작과 끝을 가리키게 된다. 마지막으로 이전에 할당되었던 큐의 메모리를 반환한다(이 예제에서는 생략되었다. 만약 C 언어를 사용한다면 마지막 부분에 명시적인 메모리 반환 코드가 필요하다).

```
def queueFull():
    # queue의 크기를 확장
    newQueue = [None] * (2 * capacity)

    # copy from queue to newQueue
    start = (front + 1) % capacity
    if start < 2:
        # no warp around
        copy(queue+start, queue+start+capacity-1, newQueue)
    else:  # queue wraps around
        copy(queue + start, queue + capacity, newQueue)
        copy(queue, queue + rear + 1, newQueue + capacity - start)

    # switch to newQueue
    front = 2 * capacity - 1
    rear = capacity - 2
    capacity *= 2
    queue = newQueue
```

〈예 VI-10〉 환형 큐의 확장

<예 VI-11>은 환형큐에 원소를 삽입, 삭제 그리고 큐가 가득 차면 큐의 용량이 2배로 확장하는 간단한 예제 프로그램을 보여준다. 프로그램 마지막 부분에서 queue.enQueue(6)으로 큐에 6을 추가하면 큐가 가득 차서 큐의 용량이 두 배로 확장되고, 그 후에 7과 8을 추가하여 큐가 성공적으로 확장되었음을 확인할 수 있다.

```
class CircularQueue:
    def __init__(self, capacity):
        self.data = [None] * capacity
        self.front = 0
        self.rear = -1
        self.size = 0
        self.capacity = capacity

    def isEmpty(self):
        # 큐가 비어 있는지 확인하는 함수
        return self.size == 0

    def isFull(self):
        # 큐가 가득 찼는지 확인하는 함수
        return self.size == self.capacity
```

```
    def enQueue(self, item):
        # 큐에 원소 삽입하는 함수
        if self.isFull():
            # 큐가 가득 찬 경우, 큐 확장 필요
            new_capacity = self.capacity * 2
            new_data = [None] * new_capacity

            # 기존 큐의 데이터를 새로운 큐로 복사
            # self.data.extend() 메서드를 사용하는 편이 더 자연스럽지만,
            # 새로운 메모리를 할당하는 과정을 보이기 위해 이와 같이 작성했다.
            for i in range(self.size):
                new_data[i] = self.data[(self.front + i) % self.capacity]

            self.data = new_data
            self.front = 0
            self.rear = self.size - 1
            self.capacity = new_capacity

        self.rear = (self.rear + 1) % self.capacity
        self.data[self.rear] = item
        self.size += 1

    def dequeue(self):
        # 큐에서 원소 삭제하고 반환하는 함수
        if self.isEmpty():
            print("Queue is empty")
            return None  # 에러 처리 또는 다른 방법으로 처리

        item = self.data[self.front]
        self.front = (self.front + 1) % self.capacity
        self.size -= 1
        return item

    def display(self):
        # 큐 출력 함수
        print("Queue:", end=" ")
        for i in range(self.size):
            print(self.data[(self.front + i) % self.capacity], end=" ")
        print()


if __name__ == "__main__":
    queue = CircularQueue(5)

    queue.enQueue(1)
```

```
    queue.enQueue(2)
    queue.enQueue(3)

    queue.display()  # 출력: Queue: 1 2 3

    queue.dequeue()  # 1 제거

    queue.display()  # 출력: Queue: 2 3

    queue.enQueue(4)
    queue.enQueue(5)

    queue.display()  # Output: Queue: 2 3 4 5

    queue.enQueue(6)  # Queue is full, so it will expand

    queue.enQueue(7)
    queue.enQueue(8)

    queue.display()  # 출력: Queue: 2 3 4 5 6 7 8
```

▶ 실행결과

```
Queue: 1 2 3
Queue: 2 3
Queue: 2 3 4 5
Queue: 2 3 4 5 6 7 8
```

〈예 VI-11〉 동적 환형 큐를 이용한 간단한 예제 프로그램

4 연결 리스트를 이용한 큐

연결 리스트를 이용한 큐는 동적 메모리 할당을 통해 필요한 만큼의 노드를 생성하므로 크기에 제한이 없어 데이터를 동적으로 저장하고 큐가 가득 차 있을 경우 큐를 확장할 필요가 없다. 다만, 연결 리스트를 사용한 큐는 배열로 만든 큐보다 코드가 더 복잡하다. 이는 노드를 동적으로 생성하고 해제하는 과정, 링크 필드를 조작하는 작업 등이 추가되기 때문이다.

<그림 VI-4>에서 연결 리스트를 사용한 큐에서는 각 노드가 데이터를 저장하는 부분과 다음 노드를 가리키는 링크 필드로 나누어진다. 이로 인해 배열로 구현된 큐보다 메모리 공간을 더 많이 사용한다. 또한 연결 리스트 기반의 큐에서는 각 원소를 나타내는 노드를 동적으로 생성하고, 사용이 끝나면 메모리에서 해제해야 하기 때문에 메모리 관리에 대한 추가적인 작업이 필요하다.

연결 리스트를 사용한 큐는 원소의 삽입과 삭제가 중간에서 일어날 때도 배열보다 유연하다. 배열 기반의 큐는 중간에서의 삽입과 삭제가 복잡할 수 있으나, 연결 리스트를 사용하면 간단하게 노드를 연결하거나 끊어 원소를 삽입하고 삭제를 할 수 있다.

배열 기반의 큐는 인덱스를 통한 빠른 접근이 가능하므로 상수 시간(예: O(1))에 원소에 접근할 수 있는 반면에 연결 리스트를 사용한 큐는 포인터를 통한 접근으로 인해 일반적으로 상수 시간에는 접근할 수 없으며, 선형 시간(예: O(n))이 필요하다. 결론적으로 배열 기반의 큐는 메모리 효율적이고 빠른 접근이 가능하므로 작은 큐 또는 고정 크기의 큐에 적합하며, 연결 리스트를 사용한 큐는 크기가 동적으로 변하는 큐에 적합하다고 할 수 있다.

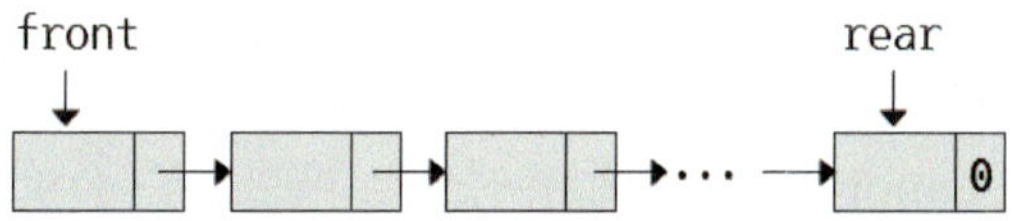

그림 VI-4 연결 리스트를 이용한 큐의 구조

<예 VI-12>는 다중 큐를 구현하고 여러 개의 큐를 배열로 관리하는 기본적인 구조를 정의한 것이다. 각 큐를 초기화하고 원소를 삽입하거나 삭제하는 등의 큐 작업을 수행할 때, front와 rear 배열을 사용하여 각 큐의 상태를 조절한다.

MAX_QUEUES = 10은 상수 MAX_QUEUES를 정의하며 이 값은 배열에 저장될 큐의 최대 수를 나타낸다. class Queue는 queue라는 클래스를 정의하는데 이 구조체는 큐의 각 노드를 나타내며, 원소에 해당되는 data와 다음 노드를 가리키는 link 두 개의 필드를 가지고 있다.

link는 다음 노드(원소)를 가리키는 포인터로 큐의 각 원소가 다음 원소를 가리키는 링크를 가지고 있어 연결 리스트 형태로 큐를 표현할 수 있게 한다. front = [None] * MAX_QUEUES, rear = [None] * MAX_QUEUES는 front와 rear라는 두 개의 배열을 선언한다. 이 배열들은 Queue 객체들을 참조, 다중 큐를 관리하는 데 사용되며, front 배열은 각 큐의 앞쪽(front)을 가리키는 포인터를 저장하고, rear 배열은 각 큐의 뒷쪽(rear)을 가리키는 포인터를 저장한다.

```
MAX_QUEUES = 10  # 큐의 최대 수

class Queue:
    def __init__(self, data, link=None):
        self.data = data
        self.link = link


front = [None] * MAX_QUEUES
rear = [None] * MAX_QUEUES
```

<u>〈예 VI-12〉</u> 연결 리스트를 이용한 큐의 구조체

<예 VI-13>은 연결 리스트 큐의 뒤에 새로운 원소를 삽입하는 addQueue 함수를 구현한 것이다. temp = Queue(item)으로 temp라는 노드에 동적으로 메모리를 할당한다. 큐에 삽입할 데이터 item과 다음 노드를 가리키는 link 필드가 있으며, item을 생성자에 전달하여 새로운 노드에 데이터 item을 저장한다. temp.link는 인자를 전달하지 않았으므로, 기본 인자 None으로 초기화된다.

temp.link = None은 새로운 노드의 link 필드를 None으로 초기화하여 현재 노드가 큐의 마지막 원소라는 것을 나타낸다. if front[i]는 큐 i의 front[i] 포인터가 이미 가리키고 있는 노드가 있으면, 큐에 이미 원소가 하나 이상 있음을 의미한다.

rear[i].link = temp는 이미 큐에 원소가 있는 경우, 현재 큐의 rear[i]가 가리키는 노드의 link 필드를 temp로 설정하여 새로운 노드를 큐의 뒤에 연결한다.

```
def addQueue(i, item):
    # 큐 i의 뒤에 원소를 삽입
    temp = Queue(item)
    if front[i]:
        rear[i].link = temp
    else:
        front[i] = temp

    rear[i] = temp
```

<u>〈예 VI-13〉</u> 연결 큐에 삽입

<예 VI-14>는 연결 큐에서 큐 i에서 원소를 삭제하는 함수인 deleteQueue()를 정의한 것을 보여준다. 이 함수는 i번째 큐에서 원소를 삭제하고 해당 원소를 반환한다. 먼저 삭제할 노드를 가리키기 위한 임시 포인터인 temp변수를 선언한다. 그리고 삭제된 원소를 저장하기 위한 item변수를

선언한다. 그리고 temp를 front[i]로 초기화한다. front[i]는 i번째 큐의 맨 앞 노드를 가리키는 포인터이다. 다음으로, temp가 None인지 확인하여 큐가 비어있는지 검사하고 만약 큐가 비어있다면 queueEmpty()함수를 호출하여 큐가 비어있다는 오류를 반환한다. 큐가 비어있지 않다면, item에 temp.data를 대입하여 삭제할 노드의 데이터를 저장한다. 그 다음, front[i]를 temp->link로 업데이트하여 큐에서 첫 번째 원소를 삭제한다.

마지막으로, 노드를 삭제하기 위해 del temp를 호출하고 삭제된 원소인 item을 반환한다.

```
def deleteQueue(i):
    # 큐 i로부터 원소를 삭제
    temp = front[i]

    if temp is None:
        return queueEmpty()

    item = temp.data
    front[i] = temp.link
    del temp
    return item
```

〈예 VI-14〉 연결 큐에서 삭제

<예 VI-15>는 동적 메모리 할당을 이용하여 연결 큐를 구현한 예제 프로그램을 보여준다. queueType 클래스는 큐를 나타내기 위한 클래스로 front는 큐의 맨 앞(첫 번째) 원소를 가리키고, rear는 큐의 맨 뒤(마지막) 원소를 가리킨다. queueEmpty()는 큐가 비어 있는지 여부를 확인하는 함수이다. 큐가 비어있으면 1을 반환하고, 비어있지 않으면 0을 반환한다. addQueue()는 큐에 원소를 추가하는 함수로 새로운 노드를 동적으로 할당하고 해당 노드를 큐의 뒤(rear)에 추가한다. 빈 큐인 경우에는 front와 rear를 새로운 노드로 설정한다. deleteQueue()는 큐에서 원소를 삭제하는 함수로 front가 가리키는 원소를 삭제하고, front를 다음 원소로 이동시킨다. 만약 큐가 비어 있다면 오류 메시지를 출력한다. peek()은 큐의 맨 앞 원소를 확인하는 함수이다.

```
class QueueNode:
    def __init__(self, item):
        self.item = item
        self.link = None

class QueueType:
    def __init__(self):
```

```
        self.front = None
        self.rear = None

def error(message):
    print(message)
    exit(1)

def init(q):
    q.front = None
    q.rear = None

def queueEmpty(q):
    return q.front is None

def addQueue(q, item):
    temp = QueueNode(item)
    if queueEmpty(q):
        q.front = temp
        q.rear = temp
    else:
        q.rear.link = temp
        q.rear = temp

def deleteQueue(q):
    if queueEmpty(q):
        error("큐가 비어 있다.")
    temp = q.front
    item = temp.item
    q.front = q.front.link
    if q.front is None:
        q.rear = None
    del temp
    return item

def peek(q):
    if queueEmpty(q):
        error("큐가 비어 있다.")
    return q.front.item

if __name__ == "__main__":
    q = QueueType()
    init(q)
    addQueue(q, 1)
    addQueue(q, 2)
    addQueue(q, 3)
```

```
    print("deleteQueue() =", deleteQueue(q))
    print("deleteQueue() =", deleteQueue(q))
    print("deleteQueue() =", deleteQueue(q))
```

실행결과

```
deleteq() = 1
deleteq() = 2
deleteq() = 3
```

〈예 VI-15〉 연결 큐 예제 프로그램

Exercise

01. 보통의 큐의 단점은 무엇이며, 이를 환형 큐에서 어떻게 해결하는지 설명하시오.

02. 동적으로 할당된 배열을 사용하여 환형 큐를 어떻게 구현하는지 적절한 예제로 설명하시오.

03. 환형 큐란 무엇인지 선형 큐와 어떻게 다른지 설명하시오.

04. 파이썬 프로그램으로 환형 큐의 기본 작업을 작성하시오.

05. 환형 큐에서 발생하는 문제는 무엇인지 쓰시오. 그리고 이러한 문제를 동적 환형 큐가 어떻게 해결할 수 있는지 예제와 함께 설명하시오.

06. 큐를 구현하는데 필요한 최소한의 스택의 수는 얼마인지 쓰시오.

07. 큐를 구현할 때 배열 대신 연결 리스트를 사용하는 이유를 쓰시오.

08. 임의 길이의 문자열을 큐에 넣는 것을 구현하시오. 그리고 문자열을 큐에 넣는 데 걸리는 시간을 측정하시오.

09. 큐 Q에는 항목 a1, a2, ..., an이 순서대로 포함되어 있으며 a1은 맨 앞에 있고 an은 뒤에 있다. 초기에는 비어 있는 스택 S로 이러한 항목을 전송하여 a1이 스택의 맨 위에 있고 다른 모든 항목의 순서가 보존되도록 해야 한다. 큐에 대한 enqueue 및 dequeue 연산과 스택에 대한 push 및 pop 연산을 사용하여 상기 작업을 수행하는 효율적인 O(n) 알고리즘을 설계하시오. 단, 추가 저장 공간은 상수만 사용해야 한다.

10. 다음 프로그램의 결과를 쓰시오.

```
Queue q = new Queue();
Stack s = new Stack();
s.push(new Integer(5));
s.push(new Integer(6));
s.push(s.peek());
s.push(new Integer(7));
q.enqueue(s.pop());
q.enqueue(new Integer(5));
q.enqueue(new Integer(6));
print(q.peek());
s.push(q.dequeue());
print(s.pop());
s.pop();
print(s.pop());
```

Chapter VII

트리(Tree)

본 장에서는 노드들의 나뭇가지처럼 연결된 계층적 구조를 갖는 자료구조인 트리에 대해 다룬다. 계층적 구조로 되어 있으므로 트리는 계층적 관계를 표현하고, 정렬하는 데 유용하게 사용된다.

트리는 비선형 자료구조 중 하나로, 노드(node)들의 집합으로 구성되며, 노드 간에 부모(parent)와 자식(child) 관계를 가지는 계층형 자료구조이다. 트리는 1개 이상의 노드로 이루어진 유한 집합으로써, 노드 중에는 루트(root)라는 노드가 하나 있고, 나머지 노드들은 n(≥ 0) 개의 분리 집합 $T_1, \cdots, T_n$ 으로 분할될 수 있다. 여기서 $T_1, \cdots, T_n$ 은 각각 하나의 트리이며 루트의 서브트리(subtree)라고 한다.

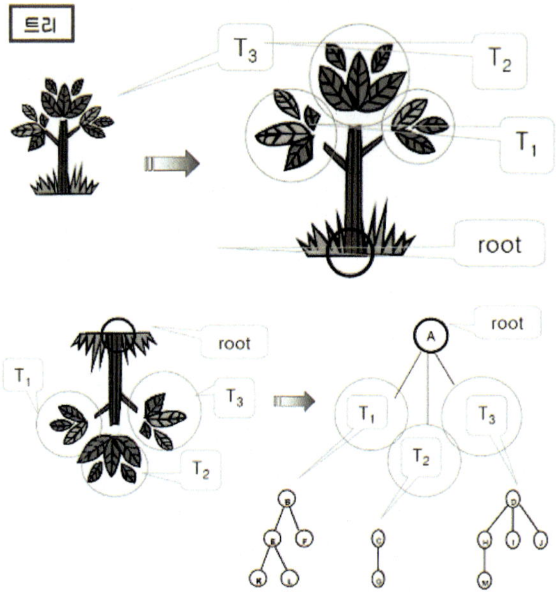

그림 VII-1 트리의 개념도

트리에서 사용되는 주요 용어들은 다음과 같다.

- 노드(node) : 다른 노드로 연결되는 가지를 가진 정보 아이템
- 노드의 차수(degree) : 한 노드의 서브 트리(sub tree)의 수
- 트리의 차수(degree of tree) : 트리의 노드들이 가질 수 있는 최대 차수
- 리프(leaf, 단말, terminal) 노드 : 차수가 0인 노드로 즉 맨 끝에 달린 노드
- 내부(internal, non-terminal) 노드 : 차수가 1 이상인 노드
- 부모(parent) : 부속 트리(subtree)를 가진 노드
- 자식(child) : 부모에 속하는 부속 노드
- 형제(sibling) : 부모가 같은 자식 노드들
- 조상(ancestor) : 노드의 부모 노드들의 총집합

- 자손(descendant) : 노드의 부속 트리에 있는 모든 노드
- 레벨(level) : 루트 노드로부터의 깊이(루트 노드의 레벨 = 1)
- 트리의 깊이(depth of tree) : 트리에 속한 노드의 최대 레벨

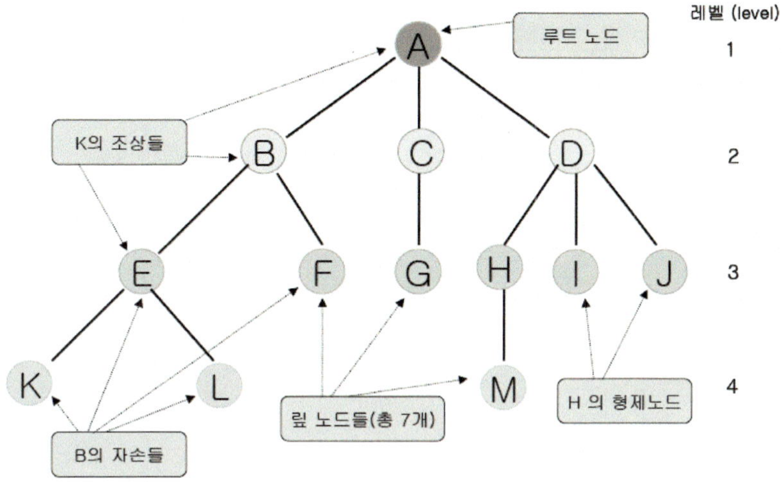

그림 VII-2 트리의 구성 원소들

1 트리의 표현

트리의 표현에는 여러 가지 방법이 있으며, 그 중에서도 두 가지 주요한 방법은 다음과 같다.

(1) 리스트 표현(List Representation)

<그림 VII-3>에서 보여주듯이 리스트 표현 방법은 연결 리스트를 이용하여 트리를 표현하는 방식으로 각 노드는 데이터와 여러 개의 자식 노드를 가리키는 링크로 구성된다. 트리의 최대 차수(노드가 가질 수 있는 최대 자식 노드 수)만큼의 링크를 가질 수 있다. 각 링크는 해당 노드의 자식 노드를 가리킨다. 리스트 표현 방법은 트리의 구조를 효과적으로 나타내지만, 메모리 공간을 많이 사용할 수 있다.

data	link 1	link 2	…	link n

그림 VII-3 리스트로 표현된 트리

(2) 왼쪽 자식-오른쪽 형제 표현(Left Child-Right Sibling Representation)

<그림 VII-4>에 보여주듯이 왼쪽 자식-오른쪽 형제 표현 방법은 각 노드가 최대 두 개의 링크를

가지는 방식으로 첫 번째 링크는 해당 노드의 자식 노드를 가리키며, 두 번째 링크는 해당 노드의 오른쪽 형제 노드를 가리킨다. 이 방식은 트리의 구조를 간결하게 표현할 수 있으며, 메모리 공간을 더 효율적으로 사용할 수 있다.

data	
left child	right sibling

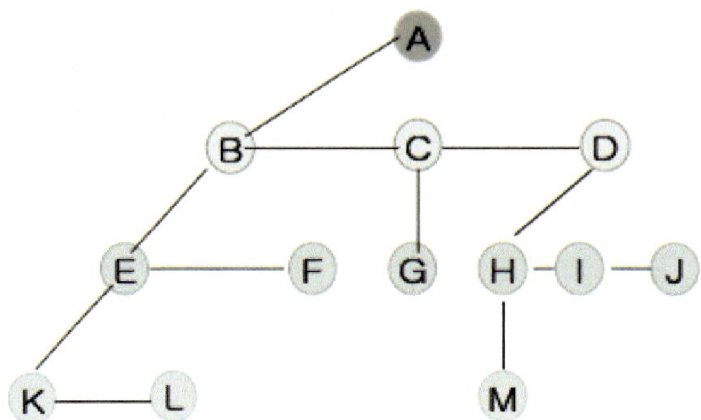

그림 VII-4 왼쪽 자식-오른쪽 형제 표현된 트리

두 가지 방법 중 어떤 방법을 선택할지는 트리의 특성과 사용 목적에 따라 다를 수 있다. 예를 들어, 트리의 차수가 크고 높이가 낮은 경우에는 리스트 표현이 더 적합할 수 있다. 그러나 트리의 차수가 작고 높이가 높은 경우에는 왼쪽 자식-오른쪽 형제 표현이 더 효율적이다.

2 이진 트리(Binary Tree)

이진 탐색 트리, 힙, 트라이 등 다양한 자료구조와 알고리즘에 응용되는 이진 트리(binary tree)는 노드들의 유한 집합으로 구성된 트리 구조로, 각 노드는 최대 두 개의 자식 노드를 가질 수 있다. 각 노드는 왼쪽 서브트리(left subtree)와 오른쪽 서브트리(right subtree)로 구분된다. 각 노드는 데이터를 저장하며, 두 개의 서브트리는 해당 노드의 자식 노드들을 나타낸다. 노드가 없을 때는 공백 노드로 표현된다.

<그림 VII-5>에서 보여주듯이 이진 트리는 루트(root) 노드와 그 루트 노드의 왼쪽 서브트리와 오른쪽 서브트리로 구성된다. 루트 노드는 트리의 맨 위에 위치하며, 서브트리는 루트 노드의 자식 노드들과 그 자식 노드들의 서브트리로 구성된다.

이진 트리는 노드가 없는 경우, 즉 공백 노드를 가질 수 있다. 이것은 해당 위치에 서브트리가 존

재하지 않음을 나타낸다. 각 노드가 최대 두 개의 자식 노드를 가질 수 있는 이진 트리로 변환될 수 있기 때문에 모든 일반 트리는 이진 트리로 표현할 수 있다.

이진 트리의 레벨 i에서의 최대 노드 수는 2^{i-1}로 레벨 1에서는 1개의 노드, 레벨 2에서는 2개의 노드, 레벨 3에서는 4개의 노드, 그리고 레벨 k에서는 2^{k-1}개의 노드를 가질 수 있음을 의미한다.

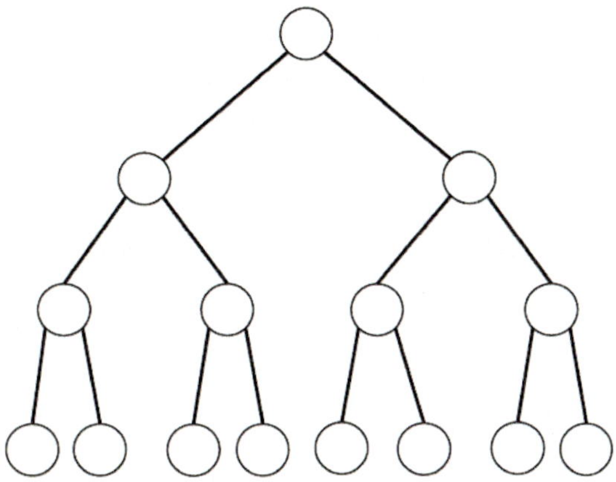

그림 VII-5 이진 트리의 예

(1) 이진 트리의 분류

이진 트리는 포화 이진 트리, 완전 이진 트리, 그리고 편향 이진 트리 등 몇가지 유형으로 분류할 수 있다.

가. 포화 이진 트리(Perfect Binary Tree)

포화 이진 트리는 모든 레벨의 노드가 꽉 찬 상태인 이진 트리를 의미하는데, 트리의 높이가 h일 때, 노드의 개수는 (2^{h+1})개이며, 모든 레벨에 노드가 꽉 차 있게 된다. <그림 VII-6>에서 보여주듯이 높이가 3인 포화 이진 트리는 총 15개의 노드를 갖는다.

포화 이진 트리의 각 노드는 왼쪽 서브트리와 오른쪽 서브트리를 갖는다. 이것은 모든 노드가 자식 노드를 가지는 완전한 이진 구조를 나타낸다.

포화 이진 트리는 왼쪽과 오른쪽 서브트리의 높이 차가 항상 0 또는 1로 유지된다. 이것은 트리의 균형을 나타내며, 탐색 연산 등의 작업에 있어서 일관된 성능을 제공한다.

포화 이진 트리는 주로 힙(heap) 자료구조와 관련이 있으며, 이진 탐색 트리의 일반화된 형태로도 볼 수 있다. 힙은 데이터에서 최솟값 또는 최댓값을 빠르게 찾기 위해 사용되며, 이러한 작업에서 포화 이진 트리의 특성이 중요하다. 또한 포화 이진 트리는 데이터의 삽입과 삭제가 특정 규칙에 따라 이루어지는 경우에 사용될 수 있다. 그러나 현실적으로는 자료구조의 대부분은 완전한 포화 이진 트리 형태가 아니며, 더 일반적인 이진 트리 형태를 갖는다.

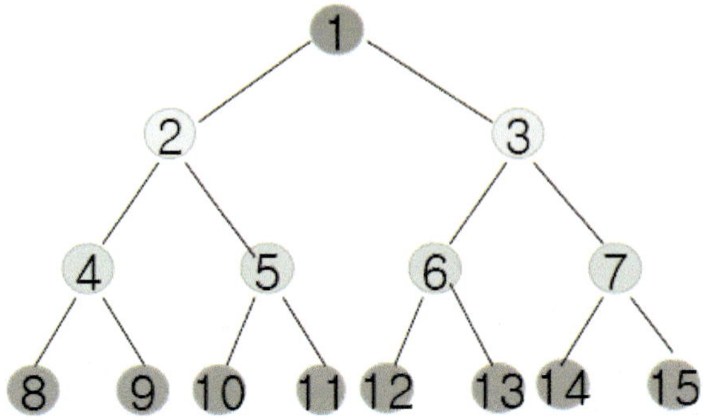

그림 VII-6 포화 이진 트리의 예

나. 완전 이진 트리(Complete Binary Tree)

완전 이진 트리는 이진 트리의 특별한 형태 중 하나로, 트리의 높이가 h이고, 노드 수가 n개일 때 (단, $n < 2^h-1$), 노드의 위치가 포화 이진 트리의 노드 1번부터 n번까지의 위치와 완전히 일치하는 이진 트리를 나타낸다. 완전 이진 트리는 노드가 왼쪽부터 오른쪽으로 채워지는 형태를 갖는다. 따라서 <그림 VII-7>에서 보여주듯이 높이가 h인 완전 이진 트리는 노드의 개수가 (2^h)개에서 ($2^{h+1}-1$)개 사이에 위치한다. 즉, 높이에 따라 노드 수가 1, 3, 7, 15, ...와 같이 늘어난다.

완전 이진 트리의 각 노드는 왼쪽 서브트리와 오른쪽 서브트리를 갖는다. 이것은 이진 트리의 일반적인 특성이다. 완전 이진 트리에서 노드들은 레벨별로 왼쪽에서 오른쪽으로 순서대로 배치된다. 레벨 k(1부터 시작)에서 노드의 위치는 왼쪽부터 오른쪽으로 채워지며, 다음 레벨로 넘어가기 전에 왼쪽부터 노드가 채워진다.

완전 이진 트리는 배열(array)로 효과적으로 구현할 수 있어, 자료구조와 알고리즘에서 널리 사용된다. 배열로 구현할 때, 각 노드의 인덱스를 통해 부모, 자식 노드를 쉽게 찾을 수 있다. 또한, 이진 탐색 트리(Binary Search Tree)의 일부 구현에서도 활용된다. 완전 이진 트리는 데이터의 삽입과 삭제가 특정 규칙에 따라 이루어지는 경우에 유용하며, 힙(heap) 자료구조나 우선순위 큐(priority queue) 등의 구현에 주로 사용된다.

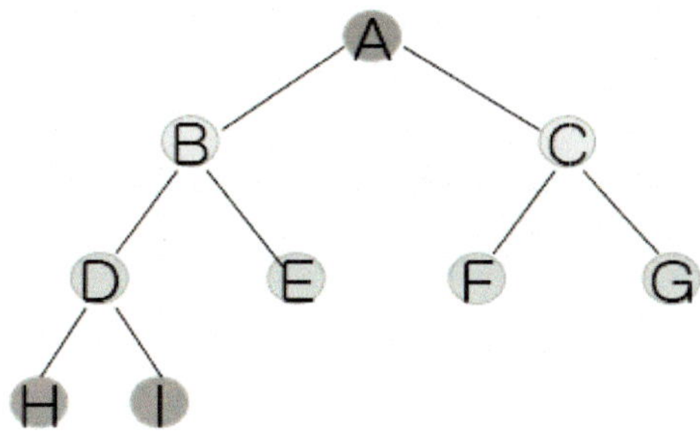

그림 VII-7 완전 이진 트리의 예

다. 편향 이진 트리(Skewed Binary Tree)

이진 트리 중에서 가장 간단한 형태인 편향 이진 트리(skewed binary tree)는 이진 트리 중에서도 특별한 형태를 가지며, 최소 개수의 노드를 가지면서 왼쪽이나 오른쪽 서브 트리만을 가지는 트리이다. 이 트리는 주로 한 쪽 방향으로만 자식 노드를 가지는 특징을 갖고 있다.

<그림 VII-8>에서 보여주듯이 편향 이진 트리는 모든 노드가 왼쪽 자식 노드만을 가지거나 오른쪽 자식 노드만을 가지며, 반대 방향의 자식을 가지지 않는다. 따라서 편향 이진 트리는 균형(balance)이 무너진 상태로 즉, 한 쪽 방향으로만 노드가 증가하면서 트리가 한 쪽으로 치우쳐져 있으며, 특정 연산에 대해 최악의 성능을 보일 수 있다. 편향 이진 트리의 높이는 h이며, 노드 수 n은 최대 2^h-1개이다.

편향 이진 트리는 트리의 균형이 무너진 상태이기 때문에, 일반적인 이진 트리의 장점을 활용하기 어렵다. 특히 트리의 탐색 시간이 길어지며, 최악의 경우에는 연결 리스트와 유사한 성능을 보일 수 있다. 그러므로 트리가 균형을 유지하지 못하는 경우, 트리의 균형을 조정하는 작업이 필요할 수 있다. 균형을 조정하는 방법으로 AVL 트리, 레드-블랙 트리 등의 자료구조를 사용하여 편향 이진 트리를 균형 잡힌 이진 트리로 변환할 수 있다.

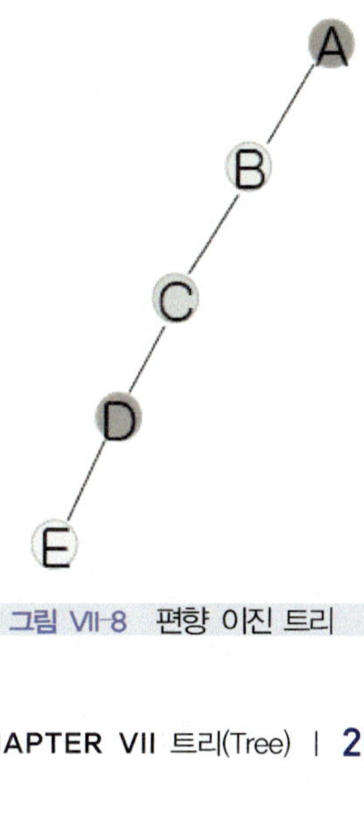

그림 VII-8 편향 이진 트리

(2) 이진 트리의 구현

가. 배열을 이용한 이진 트리 구현

이진 트리를 배열을 이용하여 표현하는 방법은 트리의 노드를 레벨 순서대로 배열에 저장하는 방식이다. 이 방법을 통해 트리의 구조를 간결하게 표현할 수 있으며, 특히 완전 이진 트리(complete binary tree)와 같이 레벨 순서에 따라 노드가 채워진 경우에 효과적이다. 이러한 배열 표현을 통해 노드 간의 관계를 쉽게 파악할 수 있다.

배열을 사용하여 이진 트리를 표현하기 위해서는 먼저 트리의 높이를 고려하여 배열을 설정해야 한다. 트리의 최대 높이를 h라고 가정하면 배열의 크기는 2h - 1이 된다. 이는 완전 이진 트리의 경우에 모든 레벨이 노드로 꽉 차 있기 때문에 성립한다. 배열의 첫 번째 원소, 즉 T[1]에 루트 노드를 저장한다. 이것은 트리의 가장 상위 레벨에 해당하는 노드가 된다. 루트 노드 이후부터 배열을 왼쪽에서 오른쪽으로 순차적으로 채워나간다. 레벨 순서대로 노드를 저장하는데, 각 노드는 배열의 인덱스를 기준으로 부모 노드의 위치를 찾을 수 있다. 예를 들어, <그림 VII-9>에서 보여주듯이 완전 이진 트리를 배열로 표현하는 경우 T[1]에는 루트 노드 A가 저장되고, T[2]에는 노드 B가, T[3]에는 노드 C가, T[4]에는 노드 D가 저장된다.

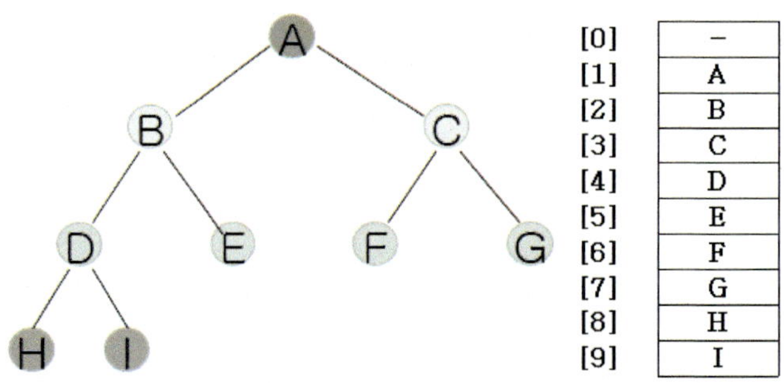

그림 VII-9 완전 이진 트리의 배열 표현

또한 <그림 VII-10>의 왼쪽 편향 이진 트리(Left-skewed Binary Tree)를 배열로 표현하면, T[]에서 루트 노드는 T[0], 왼쪽 자식 노드는 T[1], 그 다음 왼쪽 자식 노드는 T[3], 그 다음 왼쪽 자식 노드는 T[5], 이런 식으로 배열을 채워나간다. 반대로 오른쪽 편향 이진 트리의 경우 T[]에서 루트 노드는 T[0], 오른쪽 자식 노드는 T[2], 그 다음 오른쪽 자식 노드는 T[4], 그 다음 오른쪽 자식 노드는 T[5], 이런 식으로 배열을 채워나가면 된다.

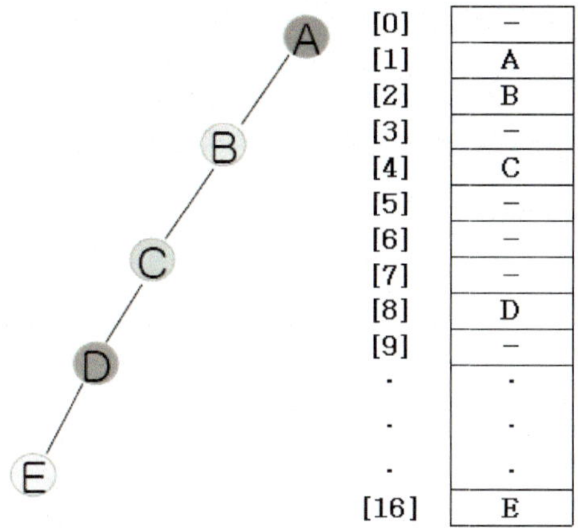

그림 VII-10 편향 이진 트리의 배열 표현

<표 VII-1>에서 보여주듯이 부모 노드의 인덱스를 i라고 하면, 왼쪽 자식 노드의 인덱스는 2i가 되고, 오른쪽 자식 노드의 인덱스는 2i + 1이 된다. 이런 식으로 배열을 채워나가면 트리의 구조를 배열에 저장할 수 있다.

트리의 레벨 순서에 따라 노드를 배열에 저장하는 경우, 공백 노드도 함께 저장될 수 있다. 공백 노드는 자식 노드가 없는 경우에 해당하며, 특별한 값을 사용하거나 무시하면 된다.

표 VII-1 이진 트리의 노드의 인덱스

노 드	인 덱 스	성립 조건
노드 i의 부모 노드	$\lfloor i/2 \rfloor$	$i \neq 0$
노드 i의 왼쪽 자식 노드	$(2 * i)$	$2 * i \leq n$
노드 i의 오른쪽 자식 노드	$(2 * i) + 1$	$(2 * i) + 1 \leq n$
루트 노드	1	$0 < n$

배열을 이용한 이진 트리 구현하면 우선 각 노드를 배열의 특정 인덱스에 저장하기 때문에 노드의 부모와 자식 노드를 쉽게 찾을 수 있다. 또한 배열을 사용하면 특정 레벨의 노드들을 순차적으로 접근하기가 매우 간단하기 때문에 노드를 쉽게 찾을 수 있다. 이진 트리의 레벨 m에서 k번째 노드의 위치의 인덱스는 $(2^m-1) + (k-1)$이다.

완전 이진 트리와 같이 트리가 레벨 순서대로 꽉 차 있는 경우 배열을 통한 표현은 공간적으로 효율적이다. 즉, 트리의 모든 레벨이 꽉 차 있지 않더라도 배열은 모든 레벨에 대한 공간을 확보하므로 메모리 공간을 효율적으로 활용하게 된다.

그러나, 배열로 트리를 저장할 때 배열의 크기는 트리의 최대 깊이에 의해 결정된다. 따라서 실제 트리가 특정 깊이보다 더 얕은 경우, 배열 내에 불필요한 공간이 낭비될 수 있다. 또한 트리가 배열에 저장된 공간을 초과하면 프로그램은 메모리 부족으로 종료될 수 있다. 따라서 트리의 크기를 예상하여 배열 크기를 설정해야 한다.

나. 연결 리스트 자료구조를 이용한 이진 트리의 표현

연결 리스트 자료구조를 이용한 이진 트리의 표현은 <예 VII-1>과 같이 트리의 각 노드를 클래스로 표현하며, 각 노드는 <그림 VII-11>과 같이 데이터 필드와 두 개의 링크 필드(왼쪽 링크 필드와 오른쪽 링크 필드)로 구성된다. 데이터 필드(data field)는 노드에 저장될 실제 데이터 값을 갖는데 이 값은 해당 노드가 특정 데이터를 나타내는 데 사용되며 데이터 필드는 트리의 핵심 정보를 담고 있으며, 트리가 어떤 종류의 데이터를 다루는지를 정의한다.

왼쪽 링크 필드(left link field)는 현재 노드의 왼쪽 자식 노드를 가리키는 포인터로 왼쪽 자식 노드는 현재 노드보다 작은 값을 갖는 데이터를 갖는다. 따라서 왼쪽 링크 필드는 현재 노드의 왼쪽 서브트리를 가리키는 역할을 한다.

오른쪽 링크 필드(right link field)는 현재 노드의 오른쪽 자식 노드를 가리키는 포인터로 오른쪽 자식 노드는 현재 노드보다 큰 값을 갖는 데이터를 갖는 노드이다. 따라서 오른쪽 링크 필드는 현재 노드의 오른쪽 서브트리를 가리키는 역할을 한다. <그림 VII-12>와 <그림 VII-13>은 각각 완전 이진 트리와 편향 이진 트리의 연결 리스트 표현을 보여준다.

연결 리스트를 이용한 이진 트리의 표현은 메모리 공간을 효율적으로 활용할 수 있으며, 동적으로 크기를 조절할 수 있어 삽입과 삭제 연산이 용이하다. 이러한 특성은 이진 탐색 트리와 같은 자료구조를 구현할 때 유용하게 사용된다.

```
class TreeNode:
    def __init__(self, data):
        self.data = data
        self.left = None  # TreeNode
        self.right = None  # TreeNode
```

〈예 VII-1〉 이진 트리의 연결 리스트 구조체

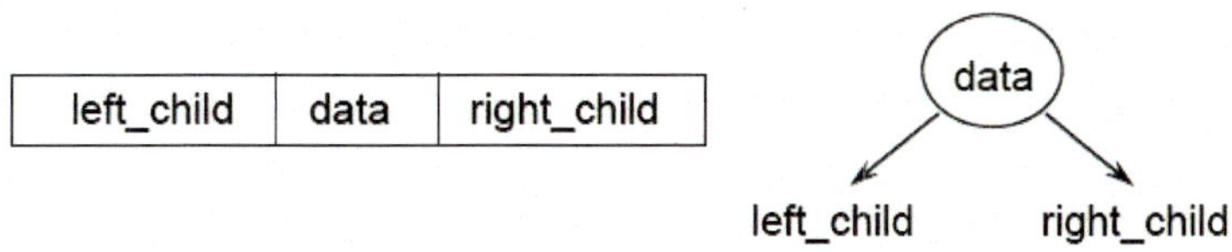

그림 VII-11 이진 트리의 연결 리스트 표현

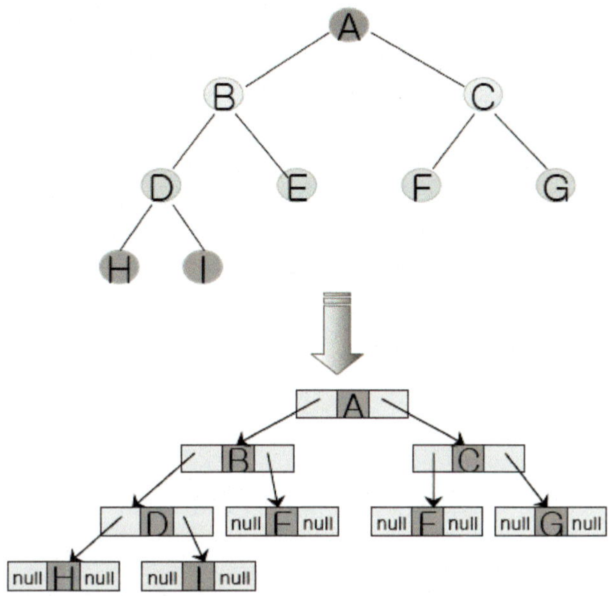

그림 VII-12 완전 이진 트리의 연결 리스트 표현

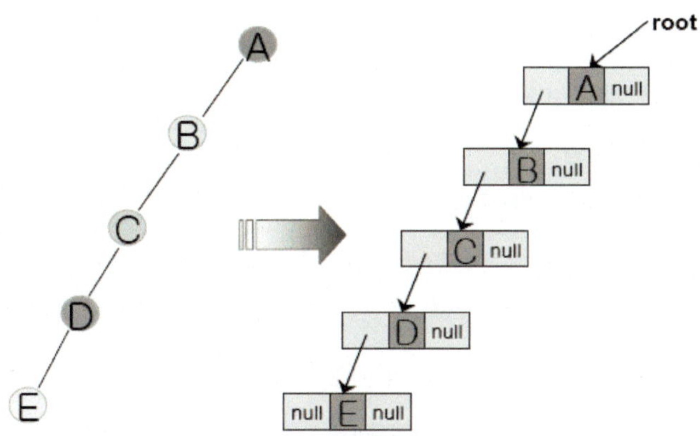

그림 VII-13 편향 이진 트리의 연결 리스트 표현

<예 VII-2>는 이진 트리를 구현한 간단 예제 프로그램을 보여준다. 트리 노드를 나타내는 TreeNode 클래스를 정의하고, 이를 사용하여 세 개의 노드를 생성하여 이진 트리를 만든다. TreeNode 클래스로 표현되는 각 노드는 정수형 데이터 (data)를 가지며, 왼쪽 자식 노드와 오른쪽 자식 노드를 가리키는 포인터를 포함하고 있다. 세 개의 노드 n1, n2, n3를 TreeNode()를 사용하여 동적으로 생성한다. 그리고 첫 번째 노드의 데이터는 10, 두 번째 노드에는 20, 세 번째 노드에는 30을 저장하고, 첫 번째 노드인 n1의 left 포인터를 n2로, right 포인터를 n3로 설정하여 노드 간의 연결을 구성하여 노드 n1은 왼쪽 자식으로 n2, 오른쪽 자식으로 n3를 가리키게 한다. 두 번째 노드인 n2와 n3는 왼쪽 자식과 오른쪽 자식을 가지지 않기 때문에 기본 인자 None을 그대로 사용한다.

```
class TreeNode:
    def __init__(self, data, left=None, right=None):
        self.data = data
        self.left = left
        self.right = right

"""
   n1
  / \
n2    n3
"""
if __name__ == "__main__":
    n1 = TreeNode(10)
    n2 = TreeNode(20)
    n3 = TreeNode(10)
    n1.left, n1.right = n2, n3
```

〈예 VII-2〉 이진 트리의 연결 리스트를 이용한 예제 프로그램

(3) 이진 트리의 순회(Binary Tree Traversal)

이진 트리 순회는 이진 트리를 특정 순서로 방문하고 노드를 처리하는 방법을 의미한다. 이진 트리는 각 노드가 최대 두 개의 자식 노드를 가질 수 있는 트리 구조이기 때문에, 이진 트리를 탐색하고 데이터를 처리하는 데에는 다양한 방법이 사용된다. 가장 일반적인 이진 트리 순회 방법으로는 중위 순회(inorder traversal), 전위 순회(preorder traversal), 후위 순회(postorder traversal)가 있다.

각각의 순회 방법은 트리의 구조를 다르게 탐색하고, 특정 작업을 수행하기 위해 선택된다. 예를 들어, 중위 순회는 이진 탐색 트리에서 노드를 정렬된 순서로 출력할 때 유용하며, 전위 순회는 트

리의 구조를 복원할 때 사용할 수 있다. 후위 순회는 노드 삭제와 같은 작업에 적합하다. 트리 순회는 재귀(recursion)를 사용하여 구현할 수 있으며, 스택(stack)을 이용하여 반복(iterative)적으로 구현할 수도 있다.

가. 중위 순회

중위 순회는 루트 노드에서 출발하여 더 이상 왼쪽으로 갈 수 없을 때까지 왼쪽 자식 노드로 이동하면서 각 노드를 스택에 push한다. 왼쪽 자식 노드로 더 이상 이동할 수 없게 되면 현재 노드를 방문하고 처리한다. 그리고 오른쪽 자식 노드로 이동한다. 만약 오른쪽 자식이 없다면 스택에서 pop하여 이전 노드로 돌아간다.

다시 왼쪽 자식 노드로 이동하고 위 작업을 반복한다. <그림 VII-14>는 이진 트리 중위 순회의 예를 보여준다.

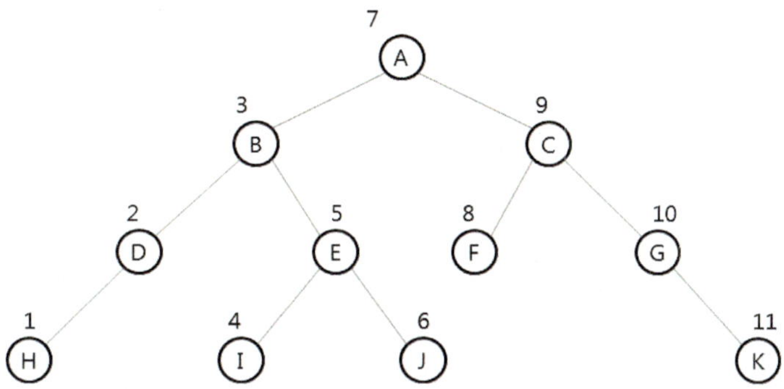

그림 VII-14 이진 트리 중위 순회의 예

<예 VII-3>은 중위 순회를 이용하여 이진 트리를 순회하는 과정을 보여준다. inorder()의 인자 treeNode는 순회를 시작할 노드를 가리킨다. 일반적으로 이 함수를 처음 호출할 때에는 루트 노드를 전달한다. 여기서 주요한 부분은 함수 내부의 재귀 호출이다. inorder() 함수가 호출되면, 현재 노드를 검사하고 만약 현재 노드가 존재한다면, 먼저 왼쪽 서브트리를 중위 순회한다. 이는 inorder(treeNode.left)와 같이 재귀 호출로 구현되며 왼쪽 서브트리를 먼저 순회하면서, 현재 노드의 데이터를 출력한다. 마지막으로 오른쪽 서브트리를 중위 순회한다. 이것도 역시 재귀 호출을 이용하여 inorder(treeNode.right)와 같이 수행된다.

```
def inorder(treeNode):
    if treeNode is not None:
        inorder(treeNode.left)
        print(treeNode.data)
        inorder(treeNode.right)
```

〈예 VII-3〉 이진 트리의 중위 순회

나. 전위 순회

전위 순회(preorder traversal)는 루트 노드를 먼저 방문하고, 왼쪽 자식 노드로 이동하여 왼쪽 서브트리를 전위 순회한다. 왼쪽 서브트리의 순회가 완료되면, 오른쪽 자식 노드로 이동하여 오른쪽 서브트리를 전위 순회한다. 오른쪽 서브트리의 순회가 완료되면, 부모 노드로 돌아간다. 부모 노드의 왼쪽 서브트리와 오른쪽 서브트리에 대해 동일한 작업을 반복하며 전체 트리를 순회하고 더 이상 순회할 노드가 없으면 순회를 종료한다. <그림 VII-15>는 이진 트리 전위 순회의 예를 보여준다.

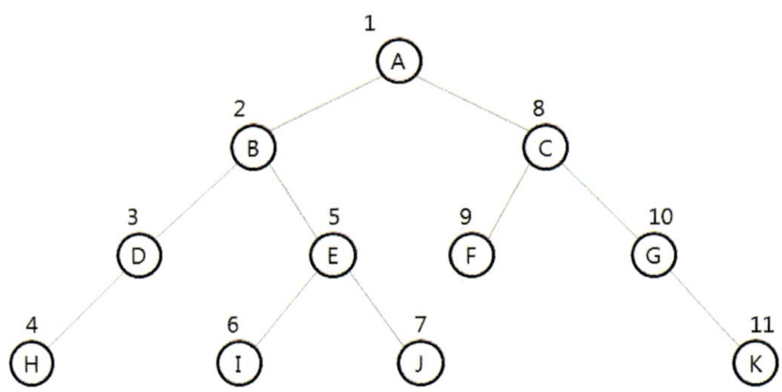

그림 VII-15 이진 트리 전위 순회의 예

<예 VII-4>는 전위 순회를 이용하여 이진 트리를 재귀로 순회하는 과정을 보여준다. preorder()가 처음 호출되면 TreeNode 클래스의 인스턴스 treeNode는 전위 순회를 시작할 루트 노드를 가리킨다. 현재 노드가 존재하는지 검사하여 노드가 None이 아니라면 순회를 계속한다. print(treeNode.data)는현재 노드의 데이터를 출력하는 것으로 이것이 전위 순회의 핵심 부분이다. 노드의 데이터를 먼저 방문하고 나서 자식 노드를 순회한다. preorder(treeNode.eft)로 현재 노드의 왼쪽 자식 노드로 이동하여 왼쪽 서브트리를 재귀적으로 전위 순회한다.

그리고 preorder(treeNode.right)로 현재 노드의 오른쪽 자식 노드로 이동하여 오른쪽 서브트리를 재귀적으로 전위 순회한다. 재귀 호출 시에 현재 노드를 변경하면서 순회를 진행하는데 현재 노

드가 None이 되면 재귀 호출을 종료하고 이전 단계로 돌아간다.

```
def preorder(treeNode):
    if treeNode is not None:
        print(treeNode.data)
        preorder(treeNode.left)
        preorder(treeNode.right)
```

〈예 VII-4〉 이진 트리의 전위 순회

다. 후위 순회

후위 순회(postorder traversal)는 트리의 노드들을 왼쪽 서브트리, 오른쪽 서브트리, 그리고 현재 노드의 순서로 순회한다. 루트 노드에서 시작하여 현재 노드의 왼쪽 자식으로 이동하여 왼쪽 서브트리를 후위 순회한다. 이동한 노드에서 다시 같은 규칙을 적용한다. 현재 노드의 오른쪽 자식으로 이동하여 오른쪽 서브트리를 후위 순회하고, 이동한 노드에서 다시 같은 규칙을 적용한다. 그리고 현재 노드의 데이터에 접근하거나 처리하는데 이것이 후위 순회의 특징 중 하나로 즉, 현재 노드의 데이터에 접근하는 작업은 왼쪽 서브트리와 오른쪽 서브트리를 모두 순회한 후에 수행되는 것이다. 위의 과정을 루트 노드에서 시작하여 모든 서브트리를 순회할 때까지 반복한다.

후위 순회는 주로 이진 트리에서 사용되며, 트리의 노드를 일정한 순서로 처리해야 할 때 유용하다. 예를 들어 트리의 노드들을 삭제해야 하는 경우, 후위 순회를 사용하여 자식 노드들을 먼저 삭제하고 나서 부모 노드를 삭제할 수 있으며 것은 메모리 누수를 방지하고 안정적인 삭제를 가능하게 한다.

<그림 VII-16>은 이진 트리를 후위 순회의 예를 보여준다.

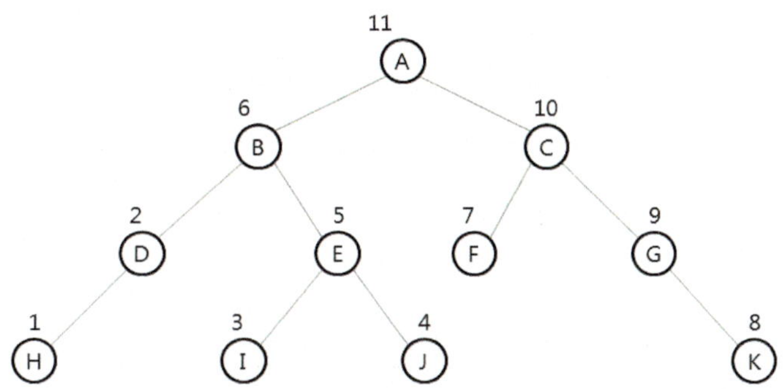

그림 VII-16 이진 트리 후위 순회의 예

<예 VII-5>는 후위 순회를 이용하여 이진 트리를 재귀로 순회하는 과정을 보여준다. postorder()가 처음 호출되면 treeNode는 전위 순회를 시작할 루트 노드를 가리킨다. 현재 노드가 None이 아닌 경우(즉, 트리가 비어 있지 않은 경우) 먼저 postorder(treeNode.left)로 현재 노드의 왼쪽 자식 노드로 이동하여 왼쪽 서브트리를 후위 순회한다. 이 작업은 왼쪽 자식 노드가 none이 될 때까지 재귀적으로 수행된다. 그리고 postorder(treeNode.right)로 현재 노드의 오른쪽 자식 노드로 이동하여 오른쪽 서브트리를 후위 순회한다. 이 작업도 오른쪽 자식 노드가 none이 될 때까지 재귀적으로 수행된다. 현재 노드의 데이터 출력은 왼쪽 서브트리와 오른쪽 서브트리의 순회가 완료된 후에 이루어진다.

```
def postorder(treeNode):
    if treeNode is not None:
        postorder(treeNode.left)
        postorder(treeNode.right)
        print(treeNode.data)
```

〈예 VII-5〉 이진 트리의 후위 순회

<예 VII-6>은 수식 "A*B-C/D"에 대한 이진 트리를 연결 자료구조를 사용하여 생성하고, 전위, 중위 및 후위 순회하는 예제 프로그램을 보여준다. TreeNode는 이진 트리의 각 노드를 나타내는 클래스로, data는 노드의 데이터(여기서는 연산자 또는 피연산자)를 나타내며, left와 right는 각각 왼쪽 자식 노드와 오른쪽 자식 노드를 가리키는 포인터를 나타낸다.

TreeNode의 생성자 __init__()은 새로운 노드를 생성하는 메서드로서, 입력으로 데이터 data, 왼쪽 자식 노드 left, 오른쪽 자식 노드 right를 받는다. 이 메서드는 새로운 노드를 동적으로 할당하고, 데이터와 자식 노드를 설정할 수 있다.

__main__에서 주어진 수식 트리를 생성하고 다양한 순회 방식으로 출력하는데, n4, n5, n6, n7 노드는 각각 리프 노드로서 피연산자 'A', 'B', 'C', 'D'를 나타낸다. 또한 n2와 n3노드는 '*'와 '/' 연산자를 나타내고, 각각 n4, n5, 그리고 n6, n7노드를 자식으로 갖는다. n1노드는 '-' 연산자를 나타내고, n2와 n3노드를 자식으로 갖는다.

```
class TreeNode:
    def __init__(self, data, left=None, right=None):
        self.data = data
        self.left = left
        self.right = right
```

```python
def inorder(treeNode):
    if treeNode is not None:
        inorder(treeNode.left)
        print(treeNode.data, end=' ')
        inorder(treeNode.right)


def preorder(treeNode):
    if treeNode is not None:
        print(treeNode.data, end=' ')
        preorder(treeNode.left)
        preorder(treeNode.right)


def postorder(treeNode):
    if treeNode is not None:
        postorder(treeNode.left)
        postorder(treeNode.right)
        print(treeNode.data, end=' ')


if __name__ == "__main__":
    n7 = TreeNode('D')
    n6 = TreeNode('C')
    n5 = TreeNode('B')
    n4 = TreeNode('A')
    n3 = TreeNode('/', n6, n7)
    n2 = TreeNode('*', n4, n5)
    n1 = TreeNode('-', n2, n3)

    print("\n preorder : ", end="")
    preorder(n1)

    print("\n inorder : ", end="")
    inorder(n1)

    print("\n postorder : ", end="")
    postorder(n1)
```

▶ 실행결과

```
preorder :  -  *  A  B  /  C  D
inorder : A B * -C D /
```

```
postorder : A B * C D / -
```

〈예 VII-6〉 이진 트리의 후위 순회

3 힙 트리(heap tree)

힙 트리(heap tree)는 완전 이진 트리의 한 종류로, 그 주요 용도는 키 값이 가장 큰 노드나 키 값이 가장 작은 노드를 효율적으로 찾기 위해 만들어진 자료구조이다. 힙 트리는 완전 이진 트리의 특별한 형태로 완전 이진 트리는 모든 레벨에서 왼쪽부터 노드가 채워져 있어야 하는데. 이러한 구조는 배열로 힙을 구현할 때 매우 효율적이다.

힙 트리는 n개의 노드를 가지고 있는 힙 트리의 높이는 O(log n)이다. 힙 트리는 완전 이진 트리이므로, 마지막 레벨을 제외한 각 레벨 i에는 2^{i-1}개의 노드가 존재한다. 힙 트리는 배열을 사용하여 구현하는 것이 일반적이다. 따라서 각 노드에 번호를 부여할 수 있으며, 이 번호를 배열의 인덱스로 사용한다. 이렇게 하면 부모 노드와 자식 노드를 찾기가 간편해진다. 배열로 구현한 힙 트리에서 왼쪽 자식의 인덱스는 (부모의 인덱스) * 2가 되며, 오른쪽 자식의 인덱스 = (부모의 인덱스) * 2 + 1이 되고, 부모의 인덱스 = (자식의 인덱스) / 2가 된다.

힙 트리는 최대 힙(max heap)과 최소 힙(min heap)이 있다. 최대 힙에서는 부모 노드의 키 값이 자식 노드의 키 값보다 크거나 같아야 한다. 따라서 가장 큰 값을 가진 노드가 루트 노드에 위치하게 된다. 이와 반대로 최소 힙(min heap)에서는 부모 노드의 키 값이 자식 노드의 키 값보다 작거나 같아야 한다. 따라서 가장 작은 값을 가진 노드가 루트 노드에 위치하게 된다. 힙 트리는 우선순위 큐를 구현하는 데 사용되는데 힙을 이용하면 데이터를 우선순위에 따라 효율적으로 관리할 수 있다.

힙 트리에서 노드를 삽입하거나 삭제하는 연산은 O(log n) 시간복잡도를 갖는데. 이는 힙 트리가 완전 이진 트리 구조를 유지하기 때문에 가능한 빠른 연산이다. 힙 트리는 다양한 응용 분야에서 사용된다. 주로 우선순위 큐를 구현하거나, 최댓값 또는 최솟값을 효율적으로 찾아야 하는 상황에서 활용된다. 예를 들어 작업 스케줄링, 다익스트라 알고리즘 등의 알고리즘에서 힙 트리가 중요한 역할을 한다. <그림 VII-17>과 <그림 VII-18>은 각각 최대 힙과 최소 힙의 예를 보여준다.

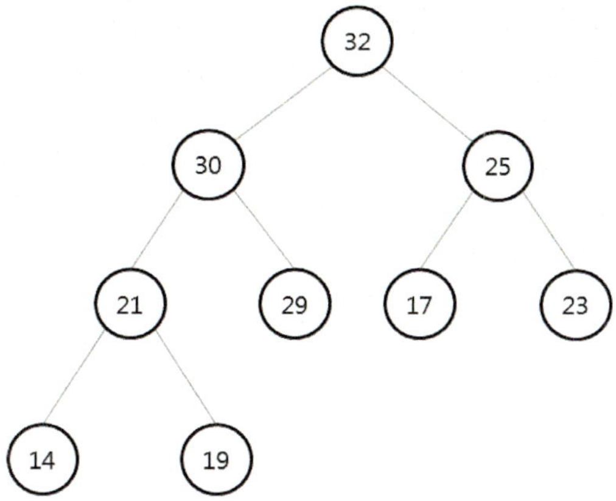

그림 VII-17 최대 힙

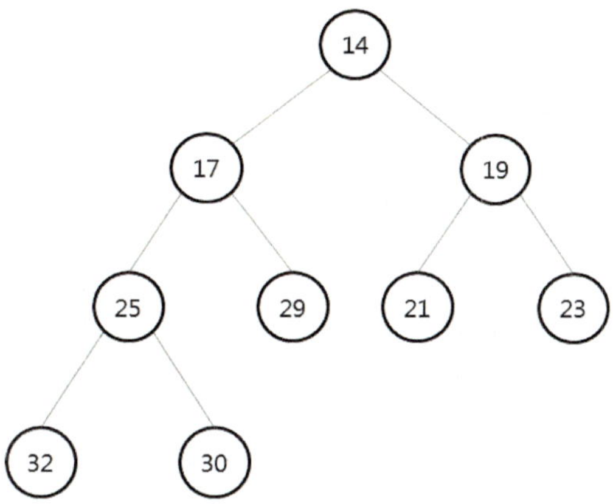

그림 VII-18 최소 힙

(1) 최대 힙에서 삽입

최대 힙에서 삽입 연산은 회사에서 신입 사원이 들어오면 일단 말단 위치에 앉힌 다음에, 신입 사원의 능력을 봐서 위로 승진시키는 것과 비슷하다고 생각하면 된다. 최대 힙에서 노드를 삽입하려면 완전 이진 트리의 성질을 유지하기 위해 먼저 해당 노드를 힙의 가장 하단 왼쪽 위치에 추가한다. 그리고 부모 노드의 키 값과 새로 삽입한 노드의 키 값을 비교하는데 만약 부모 노드의 키 값이 새로 삽입한 노드의 키 값보다 작다면, 두 노드의 위치를 바꾼다. 이렇게 하면 최대 힙의 속성을 만족하게 된다. 부모와 자식 간의 크기 비교를 반복하며, 최상위 루트 노드까지 올라가면서 큰 값을 위로 올리는 작업을 수행한다. 이러한 과정을 새로 삽입할 노드가 루트 노드에 도달하거나, 부모 노드의 키 값이 더 크거나 같을 때까지 반복한다.

<그림 VII-19>는 최대 힙의 삽입 과정의 예를 보여준다. (1)에서 보여주듯이 최대 힙에서 (2)에서 보여주듯이 5를 최대 힙에 추가한다고 하면 (3)에서처럼 이진 트리의 성질을 유지하기 위해 5를 2의 왼쪽 위치에 삽입한다. 그리고 (4)에서 보여주듯이 5와 부모 노드의 데이터 값인 2를 비교하여, 5가 크기 때문에 위치를 바꾼다. 마지막으로 (5)에서 보여주듯이 5와 부모 노드, 여기서는 루트 노드의 데이터 값인 20과 비교한다. 당연히 5가 20보다 작기 때문에 위치를 바꾸지 않고 과정을 종료한다.

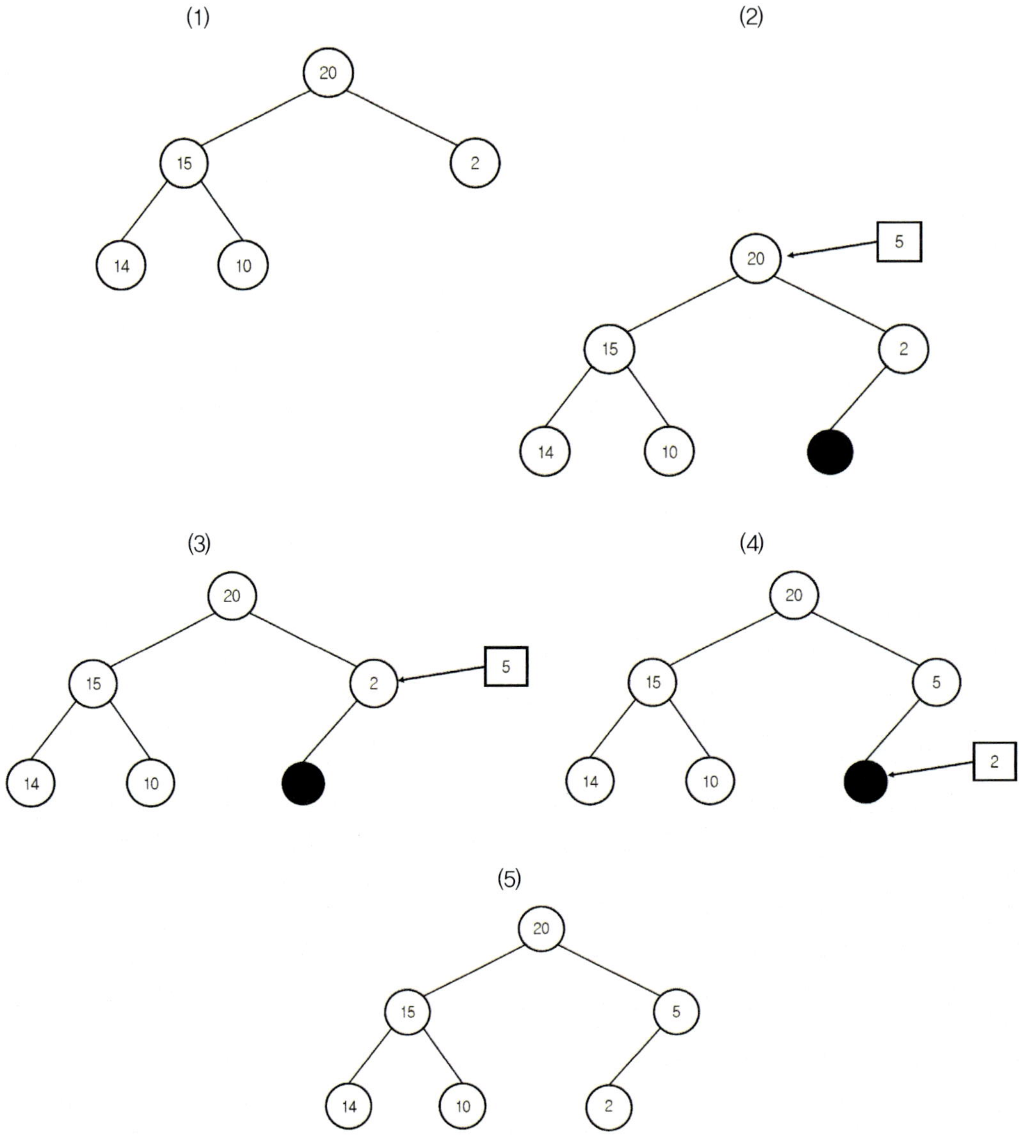

그림 VII-19 최대 힙의 삽입 과정

<예 VII-7>은 힙 트리를 배열을 사용하여 구현하기 위한 노드의 정의를 보여준다. MAX_ELEMENTS 변수는 최대 힙을 위한 배열의 최대 크기를 정의하고, 힙의 크기는 최대 MAX_ELEMENTS - 1개의 원소까지 저장할 수 있다. n은 현재 힙에 저장된 원소의 개수를 나타낸다. 만약 n이 MAX_ELEMENTS - 1과 같다면 힙은 가득 찬 상태가 된다. 이와 반대로 n이 0이면 힙은 비어 있는 상태가 된다. Element는 힙에 저장되는 원소를 표현하는 클래스로 여기서는 key라는 필드만을 가지고 있지만, 필요한 경우 다른 필드들을 추가할 수 있다. heap 멤버는 최대 힙을 구현하는 데 사용되는 배열이다.

```
MAX_ELEMENTS = 200  # 최대힙크기-1
EXIT_FAILURE = -1


class Element:
    def __init__(self, key):
        self.key = key
        # 다른 필드들


class Heap:
    def __init__(self):
        self.heap = [None] * MAX_ELEMENTS
        self.n = 0
```

〈예 VII-7〉 힙 트리 노드의 정의

<예 VII-8>은 최대 힙에서 원소를 삽입하는 과정 즉, Heap 클래스에서 원소를 추가하는 push() 메서드를 구현한 것을 보여준다. item은 힙에 추가할 원소를 나타내고, n은 현재 힙에 저장된 원소의 개수를 나타내는 멤버 변수이다.

힙이 가득 차 있는지 확인하기 위해 heapFull() 메서드를 사용한다. 만약 힙이 가득 차 있으면 에러 메시지를 출력하고 프로그램을 종료한다. 새로운 원소(item)를 힙에 추가할 때 힙의 최대 힙 성질을 유지해야 하기 때문에 새로운 원소를 힙의 맨 끝에 추가한 후, 부모 노드와 비교하여 부모 노드의 값보다 큰 경우에는 부모 노드와 위치를 교체한다. 이를 위하여 현재 추가된 원소의 인덱스인 i가 1이 될 때까지 (루트 노드에 도달할 때까지) item.key와 부모 노드의 self.heap[i//2].key값을 비교하여 item.key가 더 큰 경우, self.heap[i]에 self.heap[i/2]의 값을 복사하고 i값을 i의 부모 노드 즉 i //= 2 로 업데이트하는 과정을 반복하여 힙에 item이 올바른 위치를 찾게 한다.

```
def push(self, item):
    # insert item into a max heap of current size * n
    if self.heapFull():
        print("The heap is full.")
        exit(EXIT_FAILURE)
    self.n += 1
    i = self.n
    while i != 1 and item.key > self.heap[i//2].key:
        self.heap[i] = self.heap[i//2]
        i //= 2
    self.heap[i] = item
```

〈예 VII-8〉 최대 힙에서 삽입

<예 VII-9>는 최대 힙에서 원소를 삭제하고 반환하는 Heap 클래스의 pop() 메서드를 구현한 것을 보여준다. 반환될 원소(item)와 임시 원소(temp)를 선언하고, 최대 힙의 push()와 마찬가지로 heapEmpty() 메서드를 사용하여 힙이 비어 있는지 확인하고 비어 있다면 오류 메시지를 출력하고 프로그램을 종료한다.

힙의 루트 노드에 있는 원소가 가장 큰 키값을 가지므로 이 값을 item에 저장하고, 삭제된 루트 노드를 메모리에 유지하면서 힙을 재조정한다. 임시 원소 temp를 루트 노드 위치로 이동하고, 힙의 조건을 유지하기 위해 자식 노드와 비교하면서 적절한 위치로 이동시킨다. 여기서 child 변수는 현재 부모 노드의 자식 노드 중 더 큰 키 값을 가지는 자식을 가리키고, temp.key가 self.-heap[child].key보다 크거나 같으면 루프를 종료하고, 그렇지 않으면 부모 노드를 자식 노드로 이동시킨다. 그리고 child 변수를 자식 노드의 왼쪽 자식으로 갱신하고 다음 레벨로 이동시킨다.

```
def pop(self):
    # delete element with the highest key from the heap
    if self.heapEmpty():
        print("The heap is empty")
        exit(EXIT_FAILURE)

    # save value of the element with the highest key
    parent, child = 1, 2
    item = self.heap[1]
    # use last element in heap to adjust heap
    temp = self.heap[self.heapSize]
    self.heapSize -= 1

    while child <= self.heapSize:
```

```
        # find the larger child of the current parent
        if child < self.heapSize and self.heap[child] < self.heap[child + 1]:
            child += 1
        if temp >= self.heap[child]:
            break
        # move to the next lower level
        self.heap[parent] = self.heap[child]
        parent = child
        child *= 2

    self.heap[parent] = temp
    return item
```

〈예 VII-9〉 최대 힙에서 삭제

<예 VII-10>은 최대 힙 예제 프로그램을 보여준다. heapType은 힙을 나타내기 위한 클래스이고, heap 멤버는 최대 원소 수가 MAX_ELEMENT인 배열로서 힙의 원소를 저장하고, heapSize는 현재 힙의 크기를 나타낸다. 생성자 __init__()은 빈 힙을 생성한다. push()는 힙에 원소를 추가하고, 힙의 크기를 증가시키고, 새로운 원소를 힙에 추가한 후 최대 힙의 성질을 유지하기 위해 원소를 조정한다. pop()은 최대 힙에서 가장 큰 원소를 삭제하고 반환한다. 삭제된 원소를 반환한 후, 힙의 성질을 다시 유지하기 위해 나머지 원소를 재배열한다.

```
MAX_ELEMENTS = 100
EXIT_FAILURE = -1

class HeapType:
    def __init__(self):
        self.heap = [None] * MAX_ELEMENTS
        self.heapSize = 0

    def push(self, item):
        self.heapSize += 1
        i = self.heapSize
        while i != 1 and item > self.heap[i // 2]:
            self.heap[i] = self.heap[i // 2]
            i //= 2
        self.heap[i] = item

    def pop(self):
        parent, child = 1, 2
        item = self.heap[1]
        temp = self.heap[self.heapSize]
```

```
        self.heapSize -= 1

        while child <= self.heapSize:
            if child < self.heapSize and self.heap[child] < self.heap[child + 1]:
                child += 1
            if temp >= self.heap[child]:
                break
            self.heap[parent] = self.heap[child]
            parent = child
            child *= 2

        self.heap[parent] = temp
        return item

    def print(self):
        print("Heap :", end=" ")
        for i in range(1, self.heapSize + 1):
            print(f"[{self.heap[i]}]", end=" ")
        print()


if __name__ == "__main__":
    heap = HeapType()

    heap.push(10)
    heap.push(45)
    heap.push(19)
    heap.push(11)
    heap.push(96)

    heap.print()
    n = heap.heapSize

    for _ in range(n):
        item = heap.pop()
        print(f"delete : [{item}]")
```

실행결과

```
Heap :  [96]  [45]  [19]  [10]  [11]
delete : [96]
delete : [45]
delete : [19]
delete : [11]
delete : [10]
```

〈예 VII-10〉 최대 힙 예제 프로그램

4 우선순위 큐(Priority Queue)

우선순위 큐는 각 요소에 우선순위를 부여하고, 우선순위가 가장 높은 요소가 항상 가장 먼저 나오는 자료구조이다. 우선순위 큐는 작업 스케줄링에서 우선순위가 높은 작업을 먼저 처리하거나, 그래프 알고리즘에서 최단 경로를 찾는 등 다양한 응용 분야에서 활용된다.

우선순위 큐는 일반 큐와는 다르게 요소들이 들어온 순서대로 처리되지 않고, 우선순위에 따라 처리된다. 가장 일반적인 방법으로는 최소 우선순위 큐(min priority queue)와 최대 우선순위 큐(max priority queue)가 있다. 최소 우선순위 큐는 가장 낮은 우선순위를 가진 요소가 먼저 나오는 큐로 주로 최단 경로 알고리즘인 다익스트라 알고리즘에서 활용된다. 최대 우선순위 큐는 가장 높은 우선순위를 가진 요소가 먼저 나오는 큐로 힙(heap) 자료구조를 사용하여 구현되며, 주로 작업 스케줄링이나 최대값을 찾아야 하는 상황에서 사용된다.

우선순위 큐는 힙, 이진 탐색 트리, 정렬된 배열 등 다양한 자료구조를 활용하여 구현할 수 있다. 구체적인 우선순위 큐의 동작은 구현 방법에 따라 다를 수 있으나, 일반적으로 새로운 요소를 큐에 추가하면서 우선순위를 유지하는 삽입 연산, 가장 높은(또는 낮은) 우선순위를 가진 요소를 큐에서 제거하는 삭제 연산, 그리고 가장 높은(또는 낮은) 우선순위를 가진 요소를 큐에서 제거하지 않고 확인하는 최우선순위 원소 확인(peek) 연산이 있다.

(1) 정적 배열을 이용한 우선순위 큐 구현

<예 VII-11>은 정적배열을 이용한 우선순위 큐에서 원소를 큐에 넣고 빼면서 내림차순으로 출력하는 예제 프로그램을 보여준다. enqueue()를 사용하여 원소를 큐에 삽입하고, 원소의 우선순위에 따라 최대 힙(max heap)의 형태를 유지하고, dequeue()를 사용하여 큐에서 원소를 제거하고, 큐에서 가장 우선순위가 높은 원소를 제거하고 반환하는데 최대 힙의 형태를 유지하면서 동작한다.

```
class PriorityQueue:
    def __init__(self):
        self.heap = [0] * MAX_SIZE
        self.size = 0

    def enqueue(self, item):
        if self.size >= MAX_SIZE:
            print("Queue is full. Cannot enqueue.")
            return
        i = self.size + 1
        while i > 1 and item > self.heap[i // 2]:
            self.heap[i] = self.heap[i // 2]
```

```
            i //= 2
        self.heap[i] = item
        self.size += 1

    def dequeue(self):
        if self.size == 0:
            print("Queue is empty. Cannot dequeue.")
            exit(EXIT_FAILURE)
        parent, child = 1, 2
        item = self.heap[1]
        temp = self.heap[self.size]
        self.size -= 1
        while child <= self.size:
            if child < self.size and self.heap[child] < self.heap[child + 1]:
                child += 1
            if temp >= self.heap[child]:
                break
            self.heap[parent] = self.heap[child]
            parent = child
            child *= 2
        self.heap[parent] = temp
        return item


if __name__ == "__main__":
    MAX_SIZE = 100
    EXIT_FAILURE = -1
    pq = PriorityQueue()
    for x in [10, 45, 19, 11, 96]:
        pq.enqueue(x)

    print("Dequeue elements in descending order:")
    while pq.size > 0:
        item = pq.dequeue()
        print(item, end=" ")
    print()
```

실행결과

```
Dequeue elements in descending order:
96 45 19 11 10
```

〈예 VII-11〉 정적 배열을 이용한 우선순위 큐 예제 프로그램

(2) 힙을 이용한 우선순위 큐 구현

<예 VII-12>는 힙을 이용한 우선순위 큐에서 원소를 큐에 넣고 빼면서 오름차순으로 출력하는 예제 프로그램을 보여준다. insert()를 사용하여 원소를 큐에 삽입하고, 원소의 우선순위에 따라 최소 힙(min heap)의 형태를 유지한다. deleteMin()을 사용하여 큐에서 가장 우선순위가 낮은 원소를 제거하고 반환한다. 이 역시 최소 힙의 형태를 유지하면서 동작한다.

```
MAX_SIZE = 100
EXIT_FAILURE = -1


class MinHeap:
    def __init__(self):
        self.elements = [0] * MAX_SIZE
        self.size = 0

    def minHeapify(self, index):
        smallest = index
        left = 2 * index + 1
        right = 2 * index + 2

        if left < self.size and self.elements[left] < self.elements[smallest]:
            smallest = left
        if right < self.size and self.elements[right] < self.elements[smallest]:
            smallest = right
        if smallest != index:
            self.elements[index], self.elements[smallest] = self.elements[smallest],
self.elements[index]
            self.minHeapify(smallest)

    def isEmpty(self):
        return self.size == 0

    def insert(self, item):
        if self.size >= MAX_SIZE:
            print("Priority queue is full. Cannot insert.")
            return
        self.elements[self.size] = item
        current = self.size
        while current > 0 and self.elements[current] < self.elements[(current - 1) // 2]:
            self.elements[current], self.elements[(current - 1) // 2] =
self.elements[(current - 1) // 2], self.elements[current]
            current = (current - 1) // 2
        self.size += 1
```

```
    def deleteMin(self):
        if self.isEmpty():
            print("Priority queue is empty. Cannot delete.")
            exit(EXIT_FAILURE)
        minItem = self.elements[0]
        self.elements[0] = self.elements[self.size - 1]
        self.size -= 1
        self.minHeapify(0)
        return minItem


if __name__ == "__main__":
    minHeap = MinHeap()
    for x in [10, 45, 19, 11, 96]:
        minHeap.insert(x)

    print("Deleted elements in ascending order:")
    while not minHeap.isEmpty():
        item = minHeap.deleteMin()
        print(item, end=" ")
```

실행결과

```
Deleted elements in ascending order:
10 11 19 45 96
```

〈예 VII-12〉 힙을 이용한 우선순위 큐 예제 프로그램

(3) 이진 탐색 트리를 이용한 우선순위 큐 구현

<예 VII-13>은 이진 탐색 트리를 이용한 우선순위 큐에서 원소를 큐에 넣고 빼면서 내림차순으로 출력하는 예제 프로그램을 보여준다. insert()를 사용하여 노드를 트리에 추가하면서 이진 탐색 트리의 조건을 유지한다. enqueue()를 사용하여 우선순위 큐에 노드를 삽입하는데, 노드의 값은 원소의 값이며, 이진 탐색 트리에 삽입하는 것과 유사하게 동작한다. 이진 탐색 트리는 XI장에서 다룬다.

dequeue()를 사용하여 이진 탐색 트리에서 가장 큰 값을 가진 노드를 찾아 삭제하고 반환한다. 이 과정을 반복하여 큐의 원소를 삭제하면서 큰 순서대로 출력된다. inorder()를 사용하여 중위 순회를 수행하여 오름차순으로 정렬된 순서로 출력한다.

```python
EXIT_FAILURE = -1


class TreeNode:
    def __init__(self, data):
        self.data = data
        self.left = None
        self.right = None


class PriorityQueue:
    def __init__(self):
        self.root = None

    # 노드 삽입 함수(재귀적)
    def insert(self, root, data):
        if root is None:
            return TreeNode(data)
        if data > root.data:
            root.right = self.insert(root.right, data)
        else:
            root.left = self.insert(root.left, data)
        return root

    # 우선순위 큐에 원소를 추가하는 함수
    def enqueue(self, data):
        self.root = self.insert(self.root, data)

    # 최대 우선순위 원소 삭제 함수(가장 큰 원소 삭제)
    def dequeue(self):
        current = self.root
        parent = None
        if current is None:
            print("Queue is empty. Cannot dequeue.")
            exit(EXIT_FAILURE)
        while current.right is not None:
            parent = current
            current = current.right
        maxItem = current.data
        if parent is not None:
            parent.right = current.left
        else:
            self.root = current.left
        del current
        return maxItem
```

```
    # 중위 순회 함수 (오름차순 출력)
    def inorder(self):
        def _inorder(root):
            if root is not None:
                _inorder(root.left)
                print(root.data, end=" ")
                _inorder(root.right)

        _inorder(self.root)


if __name__ == "__main__":
    pq = PriorityQueue()
    for x in [10, 45, 19, 11, 96]:
        pq.enqueue(x)
    print("Inorder traversal (ascending order):")
    pq.inorder()
    print("\nDequeue elements in descending order:")
    while pq.root is not None:
        item = pq.dequeue()
        print(item, end=" ")
```

실행결과

```
Inorder traversal (ascending order):
10 11 19 45 96
Dequeue elements in descending order:
96 45 19 11 10
```

〈예 VII-13〉 이진 탐색 트리를 이용한 우선순위 큐 예제 프로그램

참고

PriorityQueue 클래스에서 _inorder() 함수는 inorder() 메서드 내부에 선언되었다. 재귀적으로 중위 순회를 처리하기 위해 노드를 인자로 전달해야 하는데, inorder()를 호출할 때 pq.inorder(pq.root) 보다는 pq.inorder()가 자연스럽기 때문에 inorder() 메서드 내부에 _inorder() 함수를 하나 더 선언해서 재귀 호출을 처리한다.

_inorder()와 같이 함수가 다른 함수 내부에 선언된 경우를 중첩 함수(nested function) 또는 내부 함수(inner function)라고 부른다. _inorder()를 PriorityQueue 클래스의 메서드로 선언할 수도 있지만 inorder() 메서드 내부에 있는 편이 의미가 명확하다.

내부 함수의 특징 중 하나는 외부 함수의 변수들에 접근 가능하다는 점이다. 예를 들어 inorder() 메서드에서 arr이라는 리스트를 선언했다면 내부의 _inorder() 함수는 인자로 전달받지 않아도 arr에 접근할 수 있다.

참고

파이썬 내장 모듈 중, queue 모듈의 PiorityQueue 클래스는 우선순위 큐를 구현한 클래스다.

from queue import PriorityQueue

위의 코드로 이미 만들어진 우선순위 큐를 사용할 수 있다. 특히 생산자-소비자 문제를 위해 thread-safe 처리가 가능한 우선순위 큐이다(운영체제 과목을 수강하지 않았으면 이해하기 어렵다).

그리고 heapq 모듈은 힙 트리를 배열로 구현한 모듈이다. heappush(), heappop(), heapify() 등 C 언어 스타일의 간단한 함수들을 제공하는데, heapify()는 힙 성질을 만족하지 않는 배열(리스트)를 최소 힙으로 만드는 함수, heappush()는 삽입, heappop()은 추출 함수이다. heapq 모듈을 사용해서 〈예 VII-13〉을 수정한 코드는 아래와 같다.
(퀴즈) heapq 모듈은 최소 힙만 구현한다. heapq로 최대 힙을 사용하려면 어떻게 해야 할까?

```
# 중위 순회 함수 (오름차순 출력)
def inorder(pq, index):
    if index < len(pq):
        inorder(pq, index * 2 + 1)  # 왼쪽 자식
        print(pq[index], end=" ")
        inorder(pq, index * 2 + 2)  # 오른쪽 자식


from heapq import heapify, heappush, heappop

"""
한 개씩 삽입하는 경우:
pq = []
for x in [10, 45, 19, 11, 96]:
    heappush(pq, x)
"""

pq = [10, 45, 19, 11, 96]
print("Heapified:")
heapify(pq)  # 힙 성질을 만족하도록 정렬
print(*pq)

print("Inorder traversal (ascending order):")
inorder(pq, 0)
print("₩nDequeue elements in descending order:")
while pq:
    item = heappop(pq)
    print(item, end=" ")
```

5 힙 정렬(Heap Sort)

힙 정렬은 힙 자료구조를 이용하여 정렬하는 알고리즘 중 하나이다. 힙은 완전 이진 트리(complete binary tree)의 일종으로, 부모 노드와 자식 노드 간에 일정한 순서가 정해져 있는 자료구조이기 때문에 힙을 이용하면 정렬을 쉽게 할 수 있다.

힙을 이용하여 정렬하기 위해서는 먼저 정렬해야 할 n개의 원소들을 최대 힙(max heap) 또는 최소 힙(min heap)으로 구성한다. 이때, 최대 힙을 사용하면 내림차순 정렬이 이루어지고, 최소 힙을 사용하면 오름차순 정렬이 이루어진다. 각 원소를 힙에 삽입하는 데는 O(log n)의 시간이 소요된다. 그리고 한 번에 하나의 원소를 힙에서 추출하고 이를 정렬된 결과로 저장한다. 이때, 힙에서 원소를 추출하는 데는 O(log n)의 시간이 소요된다. 힙의 구성과 교환을 반복하면서 원소들의 정렬된다.

힙 정렬은 비교 기반의 정렬 알고리즘 중 하나로, 동일한 값에 대해 상대적인 순서가 바뀌지 않는 안정성을 보장한다. 추가적인 메모리 공간을 사용하지 않고 입력 배열 내에서 정렬이 이루어지기 때문에 힙 정렬을 제자리 정렬 (in-place sorting)이라고 한다. 이는 메모리 사용량이 제한된 환경에서 유용하다.

힙 정렬은 평균 및 최악의 경우 모두 O(n * log n)의 시간복잡도를 갖는다. 이는 효율적인 정렬 알고리즘 중 하나로, 대용량 데이터를 정렬할 때 유용하다. 힙 정렬은 선택 정렬(Selection Sort)과 유사한 선택 기반의 정렬 알고리즘이다. 그러나 선택 정렬의 시간복잡도는 항상 $O(n^2)$이며, 힙 정렬은 O(n * log n)으로 훨씬 효율적이다. 특히 힙 정렬은 가장 크거나 가장 작은 값이 필요할 때 유용하게 사용된다. 예를 들어, 대용량 데이터에서 상위 k개의 값을 찾거나, 우선순위 큐에서 최대 또는 최솟값을 찾을 때 효과적으로 사용된다.

<예 VII-14>는 최소 힙을 이용한 오름차순 정렬 예제 프로그램을 보여준다. 이 프로그램에서는 입력 배열을 최소 힙에 삽입하고, 최소 힙에서 원소를 추출하여 배열을 정렬하는 부분배열을 이용하여 최소 힙을 구현하고, 이를 활용하여 오름차순으로 정렬된 결과를 출력한다.

```
EXIT_FAILURE = -1


# 최소 힙 클래스 정의
class MinHeap:
    def __init__(self, capacity):
        self.array = [0] * capacity  # 힙을 구현할 배열
```

```
        self.capacity = capacity     # 힙의 최대 크기
        self.size = 0                # 힙의 현재 크기

    # 최소 힙에서 원소를 삽입하는 메서드
    def insert(self, value):
        # 최소 힙에서 부모 노드의 인덱스를 반환하는 메서드
        def getParentIndex(index):
            return (index - 1) // 2

        # 힙이 가득 차 있는 경우
        if self.size >= self.capacity:
            print("Heap is full. Cannot insert.")
            return

        i = self.size
        self.size += 1
        self.array[i] = value

        # 힙을 재정렬하여 최소 힙 속성 유지
        while i != 0 and self.array[i] < self.array[getParentIndex(i)]:
            # 부모 노드와 현재 노드를 교환
            temp = self.array[i]
            self.array[i] = self.array[getParentIndex(i)]
            self.array[getParentIndex(i)] = temp
            i = getParentIndex(i)

    # 최소 힙에서 최솟값을 추출하는 함수
    def extractMin(self):
        # 힙이 비어 있는 경우
        if self.size <= 0:
            print("Heap is empty. Cannot extract minimum.")  # 힙이 비어 있는 경우
            exit(EXIT_FAILURE)

        # 최솟값 추출
        minValue = self.array[0]
        # 마지막 노드를 루트로 옮기고 크기 감소
        self.array[0] = self.array[self.size - 1]
        self.size -= 1
        # 최소 힙 속성을 만족하도록 재정렬
        i = 0
        while True:
            leftChildIndex = 2 * i + 1
            rightChildIndex = 2 * i + 2
            smallestIndex = i
            # 왼쪽 자식과 비교
```

```
            if leftChildIndex < self.size and self.array[leftChildIndex] < self.array[i]:
                smallestIndex = leftChildIndex
            # 오른쪽 자식과 비교
            if rightChildIndex < self.size and self.array[rightChildIndex] < self.array
[smallestIndex]:
                smallestIndex = rightChildIndex
            # i가 최솟값의 인덱스와 같으면 힙 속성을 만족하므로 종료
            if i == smallestIndex:
                break
            # 현재 노드와 최솟값 노드 교환
            self.array[i], self.array[smallestIndex] = self.array[smallestIndex], self.array[i]
            i = smallestIndex
        return minValue


# 최소 힙 정렬 함수
def heapSort(arr):
    # 최소 힙 생성
    heap = MinHeap(len(arr))
    # 배열의 모든 원소를 최소 힙에 삽입
    for x in arr:
        heap.insert(x)
    # 최소 힙에서 원소 추출
    for i in range(len(arr)):
        arr[i] = heap.extractMin()


if __name__ == "__main__":
    arr = [12, 11, 13, 5, 6, 7]
    print("Original array:", *arr)
    heapSort(arr)
    print("\nSorted array (in ascending order):", *arr)
```

실행결과

```
Original array: 12 11 13 5 6 7
Sorted array (in ascending order): 5 6 7 11 12 13
```

〈예 VII-14〉 최소 힙을 이용한 오름차순 정렬 예제 프로그램

<예 VII-15>는 최대 힙을 이용한 내림차순 정렬 예제 프로그램으로 주어진 배열을 내림차순으로 정렬한 결과를 출력한다.

```
EXIT_FAILURE = -1


# 최대 힙 클래스 정의
class MaxHeap:
    def __init__(self, capacity):
        self.array = [0] * capacity  # 힙을 구현할 배열
        self.capacity = capacity  # 힙의 최대 크기
        self.size = 0  # 힙의 현재 크기

    # 최대 힙에서 원소를 삽입하는 메서드
    def insert(self, value):
        # 최대 힙에서 부모 노드의 인덱스를 반환하는 메서드
        def getParentIndex(index):
            return (index - 1) // 2

        # 힙이 가득 차 있는 경우
        if self.size >= self.capacity:
            print("Heap is full. Cannot insert.")
            return

        i = self.size
        self.size += 1
        self.array[i] = value

        # 힙을 재정렬하여 최대 힙 속성 유지
        while i != 0 and self.array[i] > self.array[getParentIndex(i)]:
            # 부모 노드와 현재 노드를 교환
            temp = self.array[i]
            self.array[i] = self.array[getParentIndex(i)]
            self.array[getParentIndex(i)] = temp
            i = getParentIndex(i)

    # 최대 힙에서 최댓값을 추출하는 함수
    def extractMax(self):
        # 힙이 비어 있는 경우
        if self.size <= 0:
            print("Heap is empty. Cannot extract maximum.")
            exit(EXIT_FAILURE)

        # 최댓값 추출
        max_value = self.array[0]
        # 마지막 노드를 루트로 옮기고 크기 감소
        self.array[0] = self.array[self.size - 1]
        self.size -= 1
```

```
        # 최대 힙 속성을 만족하도록 재정렬
        i = 0
        while True:
            left_child_index = 2 * i + 1
            right_child_index = 2 * i + 2
            largest_index = i
            # 왼쪽 자식과 비교
            if left_child_index < self.size and self.array[left_child_index] > self.array[i]:
                largest_index = left_child_index
            # 오른쪽 자식과 비교
            if right_child_index < self.size and self.array[right_child_index] > self.array
[largest_index]:
                largest_index = right_child_index
            # i가 최댓값의 인덱스와 같으면 힙 속성을 만족하므로 종료
            if i == largest_index:
                break
            # 현재 노드와 최댓값 노드 교환
            self.array[i], self.array[largest_index] = self.array[largest_index], self.array[i]
            i = largest_index
        return max_value


# 최대 힙 정렬 함수
def heapSort(arr):
    # 최대 힙 생성
    heap = MaxHeap(len(arr))
    # 배열의 모든 원소를 최대 힙에 삽입
    for x in arr:
        heap.insert(x)
    # 최대 힙에서 원소 추출
    for i in range(len(arr)):
        arr[i] = heap.extractMax()


if __name__ == "__main__":
    arr = [12, 11, 13, 5, 6, 7]
    print("Original array:", *arr)
    heapSort(arr)
    print("\nSorted array (in descending order):", *arr)
```

실행결과

```
Original Array:
```

```
12 11 13 5 6 7

Sorted Array (Descending Order):
5 6 7 11 12 13
```

〈예 VII-15〉 최대 힙을 이용한 내림차순 정렬 예제 프로그램

6 이진 탐색 트리(Binary Search Tree, BST)

이진 탐색 트리는 효율적인 데이터 탐색, 삽입 및 삭제를 위한 자료구조이다. <그림 VII-20>에서 보여주듯이 각 노드는 하나의 값(value)과 두 개 이하의 자식 노드를 가진다. 트리는 루트(root) 노드로 시작하며, 루트를 기준으로 왼쪽 서브 트리(left subtree)와 오른쪽 서브 트리(right subtree)로 나뉜다. 각 서브 트리도 다시 이진 탐색 트리일 수 있다. 이진 탐색 트리는 다음의 중요한 속성을 만족한다.

- 왼쪽 서브 트리의 모든 노드 값은 현재 노드의 값보다 작다.
- 오른쪽 서브 트리의 모든 노드 값은 현재 노드의 값보다 크다.

이러한 속성 때문에 이진 탐색 트리를 중위(in-order) 순회하면 정렬된 순서로 데이터를 얻을 수 있다. 이진 탐색 트리는 데이터를 탐색하는 데 효율적이다. 값을 찾기 위해 루트 노드부터 시작하여 현재 노드의 값과 목표 값을 비교하고, 작으면 왼쪽 서브 트리로 이동하고, 크면 오른쪽 서브 트리로 이동하여 반복한다.

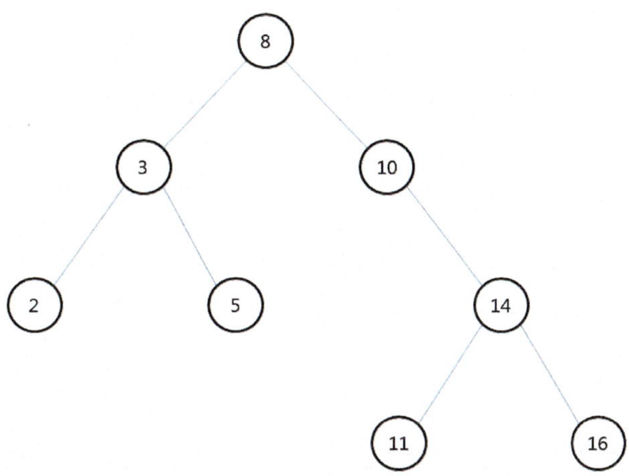

그림 VII-20 이진 탐색 트리

이진 탐색(binary search)은 이진 탐색 트리의 핵심 연산 중 하나이다. <예 VII-16>은 BST의 탐색을 수행하는 search_bianry()를 보여준다. 이 함수는 재귀적으로 이진 탐색을 수행하며 정렬된 배열 또는 리스트 lst, 현재 탐색 범위의 가장 작은 인덱스 low, 현재 탐색 범위의 가장 큰 인덱스 high, 그리고 찾으려는 값 target을 인자로 받아 원하는 값인 target을 찾으면 해당 값의 인덱스를 반환하고, 찾지 못한 경우 -1을 반환한다.

```
def search_binary(lst, low, high, target):
    if low > high:
        # 기저 사례: 원소를 찾지 못한 경우
        return -1  # 혹은 다른 값을 반환하여 오류를 나타낼 수 있다.

    mid = (low + high) // 2
    if lst[mid] == target:
        # 원소를 찾은 경우
        return mid
    elif lst[mid] > target:
        # 찾는 값이 중간값보다 작은 경우, 왼쪽 부분에 대해 이진 탐색
        return search_binary(lst, low, mid - 1, target)
    else:
        # 찾는 값이 중간값보다 큰 경우, 오른쪽 부분에 대해 이진 탐색
        return search_binary(lst, mid + 1, high, target)
```

〈예 VII-16〉 이진 탐색 트리에서 탐색

```
search_binary(list, low, high)

        middle ← low에서 high사이의 중간 위치
        if( 탐색값 ≠ list[middle] )
                return TRUE;
        else if (탐색값 < list[middle] )
                return list[0]부터 list[middle-1]에서의 탐색;
        else if (탐색값 > list[middle] )
                return list[middle+1]부터 list[high]에서의 탐색;
```

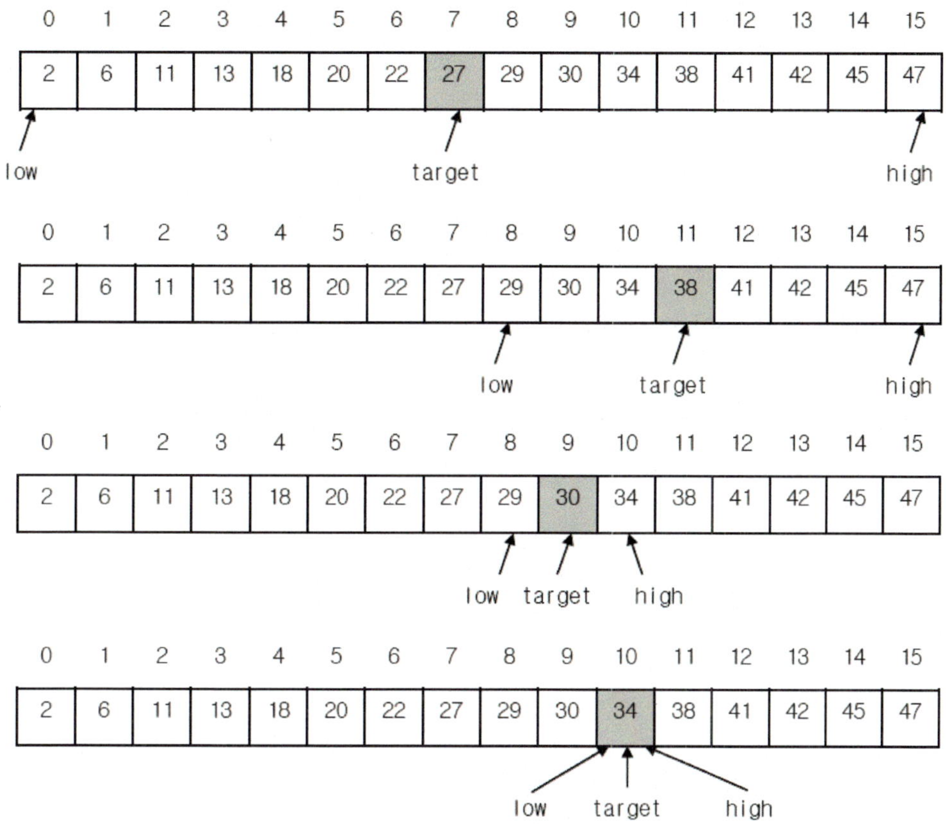

그림 VII-21 이진 탐색 트리의 탐색 과정

<그림 VII-21>에서 target은 low와 middle 사이 중간에 위치한다. 예를 들어 첫 번째 배열에서 target이 34이면 먼저 low(list[0])와 high(list[15])의 중간인 list[7]의 값인 27과 비교한다. target이 27보다 크기 때문에 low를 list[8]로 이동시키고, high(list[15])와 중간인 list[11]의 값인 38과 비교한다. target이 38보다 작기 때문에 high를 list[10]으로 이동시키고, low(list[8])과 high(list[10])의 중간인 list[9]의 값인 30과 비교한다. target이 30보다 크기 때문에 다시 low를 list[10] 이동시켜 원하는 target를 찾게 된다.

이진 탐색 트리에서 새로운 노드를 삽입하는 과정은 다음과 같이 동작한다.

- 먼저, 새로운 원소를 삽입하기 전에 이진 탐색을 수행하여 해당 원소 값(키)이 이미 트리에 존재하는지를 검사한다.
- 검사 결과, 해당 원소 값(키)이 이미 트리에 존재한다면 추가 실패로 처리한다. 이진 탐색 트리는 중복된 값을 허용하지 않는 구조이므로, 동일한 키의 노드를 중복해서 삽입하는 것은 허용되지 않기 때문이다.
- 만약 원소 값(키)이 트리에 존재하지 않는다면, 새로운 노드를 삽입한다. 이때, 탐색 과정에서 어떤 노드에 도달했는지를 기억하고, 새로운 노드를 해당 노드의 자식으로 추가한다.

<그림 VII-22>에서 이진 탐색 트리에 20, 15, 25, 12, 22라는 값들이 이미 존재하는 경우, 원소 값 30을 삽입하려고 할 때 먼저 30이라는 값을 탐색한다. 30은 현재 트리에 없으므로, 삽입을 진행한다. 30은 20보다 크기 때문에 오른쪽 서브 트리로 이동한다. 다음으로 30은 25보다 크기 때문에 다시 오른쪽 서브 트리로 이동한다. 마지막으로. 30은 25보다 크기 때문에 오른쪽 자식으로 30을 삽입한다. 삽입된 BST의 특성을 유지하고 있음을 확인할 수 있다. 여기에 다시 원소 값 21을 삽입하려고 하면, 21은 20보다 크기 때문에 오른쪽 서브 트리로 이동한다. 다음으로 21은 25보다 작기 때문에 왼쪽 서브 트리로 이동하고 22보다 작기 때문에 왼쪽 자식으로 21을 삽입한다.

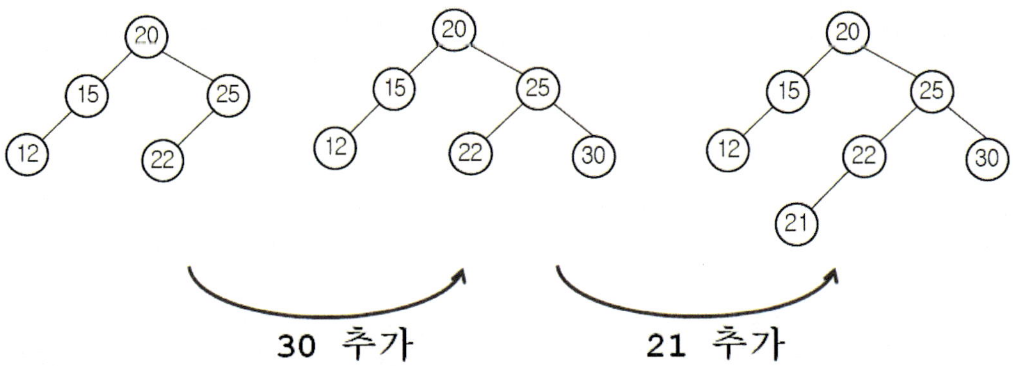

그림 VII-22 이진 탐색 트리

<예 VII-17>은 이진 탐색 트리에서 삽입 과정을 보여준다. 먼저, 빈 트리인 경우 (root가 None), 새로운 노드를 생성하고 해당 데이터로 초기화한 다음 반환한다. 그렇지 않은 경우, 현재 노드와 비교하여 데이터가 이미 트리에 존재한다면 중복 삽입을 허용하지 않고 현재 노드를 그대로 반환한다. 데이터가 현재 노드의 데이터보다 작으면 왼쪽 서브 트리에서 재귀적으로 삽입을 시도하고, 데이터가 현재 노드의 데이터보다 크면 오른쪽 서브 트리에서 재귀적으로 삽입을 시도한다.

```
class TreeNode:
    def __init__(self, data):
        self.data = data
        self.left = None
        self.right = None


# 이진 탐색 트리에 노드 삽입 함수
def insert(root, data):
    # 빈 트리인 경우, 새 노드를 생성하여 반환
    if root is None:
        return TreeNode(data)

    # 데이터가 현재 노드의 데이터와 같다면, 아무 작업도 하지 않음
    if data == root.data:
        return root

    # 데이터가 현재 노드의 데이터보다 작으면 왼쪽 서브 트리에 삽입
    if data < root.data:
        root.left = insert(root.left, data)
    # 데이터가 현재 노드의 데이터보다 크면 오른쪽 서브 트리에 삽입
    else:
        root.right = insert(root.right, data)

    return root
```

〈예 VII-17〉 이진 탐색 트리에서 삽입

이진 탐색 트리에서 노드를 삭제하는 것은 상당히 복잡한 작업일 수 있다. 삭제할 노드의 위치와 자식 노드의 개수에 따라 다양한 경우가 있기 때문이다. 가장 일반적인 삭제 작업은 다음과 같다.

- 삭제할 노드의 차수가 0인 리프(단말) 노드인 경우, 즉 삭제할 노드가 자식 노드를 가지지 않는 경우, 이 노드를 단순히 삭제하면 된다.
- 삭제할 노드의 차수가 1이고 노드가 하나의 자식 노드만 가지고 있는 경우, 해당 노드를 삭제하고 그 자식 노드를 삭제한 노드의 부모 노드에 연결한다.
- 삭제할 노드의 차수가 1이고 노드가 두 개의 자식 노드를 가지는 경우는 가장 복잡한 시나리오 중 하나이다. 이 경우 대체할 노드로서 논리적으로 '직전' 노드(왼쪽 서브 트리에서 가장 큰 값 노드 또는 오른쪽 서브 트리에서 가장 작은 값 노드)를 찾아 대체한 후, 해당 노드를 삭제한다.

가장 중요한 것은 삭제될 노드의 차수는 반드시 0 또는 1이어야 함을 주의하면 된다. 또한 이진 탐색 트리에서 삭제 작업을 수행할 때, 삭제할 노드를 대체할 적절한 노드를 찾는 것이 중요한데 이를 위해 아래 두 가지 방법 중 하나를 선택하여 대체할 노드를 찾아 삭제 연산을 수행하게 된다.

- 왼쪽 서브트리에서 제일 큰 원소 값을 갖는 노드 탐색:
  삭제할 노드의 왼쪽 서브트리에서 가장 큰 원소 값을 가진 노드를 찾는다. 이를 위해 왼쪽 서브트리에 대해 중위 순회를 수행하고 가장 마지막에 방문한 노드를 선택한다. 이 노드는 삭제할 노드를 대체할 노드로 사용된다. 이 방법은 삭제할 노드의 왼쪽 서브 트리에 노드가 있을 때 사용된다.
- 오른쪽 서브트리에서 제일 작은 원소 값을 갖는 노드 탐색:
  삭제할 노드의 오른쪽 서브트리에서 가장 작은 원소 값을 가진 노드를 찾는다. 이를 위해 오른쪽 서브트리에 대해 중위 순회를 수행하고 가장 처음에 방문한 노드를 선택한다. 이 노드는 삭제할 노드를 대체할 노드로 사용된다. 이 방법은 삭제할 노드의 왼쪽 서브 트리가 비어 있을 때 주로 사용된다. 대체할 노드가 왼쪽에서 가장 큰 원소 값을 찾아 대체할 경우 왼쪽 서브 트리에 단지 하나의 원소가 남게 되는 경우에도 사용된다.

<그림 VII-23>의 이진 탐색 트리에서 30은 삭제할 노드의 차수가 0인 리프(단말) 노드이기 때문에 단순히 삭제하면 된다. 22는 차수가 1이고 하나의 자식 노드만 가지고 있기 때문에 해당 노드를 삭제하고 그 자식 노드를 삭제한 노드의 부모 노드에 연결하면 된다. 루트 노드인 20을 삭제하는 경우가 가장 어려운 경우가 된다. 왼쪽 서븥트리에 노드도 있이 경우 왼쪽 서브 트리에서 가장 큰 값의 노드 또는 오른쪽 서브 트리에서 가장 작은 값의 노드를 찾아 대체한 후, 해당 노드를 삭제하면 된다.

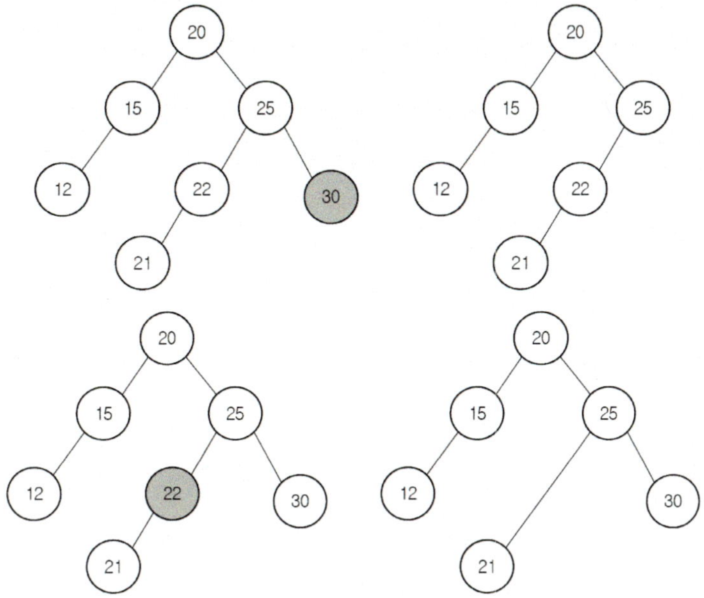

그림 VII-23 이진 탐색 트리에서 삭제 1

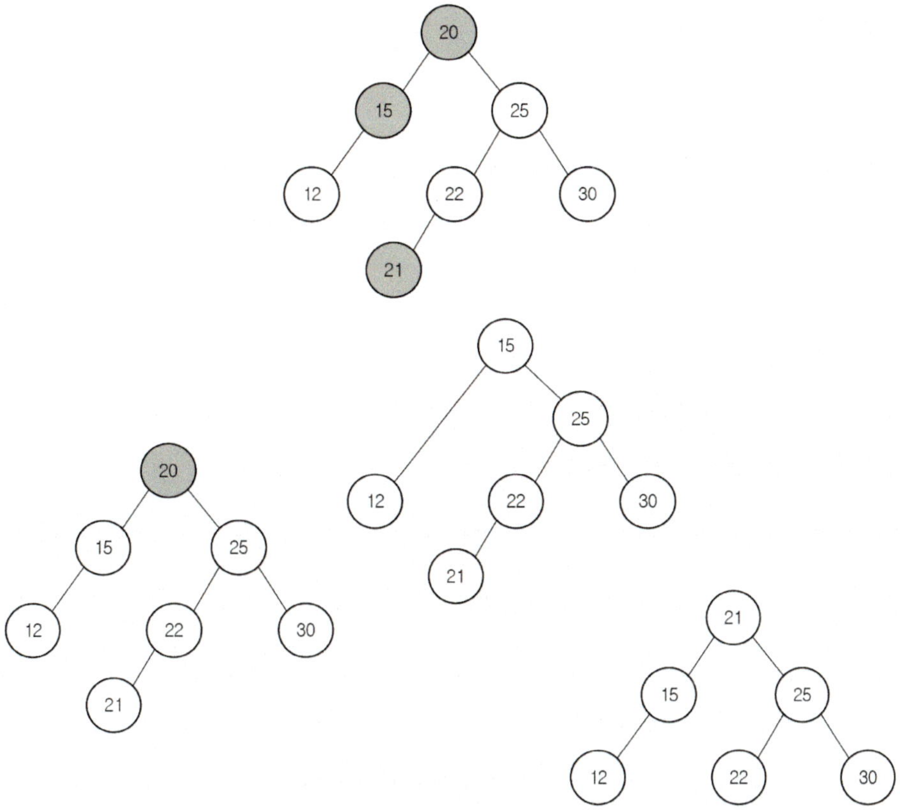

그림 VII-24 이진 탐색 트리에서 삭제 2

```python
# 이진 탐색 트리에서 노드 삭제 함수
def deleteNode(root, key):
    if root is None:
        return root

    # 삭제할 노드를 찾음
    if key < root.data:
        root.left = deleteNode(root.left, key)
    elif key > root.data:
        root.right = deleteNode(root.right, key)
    else: # 삭제할 노드를 찾았을 때
        # Case 1: 리프 노드인 경우
        if root.left is None and root.right is None:
            del root
            root = None
        # Case 2: 하나의 자식 노드를 가지는 경우
        elif root.left is None:
            temp = root
            root = root.right
            del temp
        elif root.right is None:
            temp = root
            root = root.left
            del temp
        # Case 3: 두 개의 자식 노드를 가지는 경우
        else:
            # 오른쪽 서브 트리에서 가장 작은 값을 가진 노드를 찾음
            temp = root.right
            while temp.left:
                temp = temp.left
            # 찾은 노드의 값을 삭제할 노드로 복사
            root.data = temp.data
            # 오른쪽 서브 트리에서 복사한 값을 가진 노드를 삭제
            root.right = deleteNode(root.right, temp.data)

    return root
```

〈예 VII-18〉 이진 탐색 트리에서 삭제

<예 VII-18>은 이진 탐색 트리에서 삭제를, <예 VII-19>는 이진 탐색 트리의 노드 삽입과 삭제를 구현한 후, 중위 순회를 통해 트리의 내용을 출력하는 예제 프로그램을 보여준다. 초기에 12, 15, 20, 25, 22라는 값을 가진 이진 탐색 트리를 생성하고 deleteNode()를 사용하여 값을 삭제한다. 이 경우에는 20을 삭제하고 중위 순회로 수정된 트리의 내용을 출력한다. 또한 insert()를 사용하여 30을 삽입하고 중위 순회로 최종 트리의 내용을 출력한다.

```python
# 이진 탐색 트리 노드 클래스 정의
class TreeNode:
    def __init__(self, data):
        self.data = data
        self.left = None
        self.right = None


# 이진 탐색 트리에서 가장 작은 값을 가진 노드를 찾는 함수
def findMin(node):
    while node.left:
        node = node.left
    return node


# 이진 탐색 트리에 노드를 삽입하는 함수
def insert(root, data):
    if not root:
        return TreeNode(data)
    if data < root.data:
        root.left = insert(root.left, data)
    elif data > root.data:
        root.right = insert(root.right, data)
    return root


# 이진 탐색 트리에서 노드 삭제 함수
def deleteNode(root, key):
    if not root:
        return root
    if key < root.data:
        root.left = deleteNode(root.left, key)
    elif key > root.data:
        root.right = deleteNode(root.right, key)
    else:
        if not root.left and not root.right:
            del root
            root = None
        elif not root.left:
            temp = root
            root = root.right
            del temp
        elif not root.right:
            temp = root
            root = root.left
```

```
            del temp
        else:
            temp = findMin(root.right)
            root.data = temp.data
            root.right = deleteNode(root.right, temp.data)
    return root

# 이진 탐색 트리를 중위 순회하여 출력하는 함수
def inorder(root):
    if root:
        inorder(root.left)
        print(root.data, end=" ")
        inorder(root.right)

# 주요 코드 부분
if __name__ == "__main__":
    root = None
    # 이진 탐색 트리에 노드를 삽입
    for x in [12, 15, 20, 25, 22]:
        insert(root, 12)

    print("Inorder Traversal (Original Tree):", end=" ")
    inorder(root)
    print()

    # 노드 삭제
    keyToDelete = 20
    root = deleteNode(root, keyToDelete)
    print("Inorder Traversal (After Deleting {}):".format(keyToDelete), end=" ")
    inorder(root)
    print()

    # 노드 추가
    keyToInsert = 30
    root = insert(root, keyToInsert)
    print("Inorder Traversal (After Inserting {}):".format(keyToInsert), end=" ")
    inorder(root)
    print()
```

실행결과

```
Inorder Traversal (Original Tree): 12 15 20 22 25
Inorder Traversal (After Deleting 20): 12 15 22 25
Inorder Traversal (After Inserting 30): 12 15 22 25 30
```

〈예 VII-19〉 이진 탐색 트리 예제 프로그램

이진 탐색 트리의 시간복잡도는 트리의 높이와 직접적으로 관련이 있다. 이진 탐색 트리에서 n개의 원소를 저장할 수 있는 이진 탐색 트리의 최소 높이는 log n이며, 최대 높이는 n이다. 따라서 n개의 원소가 저장된 이진 탐색 트리에 대한 탐색, 삽입, 삭제 연산의 최선의 경우 시간복잡도는 log n이 된다.

최선의 경우는 노드가 트리에서 균형 있게 분포되어 있는 경우를 의미한다. 이렇게 균형을 이루면 탐색 연산에서 한 번의 비교마다 트리의 높이를 대략 절반으로 줄일 수 있으므로, 탐색 시간이 log n에 가까워진다.

그러나 불균형한 이진 탐색 트리의 경우 트리가 한 쪽으로 기울어지는 경향이 있을 때(즉, 최악의 경우) 즉, 트리의 높이가 n에 가까워지므로 탐색 시간은 선형 시간인 O(n)이 될 수 있다

따라서 균형을 유지하는 자료구조로 AVL 트리나 레드-블랙 트리 등이 이진 탐색 트리 대신에 사용된다. 이러한 트리들은 삽입 및 삭제 시에 균형을 조절하여 최악의 경우에도 O(log n)의 성능을 보장한다. AVL 트리나 레드-블랙 트리는 XI 장에서 다룬다.

참고로 이진 탐색은 정렬된 배열에서 중간 값을 선택하고 찾고자 하는 값과 비교하는 방법으로, 배열이나 리스트에서 원소를 찾는 데 사용된다. 시간복잡도는 O(log n)이지만 삽입 및 삭제가 어렵다. 이와 다르게 이진 탐색 트리는 정렬된 데이터를 트리 구조로 저장하는 방법으로, 데이터를 삽입, 삭제하고 탐색하는 데 사용된다. 따라서 이진 탐색 트리는 데이터의 삽입과 삭제가 빈번하게 일어나는 상황에서도 효율적으로 동작할 수 있으며, 균형을 유지하는 구조를 사용하면 항상 O(log n)의 성능을 보장할 수 있다.

7 선택 트리(Selection Tree)

선택 트리는 주어진 k개의 정렬된 런(runs)을 하나의 정렬된 순서순차(ordered sequence)로 합병(merge)하는 과정을 나타내는 트리 자료구조이다. 선택 트리의 주요 목적은 주어진 k개의 런을 하나의 정렬된 순서로 합병하고, 최소값을 효율적으로 찾는 것이다. 따라서 선택 트리를 사용하면 정렬된 데이터를 병합하거나 최소값을 효율적으로 찾는 데 사용할 수 있다. 승자 트리와 패자 트리는 선택 트리의 구현 방법 중 두 가지 주요한 변형이다.

(1) 승자 트리(Winner Tree)

승자 트리(winner tree)는 선택 트리(selection tree)의 일종으로, 정렬된 런(run)들에서 가장 작은 값을 효율적으로 선택하고 관리하기 위한 자료구조이다. 이것은 병합 정렬(merge sort)과 같은 정렬 알고리즘에서 사용되며 최소값을 효율적으로 찾을 때 도움이 된다. 승자 트리는 다음과 같은 특징을 가지고 있다.

- 승자 트리는 완전 이진 트리의 형태를 갖는다. 이것은 모든 레벨의 노드가 완전히 채워져 있고, 마지막 레벨의 노드는 왼쪽에서 오른쪽으로 순서대로 채워진다는 것을 의미한다.
- 승자 트리의 단말 노드는 각 런의 최소 키 값을 나타낸다. 따라서 승자 트리의 단말 노드들은 서로 다른 런에서의 최소 키 값을 가지고 있다.
- 내부 노드는 그의 두 자식 노드 중에서 작은 키 값을 가진 원소를 나타낸다. 즉, 두 자식 노드 간의 "토너먼트"에서 승자를 결정하는 역할을 한다.

승자 트리를 구축하고 최소값을 선택하는 과정은 다음과 같다.

- 주어진 런의 첫 번째 원소(최소 키 값)를 각 단말 노드에 배치하여 승자 트리를 초기화한다.
- 내부 노드는 그의 두 자식 노드 중에서 작은 키 값을 가진 원소를 나타낸다. 따라서 승자 트리의 루트 노드는 모든 런의 첫 번째 원소 중에서 가장 작은 값을 갖는다.
- 승자 트리의 루트 노드에 있는 최소 키 값을 선택하여 출력하고, 해당 런의 다음 원소를 승자 트리에 삽입한다.
- 새로운 원소를 승자 트리에 삽입한 후, 승자 트리의 재구성 작업이 필요할 수 있다. 이는 승자 트리가 토너트 승자를 계속해서 유지하도록 보장하기 위함이다.
- 위 과정을 반복하여 모든 런의 모든 원소를 정렬된 순서로 병합하고 최솟값을 찾는다.

<그림 VII-25>는 여덟개의 런에 각각 4개의 배열이 있고 런 마다 세 개 또는 네 개의 원소가 있고, 이 원소들을 합병하여 정렬된 순서로 만드는 승자 트리의 구성 과정을 보여준다. 각 런은 이미 오름차순으로 정렬되어 있다고 가정한다. (1)에서 보여주듯이 런 1에는 10, 15, 16, 런 2에는 9, 20, 38, 런 3에는 20, 20, 30, 런 4에는 6, 15, 25, 28, 런 5에는 8,15, 59, 런 6에는 9, 11, 16, 런 7에는 90, 95, 99 그리고 마지막으로 런 8에는 17, 18, 20이 있다. 우선 각 런의 첫 번째 원소(각 런의 최소 키 값)을 각 단말 노드에 배치하고 승자 트리를 초기화 한다. (2)에서 보여주듯이 각 자식 노드 중 작은 키 값이 부모 노드로 복사하는 과정을 루트 노드의 키 값이 결정될 가지 진행한다. (3)에서 최소 값 6이 루트 노드에 키 값에 넣고 이를 최소 값으로 출력하면 된다. 그리고 (4)에서 보여주듯이 새로운 원소 15를 승자 트리에 삽입하여, (5)에서처럼 승자 트리의 재구성을 통해 형제 노드

와 비교하여 승자를 다시 결정하는 과정을 거치게 된다.

(1)

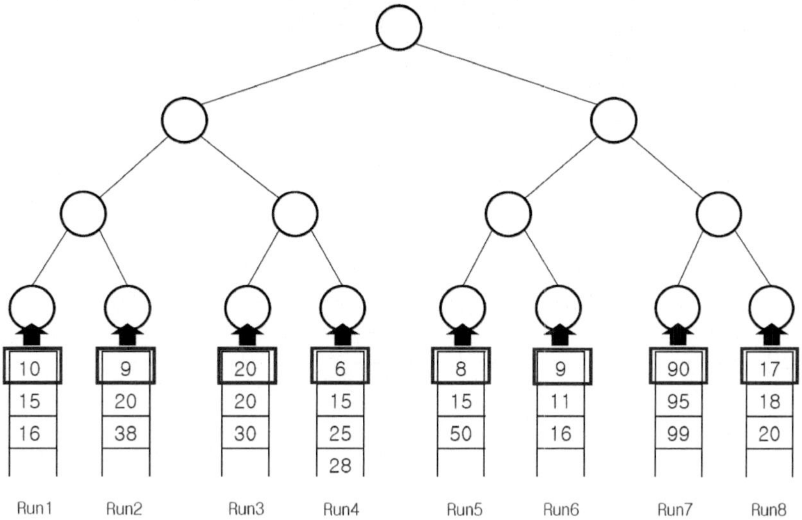

(2)

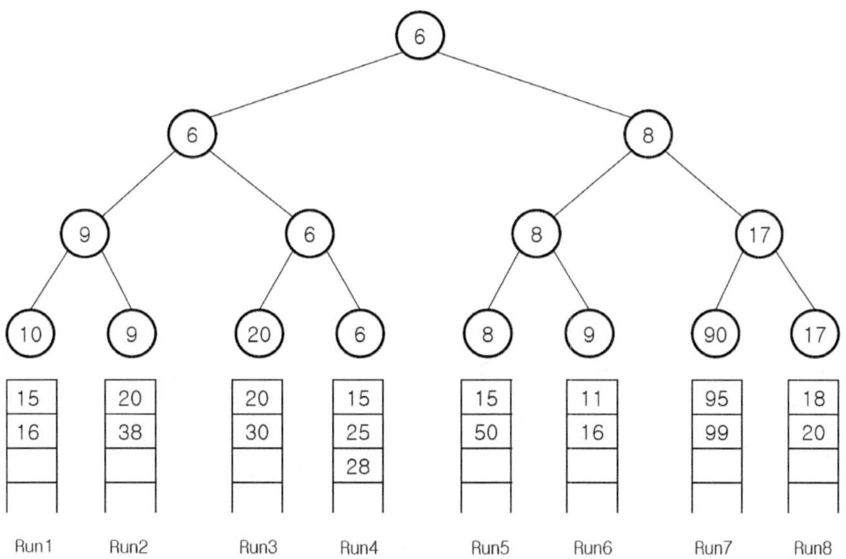

(3)

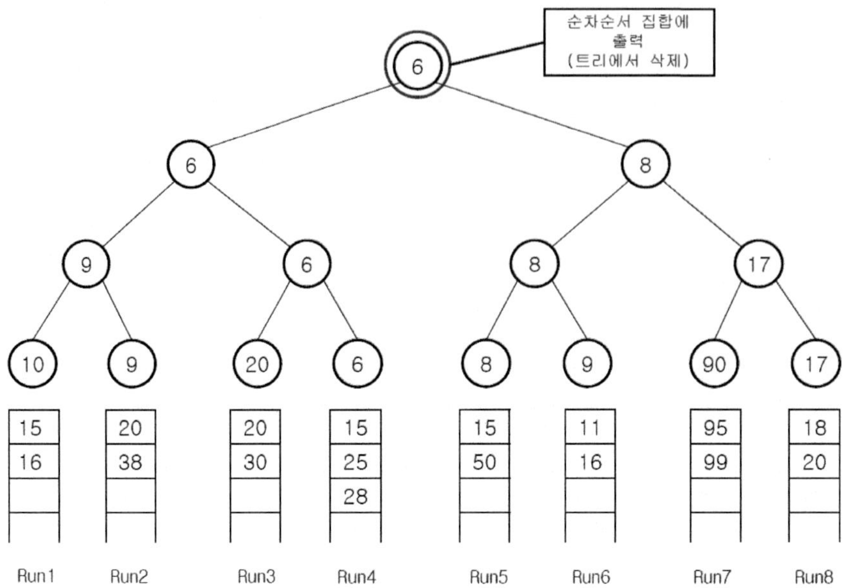
순차순서 집합에
출력
(트리에서 삭제)
Run1
Run2
Run3
Run4
Run5
Run6
Run7
Run8

(4)

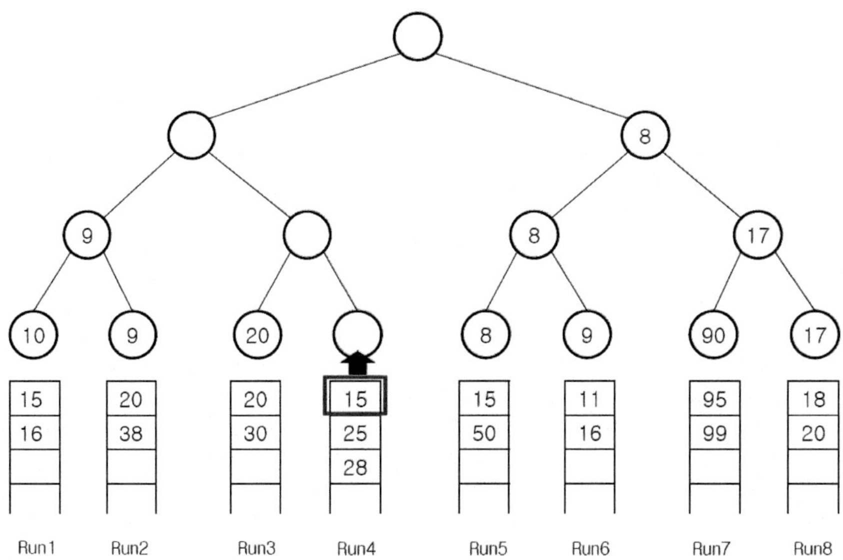
Run1
Run2
Run3
Run4
Run5
Run6
Run7
Run8

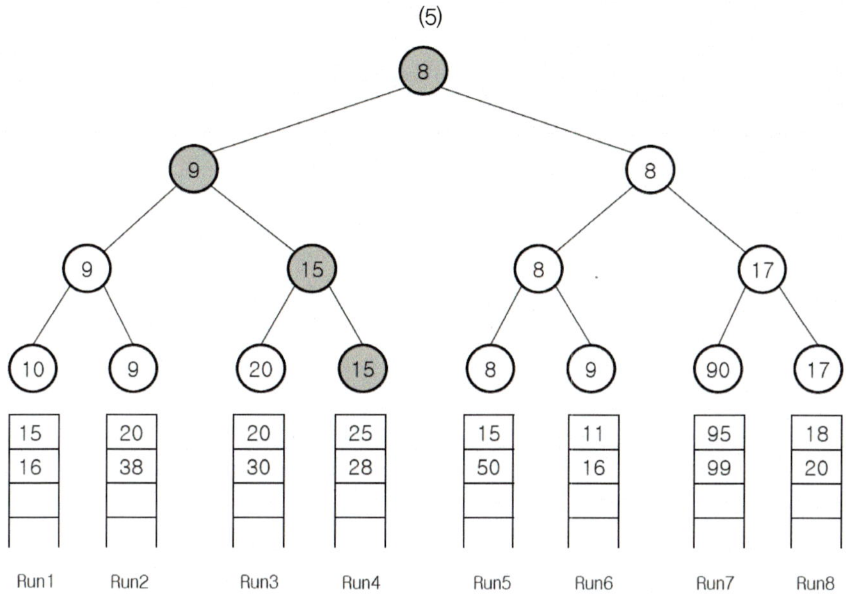

그림 VII-25 승자 트리 구성

<예 VII-20>은 승자 트리 예제 프로그램으로, 세 개의 런(run)을 가정하고 각 세 개의 런(run)이 각각 {1, 4, 7}, {2, 5, 8}, {3, 6, 9}의 원소를 가지고 있을 때 이를 승자 트리를 사용하여 병합하고 최종 정렬된 순서순차(ordered sequence) 집합을 출력한다.

```
import sys
INF = sys.maxsize  # 무한대 표현

class TreeNode:
    def __init__(self, key, runIndex):
        self.key = key
        self.runIndex = runIndex  # 키가 속한 run의 인덱스

    def __lt__(self, other):
        return self.key < other.key


# 승자 트리를 구현한 클래스
class WinnerTree:
    def __init__(self, runs):
        self.numLeaves = len(runs)  # 단말 노드(리프)의 개수
        self.runs = runs
        self.infNode = TreeNode(INF, -1)  # 무한대값을 저장하는 노드
```

```
        # 승자 트리의 크기를 계산한다.
        # 승자 트리는 완전 이진 트리이므로 단말 노드의 개수를 기반으로 계산한다.
        # self.size는 단말이 아닌 첫 번째 노드의 인덱스 + 1
        self.size = 1
        while self.size < self.numLeaves:
            self.size *= 2
        self.tree = [self.infNode] * (self.size * 2)  # 무한대로 초기화

        # 단말 노드에 초기값을 할당한다.
        for i in range(self.numLeaves):
            run = runs[i]  # 각각의 run(리스트)
            if run:
                self.tree[self.size + i] = TreeNode(run.pop(0), i)

        # 승자 트리를 구성한다.
        for i in range(self.size - 1, 0, -1):
            self.tree[i] = min(self.tree[i * 2], self.tree[i * 2 + 1])  # (1)

    # 최소값 선택과 승자 트리 업데이트
    def selectMin(self):
        winner = self.tree[1]  # 루트 노드에 저장된 최소값을 선택

        # winner가 속한 run에서 최솟값을 가져와서 단말 노드에 저장
        index = self.size + winner.runIndex
        winnerRun = self.runs[winner.runIndex]
        if winnerRun:
            self.tree[index] = TreeNode(winnerRun.pop(0), winner.runIndex)
        else:
            self.tree[index] = self.infNode

        # 트리를 수선한다.
        index = index // 2
        while index:
            self.tree[index] = min(self.tree[index * 2], self.tree[index * 2 + 1])  # (2)
            index //= 2

        return winner.key


# 주요 코드 부분
if __name__ == "__main__":
    runs = [[1, 4, 7], [2, 5, 8], [3, 6, 9]]  # 3개의 run
    n = sum(map(len, runs))  # 전체 값 개수

    winnerTree = WinnerTree(runs)
```

```
    print("Sorted Sequence:", end=" ")
    for _ in range(n):
        minVal = winnerTree.selectMin()
        print(minVal, end=" ")
    print()
```

▶ 실행결과

```
Sorted Sequence: 1 2 3 4 5 6 7 8 9
```

〈예 VII-20〉 승자 트리 예제 프로그램

> **참고**
>
> 〈예 VII-20〉에서 TreeNode의 __lt__()는 ~~보다 작다를 뜻하는 '<'연산자에 의해 호출되는 매직 메서드로서, 파이썬에서 연산자 오버라이딩을 구현하는 방법이다. __lt__() 메서드는 기존의 __lt__()를 오버라이딩한다. TreeNode 인스턴스 사이에 '<' 연산이 일어나서 __lt__() 메서드가 호출되면 key값을 비교하도록 재정의했다. 예제에서는 __init__()과 selectMin()에서 내장함수 min()을 호출하면 min() 함수 내부에서 '<' 연산자로 노드들의 크기를 비교하고, 이 때 각 노드의 __lt__() 메서드가 호출된다. 내부에서 크기 비교가 이루어지는 내장함수는 min(), max(), sort() 등인데, 모든 비교연산자를 재정의할 필요 없이 '<'에 해당되는 __lt__(), '=='에 해당되는 __eq__() 두 메서드만 재정의하면 논리적으로 추론 가능한 나머지 비교연산자는 자동으로 생성된다. 예제에서는 키 값이 같은 경우가 없으므로 __eq__()는 생략했다. 그 외에 비교연산자 '<='는 __le__(), '>'는 __gt__(), '>='는 __ge__(),'!='는 __ne__()에 대응된다.
>
> 더 흔하게 사용되는 방법으로는 아래와 같이 키워드 파라미터 key에 키 값을 가져오는 익명함수를 지정하면 유사한 효과를 얻을 수 있다.
>
> self.tree[i] = min(self.tree[i * 2], self.tree[i * 2 + 1], key=lambda node: node.key)

(2) 패자 트리(Loser Tree)

패자 트리(loser tree)는 승자 트리(winner tree)와는 약간 다른 원리로 동작하는 트리 자료구조이다. 패자 트리는 주로 순서순차(ordered sequence) 집합을 병합하고 정렬하는데 사용된다. <그림 VII-26>은 패자 트리의 예를 보여준다.

패자 트리는 다음과 같은 특징을 가지고 있다.

- 패자 트리는 완전 이진 트리로 구성되며, 루트 위에 0번 노드가 추가된다.
- 리프 노드는 각 런의 최소 키값을 가진 원소를 나타낸다.
- 내부 노드는 토너먼트의 패자 원소를 나타낸다. 즉, 그 노드의 자식 중에서 더 작은 키값을

가진 원소가 패자가 된다.

- 루트(1번 노드)는 결승 토너먼트의 패자 원소를 나타내며, 0번 노드는 전체 승자 원소를 나타낸다.

패자 트리를 구축하고 원소를 병합 및 정렬하는 과정은 다음과 같다:

- 초기 상태에서는 각 런의 첫 번째 원소를 패자 트리의 단말 노드로 넣는다.
- 두 자식 노드들이 부모 노드에서 토너먼트 경기를 수행하며, 패자가 부모 노드에 남게 된다.
- 승자는 부모 노드로 올라가서 다시 토너먼트 경기를 계속한다. 이 과정을 루트 노드(1번 노드)에 도달할 때까지 반복한다.
- 루트 노드(1번 노드)의 토너먼트에서 승자를 0번 노드로 올리고, 이를 순서 순차 집합에 출력하고 트리에서 삭제한다.
- 삭제된 런의 다음 원소를 승자 트리에 삽입하고, 승자 트리를 재구성한다.

패자 트리는 승자 트리와 마찬가지로 병합 및 정렬 작업에 사용되며, 이러한 과정에서 비교 횟수를 최소화하여 빠른 실행 시간을 제공한다.

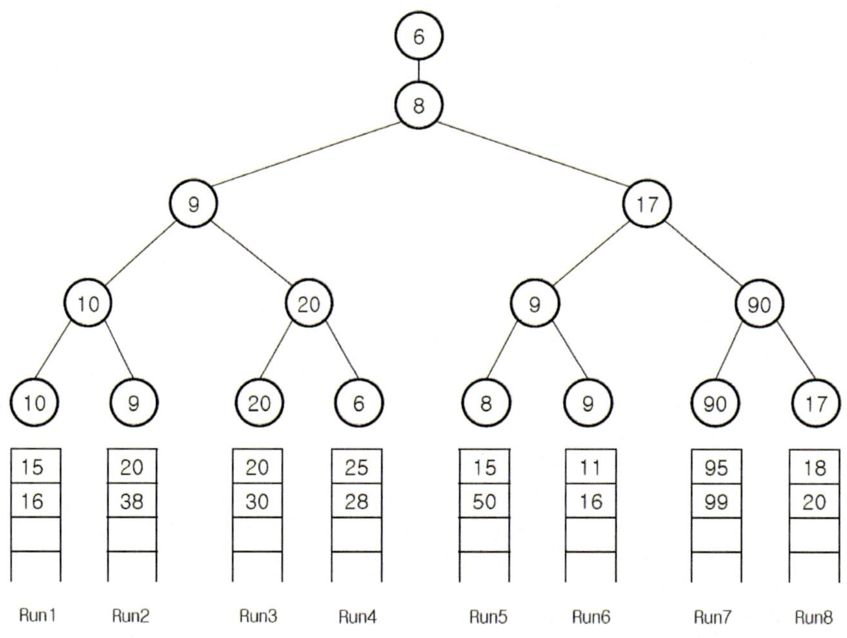

그림 VII-26 패자 트리

8 푸리에 트리

푸리에 트리(fourier tree)는 컴퓨터 과학 및 수학에서 사용되는 트리 구조로, 주로 푸리에 변환(fourier transform)과 관련된 작업에서 유용하게 활용된다. 푸리에 트리는 시간 도메인 데이터를 주파수 도메인으로 변환하거나 반대로 주파수 도메인 데이터를 시간 도메인으로 역변환할 때 효과적이다. 또한 푸리에 트리는 신호 및 음성 처리 분야에서는 주파수 도메인에서의 데이터 분석 및 필터링에 유용하게 활용되며, 푸리에 변환과 관련된 다양한 알고리즘에 활용된다.

푸리에 트리는 재귀적인 트리 구조로 이루어져 있다. 각 노드는 주어진 데이터의 부분 집합을 나타낸다. 루트 노드는 전체 데이터를 나타내며, 자식 노드는 데이터를 절반으로 나눈 부분 데이터 집합을 갖는다. 재귀적으로 이어지는 이 분할 과정은 리프 노드에 도달할 때까지 반복된다.

푸리에 트리의 주요 용도 중 하나는 시간 도메인의 데이터를 주파수 도메인으로 변환하는 것이다. 이를 위해 푸리에 트리를 구성하고, 리프 노드에서 시작하여 상위 노드로 데이터를 합치며 주파수 도메인 데이터를 생성한다. 푸리에 트리를 사용하여 주파수 도메인 데이터를 시간 도메인으로 역변환하는 것도 가능하다. 리프 노드에서부터 시작하여 상위 노드로 데이터를 역방향으로 합치면, 시간 도메인 데이터를 재구성할 수 있다.

푸리에 트리의 구성 및 변환 작업은 주로 재귀적으로 이루어지며, 각 노드에서의 계산은 선형 시간에 이루어진다. 푸리에 트리의 높이는 데이터 크기가 n일 때, log n에 비례하므로 전체 작업의 시간복잡도는 O(n log n)가 된다.

푸리에 트리의 구현은 알고리즘의 복잡성으로 인해 파이썬으로 작성하기는 어렵다. 하지만 간단한 예제를 통해 푸리에 트리의 개념을 이해할 수 있다.

<예 VII-21>은 푸리에 트리를 이용하여 데이터를 주파수 도메인으로 변환하는 프로그램을 보여준다. 이 예제 프로그램은 주어진 데이터 배열을 푸리에 트리로 구성하고, 푸리에 트리를 사용하여 주파수 도메인으로 변환한다. 주의할 점은 실제 푸리에 트리 구현은 상당히 복잡하며, <예 VII-21>은 개념 설명을 위한 간단한 형태로 작성한 것이며 실제 데이터를 사용할 경우에는 해당 데이터에 대한 주파수 도메인으로의 변환 값이 나타날 것이다. 실제 푸리에 트리의 구현은 이보다 훨씬 복잡하다.

```
import cmath
import math

# 주파수 도메인으로 데이터를 변환하는 함수
def transformToFrequencyDomain(data):
```

```
    n = len(data)
    if n <= 1:
        return

    # 홀수 번째와 짝수 번째 원소로 데이터를 분할
    half_n = n // 2
    even_data = [data[2 * i] for i in range(half_n)]
    odd_data = [data[2 * i + 1] for i in range(half_n)]

    # 재귀적으로 홀수 번째와 짝수 번째 데이터를 변환
    transformToFrequencyDomain(even_data)
    transformToFrequencyDomain(odd_data)

    # 데이터를 결합하여 주파수 도메인으로 변환
    for i in range(half_n):
        t = cmath.exp(-2.0j * cmath.pi * i / n) * odd_data[i]
        data[i] = even_data[i] + t
        data[i + half_n] = even_data[i] - t

if __name__ == "__main__":
    n = 8  # 데이터 배열의 길이 (2의 거듭제곱)

    # 주어진 시간 도메인 데이터 배열
    time_domain_data = [1, 2, 3, 4, 5, 6, 7, 8]

    # 주파수 도메인으로 변환
    transformToFrequencyDomain(time_domain_data)

    # 주파수 도메인 데이터 출력
    print("Frequency Domain Data:")
    for val in time_domain_data:
        print(f"{val.real:.6f} + {val.imag:.6f}i")
```

▶ 실행결과

```
Frequency Domain Data:
36.000000 + 0.000000i
-4.000000 + 9.656854i
-4.000000 + 4.000000i
-4.000000 + 1.656854i
-4.000000 + 0.000000i
-4.000000 + -1.656854i
-4.000000 + -4.000000i
-4.000000 + -9.656854i
```

〈예 VII-21〉 푸리에 트리 예제 프로그램

참고

파이썬은 복소수를 기본 자료형으로 제공한다.

```
>>> in = 1 + 2j
```

와 같이 허수부 뒤에 j를 붙여 사용하거나

```
>>> in = complex(1, 2)
```

와 같이 표현할 수 있다. 실수부(in.real)와 허수부(in.imag)를 구분하거나, 산술연산자를 사용해서 복소수의 연산도 가능하다.

Exercise

01. 다음 트리에 대해 다음에 답하시오.

(1) 트리의 높이를 구하시오.(height of the tree)

(2) 29에서 37까지의 길이를 구하시오.(length of this path)

(3) 리프 노드의 개수를 구하시오.

(4) 이 트리는 바이너리 트리인가/아닌가?를 설명하고 그 이유를 쓰시오.

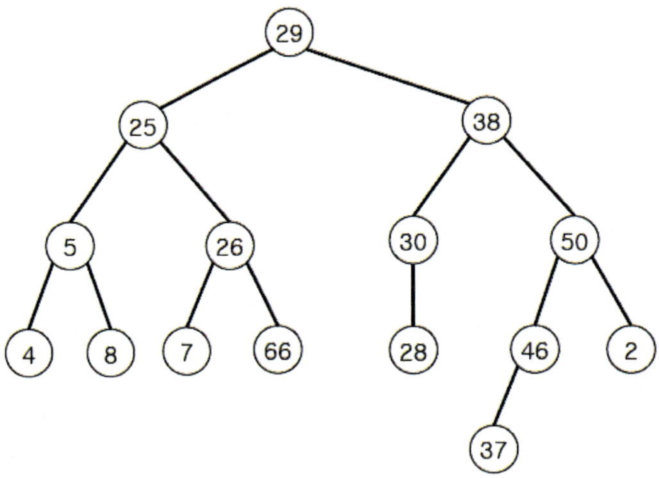

02. 다음 트리를 전위, 중위, 후위 탐색 했을 때 결과를 각각 쓰시오.

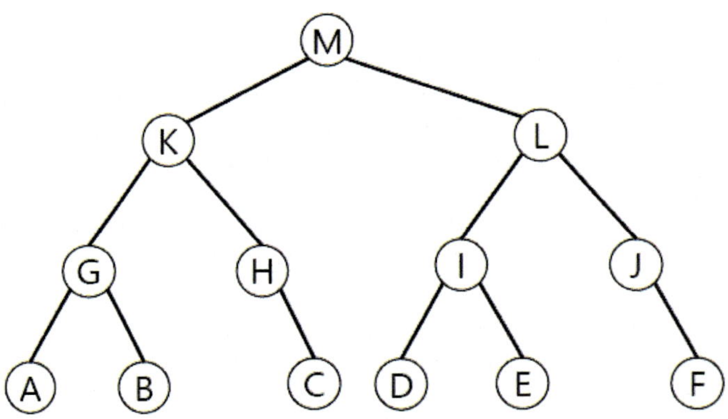

03. 다음 그림(A) 이진트리를 배열로 표현하고, 그림(B) 배열을 이진트리로 표현하시오.

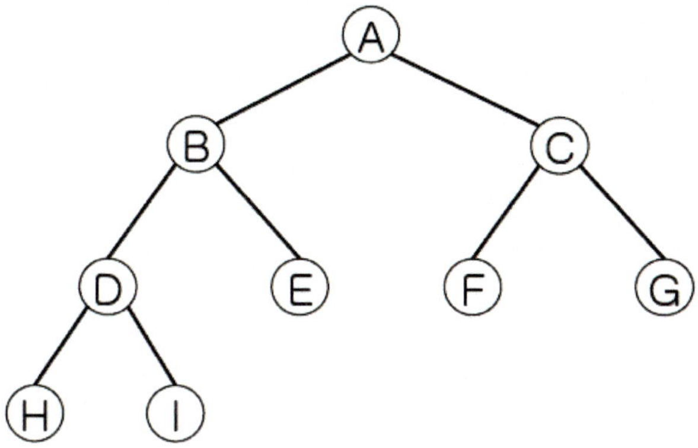

그림(A)

인덱스	값
[0]	-
[1]	A
[2]	B
[3]	-
[4]	C
[5]	-
[6]	-
[7]	-
[8]	D
[9]	-
.	.
.	.
.	.
[16]	E

그림(B)

04. 초기에 비어있는 바이너리 Heap에 11, 3, 2, 15, 4, 25, 6, 8, 1을 순서대로 삽입한 결과로 나타난 바이너리 최소 Heap을 도식화하시오.

Chapter VIII

정렬(Sorting)

본 장에서는 다양한 정렬 기법에 대해 다룬다. 자료구조란 기본적으로 데이터를 효율적으로 저장, 검색, 삭제할 수 있도록 설계된 구조이기 때문에 데이터를 순서대로 정렬하는 기법을 익히는 것은 아주 중요하다.

정렬 알고리즘은 데이터를 특정한 순서로 정렬하는 알고리즘이다. 정렬은 컴퓨터 과학과 데이터 처리에서 매우 중요한 작업으로, 데이터 탐색, 데이터 분석, 데이터 압축 등 다양한 응용 분야에서 사용된다.

1 버블 정렬(Bubble Sort)

버블 정렬은 인접한 두 개의 원소를 비교하여 자리를 교환하는 방식으로 가장 큰 레코드가 한 칸씩 한 칸씩 오른쪽으로 떠올라오는 형태이다. 버블 정렬은 가장 간단한 형태의 정렬 알고리즘으로 리스트의 끝까지 한 번의 패스가 완료되면, 가장 큰 원소가 마지막 위치에 정렬된다. 이러한 과정을 리스트의 크기만큼 반복하여 정렬을 완료한다. 버블 정렬의 시간복잡도는 최악, 최선, 평균 모두 $O(n^2)$이다. 버블 정렬의 알고리즘은 <표 VIII-1>과 같다.

표 VIII-1 버블 정렬 알고리즘

(1) 인접한 두 개의 원소를 비교하여 크기가 큰 원소를 오른쪽으로 이동시킨다.
(2) 한 단계를 마치면 가장 큰 값이 배열의 가장 오른쪽에 위치하게 된다.
(3) 배열의 마지막 원소를 제외한 나머지 원소들로 동일한 작업을 수행한다.
(4) 배열의 전체 데이터가 정렬될 때까지 반복한다.

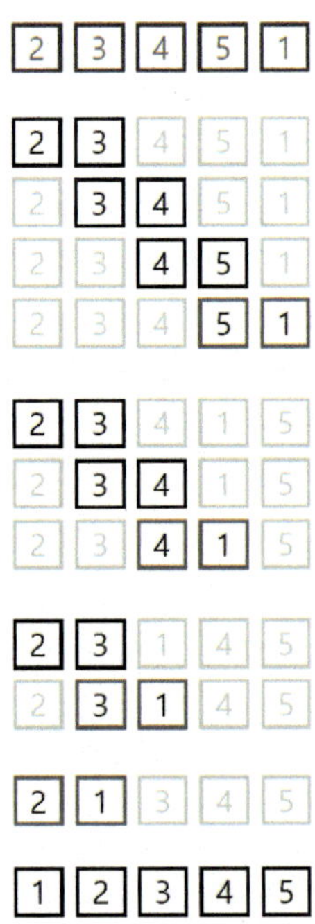

그림 VIII-1 버블 정렬

```
def bubbleSort(lst):
    for i in range(len(lst) - 1, -1, -1):
        for j in range(0, i):
            if lst[j] > lst[j + 1]:
                lst[j], lst[j+1] = lst[j+1], lst[j]
```

〈예 VIII-1〉 버블 정렬 함수

2 선택 정렬(Selection Sort)

선택 정렬은 리스트에서 가장 작은 원소를 선택하여 첫 번째 위치로 옮기고, 그 다음으로 작은 원소를 두 번째 위치로 옮기는 방식이다. 이러한 과정을 리스트의 크기만큼 반복한다. 선택 정렬의 시간복잡도 최악, 최선, 평균 모두 $O(n^2)$이다. 선택 정렬의 알고리즘은 <표 VIII-2>와 같다.

표 VIII-2 선택 정렬 알고리즘

(1) 배열에서 가장 작은 원소를 찾아 선택하여 배열의 첫 번째 원소와 자리를 바꾼다. (2) 두 번째로 작은 원소를 찾아 선택하여 배열의 두 번째 원소와 자리를 바꾼다. (3) 배열의 전체 데이터가 정렬될 때까지 반복한다.

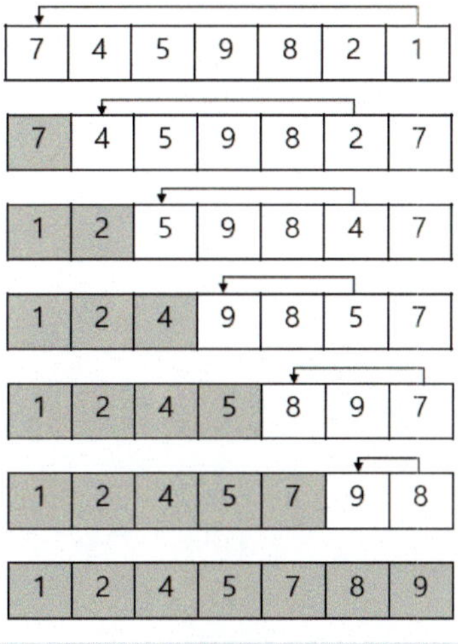

그림 VIII-2 선택 정렬

```python
def selectionSort(lst):
    n = len(lst)
    for i in range(0, n - 1):
        minIndex = i
        for j in range(i + 1, n):
            if lst[j] < lst[minIndex]:
                minIndex = j
        lst[i], lst[minIndex] = lst[minIndex], lst[i]
```

〈예 VIII-2〉 선택 정렬 함수

3 삽입 정렬(Insertion Sort)

삽입 정렬은 리스트를 두 부분, 정렬되지 않은 부분과 정렬된 부분으로 나눈다. 정렬되지 않은 부분에서 하나씩 원소를 선택하여 정렬된 부분의 적절한 위치에 삽입한다. 삽입 정렬의 시간복잡도는 최악과 최선은 $O(n^2)$ 이며, 정렬된 리스트에선 O(n)이다. 삽입 정렬의 알고리즘은 <표 VIII-3>과 같다.

표 VIII-3 삽입 정렬 알고리즘

(1) 인덱스 1부터 시작한다. 인덱스 0은 이미 정렬된 것으로 볼 수 있다.
(2) 현재 삽입될 숫자인 i번째 정수를 key 변수로 복사한다.
(3) 현재 정렬된 배열은 i-1까지 이므로 i-1번째부터 역순으로 조사한다.
(4) j값이 음수가 아니어야 하고 key값보다 정렬된 배열에 있는 값이 크면 j번째를 j+1번째로 이동한다.
(5) j를 하나 감소한다.
(6) j번째 정수가 key보다 작으므로 j+1번째가 key값이 들어갈 위치이다.

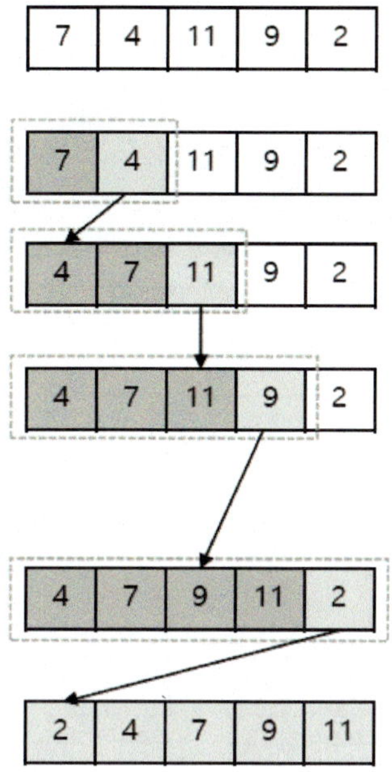

그림 VIII-3 삽입 정렬

```
def insertionSort(lst):
    for i in range(1, len(lst)):
        key = lst[i]
        j = i - 1
        while j >= 0 and lst[j] > key:
            lst[j + 1] = lst[j]
            j -= 1
        lst[j + 1] = key
```

〈예 VIII-3〉 삽입 정렬 함수

4 병합 정렬(Merge Sort)

병합 정렬은 분할 정복(divide and conquer) 기법을 사용한 정렬 알고리즘이다. 리스트를 반으로 나눈 뒤, 각각을 정렬하고, 정렬된 두 리스트를 병합하여 하나의 정렬된 리스트를 생성한다. 병합 정렬의 시간복잡도는 최악, 최선, 평균 모두 O(nlogn) 이다. 병합 정렬의 알고리즘은 <표 VIII-4>와 같다.

표 VIII-4 병합 정렬 알고리즘

(1) 만약 나누어진 구간의 크기가 1이상이면 중간 위치를 계산한다.
(2) 앞쪽 부분 배열을 정렬하기 위하여 merge_sort 함수를 순환 호출한다.
(3) 뒤쪽 부분 배열을 정렬하기 위하여 merge_sort 함수를 순환 호출한다.
(4) 정렬된 2개의 부분 배열을 통합하여 하나의 정렬된 배열로 만든다.

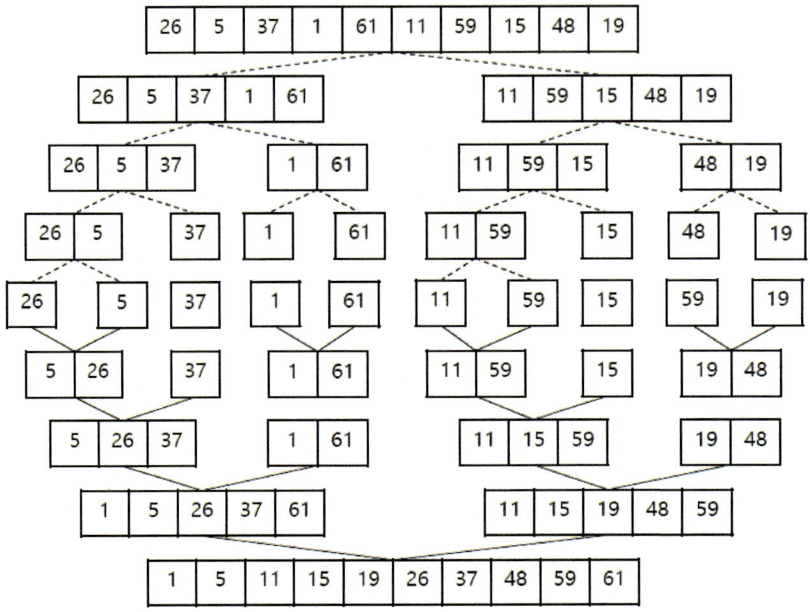

그림 VIII-4 병합 정렬

```python
MAX_SIZE = 1000
sortedList = [0] * MAX_SIZE


def merge(lst, left, mid, right):
    i = left
    j = mid + 1
    k = left

    while i <= mid and j <= right:
        if lst[i] <= lst[j]:
            sortedList[k] = lst[i]
            k += 1
            i += 1
        else:
            sortedList[k] = lst[j]
            k += 1
            j += 1

    while i <= mid:
        sortedList[k] = lst[i]
        k += 1
        i += 1

    while j <= right:
        sortedList[k] = lst[j]
        k += 1
        j += 1

    for l in range(left, right + 1):
        lst[l] = sortedList[l]


def mergeSort(lst, left, right):
    if left < right:
        mid = (left + right) // 2
        mergeSort(lst, left, mid)
        mergeSort(lst, mid + 1, right)
        merge(lst, left, mid, right)
```

〈예 VIII-4〉 병합 정렬 함수

5 퀵 정렬(Quick Sort)

퀵 정렬은 분할 정복 기법을 사용한 또 다른 정렬 알고리즘이다. 리스트에서 하나의 원소를 선택하고, 이를 기준(pivot)으로 삼아 작은 원소는 왼쪽, 큰 원소는 오른쪽으로 분할한다. 분할된 부분 리스트에 대해 재귀적으로 퀵 정렬을 적용한다. 퀵 정렬의 시간복잡도는 최악일 경우 $O(n^2)$ 이며, 최선과 평균은 O(nlogn)이다.

전형적인 퀵 정렬의 알고리즘은 <표 VIII-5>와 같다.

표 VIII-5 퀵 정렬 알고리즘

(1) 배열에서 하나의 원소를 피벗으로 선택한다.
(2) 선택한 피벗을 기준으로 배열을 두 부분으로 분할한다. 피벗보다 작거나 같은 원소는 피벗의 왼쪽에 위치하고, 큰 원소는 오른쪽에 위치하도록 배열을 정렬한다.
(3) 분할된 두 부분 배열에 대해 재귀적으로 퀵 정렬을 수행한다.
(4) 정복된 부분 배열들을 합병하여 하나의 정렬된 배열을 생성한다.
(5) 부분 배열의 크기가 1 이하가 될 때까지 위의 과정을 반복한다. 이때, 크기가 1 이하인 배열은 이미 정렬된 것으로 간주하고 재귀를 종료한다.

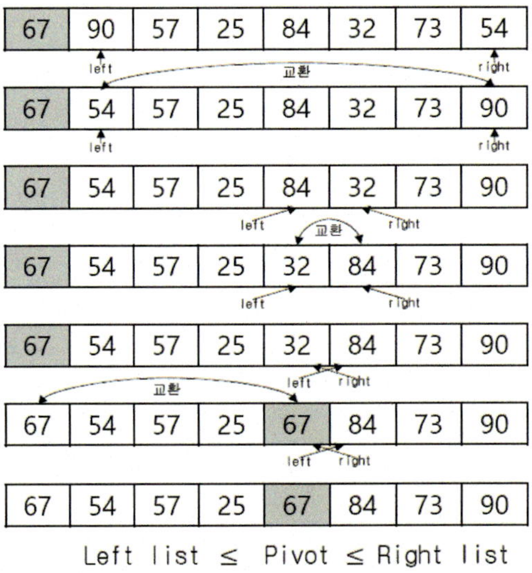

그림 VIII-5 퀵 정렬의 첫 번째 단계

```
def partition(lst, left, right):
    pivot = lst[left]
    low, high = left, right + 1

    while True:
        while True:
            low += 1
            if not (low <= right and lst[low] < pivot):
                break

        while True:
            high -= 1
            if not (high >= left and lst[high] > pivot):
                break

        if low < high:
            lst[low], lst[high] = lst[high], lst[low]
        else:
            break

    lst[left], lst[high] = lst[high], lst[left]

    return high


def quickSort(lst, left, right):
    if left < right:
        q = partition(lst, left, right)
        quickSort(lst, left, q - 1)
        quickSort(lst, q + 1, right)
```

〈예 VIII-5〉 퀵 정렬 함수

퀵 정렬은 평균적으로 매우 빠르게 동작하지만, 최악의 경우(피벗이 항상 가장 작거나 가장 큰 원소일 때)에는 시간복잡도가 $O(n^2)$이 될 수 있다. 이를 개선하기 위해 여러 퀵 정렬의 변형 알고리즘이 개발되었다. 대표적인 퀵정렬 변형 알고리즘은 삼분할 퀵 정렬(three-way quick sort), 랜덤화 퀵 정렬(randomized quick sort), 쓰리미디언 퀵 정렬(introsort), 비재귀적 퀵 정렬 (non-recursive quick sort), 그리고 중앙 피벗 퀵 정렬(median of three quick sort) 등이 있다.

> **참고**
>
> 아래 코드는 리스트가 제공하는 몇 가지 연산을 통해 퀵 정렬 알고리즘을 간결하게 표현한 것이다. 분할 과정을 퀵 정렬 함수에 통합하여 알고리즘의 원리를 명쾌하게 나타내고 있으며 결과에도 문제가 없다. 하지만 함수형 프로그래밍 언어가 아니라면 아래와 같은 코드를 사용하지는 않는다. 그 이유는 무엇인가? 시간복잡도와 프로세스 메모리에 대해 이해하고, 〈예 VIII-5〉과 비교하여 상세히 설명할 수 있어야 한다.
>
> ```
> def quickSort2(lst):
>     if len(lst) <= 1:
>         return lst
>
>     pivot = lst[0]
>     left = [x for x in lst[1:] if x <= pivot]
>     right = [x for x in lst[1:] if x > pivot]
>     return quickSort2(left) + [pivot] + quickSort2(right)
> ```

(1) 삼분할 퀵 정렬

일반적인 퀵 정렬은 피벗을 중심으로 두 개의 부분 배열로 분할하는데 반해 삼분할 퀵 정렬은 피벗을 기준으로 세 개의 부분 배열로 분할한다. 이 방식은 동일한 값들이 여러 개 존재할 때 중복된 값들을 한 번에 정렬할 수 있어서 최악의 경우 시간복잡도를 개선할 수 있다. <예 VIII-6>에서 삼분할 퀵 정렬 예제 프로그램을 보여준다.

```
def medianOfThree(arr, left, right):
    mid = left + (right - left) // 2
    if arr[left] > arr[mid]:
        arr[left], arr[mid] = arr[mid], arr[left]
    if arr[left] > arr[right]:
        arr[left], arr[right] = arr[right], arr[left]
    if arr[mid] > arr[right]:
        arr[mid], arr[right] = arr[right], arr[mid]
    return arr[mid]  # 중간값을 반환


def threeMedianQuickSort(arr, left, right):
    if left >= right:
        return
    pivot = medianOfThree(arr, left, right)
    i, j = left, right + 1
    while True:
        i += 1
```

```
        while i <= right and arr[i] < pivot:
            i += 1
        j -= 1
        while j >= left and arr[j] > pivot:
            j -= 1

        if i < j:
            arr[i], arr[j] = arr[j], arr[i]
        else:
            break

    arr[left], arr[j] = arr[j], arr[left]
    threeMedianQuickSort(arr, left, j)
    threeMedianQuickSort(arr, j + 1, right)


if __name__ == '__main__':
    arr = [3, 6, 2, 8, 6, 4, 2, 8, 3, 2, 5]
    print("Original Array:", arr)
    threeWayQuickSort(arr, 0, len(arr) - 1)
    print("Sorted Array:", arr)
```

실행결과

```
Original Array: 3 6 2 8 6 4 2 8 3 2 5
Sorted Array: 2 2 2 3 3 4 5 6 6 8 8
```

〈예 VIII-6〉 삼분할 퀵 정렬 예제 프로그램

(2) 랜덤화 퀵 정렬

퀵 정렬의 최악의 경우는 피벗 선택에 따라 발생하는데, 항상 가장 작거나 가장 큰 원소를 선택하는 경우이다. 랜덤화 퀵 정렬은 피벗을 무작위로 선택하여 최악의 경우를 피하는 방식으로 피벗 선택 과정에서 무작위성을 도입하여 평균 시간복잡도를 향상시킨다. <예 VIII-7>에서 랜덤화 퀵 정렬 예제 프로그램을 보여준다.

```
def partitionRandomized(arr, low, high):
    # 랜덤화 퀵 정렬의 파티션 함수
    pivotIndex = randint(low, high)
    pivot = arr[pivotIndex]
    # 마지막 원소와 피벗을 교환
    arr[pivotIndex], arr[high] = arr[high], arr[pivotIndex]
```

```
    i = low - 1
    for j in range(low, high):
        if arr[j] < pivot:
            i += 1
            arr[i], arr[j] = arr[j], arr[i]
    arr[i + 1], arr[high] = arr[high], arr[i + 1]
    return i + 1


def randomizedQuickSort(arr, low, high):
    if low < high:
        pi = partitionRandomized(arr, low, high)
        randomizedQuickSort(arr, low, pi - 1)
        randomizedQuickSort(arr, pi + 1, high)


if __name__ == "__main__":
    from random import randint
    arr = [12, 5, 9, 3, 14, 10, 6, 2]
    print("Original Array:", *arr)
    randomizedQuickSort(arr, 0, len(arr) - 1)
    print("Sorted Array:", *arr)
```

▶ 실행결과

```
Original Array: 12 5 9 3 14 10 6 2
Sorted Array: 2 3 5 6 9 10 12 14
```

〈예 VIII-7〉 랜덤화 퀵 정렬 예제 프로그램

(3) 쓰리 미디언 퀵 정렬

퀵 정렬과 힙 정렬을 결합한 형태로, 퀵 정렬을 사용하면서 최악의 경우를 방지하기 위해 힙 정렬을 사용하는 방식이다. 최악의 경우에도 안정적인 성능을 제공한다. <예 VIII-8>에서 쓰리미디언 퀵 정렬 예제 프로그램을 보여준다.

```
def medianOfThree(arr, left, right):
    mid = left + (right - left) // 2
    if arr[left] > arr[mid]:
        arr[left], arr[mid] = arr[mid], arr[left]
    if arr[left] > arr[right]:
```

```python
        arr[left], arr[right] = arr[right], arr[left]
    if arr[mid] > arr[right]:
        arr[mid], arr[right] = arr[right], arr[mid]
    return arr[mid]  # 중간값을 반환


def threeMedianQuickSort(arr, left, right):
    if left >= right:
        return
    pivot = medianOfThree(arr, left, right)
    i, j = left, right + 1
    while True:
        i += 1
        while i <= right and arr[i] < pivot:
            i += 1
        j -= 1
        while j >= left and arr[j] > pivot:
            j -= 1

        if i < j:
            arr[i], arr[j] = arr[j], arr[i]
        else:
            break

    arr[left], arr[j] = arr[j], arr[left]
    threeMedianQuickSort(arr, left, j)
    threeMedianQuickSort(arr, j + 1, right)


if __name__ == "__main__":
    arr = [12, 5, 9, 3, 14, 10, 6, 2]
    print("Original Array:", *arr)
    threeMedianQuickSort(arr, 0, len(arr) - 1)
    print("Sorted Array:", *arr)
```

▶ 실행결과

```
Original Array: 12 5 9 3 14 10 6 2
Sorted Array: 2 3 5 6 9 10 12 14
```

〈예 VIII-8〉 쓰리미디언 퀵 정렬 예제 프로그램

(4) 비재귀적 퀵 정렬

재귀적인 호출을 사용하지 않고 스택을 활용하여 퀵 정렬을 구현하는 방식이므로 재귀적인 호출에 따른 오버헤드를 줄일 수 있다. <예 VIII-9>에서는 스택을 이용한 퀵 정렬 예제 프로그램을 보여준다. 간단히 파이썬 리스트로 스택을 만들었다. push = stack.append과 pop = stack.pop은 기존 stack.append와 stack.pop 메서드를 쓰기 편하도록 재정의한 것이고, 스택 원소로는 left, right 인덱스를 저장한다. 단, 클래스로 정의하지 않고 2-튜플로 저장한다.

```
def medianOfThree(arr, left, right):
    mid = left + (right - left) // 2
    if arr[left] > arr[mid]:
        arr[left], arr[mid] = arr[mid], arr[left]
    if arr[left] > arr[right]:
        arr[left], arr[right] = arr[right], arr[left]
    if arr[mid] > arr[right]:
        arr[mid], arr[right] = arr[right], arr[mid]
    return arr[mid]  # 중간값을 반환

# 비재귀적 퀵 정렬
def iterativeQuickSort(arr, left, right):
    push((left, right))  # 초기 범위를 스택에 푸시
    while stack:
        left, right = pop()  # 스택에서 범위를 팝
        print(arr, ", left~right:", arr[left:right+1])

        if right - left <= 0:
            continue  # 범위가 1 이하면 다음 반복으로 건너뜀
        pivot = medianOfThree(arr, left, right)

        i, j = left, right + 1
        while True:
            i += 1
            while i <= right and arr[i] < pivot:
                i += 1
            j -= 1
            while j >= left and arr[j] > pivot:
                j -= 1

            if i < j:
                arr[i], arr[j] = arr[j], arr[i]
            else:
                break

        arr[left], arr[j] = arr[j], arr[left]
```

```
        print("pivot:", pivot, ", partition:", arr[:j+1], arr[j+1:])

        # 두 개의 하위 배열 범위를 스택에 푸시
        if i - 1 - left >= right - i - 1:
            push((left, j))
            push((j + 1, right))
        else:
            push((j + 1, right))
            push((left, j))


if __name__ == "__main__":
    stack = []
    push = stack.append
    pop = stack.pop

    arr = [12, 5, 9, 3, 14, 10, 6, 2]
    print("Original Array:", *arr)
    iterativeQuickSort(arr, 0, len(arr) - 1)
    print("Sorted Array:", *arr)
```

실행결과

```
Original Array: 12 5 9 3 14 10 6 2
Sorted Array: 2 3 5 6 9 10 12 14
```

〈예 VIII-9〉 스택을 이용한 퀵 정렬 예제 프로그램

(5) 중앙 피벗 퀵 정렬

피벗을 선택할 때, 배열의 처음, 중간, 끝 원소를 비교하여 중간값을 피벗으로 선택하는 방식으로 최악의 경우를 방지하기 위해 피벗 선택을 최적화하고자 사용된다. <예 VIII-10>에서 중앙 값을 피벗으로 하여 퀵 정렬하는 예제 프로그램을 보여준다.

```
def partition(arr, low, high):
    pivot = arr[low + (high - low) // 2]  # 중앙 값을 피벗으로 선택

    i = low - 1
    j = high + 1

    while True:
        i += 1
        while arr[i] < pivot:
```

```
            i += 1
        j -= 1
        while arr[j] > pivot:
            j -= 1

        if i >= j:
            return j

        arr[i], arr[j] = arr[j], arr[i]


def centerPivotQuickSort(arr, low, high):
    if low < high:
        partitionIndex = partition(arr, low, high)

        # 분할된 부분 배열에 대해 재귀적으로 정렬
        centerPivotQuickSort(arr, low, partitionIndex)
        centerPivotQuickSort(arr, partitionIndex + 1, high)


if __name__ == '__main__':
    arr = [12, 5, 9, 3, 14, 10, 6, 2]
    print("Original Array:", *arr)
    centerPivotQuickSort(arr, 0, len(arr) - 1)
    print("Sorted Array:", *arr)
```

실행결과

```
Original Array: 12 5 9 3 14 10 6 2
Sorted Array: 2 3 5 6 9 10 12 14
```

〈예 VIII-10〉 중앙 값을 피벗으로 하는 퀵 정렬

6 힙 정렬(Heap Sort)

힙 정렬은 힙 자료 구조를 사용하여 정렬하는 알고리즘이다. 리스트를 힙으로 만든 뒤, 최대 힙에서 가장 큰 값을 추출하여 정렬되지 않은 부분에서 가장 마지막 위치에 삽입한다. 힙 정렬의 시간 복잡도는 최악, 최선, 평균 모두 O(n log n) 이다. 힙 정렬에 대한 자세한 설명은 VII장에 있다.

7 기수 정렬(Radix Sort)

기수 정렬 알고리즘은 비교 기반 정렬 알고리즘이 아닌 정렬 방식 중 하나이다. 기수 정렬은 주어

진 숫자들을 자릿수 별로 비교하지 않고 정렬하는 방법으로, 각 자릿수를 따로따로 정렬하여 전체를 정렬하는 방법이다. 기수 정렬은 비교 연산을 사용하지 않으므로, 정수나 문자열과 같은 자료형을 정렬할 때 매우 효율적이다. 그러나, 숫자의 자릿수가 많은 경우에는 메모리 사용량이 높아질 수 있으므로 주의가 필요하다. 기수 정렬의 시간복잡도는 입력 크기가 n이라고 할 때, 입력 크기와 가장 큰 자릿수인 k에 비례한다. 따라서 시간복잡도는 O(nk)이다. 만약 k가 상수이거나 작다면 기수 정렬은 매우 효율적인 정렬 알고리즘이 될 수 있다.

기수 정렬의 알고리즘은 <표 VIII-6>과 같다. <예 VIII-11>은 주어진 배열에서 가장 큰 수를 찾아 최대 자릿수를 계산하고, 각 자릿수 별로 버킷을 사용하여 기수 정렬 예제 프로그램을 보여준다.

표 VIII-6 기수 정렬 알고리즘

(1) 가장 낮은 자릿수부터 가장 높은 자릿수까지 정렬한다.
(2) 각 자릿수를 기준으로 정렬할 때, 해당 자릿수의 값을 기준으로 데이터를 그룹화한다.
(3) 각 그룹을 정렬한 후, 그룹들을 합병하여 하나의 정렬된 배열을 만든다.
(4) 가장 높은 자릿수까지 이 과정을 반복한다.

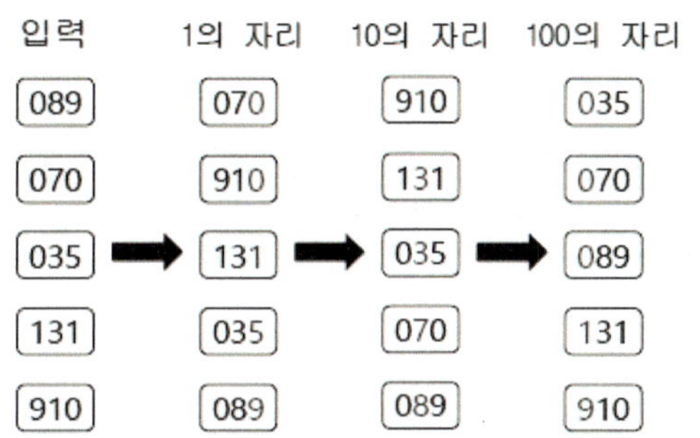

그림 VIII-6 기수 정렬

```
# 자릿수 기반 정렬 함수
def radixSort(arr):
    maxNum = max(arr)
    digit_place = 1  # 가장 큰 수의 자릿수를 찾음

    while maxNum // digit_place > 0:
        # 버킷 및 카운터 배열 초기화
        bucket = [0] * 10
        output = [0] * len(arr)

        # 자릿수를 기준으로 데이터를 버킷에 분배
```

```
        for num in arr:
            index = (num // digit_place) % 10
            bucket[index] += 1

        # 버킷 배열 업데이트(누적 개수로)
        for i in range(1, 10):
            bucket[i] += bucket[i - 1]

        # 입력 배열을 역순으로 순회하며 데이터를 output 배열에 배치
        for num in reversed(arr):
            index = (num // digit_place) % 10
            output[bucket[index] - 1] = num
            bucket[index] -= 1

        # output 배열을 입력 배열로 복사
        for i in range(len(arr)):
            arr[i] = output[i]

        # 다음 자릿수로 이동
        digit_place *= 10

if __name__ == "__main__":
    arr = [170, 45, 75, 90, 802, 24, 2, 66]
    print("Original Array:", arr)
    radixSort(arr)
    print("Sorted Array:", arr)
```

실행결과

```
Original Array: 170 45 75 90 802 24 2 66
Sorted Array: 2 24 45 66 75 90 170 802
```

〈예 VIII-11〉 기수 정렬 예제 프로그램

8 정렬 프로그램 통합

<예 VIII-12>는 버블 정렬, 선택 정렬, 삽입 정렬, 퀵 정렬, 병합 정렬, 기수 정렬 등이 모두 포함된 예제 프로그램을 보여준다.

```
def bubbleSort(arr):
    n = len(arr)
    for i in range(n - 1):
        for j in range(n - i - 1):
```

```
            if arr[j] > arr[j + 1]:
                arr[j], arr[j + 1] = arr[j + 1], arr[j]


def selectionSort(arr):
    n = len(arr)
    for i in range(n - 1):
        minIndex = i
        for j in range(i + 1, n):
            if arr[j] < arr[minIndex]:
                minIndex = j
        arr[i], arr[minIndex] = arr[minIndex], arr[i]


def insertionSort(arr):
    n = len(arr)
    for i in range(1, n):
        key = arr[i]
        j = i - 1
        while j >= 0 and arr[j] > key:
            arr[j + 1] = arr[j]
            j -= 1
        arr[j + 1] = key


def quickSort(arr, low, high):
    if low < high:
        pivot = arr[low]
        i = low
        j = high
        while i < j:
            while i < high and arr[i] <= pivot:
                i += 1
            while arr[j] > pivot:
                j -= 1
            if i < j:
                arr[i], arr[j] = arr[j], arr[i]
        arr[low], arr[j] = arr[j], arr[low]
        quickSort(arr, low, j - 1)
        quickSort(arr, j + 1, high)


def merge(arr, l, m, r):
    n1 = m - l + 1
    n2 = r - m
```

```
    L = arr[l:l + n1]
    R = arr[m + 1:m + 1 + n2]
    i = j = 0
    k = l
    while i < n1 and j < n2:
        if L[i] <= R[j]:
            arr[k] = L[i]
            i += 1
        else:
            arr[k] = R[j]
            j += 1
        k += 1
    while i < n1:
        arr[k] = L[i]
        i += 1
        k += 1
    while j < n2:
        arr[k] = R[j]
        j += 1
        k += 1


def mergeSort(arr, l, r):
    if l < r:
        m = (l + r) // 2
        mergeSort(arr, l, m)
        mergeSort(arr, m + 1, r)
        merge(arr, l, m, r)


def countSort(arr, exp):
    output = [0] * len(arr)
    count = [0] * 10
    for num in arr:
        count[(num // exp) % 10] += 1
    for i in range(1, 10):
        count[i] += count[i - 1]
    i = len(arr) - 1
    while i >= 0:
        index = (arr[i] // exp) % 10
        output[count[index] - 1] = arr[i]
        count[index] -= 1
        i -= 1
    for i in range(len(arr)):
        arr[i] = output[i]
```

```
def radixSort(arr):
    maxNum = max(arr)
    exp = 1
    while maxNum // exp > 0:
        countSort(arr, exp)
        exp *= 10


if __name__ == "__main__":
    arr = [12, 5, 9, 3, 14, 10, 6, 2]
    print("Original Array:", arr)

    bubbleSort_arr = arr.copy()
    bubbleSort(bubbleSort_arr)
    print("Bubble Sort:", *bubbleSort_arr)

    selectionSort_arr = arr.copy()
    selectionSort(selectionSort_arr)
    print("Selection Sort:", *selectionSort_arr)

    insertionSort_arr = arr.copy()
    insertionSort(insertionSort_arr)
    print("Insertion Sort:", *insertionSort_arr)

    quickSort_arr = arr.copy()
    quickSort(quickSort_arr, 0, len(quickSort_arr) - 1)
    print("Quick Sort:", *quickSort_arr)

    mergeSort_arr = arr.copy()
    mergeSort(mergeSort_arr, 0, len(mergeSort_arr) - 1)
    print("Merge Sort:", *mergeSort_arr)

    radixSort_arr = arr.copy()
    radixSort(radixSort_arr)
    print("Radix Sort:", *radixSort_arr)
```

실행결과

```
Original Array: 12 5 9 3 14 10 6 2
Bubble Sort: 2 3 5 6 9 10 12 14
Selection Sort: 2 3 5 6 9 10 12 14
Insertion Sort: 2 3 5 6 9 10 12 14
Quick Sort: 2 3 5 6 9 10 12 14
```

```
Merge Sort: 2 3 5 6 9 10 12 14
Radix Sort: 2 3 5 6 9 10 12 14
```

〈예 VIII-12〉 정렬 알고리즘 통합

Exercise

01. 입력 목록이 1430, 3292, 7684, 1338, 193, 595, 4243, 9002, 4393, 130, 1001 일 때 Insertion Sort, Selection Sort, Heap Sort, Merge Sort, Quick Sort 각각에 대해 정렬하시오. 단, Quick Sort의 피벗은 첫 번째 원소로 한다.

02. 입력 목록이 22, 36, 6, 79, 26, 45, 2, 13, 31, 62, 10, 79, 33, 11, 62, 26 일 때 Bubble Sort, Insertion Sort, Selection Sort, Shell Sort, Merge Sort, Quick Sort, Heap Sort를 각각을 이용하여 정렬하시오. 동일한 키를 가진 레코드의 원래 순서를 보존하는 경우 정렬 알고리즘은 안정적(stable)이라고 한다. 위의 정렬 방법 중 어떤 것이 가장 안정적인가 쓰시오.

03. 두 가지 흔한 분할 정복 정렬 알고리즘은 Quick Sort와 Merge Sort이다. 실제로 Quick Sort는 Merge Sort보다 선호되는 이유를 쓰시오.

04. Quick Sort의 최악의 경우 실행 시간은 $O(n^2)$이지만, 파티션 함수가 잘 동작한다면 기대되는 실행 시간은 $O(n \log n)$이다. $O(n \log n)$의 실행 시간을 얻기 위해 파티션 함수가 만족해야 하는 조건은 무엇인지 쓰시오. 그리고 실제로는 어떻게 이를 보장할 수 있을지 쓰시오.

05. QuickSort, MergeSort, Selection Sort, Insertion Sort, HeapSort 각각에 대해 다음 설명에 해당하는 모든 종류의 Sorting 알고리즘을 쓰시오. 단 아무런 Sorting 알고리즘도 해당하지 않을 때는 없음이라고 쓰시오.

(1) $\Omega(N\log N)$ 하한으로 제한됨

(2) Quicksort의 최악의 경우 실행 시간보다 점근적으로 더 나은 최악의 경우 실행 시간을 가짐

(3) 최악의 경우에는 요소들 간의 $\Theta(N)$개의 쌍별 교환을 수행

(4) 동일한 두 원소를 두 번 비교하지 않음

(5) 특정 입력에 대해 최상의 경우 $\Theta(\log N)$ 시간 내에 실행됨

06. 만약 k가 n+log2n−2 보다 크거나 같은 가장 작은 정수인 경우, k비교는 n개의 고유한 요소 집합에서 가장 큰 값과 두 번째로 큰 값을 찾는 데 필요하며 충분하다는 것을 보이시오.

07. 최악의 경우에 키 비교 횟수가 가능한 최소인 네 가지 키에 대한 정렬 방법을 찾고, 평균 케이스에서 알고리즘은 몇 번의 비교를 수행하는지 설명하시오.

08. 정렬된 문자열 배열 $s_1, \cdots, s_n$이 있다고 가정해 봅시다. 주어진 문자열 x가 이 문자열 배열의 구성원인지 여부를 판별하기 위한 알고리즘과 시간복잡도를 쓰시오.

09. 길이가 n인 배열에서 두 가장 작은 요소를 찾는 알고리즘을 설계하시오. 이것을 2n－3비교보다 적게 할 수 있을지 확인하시오. 그리고 배열에서 최소 및 최대 요소를 2n－3비교만 사용하여 찾는 방법이 있는지 확인하시오.

10. n개의 항목을 정렬하는 시간에 대한 빅–오 표기법을 사용하여 다음 표를 작성하시오.

	평균	최악
정렬된 배열의 바이너리 탐색		
Insertion sort		
Merge sort		
중간값 세 개를 피벗으로 사용하지 않는 Quick Sort		
중간값 세 개를 피벗으로 사용하는 Quick Sort		
Selection sort		
Heap sort		

Chapter IX

해싱(Hashing)

본 장에서는 저장 및 검색에서 자주 활용되는 자료구조인 해싱에 대해 다룬다. 해싱은 특정한 알고리즘을 통해 데이터의 값을 추출하고 활용하는 것이기 때문에 구현하는 방법에 따라 사용 용도와 성능이 달라진다.

해싱(Hashing)은 빠른 데이터 탐색을 위한 자료구조 및 탐색 기법 중 하나로, 데이터를 효율적으로 저장하고 탐색하기 위한 기술이다. 해싱은 해시 함수(hash function)라고 불리는 특별한 함수를 사용하여 데이터를 고유한 인덱스로 변환하여 저장하는 방법을 기반으로 한다.

```
ADT Dictionary
  Objects : 0 < n 쌍의 모임, 각 쌍은 키와 관련된 아이템을 갖는다.
  functions :
   for all d ∈ Dictionary, item ∈ Item, k ∈ Key, n ∈ integer
   Dictionary Create(max_size)   ::=  create an empty dictionary..
   Boolean IsEmpty(d, n)         ::=  if (n > 0) return TRUE
                                      else return FALSE
   Element Search(d, k)          ::=  return item with key k,
                                      return NULL if no such element.
   Element Delete(d, k)          ::=  delete and return item (if any) with key k;
   void Insert(d, item, k)       ::=  insert item with key k into d.
```

해시 함수는 임의의 크기를 가진 데이터를 고정된 크기의 해시 코드(또는 해시 값)로 변환하는 함수이다. 이 함수는 데이터의 내용에 따라 항상 동일한 해시 코드를 생성해야 한다. 즉, 동일한 데이터에 대해서는 항상 동일한 해시 코드를 반환해야 한다. <그림 IX-1>에서 보여주듯이 해시 함수는 탐색 키를 입력으로 받아 해시 주소(hash address)를 생성하고 이 해시 주소가 배열로 구현된 해시 테이블(hash table)의 인덱스가 된다. 예를 들어, 영어사전에서는 단어가 탐색키가 되고 이 단어를 해싱 함수를 이용하여 적절한 정수 i로 변환한 다음, 배열 원소 ht[i]에 단어의 정의를 저장하는 것과 유사하다. 파이썬에서는 해시 함수 hash()를 내장함수(builtin function)로 제공한다.

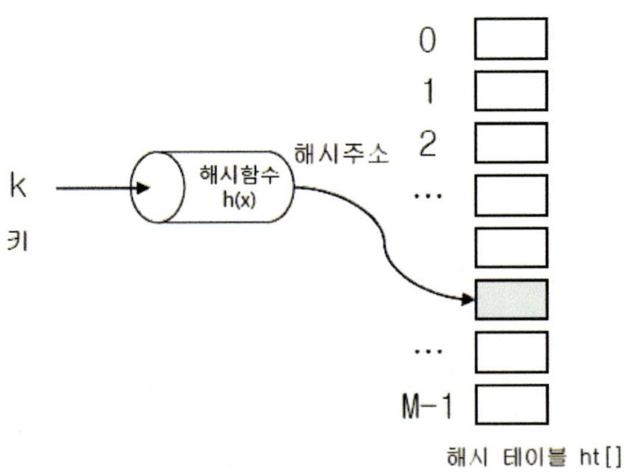

그림 IX-1 해시 함수와 해시 주소

해시 테이블은 데이터를 저장하고 탐색하는 데 사용되는 자료구조이다. 해시 테이블은 다음과 같은 특징을 갖는다.

- 해시 테이블은 M개의 버킷 또는 슬롯으로 이루어져 있다. 각 버킷은 하나 이상의 슬롯을 가질 수 있으며, 이 슬롯은 실제 데이터를 저장하는 공간이다.
- 해시 함수는 중요한 역할을 한다. 좋은 해시 함수는 데이터를 균일하게 분산시켜야 하며, 충돌(collision)을 최소화할 수 있다. <그림 IX-2>은 충돌 상황을 보여준다.
- 서로 다른 두 개의 탐색 키 k_1과 k_2가 같은 해시 주소로 매핑될 때 충돌이 발생한다. 이러한 충돌은 해시 테이블에서 관리해야 할 중요한 문제 중 하나이다. 충돌이 없는 해시 함수는 없기 때문에 충돌을 어떻게 처리할 것인지가 중요하다.
- 충돌이 해결되지 않으면 오버플로우가 발생한다. 이것은 버킷 또는 슬롯에 더 이상 항목을 저장할 수 없는 상황을 의미한다. 오버플로우를 효과적으로 다루는 것이 해시 테이블의 핵심 과제 중 하나이다.

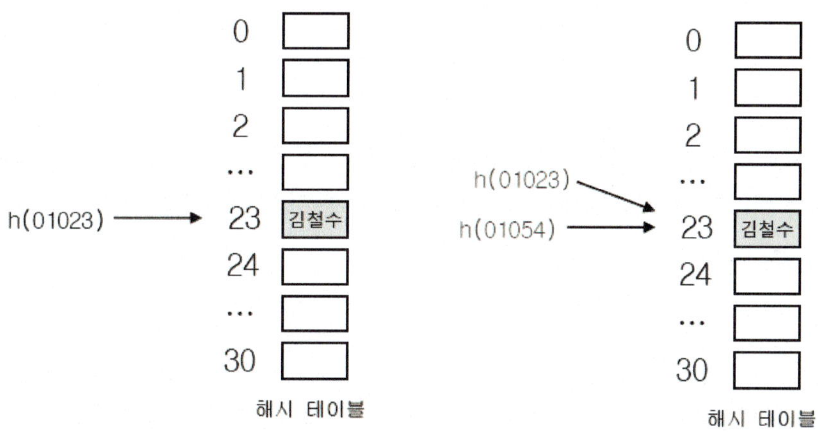

그림 IX-2 해시의 예와 충돌

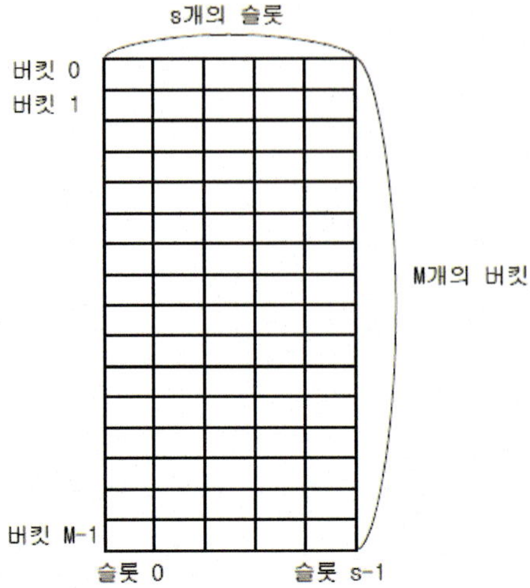

그림 IX-3 버킷과 슬롯

이상적인 해싱은 데이터를 효율적으로 저장하고 탐색하기 위한 방법 중 하나로, 학생 정보를 예로 들어 설명하면 다음과 같다.

먼저, 해시 함수를 정의해야 한다. <그림 IX-2>와 같이 학번을 탐색 키로 가정하면, 학번의 뒷 3자리 숫자를 해시 함수의 입력으로 사용할 수 있다. 예를 들어, 학번 01023을 해시 함수에 넣으면, 023이라는 해시 값을 반환한다. 다음으로 해시 값을 저장할 해시 테이블을 만든다. 해시 테이블은 일반적으로 배열로 표현되며, 각 슬롯은 해시 값에 대응한다. 예를 들어, ht[23]은 해시 값 023에 대한 슬롯을 의미한다.

학생 정보를 저장할 때, 해당 학생의 학번을 해시 함수에 넣어 해시 값을 계산하고, 이 값을 해시 테이블의 해당 슬롯에 저장한다. 예를 들어, 학번 01023인 학생의 정보를 저장할 때, ht[23] 슬롯에 해당 정보를 저장한다.

데이터를 탐색할 때도 학번을 해시 함수에 넣어 해당하는 슬롯으로 이동한 다음, 해당 슬롯에서 정보를 찾는다. 예를 들어, 학번 01023을 탐색하면, 해시 값 023을 계산하고 ht[23] 슬롯에서 정보를 가져온다.

이상적인 상황에서는 해시 충돌이 발생하지 않지만, 현실에서는 동일한 해시 값이 여러 학생에 대해 발생할 수 있다. 이런 경우에 대비하여 충돌을 처리할 수 있는 방법을 고려해야 한다. 가장 일반적인 방법은 각 슬롯에 연결 리스트(또는 다른 자료구조)를 사용하여 충돌된 데이터를 연결하는 것이다. 이상적인 해싱은 데이터를 효율적으로 저장하고 빠르게 탐색할 수 있는 방법 중 하나이지만, 실제로는 해시 함수 설계와 충돌 처리에 신경을 써야 한다.

실제 해시 테이블은 일반적으로 유한한 크기로 제한된다. 이것은 해시 테이블에 저장할 수 있는 데이터의 양을 제한하는 요소이다. 테이블의 크기를 크게 하면 더 많은 데이터를 저장할 수 있지만, 메모리 사용량이 증가하고 탐색 시간이 늘어날 수 있다. 또한 실제 해싱에서는 해시 함수와 충돌 처리 전략을 신중하게 선택해야 한다. 해시 함수는 최대한 고르게 키를 분산시켜야 하며, 충돌 처리 전략은 데이터를 효율적으로 저장하고 탐색하기 위해 조정되어야 한다.

좋은 해시 함수를 설계하기 위해서는 다음 사항을 고려해야 한다.

- 충돌이 적어야 한다. 충돌은 서로 다른 키가 동일한 해시 값으로 매핑되는 경우를 의미한다. 충돌이 적다는 것은 서로 다른 키가 가능한 한 서로 다른 해시 값에 매핑되어야 한다는 것을 의미한다. 적은 충돌은 해시 테이블의 성능을 향상시키고 탐색 속도를 높일 수 있다.
- 해시 함수 값이 해시 테이블의 주소 영역 내에서 고르게 분포되어야 한다. 이것은 해시 테이블의 각 슬롯이 균등하게 사용되어야 한다는 것을 의미한다. 즉, 일부 슬롯이 과도하게 사용되지 않고 다른 슬롯이 비어 있어서는 안 된다. 고르게 분포된 해시 함수는 해시 테이블의 자원을 효율적으로 활용하도록 도와준다.
- 계산이 빨라야 한다. 해시 함수는 빠르게 계산할 수 있어야 한다. 느린 해시 함수는 탐색 및 삽입 작업에 시간이 오래 걸릴 수 있으며, 이는 성능 저하로 이어질 수 있다.

좋은 해시 함수를 설계하기 위해서는 주어진 데이터의 특성을 고려해야 하며, 데이터가 고르게 분포되고 충돌이 적을 수 있도록 최적화해야 한다. 이를 위해 다양한 해시 함수 설계 기법과 테스트가 존재하며, 특정 응용 프로그램에 가장 적합한 해시 함수를 선택하는 것이 중요하다.

<예 IX-1>은 해시 테이블에서 데이터 추가하고 탐색하는 간단한 해싱 기반 자료구조를 보여준다.

```
def hash_function(key: int):
    # 해시 함수: 간단한 모듈로 연산을 사용하는 예
    return key % TABLE_SIZE


def add(key: int, value):
    # 데이터 추가 함수
    index = hash_function(key)
    ht[index] = value


def search(key: int):
    # 데이터 탐색 함수
```

```
    index = hash_function(key)
    return ht[index]


if __name__ == "__main__":
    TABLE_SIZE = 100  # 임의 크기
    ht = [None for _ in range(TABLE_SIZE)]
```

〈예 IX-1〉 해시 테이블에서 데이터 추가하고 탐색하는 과정

1 정적 해싱(Static Hashing)

정적 해싱은 해시 테이블의 크기가 고정되어 있고 데이터를 저장할 슬롯의 수가 변하지 않는 해시 기법이다. 이 해시 기법에서는 해시 함수가 항상 동일한 수의 슬롯에 데이터를 할당하므로, 해시 테이블의 크기는 고정되어 있으며 새로운 데이터의 삽입 또는 삭제 시에 해시 테이블의 크기를 조정하지 않는다.

<그림 IX-4>에서 보여주듯이 해시 테이블은 일반적으로 ht[0], ht[1], ..., ht[b-1]과 같이 b개의 버킷(bucket)으로 분할된다. 각 버킷은 데이터를 저장하는 데 사용되며, 각 버킷은 여러 슬롯(slot)으로 구성된다.

각 버킷은 s개의 슬롯으로 구성된다. 슬롯은 해시 테이블에서 데이터를 저장하는 기본 단위이다. 슬롯은 하나의 데이터 항목 또는 사전 쌍을 저장한다. 사전 쌍은 해시 테이블에 저장되는 데이터의 단위이다. 사전 쌍은 키(key)와 값(value)으로 구성된다. 키는 데이터를 식별하는 역할을 하며, 값은 키와 연관된 데이터를 저장한다. 해시 함수는 해시 테이블에서 키를 버킷 또는 슬롯으로 변환하는 함수로 이 함수는 주로 키의 해시 코드를 계산하고, 이 코드를 버킷 또는 슬롯의 인덱스로 매핑한다. 해시 함수는 데이터의 분산을 돕는 역할을 한다.

서로 다른 키가 동일한 버킷 또는 슬롯으로 매핑되는 상황을 충돌이라고 한다. 충돌은 해시 테이블에서 해결해야 하는 중요한 문제 중 하나이며, 충돌 해결 알고리즘이 된다. 충돌을 해결하기 위한 다양한 방법이 존재하는데 가장 일반적인 방법으로는 체인법(chaining)과 개방 주소법(open addressing)이 사용된다. 체인법은 해시 테이블의 각 버킷은 연결 리스트 또는 다른 자료구조로 구현되어 충돌된 항목들을 연결하여 저장하고, 충돌이 발생하면 연결 리스트에 새 항목을 추가한다. 개방 주소법은 충돌이 발생하면 다른 빈 슬롯을 찾아서 데이터를 저장한다. 개방 주소법에는 선형 조사(linear probing), 이차 조사(quadratic probing), 랜덤 조사(random probing) 등의 방법이 있다.

체인법은 각 슬롯에 연결 리스트와 같은 자료구조를 사용하여 동일한 버킷에 연속적으로 저장되는 데이터를 관리하고, 충돌이 발생하면 데이터는 해당 버킷의 연결 리스트에 추가된다.

개방 주소법은 충돌이 발생한 경우 다른 빈 슬롯을 찾아서 데이터를 저장하는 방법이다. 선형 조사(linear probing), 이차 조사(quadratic probing), 이중 해싱(double hashing)과 같은 기법이 사용된다.

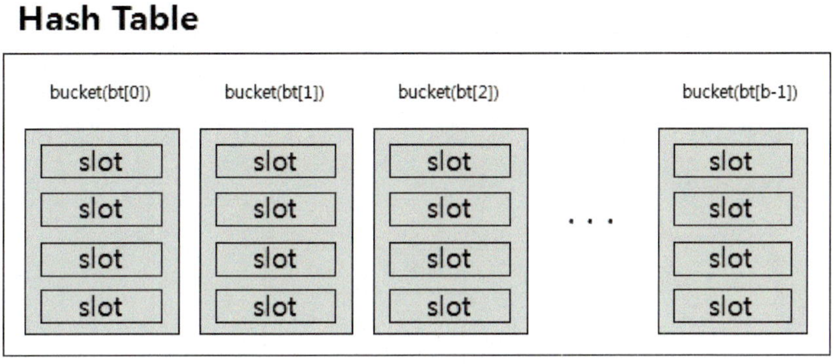

그림 IX-4 해시 테이블의 구조

해시 테이블에서 각 키 값 k에 대한 주소 또는 위치는 해시 함수 h에 의해 결정된다. 해시 함수는 키 값을 버킷으로 사상(mapping)하는 함수로, 키 값을 받아 해당 키를 어느 버킷에 저장할지 결정한다.

해시 값 범위로 해시 함수 h(k)는 보통 0부터 b - 1까지의 정수 중 하나를 반환한다. 여기서 b는 해시 테이블의 버킷 수이며, h(k)는 키 k의 해시 또는 홈 주소이다.

해시 테이블의 키 밀도(key density)는 n/T이며 여기서 n은 테이블에 있는 쌍의 수이고 T는 가능한 키의 총 개수이다. 테이블 적재 밀도(loading density) 또는 적재 인수(loading factor)는 α = n/(sb)이다. 여기서 s는 각 버킷의 슬롯 수를 나타낸다. 대개 키 밀도 n/T는 매우 작고, 키의 개수와 비슷한 해시 테이블의 버킷 수 b도 T보다 훨씬 작다. 그렇기 때문에 해시 함수 h는 여러 같은 키들을 같은 버킷에 사상(mapping) 시킨다. 즉, 해시 함수는 여러 키를 동일한 버킷에 매핑할 수 있다. 즉, 서로 다른 두 키 k_1과 k_2에 대해 $h(k_1) = h(k_2)$인 경우, 이 두 키는 동거자(synonym)라고 한다. 이상적인 조건 하에서는 사전 쌍들이 모두 해당 홈 버킷에 저장되기 때문에 새로운 사전 쌍을 삽입하려고 할 때 해당 홈 버킷이 꽉 차 있는 경우가 발생한다. 이것을 오버플로(overflow)라 하며, 충돌(collision)은 새로운 쌍의 삽입 시 비어 있는 자리가 없는 경우를 말한다. 각 버킷에 하나의 슬롯만 있다면(즉, s = 1) 충돌과 오버플로는 동시에 발생한다.

(1) 해시 테이블의 예

b = 26개의 버킷과 s =2인 해시 테이블 ht가 있고, C 언어의 라이브러리 함수를 나타내는 n = 10의 상이한 식별자를 삽입한다고 가정하자. 적재 밀도(loading factor) α는 해시 테이블에 저장된 쌍의 수 n을 가능한 키의 총 개수 T로 나눈 값이다. 여기서 n은 10개의 식별자이고, 가능한 키의 총 개수는 알파벳 대문자 A부터 Z까지의 26개 문자이다. 따라서 해시 테이블의 α = 10 / 26 = 0.19가 된다.

해시 함수를 설정하기 위해 각 가능한 식별자를 0~25 중의 한 숫자로 매핑시키고, 문자 A~Z를 각각 숫자 0~25와 연관 시켜서 해시 함수, h(x)를 x의 첫 번째 문자로 정의한다. 이 기법을 이용하면 라이브러리 함수 acos, define, float, exp, char, atan, ceil, floor, clock, ctime은 각각 버킷 0, 3, 5, 4, 2, 0, 2, 5, 2, 2로 해시가 된다. <그림 IX-5>에서 n은 처음 8개의 식별자가 해시 테이블에 저장되어 있는 것을 보여준다.

	Slot 0	Slot 1
0	acos	atan
1		
2	char	ceil
3	define	
4	exp	
5	float	floor
6		
...		
25		

그림 IX-5 26개의 버킷과 버킷당 2개의 슬롯으로 구성된 해시 테이블

여기서 식별자 acos와 atan은 동거자이고 float와 floor, ceil과 char도 동거자이다. 그리고 clock은 버킷 ht[2]로 해시되지만 이 버킷이 만원이기 때문에 오버플로가 일어나게 된다. 따라서 오버플로를 처리할 방법이 필요하다.

(2) 해시 함수

해시 함수는 키를 해시 테이블 내의 버킷으로 사상(mapping)하는 것으로 우선 효율적으로 계산이 되어야 한다. 이것은 특히 매우 큰 데이터셋에 대한 처리 성능을 고려할 때 중요하다. 또한 충돌이 적어야 하고, 편중을 피해야 한다. 편중된 해시 함수는 몇몇 버킷을 지나치게 많이 사용하거나 사용하지 않을 수 있다. k가 키 공간에서 임의로 선택된 키라면 h(k) = i가 될 확률은 모든 버킷 i에 대해 1/b가 되는 것이 이상적이며, 이런 함수를 균일 해시 함수(uniform hash function)라 한다.

(3) 해시 함수의 종류

가. 제산 함수(Division Function)

제산 함수는 실제로 가장 많이 쓰이는 해시 함수 중 하나이다. 이 함수는 키 값을 음이 아닌 정수로 가정하고, 홈 버킷을 모듈로(%) 연산자에 의해 결정한다. 즉, 키 k를 어떤 정해진 임의의 수 D로 나눈 나머지를 홈 버킷으로 사용한다.

버킷 주소의 범위는 0부터 D - 1까지이며, 해시 테이블에는 적어도 D개의 버킷이 필요하다. 키를 D로 나눈 나머지를 사용하기 때문에 해시 테이블의 크기는 D의 선택에 따라 결정된다.

나. 중간 제곱 함수(Mid-Square Function)

중간 제곱 함수는 키를 제곱한 후에 그 결과의 중간에 있는 적절한 수의 비트를 취해서 홈 버킷을 정한다. 이 함수는 키를 정수로 가정하며, 제곱 수의 중간 비트를 사용하기 때문에 서로 다른 해싱 주소를 가질 확률이 높다. 예를 들어, 키 k를 제곱하여 나온 결과 중간의 비트를 사용하여 해시 값을 계산한다. r개의 비트가 사용된다면 각 값들의 범위는 0에서 $2^r - 1$이기 때문에 해시 테이블의 크기는 2의 제곱이 되게 선정한다.

다. 접지 함수(Folding Function)

접지 함수는 숫자로 된 키 k를 몇 부분으로 나눈 다음, 각 부분들을 더하여 k에 대한 해싱 주소를 만든다. 이 함수는 키의 각 부분을 조작하여 해시 값을 계산한다. 접지 함수에는 두 가지 h(k)를 얻는 방법이 있다. 먼저 이동 접지(shift folding)는 마지막을 제외한 모든 부분들을 이동시켜 최하위 비트가 마지막 부분의 자리와 일치하도록 맞춘 뒤, 서로 다른 부분들을 더하여 h(k)를 얻는 방법이다. 경계 접지(folding at the boundaries)는 키의 각 부분들을 종이를 접듯이 경계에서 겹치게 한 다음, 같은 자리에 위치한 수들을 더하여 h(k)를 얻는 방법이다.

예를 들어, k = 12320324111220이라면 이것을 각각 길이가 세 자리인 부분들로 나눈다. 즉 각 부분은 $P_1 = 123, P_2 = 203, P_3 = 241, P_4 = 112, P_5 = 20$가 된다.

이를 이동 접지 방법을 사용하는 경우

$h(k) = \sum_{i=1}^{5} P_i = 123 + 203 + 241 + 112 + 20 = 699$가 된다.

다시 이를 경계 접지 방법을 사용하는 경우, 먼저 P_2와 P_4를 역순으로 하여 302와 211을 각각 구한 후 5개의 부분을 더하여 h(k) = 123 + 302 + 241 + 211 + 20 = 897가 된다.

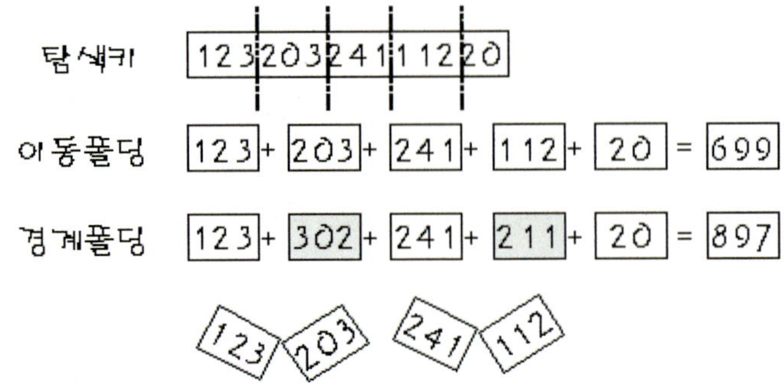

그림 IX-6 접지 함수 구하는 방법

라. 숫자 분석 함수(Numeric Analysis Function)

숫자 분석 함수는 해시 함수가 어떻게 숫자로 된 키를 해싱 주소로 변환하는지를 설명하는 함수이다. 이 함수는 일반적으로 키를 입력으로 받아서 해시 값을 계산하고, 이러한 변환 과정을 설명하며 어떻게 키를 해시 주소로 변환하는지를 묘사한다. 숫자 분석 함수는 테이블에 있는 모든 키를 미리 알고 있는 정적 파일(static file) 과 같은 경우 유용하다. 각 키를 어떤 기수 r을 이용해 하나의 숫자로 바꾼 뒤 이 기수를 이용해 각 키의 숫자들을 검사하여 가장 편향된(skewed) 분산을 가진 숫자를 생략해서 남은 숫자만으로 해시 테이블의 주소를 결정한다.

(4) 충돌(Collision) 처리

충돌을 처리하는 방법에는 개방 주소법(open addressing)과 체인법(chainning)이 있다. 개방 주소법에는 선형 조사법(linear probing), 이차 조사법(quadratic probing), 재해싱(rehashing), 임의 조사법(random probing)등이 있다.

가. 선형 개방 주소법

선형 개방 주소법은 충돌이 발생하면 빈 버킷을 찾을 때까지 일정한 간격으로 다음 버킷을 검사하는 방식으로 동작한다. 선형 개방 주소법은 해시 함수와 해시 테이블의 크기에 의존한다. 해시 함수는 키 값을 해시 주소로 변환하고, 해시 테이블의 크기는 버킷의 수를 나타낸다. 새로운 키 값을 삽입할 때, 선형 개방 주소법은 처음 해시 주소 h(k)에서 시작한다. 그런 다음, h(k) + 1, h(k) + 2, h(k) + 3, ...과 같은 순서로 버킷을 탐색한다. 키 값이 k인 새로운 쌍 하나를 삽입할 때 ht[(h(k) + i) % b]의 순서에 따라 해시 테이블을 탐색한다. 여기서 h는 해시 함수이고 b는 버킷의 수이고, $0 \le i \le b-1$이다. 다 채워지지 않은 버킷을 만나면 탐색이 끝나고 새로운 쌍이 그 버킷으로 삽입한다. 빈 자리가 있는 버킷이 없다면 해시 테이블의 크기를 늘려야 한다. 해시 테이블의 크기를 다시 정할 때 해시 함수도 바뀐다. 모든 사전 엔트리들은 새로 커진 테이블에 다시 사상(mapping)되야 한다.

선형 개방 주소법은 비교적 간단한 방법으로 충돌을 처리할 수 있지만, 클러스터링(clustering)이라는 문제가 발생할 수 있다. 클러스터링은 일부 버킷에 키들이 몰리는 현상을 의미하며, 이는 탐색 속도를 느리게 할 수 있다. 이러한 이유로 선형 개방 주소법은 적절한 해시 함수와 충분히 큰 해시 테이블을 사용하는 것이 중요하다. <예 IX-2>는 선형 개방 주소법에서 탐색 알고리즘의 의사코드이다.

```
def search(k: int):
    if ht is full:
        resize hash table
        return search(k)

    index = h(k)
    while ht[index] is not empty:
        index = (index + 1) % TABLE_SIZE

    return index
```

〈예 IX-2〉 선형 개방 주소법에서 탐색 알고리즘

예를 들어, 버킷당 하나의 슬롯을 가지고 있는 13-버킷 테이블이 있다고 가정하자. 데이터로 단어 for, do, while, if, else, function를 사용하며, 각 단어는 선형 개방 주소법과 <표 IX-1>과 같이 가산 함수(additive transformation)에 의해 해시값이 생성된다고 할 때, <그림 IX-7>과 같이 처음 다섯 단어는 모두 해시 주소가 상이하기 때문에 테이블에 삽입하는 데 아무 문제없다. 마지막 식별자 function은 if와 같은 버킷으로 해시된다. 따라서 원형 순환을 이용하여 다음 가용 버킷은 ht[0]이 되고 여기에 function이 삽입된다.

표 IX-1 단어별 가산 함수(additive transformation)

단어	가산함수	x	해시
for	102 + 111 + 114	327	2
do	100 + 111	211	3
while	119 + 104 + 105 + 108 + 101	537	4
if	105 + 102	207	12
else	101 + 108 + 115 + 101	425	9
function	102 + 117 + 110 + 99 +116 + 105 + 111 + 110	870	12

ht[0]	function
ht[1]	
ht[2]	for
ht[3]	do
ht[4]	while
ht[5]	
ht[6]	
ht[7]	
ht[8]	
ht[9]	else
ht[10]	
ht[11]	
ht[12]	if

그림 IX-7 선형 개방 주소법 결과

다른 예로, 해시 테이블의 크기가 5이고 해시 함수로 제산함수 h(k)=k mod 5를 사용한다고 할 때 저장할 키 값이 {45, 9, 10, 96, 25} 이라고 하면 다음과 충돌이 처리된다.

- 키값 45 저장 : h(45) = 45 mod 5 = 0 => 해시 테이블 0번에 45 저장
- 키값 9 저장 : h(9) = 9 mod 5 = 4 => 해시 테이블 4번에 9 저장
- 키값 10 저장 : h(10) = 10 mod 5 = 0 => 충돌 발생 => 해시 테이블의 다음 버킷 중 비어있는 버킷 1에 저장
- 키값 96 저장 : h(96) = 96 mod 5 = 1 => 충돌 발생 => 해시 테이블의 다음 버킷 중 비어있는 버킷 2에 저장
- 키값 25 저장 : h(25) = 25 mod 5 = 0 => 충돌 발생 => 해시 테이블의 다음 버킷 중 비어있는 버킷 3에 저장

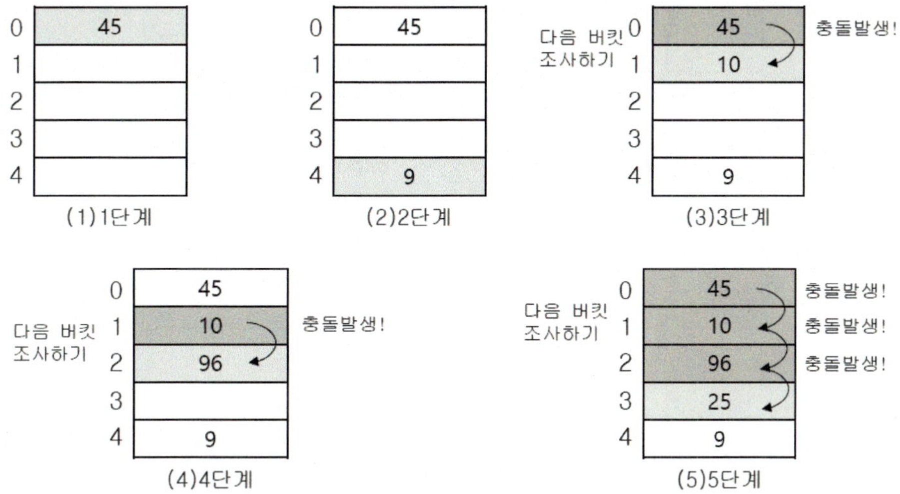

그림 IX-8 선형 개방 주소법의 충돌 해결

나. 체인법(Chaining)

체인법에서 충돌은 서로 다른 키들이 같은 해시 주소로 매핑되는 상황을 의미한다. 이때, 체인법은 각 해시 주소에 연결 리스트(linked list) 형태로 충돌된 키들을 저장하는 방식을 사용한다. 선형 조사법이 서로 다른 해시값을 모두 비교하기 때문에 효율이 좋지 않다. 이에 반해 체인법은 각 버킷에 대해 그 버킷에 대한 모든 동거자들을 배열 ht[0:b - 1]을 이용하여 키 리스트로 구성한다. ht[i]는 버킷 i에 연결된 체인 중 첫 번째 노드를 가리킨다. <예 IX-3>은 체인법의 탐색 알고리즘을 보여준다.

```
def search(k: int):
    homeBucket = h(k)
    current = ht[homeBucket]
    while current:
        if current.data.key == k:
            return current.data
        current = current.link

    return None
```

〈예 IX-3〉 체인법에서 탐색 알고리즘

ht[0]	**acos atoi atol**
ht[1]	*NULL*
ht[2]	**char ceil cos ctime**
ht[3]	**define**
ht[4]	**exp**
ht[5]	**float floor**
ht[6]	*NULL*
…	
ht[25]	*NULL*

그림 IX-9 체인법 해시 테이블

만약 <그림 IX-9>와 같이 체인법 해시 테이블이 있을 경우 한 식별자를 탐색하기 위해 필요한 비교 횟수는 acos, char, define, exp, float은 1번이고 atoi, ceil, floor에 대해서는 2번, atol과 cos는 3번, ctime은 4번이 되고, 평균 비교 횟수는 21/11 = 1.91이 된다.

> **참고**
>
> 당연히, 파이썬 리스트를 사용한다면 조금 더 간결하게 작성할 수 있다.

```
def search(k: int):
    homeBucket = h(k)
    for data in ht[homeBucket]:  # ht[homeBucket]은 리스트
        if data.key == k:
            return data

    return None
```

다. 선형 조사법

충돌이 ht[k]에서 충돌이 발생했다면 ht[k+1]이 비어 있는지를 조사하고, 만약 비어있지 않다면 ht[k+2]를 살펴본다. 이런 식으로 비어있는 공간이 나올 때까지 계속하는 조사하는 방법을 선형 조사법이라고 한다. 만약 테이블의 끝에 도달하게 되면 다시 테이블의 처음으로 가고, 만약 조사를 시작했던 곳으로 다시 되돌아오게 되면 테이블이 가득 찼다는 것을 의미한다.

예를 들어, h(k) = k mod 7이고 입력 파일이 (8, 1, 9, 6, 13)이면 <그림 IX-10>에서 보여주듯이 다음과 같이 충돌이 처리된다.

- 1단계 : h(8) = 8 mod 7 = 1이기 때문에 [1]에 저장
- 2단계 : h(1) = 1 mod 7 = 1이기 때문에 충돌이 발생. 따라서 (h(1)+1) mod 7 = 2가 되기 때

문에 [2]에 저장

- 3단계 : h(9) = 9 mod 7 = 2이기 때문에 충돌 발생. 따라서 (h(9)+1) mod 7 = 3이 되기 때문에 [3]에 저장
- 4단계 : h(6) = 6 mod 7 = 6이기 때문에 [6]에 저장
- 5단계 : h(13) = 13 mod 7 = 6이 되고 충돌이 발생. 따라서 (h(13)+1) mod 7 = 0이 되기 때문에 [0]에 저장

	1단계	2단계	3단계	4단계	5단계
[0]					13
[1]	8	8	8	8	8
[2]		1	1	1	1
[3]			9	9	9
[4]					
[5]					
[6]				6	6

그림 IX-10 선형 조사법의 충돌 해결

라. 재해싱(이중해시법)

이중 해싱법(double hashing) 또는 재해싱(rehashing)은 오버플로우가 발생함에 따라 항목을 저장할 다음 위치를 결정할 때, 원래 해시 함수와 다른 별개의 해시 함수를 이용하는 방법이다.

예를 들어, 크기 M이 7인 해시테이블에서 첫 번째 해시 함수가 h(*k*) = k mod M이고 오버플로우 발생 시의 해시 함수 h'(*k*) = 5 - (*k* mod 5) 라고 할 때, i번째 충돌 시 $h_i(k)$ = (h(*k*) + i * h'(*k*)) mod M, i는 충돌 횟수이다. 예를 들어, 입력 파일 (8, 1, 9, 6, 13)은 <그림 IX-11>에서 보여주듯이 다음과 같이 충돌이 처리된다.

- 1단계 : h(8) = 8 mod 7 = 1이기 때문에 [1]에 저장
- 2단계 : h(1) = 1 mod 7 = 1이기 때문에 충돌이 발생. (h(1) + h'(1)) mod 7 = (1+5-(1 mod 5)) mod 7 = 5이기 때문에 [5]에 저장
- 3단계 : h(9) = 9 mod 7 = 2이기 때문에 [2]에 저장
- 4단계 : h(6) = 6 mod 7 = 6이기 때문에 [6]에 저장
- 5단계 : h(13) = 13 mod 7 = 6이 되고 충돌이 발생. (h(13) + h'(13)) mod 7 = (6 + 5 - (13 mod 5)) mod 7 = 1이기 때문에 다시 충돌 발생. (h(13) + 2 * h'(13)) mod 7 = (6 + 2 * 2) mod 7 = 3 이기 때문에 [3]에 저장

	1단계	2단계	3단계	4단계	5단계
[0]					
[1]	8	8	8	8	8
[2]			9	9	9
[3]					13
[4]					
[5]		1	1	1	1
[6]				6	6

그림 IX-11 재해싱의 충돌 해결

2 동적 해싱

정적 해싱이 미리 정해진 크기에 맞게 해시 테이블을 작성하므로 디스크 공간 낭비가 심하고, 정한 적재 밀도를 넘어가게 되면 해시 테이블과 함수를 주기적으로 다시 작성해야 한다는 단점이 있다. 또한 해시 테이블과 함수를 작성하는 도중에는 연산이 불가능하다는 단점도 있다. 따라서, 오직 하나의 버킷 안에 있는 엔트리들에 대해서만 홈 버킷을 변경하는 방법인 동적 해싱을 사용한다. 동적 해싱은 하나의 연산에 대해 좋은 성능을 유지할 수 있는 해시 테이블을 제공하는 것이 목적이다.

동적해싱은 디렉토리를 사용하는 동적 해싱과 디렉토리를 사용하지 않는 동적 해싱이 있다.

(1) 디렉터리를 사용하는 동적 해싱

디렉터리를 사용하는 동적 해싱은 버킷들에 대한 포인터를 저장하고 있는 디렉터리 d를 이용하며, 디렉터리의 크기는 h(k, u)의 u비트 수에 의해 바뀐다. 예를 들어 h(k, 2)의 디렉터리 크기는 $2^2 = 4$가 되고, 이때 2를 디렉터리 깊이(directory depth)라고 한다.

<그림 IX-12>와 같이 해시 함수가 있을 때, <그림 IX-13>의 (a)는 키 A0, B0, A1, B1, C2, C3을 포함하고 있는 동적 해시 테이블을 보여준다. C5를 (a)의 해시 테이블에 삽입하는 경우 키 k를 탐색하려면, t가 디렉터리 깊이일 때 d[h(k, t)]가 가리키는 버킷을 탐색한다.

<그림 IX-12>의 해시 함수에 의해 h(C5, 2) = 01 이므로 디렉터리의 01자리에 있는 포인터 d[01]을 따라가면, 그러면 A1과 B1이 있는 버킷이 나온다. 그러나 이 버킷은 꽉 차 있으므로 충돌이 발생한다. 이 충돌을 해결하기 위해 충돌된 버킷의 모든 키에 대해 h(k, u)가 같지 않게 하는 최하위 비트 u를 정한다. C5가 A1, B1과 다른 값을 갖도록 하는 u값은 3이 된다.

만약 u가 디렉터리 깊이보다 크면 u만큼 디렉터리 깊이를 증가시킨다. 이렇게 하는 것은 디렉터

리의 크기를 증가시키기 위한 것일 뿐 버킷의 개수는 증가시키지 않기 위함이다. 디렉터리의 크기를 재조정한 후에는 위 해시 함수를 사용하여 오버플로된 버킷을 분할한다. h(k, 3)이므로 A1과 B1에 대해서는 h(k, 3) = 001이고 C5에 대해서는 h(k, 3) = 101이 된다. <그림 IX-13>의 (b)는 최종 결과를 보여준다.

k	h(k) ← 파라미터 다름
A0	100 000
A1	100 001
B0	101 000
B1	101 001
C1	110 001
C2	110 010
C3	110 011
C5	110 101

그림 IX-12 해시 함수

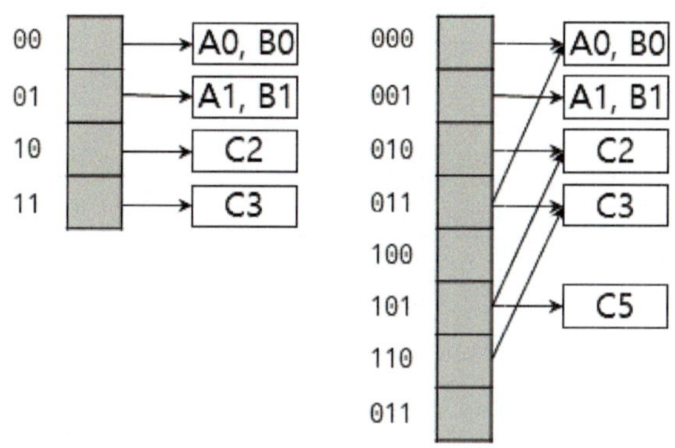

(a) h(k, 2) (b) h(k, 3)

그림 IX-13 디렉터리를 사용하는 동적 해싱

(2) 디렉터리를 사용하지 않는 동적 해싱

디렉터리를 사용하지 않는 동적 해싱은 버킷 포인터 대신 버킷 배열 ht를 사용한다. 또한 배열의 크기는 매우 커서 동적으로 늘릴 필요가 없다고 가정한다. 디렉토리를 사용하지 않는 동적 해싱은 활성화 된 버킷의 정보를 나타낼 q와 r 변수($0 \le q \le 2^r$)를 이용하여 버킷 정보를 얻는다. 항상 0부터 $2^r + q - 1$까지의 버킷만 활성화 되며, 나머지 버킷은 충돌 버킷이 된다. 0부터 q - 1까지의 활성 버킷은 h(k, r + 1)을 이용하여 인덱싱하고, 나머지는 h(k, r)을 이용해 인덱싱한다.

해시 함수가 <그림 IX-14>와 같을 때, <그림 IX-15>의 (a)는 r = 2이고 q = 0일 때 디렉터리가 없는 해시테이블 ht를 보여준다. 활성 버킷의 개수는 (00, 01, 10, 11로 인덱스된) 4이고 활성 버킷의 인덱스는 체인을 식별한다. 각 활성 버킷에는 2개의 슬롯이 있으며 버킷 00에는 B4와 A0이 있다. 또한 4개의 버킷 체인이 있는데, 각 체인은 4개의 활성 버킷중 하나에서 시작하고 그 활성 버킷으로만 구성되고 충돌은 없다.

<그림 IX-15>의 (a)에서는 모든 키들이 h(k, 2)를 이용하여 체인들에 사상되어 있으며, <그림 IX-15>의 (b)에서는 r = 2이고 q = 1 일 때 체인 000과 100에 대해 h(k, 3)이 사용되어 있다. 체인 001, 010, 011에 대해서는 h(k, 2)가 사용되었고, 체인 001은 충돌 버킷을 가지고 있다. 충돌 버킷은 활성 버킷과 같은 수만큼 슬롯을 수용할 수도 있고 그렇지 않을 수도 있다.

k	h(k) ← 파라미터 다름
A0	100 000
A1	100 001
B0	101 000
B1	101 001
B4	101 100
C1	110 001
C2	110 010
C3	110 011
C5	110 101

그림 IX-14 해시 함수

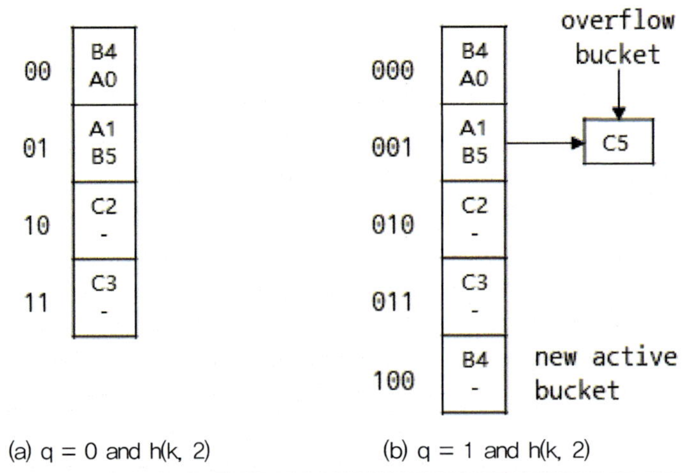

그림 IX-15 디렉터리가 없는 동적 해시 테이블에서의 삽입

<예 IX-4>는 간단한 해시 프로그램 예를 보여준다.

```
def memInit(value):
    for i in range(BK):
        for j in range(SL):
            hashTable[i][j] = value


def hash(key):
    return key % 10


def findKey(key):
    bucket = hash(key)
    for i in range(SL):
        if hashTable[bucket][i] == key:
            print(f"{bucket}번 버킷 {i}번째 슬롯에서 발견")
            break
        if i == SL - 1:
            print("탐색결과 없음")


def addKey(key):
    bucket = hash(key)
    for i in range(SL):
        if hashTable[bucket][SL - 1] != -1:
            print(f"{bucket}번 버킷에서 오버플로우 발생!")
            exit(1)
        if hashTable[bucket][i] == -1:
            hashTable[bucket][i] = key
            break



if __name__ == "__main__":
    BK = 10
    SL = 3

    hashTable = [[-1] * SL for _ in range(BK)]
    memInit(-1)
    for i in range(5):
        key = int(input(f"{i + 1}번째 값을 입력하세요: "))
        addKey(key)

    key = int(input("탐색할 키를 입력하세요: "))
```

```
    findKey(key)
```

실행결과

```
1번째 값을 입력하세요 : 13
2번째 값을 입력하세요 : 23
3번째 값을 입력하세요 : 44
4번째 값을 입력하세요 : 47
5번째 값을 입력하세요 : 94
탐색할 키를 입력하세요 :23
3번 버킷 1번째 슬롯에서 발견
----------- 재실행 ----------
탐색할 키를 입력하세요 :13
3번 버킷 0번째 슬롯에서 발견
```

〈예 IX-4〉 간단한 해시 프로그램 예

참고

사전(dictionary) 역시 해시 함수를 사용해 구현되었으므로, 해시 테이블을 사전으로 표현할 수 있다. 파이썬 프로그램은 연결리스트를 표현할 수 있는 리스트(list)와, 해시테이블에 해당하는 사전 두 가지 자료구조만 사용할 줄 알면 거의 모든 데이터를 표현할 수 있다. 아래는 사전을 사용해서 키–값 쌍을 저장하는 간단한 예를 보인다.

```
hashTable = {}
for i in range(5):  # 초기화: 5개의 값을 저장
    key, value = map(int, input(f"{i + 1}번째 키, 값: ").split())
    hashTable[key] = value

key = int(input("탐색할 키를 입력하세요: "))
if key in hashTable:
    print(f"{key} => {hashTable[key]}")
else:
    print("탐색 결과 없음")
```

Exercise

01. 해시 함수를 잘못 선택한 경우 해시 테이블에서의 검색 시간의 시간복잡도를 쓰시오.

02. 주어진 입력 (4322, 1334, 1471, 9679, 1989, 6171, 6173, 4199)과 해시 함수 x mod 10에 대한 다음 중 맞는 설명을 모두 고르시오.

(1) 9679, 1989, 4199는 동일한 값으로 해싱된다.

(2) 1471, 6171은 동일한 값으로 해싱된다.

(3) 모든 요소가 동일한 값으로 해싱된다.

(4) 각 요소는 다른 값으로 해싱된다.

03. 경찰서는 자주 티켓을 받는 사람들의 최대 1800개의 차량 번호를 데이터베이스에 유지하려고 한다. 주어진 차량 번호가 데이터베이스에 있는지 여부를 매우 빠르게 판단할 수 있어야 하고, 메모리 효율성 보다 응답 속도가 가장 중요한 경우 이 작업에 가장 적합한 자료구조는 무엇인지 고르시오.

(1) 정렬된 연결 리스트

(2) 1800개 항목이 있는 정렬된 배열

(3) 1800개 항목을 사용하는 개방 주소법을 사용하는 해시 테이블

(4) 3600개 항목을 사용하는 개방 주소법을 사용하는 해시 테이블

(5) 10000개 항목을 사용하는 개방 주소법을 사용하는 해시 테이블

04. 충돌 해결 기법 중 하나인 개방 주소법(Open Addressing)의 선형 조사(Linear Probing)를 사용하는 해시 테이블이 있다. 초기 테이블 크기는 13이고, 해시 함수는 간단한 나머지 연산을 사용한다고 할 때 h(k) = k % 13. 키 21에 대한 선형 조사를 통한 충돌 해결 과정을 설명하시오.

05. 체인법(Chaining)을 사용하는 해시 테이블이 있고 초기 테이블 크기는 7이고, 해시 함수는 h(k) = k % 7 일 때. 키 14와 키 21에 대한 체이닝의 결과로 형성된 리스트의 상태를 설명하시오.

06. 다음은 간단한 해시 함수를 보여준다. 이 함수는 문자열의 각 문자의 ASCII 코드 값을 더한 후, 결과를 반환한다. 주어진 문자열 "hello"에 대해 이 함수의 해시 값을 계산하시오.

```
def simple_hash(s):
    hash_value = 0
    for char in s:
        hash_value += ord(char)
    return hash_value


if __name__ == "__main__":
    str_value = "hello"
    hash_result = simple_hash(str_value)
    print(f'Hash value for "{str_value}" is {hash_result}')
```

Chapter X

탐색(Searching)

본 장에서는 탐색에 대해 다룬다. 탐색은 여러 개의 데이터에서 원하는 데이터를 찾는 작업으로 컴퓨터가 가장 많이 하는 작업 중 하나이기 때문에 효율성이 아주 중요하다.

탐색은 컴퓨터 과학 및 정보 기술 분야에서 가장 핵심적인 작업 중 하나로, 원하는 데이터를 찾아내는 과정을 의미한다. 이것은 컴퓨터가 수행하는 가장 빈번한 작업 중 하나로, 탐색 작업은 데이터베이스 탐색, 웹 탐색, 파일 시스템 탐색, 알고리즘 문제 해결, 인공 지능 및 머신 러닝 등 다양한 응용 분야에서 중요한 역할을 한다. 탐색 작업을 수행하기 위해 일반적으로 사용되는 자료구조로는 배열, 연결 리스트, 트리, 그래프 등이 있다.

선형 탐색, 이진 탐색, 해시 탐색, 그래프 탐색, 이진 힙 등 다양한 탐색 알고리즘이 존재하며, 각각의 알고리즘은 데이터의 특성과 탐색 조건에 따라 다르게 사용된다.

1 순차 탐색(Sequential Search)

순차 탐색은 가장 기본적인 탐색 알고리즘 중 하나로, 데이터 집합을 처음부터 끝까지 순차적으로 탐색하며 원하는 항목을 찾는 방법으로 이 알고리즘은 데이터가 무작위로 배치되어 있는 경우에 사용된다.

<예 X-1>에서 보여주듯이 순차 탐색의 동작 원리는 다음과 같다.

- 탐색할 데이터 집합을 처음부터 시작한다.
- 데이터 집합의 첫 번째 원소부터 순차적으로 확인하면서 원하는 항목을 찾을 때까지 진행한다.
- 원하는 항목을 찾으면 탐색을 중지하고 해당 항목의 위치 또는 정보를 반환한다.
- 데이터 집합을 끝까지 탐색해도 원하는 항목을 찾지 못하면 "탐색 실패"를 나타낸다.

```
def seq_Search(key, low, high):
    for i in range(low, high + 1):
        if lst[i] == key:
            return i  # 탐색 성공

    return -1  # 탐색 실패
```

〈예 X-1〉 순차 탐색

순차 탐색의 평균 비교 횟수는 탐색 대상이 성공적으로 찾아질 확률과 실패할 확률에 따라 달라진다. 원하는 항목이 데이터 집합에 존재하는 경우, 그리고 모든 항목이 균등하게 분포되어 있을 경우 평균 비교 횟수는 (n + 1) / 2이다. 여기서 n은 데이터 집합의 크기이다. 그러나 다른 분포나 조건에서는 평균 비교 횟수가 달라질 수 있다.

실패 시 평균 비교 횟수는 이 값은 탐색 대상 항목이 데이터 집합 내에서 나타나지 않을 확률에 비례한다. 따라서 데이터 집합의 크기가 n이라면, 실패 시 평균 비교 횟수는 n이다.

순차 탐색의 장점은 먼저 데이터 집합이 정렬되어 있지 않아도 동작하고, 간단하고 이해하기 쉽다는 것이다. 또한 순차 탐색은 데이터가 균일하게 분포되어 있는 경우 평균적으로 빠르게 찾을 수 있다. 그러나 순차 탐색은 대용량 데이터 집합에서 효율적이지 않는다. O(n)의 선형 시간복잡도를 가지므로 큰 데이터 집합에서는 느릴 수 있다. 정렬된 데이터에서 이진 탐색과 같은 다른 알고리즘보다 효율성이 낮다.

2 이진 탐색(Binary Search)

이진 탐색(binary search)은 정렬된 배열에서 원하는 항목을 효율적으로 찾기 위한 탐색 알고리즘 중 하나이다. 이진 탐색은 배열의 중간 요소와 비교하여 원하는 항목을 찾아내는 과정을 반복하여 탐색한다. <예 X-2>와 <예 X-3>에서 보여주듯이 이진 탐색의 동작 원리는 다음과 같다.

- 탐색할 데이터의 범위를 두 개의 포인터로 설정한다. 초기에는 전체 배열이 범위로 설정된다.
- 중간 요소를 선택하고, 이를 기준으로 원하는 항목과 비교한다.
- 중간 요소가 찾고자 하는 항목과 같다면 탐색을 종료하고 해당 항목의 인덱스를 반환한다.
- 중간 요소가 찾고자 하는 항목보다 작으면, 오른쪽 절반의 범위에서 다시 탐색을 수행한다.
- 중간 요소가 찾고자 하는 항목보다 크면, 왼쪽 절반의 범위에서 다시 탐색을 수행한다.
- 범위가 축소될 때까지 위 과정을 반복한다.

<그림 X-1>은 이진 탐색이 성공하는 경우와 실패하는 경우를 비교하여 보여준다. 이진 탐색은 이진 탐색은 배열을 반으로 나누어서 탐색 범위를 절반으로 줄이는 과정을 반복하기 때문에 각 단계마다 현재 탐색 범위는 이전 단계의 절반 크기로 줄어들고, 이로 인해 성공하든 실패하든 이진 탐색은 평균적으로 $O(\log_2 n)$시간이 걸린다. 여기서 n은 원소 수이다.

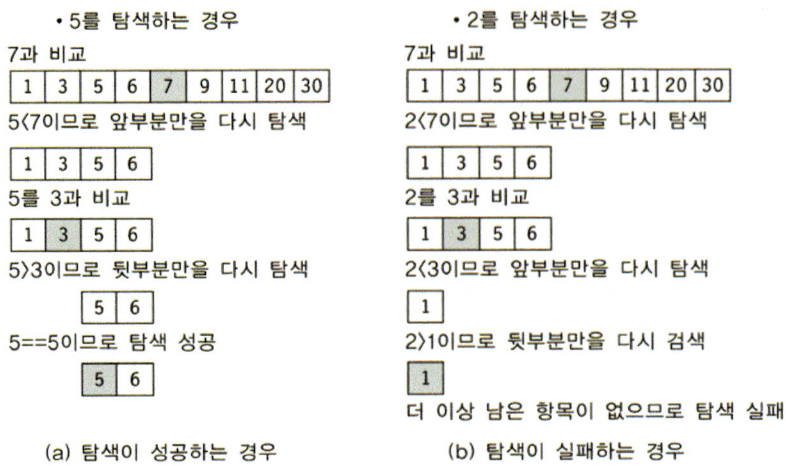

그림 X-1 이진 탐색

<예 X-2>는 재귀를, <예 X-3>은 반복을 사용해서 이진 탐색을 구현한 것이다. <예 X-2>의 재귀 함수는 중간 위치를 계산하고, 탐색값과 중간 위치의 값을 비교하여 재귀적으로 탐색 범위를 축소한다. <예 X-3>은 while 루프 내에서 중간 위치를 계산하고, 탐색 값과 중간 위치의 값을 비교하여 반복적으로 탐색 범위를 축소한다.

```
def searchBinary(lst, low, high, searchKey):
    if low > high:
        return False

    middle = (low + high) // 2
    if searchKey == lst[middle]:
        return True
    elif searchKey < lst[middle]:
        return searchBinary(lst, low, middle - 1, searchKey)
    elif searchKey > lst[middle]:
        return searchBinary(lst, middle + 1, high, searchKey)
    else:
        return False
```

〈예 X-2〉 재귀를 이용한 이진 탐색 1

```
def searchBinary2(lst, key, low, high):
    while low <= high:  # 아직 숫자들이 남아 있으면
        middle = (low + high) // 2
        if key == lst[middle]:
```

```
            return middle  # 탐색 성공
        elif key > lst[middle]:
            low = middle + 1  # 왼쪽 부분리스트 탐색
        else:
            high = middle - 1  # 오른쪽 부분리스트 탐색
    return -1  # 탐색 실패
```

〈예 X-3〉 반복문을 이용한 이진 탐색 2

이진 탐색의 종료 조건은 중간 원소가 원하는 항목과 같을 때와 범위가 더 이상 축소되지 않을 때 즉, 탐색 범위가 빈 배열이 될 때까지 축소된 경우이다. 이진 탐색의 시간복잡도는 O(log n)으로, 데이터의 크기에 비례하지 않고 로그 시간에 원하는 항목을 찾을 수 있다. 이는 데이터를 반으로 나누어 탐색 범위를 축소하기 때문이다.

이진 탐색은 시간복잡도가 매우 낮으므로 대용량 데이터에서도 빠르게 탐색 가능하고, 추가적인 메모리를 사용하지 않고 원래 데이터에서 직접 탐색한다. 그러나, 정렬된 데이터에만 적용 가능하며, 삽입, 삭제 등의 데이터 수정 작업은 더 복잡하다. 데이터 수정 작업이 탐색보다 O(log n)에서 O(n)의 더 긴 시간이 걸릴 수 있다. 이진 탐색은 정렬된 배열에서 원하는 항목을 빠르게 찾아야 하는 경우에 사용되며, 특히 대용량 데이터에서 효율적으로 동작한다.

<예 X-4>는 이진 탐색을 사용한 예제 프로그램이다. Anniversary 클래스는 기념일의 월, 일, 설명을 저장한다. Anniversary 객체들을 생성해 몇 개의 기념일을 저장하고, 이들을 리스트에 저장한다. 몇 월을 찾을지를 입력받은 후, 이진 탐색으로 검색해서 결과를 출력한다. 이 때 각 기념일의 월(month)을 탐색 키로 사용하였다. 단, 탐색 키를 유일하게 만들기 위해 기념일이 한 달에 두 개 이상일 수 없다고 가정했다. 또한, 이진 탐색을 수행하기 전, 먼저 anniversaries 리스트를 정렬한다. 이진 탐색을 수행하기 위해서는 '정렬된' 데이터가 전제 조건이라는 점을 기억해야 한다.

```
class Anniversary:
    def __init__(self, month, day, desc):
        self.month = month
        self.day = day
        self.desc = desc  # description

    def __str__(self):
        return f"{self.month:2}/{self.day:02}: {self.desc}"


def binarySearch(lst, low, high, searchKey):
```

```
    while low <= high:
        middle = (low + high) // 2
        if searchKey == lst[middle].month:
            return middle
        elif searchKey < lst[middle].month:
            high = middle - 1
        elif searchKey > lst[middle].month:
            low = middle + 1
    return -1


ann1 = Anniversary(1, 1, "신년회")
ann2 = Anniversary(12, 25, "크리스마스")
ann3 = Anniversary(5, 10, "PyCon")
ann4 = Anniversary(8, 15, "광복절")

# 1달에 스케줄 0~1개만 있다고 가정
anniversaries = [ann1, ann2, ann3, ann4]
anniversaries.sort(key=lambda x: x.month)
print("기념일: ")
print(*anniversaries, sep='\n')
print()

while True:
    searchMonth = int(input("몇 월의 기념일을 찾을까요: "))
    if searchMonth <= 0:
        break
    indexFound = binarySearch(anniversaries, 0, len(anniversaries) - 1, searchMonth)
    if indexFound < 0:
        print(f"{searchMonth}월에는 기념일이 없습니다.")
    else:
        print(anniversaries[indexFound])
```

실행결과

```
기념일:
 1/01: 신년회
 5/10: PyCon
 8/15: 광복절
12/25: 크리스마스

몇 월의 기념일을 찾을까요: 8
 8/15: 광복절
몇 월의 기념일을 찾을까요: 11
11월에는 기념일이 없습니다.
```

```
몇 월의 기념일을 찾을까요: 12
12/25: 크리스마스
몇 월의 기념일을 찾을까요: -1
```

〈예 X-4〉 이진 탐색 예제 프로그램

참고 이진 탐색과 이진 탐색 트리의 차이

구분	이진 탐색	이진 탐색 트리
데이터의 저장	정렬된 배열에 저장	트리 구조로 저장
검색 시간복잡도	O(log(n))	균형 이진 탐색 트리 : O(log(n))
		불균형 이진 탐색 트리 : 최악의 경우 O(n)
기타	삽입 및 삭제 연산이 비효율적이며, 원소 이동이 필요	검색에 효과적이며, 삽입 및 삭제 연산도 효율적 트리가 균형을 유지해야 최적의 성능을 발휘

3 색인 순차 탐색(Indexed Sequential Search)

색인 순차 탐색은 순차 탐색을 개선한 알고리즘으로 인덱스(index) 테이블을 사용하여 탐색의 효율 증대시킨 것이다. <그림 X-2>와 같이 데이터를 정렬된 순서로 저장한 후, 데이터에 대한 색인 테이블을 생성한다. 색인 테이블은 키(key)와 해당 데이터의 위치(파일 내 위치 등)를 저장하는 테이블이다. 탐색하려는 항목을 찾기 위해 먼저 색인 테이블에서 이진 탐색(binary search)을 사용하여 탐색한다.

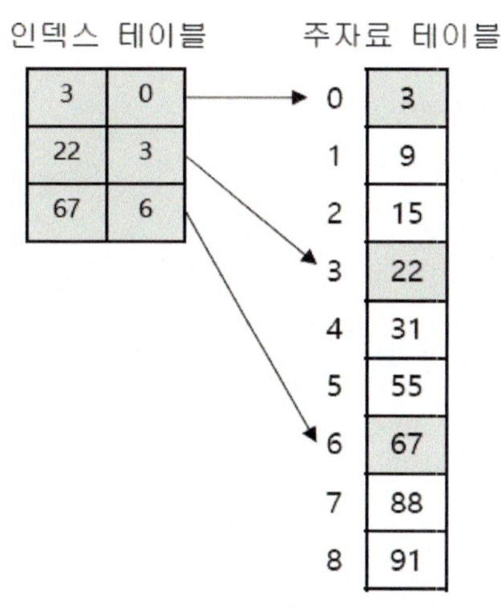

그림 X-2 색인 테이블과 주자료 테이블

이진 탐색을 통해 탐색 키와 관련된 색인 항목을 찾으면, 해당 항목에 저장된 데이터 위치(파일 내 위치 등)를 얻을 수 있다. 인덱스 테이블에서 탐색 키와 일치하는 항목을 찾지 못한 경우에는 인덱스 테이블을 사용하여 얻은 데이터 위치를 이용하여 주 테이블에서 직접 데이터를 찾아온다. 주 테이블에서의 데이터 탐색은 일반적으로 순차 탐색과 같은 방식으로 수행된다.

색인 순차 탐색은 색인 테이블을 활용하여 데이터 탐색 속도를 향상시키는 데 사용된다. 이진 탐색을 통해 색인을 탐색하고, 해당 데이터의 위치를 사용하여 데이터를 탐색하므로 탐색 성능이 개선된다. 색인 순차 탐색의 단점은 주 자료 테이블과 인덱스 테이블은 모두 정렬되어 있어야 한다는 것이다. 시간복잡도는 O(m+n/m)이며, 여기서, m은 인덱스 테이블의 크기이고, n은 주자료 테이블의 크기이다.

<예 X-5>에 색인 순차 탐색 예제 프로그램을 보여준다.

```
# 데이터 클래스 (실제 데이터를 읽어올 때 사용)
class Data:
    def __init__(self, value):
        self.value = value


# 색인 테이블 구조체
class IndexEntry:
    def __init__(self, key, location):
        self.key = key  # 탐색 키 (색인을 위한 키)
        self.location = location  # 데이터 위치


# 색인 순차 탐색 함수
def indexedSequentialSsearch(
        searchKey: int,
        sizeIndexTable: int,
        indexTable: list[IndexEntry],
        dataStorage: list[Data]
) -> Data:

    # 이진 탐색을 사용하여 색인 테이블에서 탐색 키를 찾는다.
    low = 0
    high = sizeIndexTable - 1

    while low <= high:
        mid = (low + high) // 2
```

```
        if searchKey == indexTable[mid].key:
            # 탐색 키를 찾았으므로 해당 데이터 위치를 얻는다.
            data_location = indexTable[mid].location

            # 데이터 위치를 사용하여 실제 데이터를 탐색하고 반환한다.
            data = dataStorage[data_location]
            return data
        elif searchKey < indexTable[mid].key:
            # 탐색 키가 현재 위치보다 작으면 왼쪽 부분을 탐색한다.
            high = mid - 1
        else:
            # 탐색 키가 현재 위치보다 크면 오른쪽 부분을 탐색한다.
            low = mid + 1

    # 탐색 키를 찾지 못한 경우
    notFoundData = Data(-1)  # 예시로 -1을 반환
    return notFoundData


if __name__ == "__main__":
    # 색인 테이블과 데이터 저장소를 초기화하고 테스트
    indexTable = [IndexEntry(1, 0), IndexEntry(3, 1), IndexEntry(5, 2), IndexEntry(7, 3),
IndexEntry(9, 4)]
    dataStorage = [Data(10), Data(30), Data(50), Data(70), Data(90)]

    searchKey = 5
    result = indexedSequentialSsearch(searchKey, len(indexTable), indexTable, dataStorage)

    if result.value != -1:
        print("탐색 결과:", result.value)
    else:
        print("탐색 결과: Not Found")
```

실행결과

```
탐색결과 : 50
```

〈예 X-5〉 색인 순차 탐색 예제 프로그램

참고

타입 힌트에 대해 자세히 알고 싶다면 typing 모듈을 참고하면 된다. 몇 종의 컨테이너를 제공하는 collections 모듈에도 비슷한 기능이 있는데, from collection.abc import Callable, Sequence와 같은 추상 데이터 타입들을 사용할 수 있다.

4 보간 탐색(Interpolation Search)

보간 탐색(interpolation search)은 이진 탐색과 달리 중간 요소를 고르게 분할하는 것이 아니라, 탐색 키의 값을 예측하여 탐색 범위를 좁힌다. 이로 인해 탐색 속도가 O(log n)보다 빠를 수 있다. 보간 탐색의 핵심 아이디어는 탐색 키와 배열 내의 값들 사이의 비례 관계를 활용하는 것이다. 일반적으로 배열이나 리스트가 정렬되어 있을 때, 값들은 어느 정도의 규칙성을 가질 수 있다. 보간 탐색은 이 규칙성을 활용하여 특정 값의 위치를 예측한다. 보간 탐색의 동작 원리는 다음과 같다.

- 배열 또는 리스트가 정렬되어 있다고 가정한다.
- 탐색 범위의 시작 위치(low)와 끝 위치(high)를 설정한다. 초기에는 전체 배열을 대상으로 시작한다.
- 탐색 키(searchKey)와 현재 탐색 범위의 처음과 끝 요소를 비교한다.
- 예측된 위치를 계산한다. 이때, 예측된 위치는 탐색 키와 현재 탐색 범위의 처음과 끝 요소의 값, 그리고 해당 위치의 인덱스를 고려하여 계산된다.
- 예측된 위치에 있는 요소와 탐색 키를 비교한다.
- 다음과 같이 두 가지 경우로 나뉜다.
- 예측된 위치의 요소가 탐색 키와 일치하면, 탐색 성공으로 결과를 반환한다.
- 예측된 위치의 요소가 탐색 키보다 작으면, 탐색 범위를 예측된 위치보다 오른쪽으로 좁힌다. (low = 위치 + 1)
- 예측된 위치의 요소가 탐색 키보다 크면, 탐색 범위를 예측된 위치보다 왼쪽으로 좁힌다. (high = 위치 - 1)
- 탐색 범위를 좁혔으면 다시 3단계로 돌아가 반복적으로 실행한다.

$$(list[high] - list[low]) : (k - list[low]) = (high - low) : \text{탐색 위치} - low$$

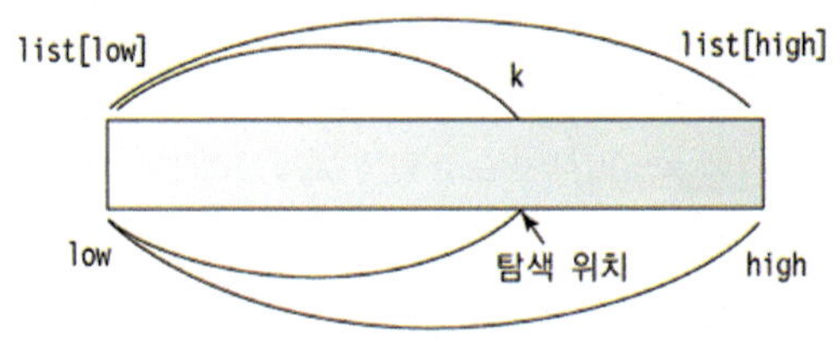

그림 X-3 보간 탐색의 동작 원리

탐색 범위가 더 이상 좁혀지지 않고(low > high) 원하는 항목을 찾지 못한 경우, 탐색 실패로 처리한다.

$$
\begin{aligned}
\text{탐색 위치} &= \frac{(k - list[low])}{list[high] - list[low]} * (high - low) + low \\
&= \frac{(55 - 3)}{(91 - 3)} * (9 - 0) + 0 \\
&= 5.31 \\
&\approx 5
\end{aligned}
$$

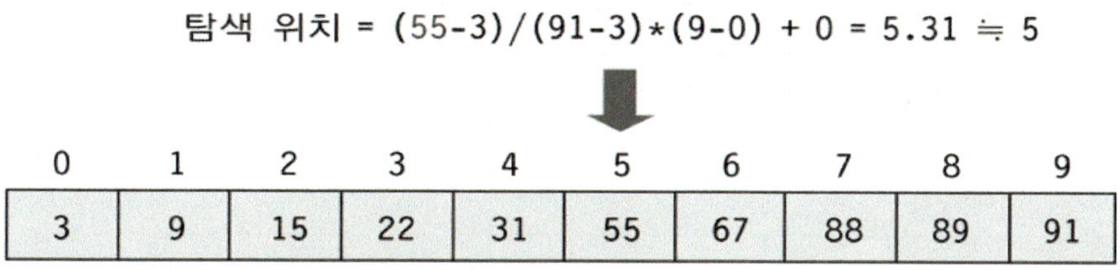

그림 X-4 보간 탐색법에서 탐색 위치 계산 예

보간 탐색의 핵심은 예측된 위치를 활용하여 탐색 범위를 동적으로 조절하는 것이다. 만약 배열 내의 값들이 균일하게 분포되어 있다면 보간 탐색은 이진 탐색과 유사한 성능을 보일 것이다. 그러나 값들이 불균등하게 분포되어 있는 경우에도 보간 탐색은 탐색 범위를 빠르게 좁히는 데 유용하다. 보간 탐색의 시간복잡도는 평균적으로 O(log log n) 정도로 매우 효율적이다. 다만, 배열 내의 값들이 균일하게 분포하지 않는 경우에는 최악의 경우 O(n)의 시간복잡도를 가질 수 있다. <예 X-6>은 보간 탐색을 사용하는 예제 프로그램을 보인다.

```
def interpolation_search(arr, key):
    low = 0
    high = len(arr) - 1

    while low <= high and key >= arr[low] and key <= arr[high]:
        # 예측된 위치 계산
        pos = low + ((key - arr[low]) * (high - low)) // (arr[high] - arr[low])

        if arr[pos] == key:
            return pos  # 원하는 항목을 찾은 경우 인덱스 반환

        if arr[pos] < key:
            low = pos + 1  # 오른쪽 부분을 탐색
        else:
            high = pos - 1  # 왼쪽 부분을 탐색

    return -1  # 원하는 항목을 찾지 못한 경우 -1 반환


if __name__ == "__main__":
```

```
arr = [10, 20, 30, 40, 50, 60, 70, 80, 90, 100]
key = 50
result = interpolation_search(arr, key)

if result != -1:
    print(f"원소 {key}는 인덱스 {result}에서 찾았다.")
else:
    print(f"원소 {key}를 찾지 못했다.")
```

▶ 실행결과

```
원소 50는 인덱스 4에서 찾았다.
```

〈예 X-6〉 보간 탐색을 사용한 리스트 인덱싱 예제

Exercise

01. 이진 탐색과 순차 탐색의 차이점을 설명하시오.

02. 다음 정렬된 정수 배열이 주어졌을 때, 값 67을 이진 탐색으로 찾는다고 할 때, 그 과정을 쓰시오.

[2, 4, 7, 10, 23, 34, 45, 56, 67, 78, 89, 90]

03. 다음과 같이 색인 테이블과 주자료 테이블이 주어졌을 때, 값 25를 색인 순차 탐색으로 찾는 과정을 쓰시오.

색인 테이블:

2	0
10	3
21	8

주자료 배열:

[2, 5, 7, 10, 13, 14, 15, 18, 21, 25, 30, 33]

04. 〈예 X-6〉 보간 탐색 프로그램에서 arr 배열이 아래의 배열1과 배열2인 경우에 대해 값 70을 찾는 과정을 쓰고 비교해보시오. 탐색 과정은 while 루프 내의 pos 값의 변화를 살펴본다.

배열1 = {10, 20, 30, 40, 50, 60, 70, 80, 90, 100}

배열2 = {10, 30, 50, 70, 80, 90, 100, 110, 120, 130}

Chapter XI

이진 탐색 트리 (Binary Search Tree)

본 장에서는 이진 탐색 트리에 대해 다룬다. 이진 탐색 트리는 이진 탐색과 연결 리스트를 결합한 형태의 자료구조이다. 탐색은 빠르나 데이터의 입력과 삭제가 불가능한 이진 탐색과 달리 이진 탐색 트리는 빈번한 데이터의 입력과 삭제를 할 수 있다.

1 AVL(Adelson Velsky Landis) 트리

Adelson-Velsky와 Landis에 의해 제안된 AVL 트리(Adelson-Velsky and Landis tree)는 이진 탐색 트리의 일종으로, 항상 균형을 유지하는 특징을 갖고 있다. AVL 트리는 모든 노드의 왼쪽 서브트리와 오른쪽 서브트리의 높이 차가 1 이하인 균형 이진 탐색 트리이다.

<그림 XI-1>에서 보여주듯이 AVL 트리는 모든 노드에서 왼쪽 서브트리와 오른쪽 서브트리의 높이 차이가 1 이하를 유지하여 각 노드의 균형 인수(balance factor)는 -1, 0, +1 중 하나의 값을 갖게 된다. 따라서 검색, 삽입, 삭제 연산의 평균, 최선, 최악 시간복잡도가 모두 O(log n)이다. 이는 트리의 높이가 항상 균형을 유지하기 때문에 가능한 것이다.

AVL 트리에서는 삽입 또는 삭제 연산으로 인해 균형이 깨질 경우 LL(left-left), LR(left-right), RR (right-right), RL (right-left) 등의 균형 회복 연산을 수행한다.

AVL 트리는 균형을 유지하기 위해 추가적인 균형 인수를 저장해야 하므로 메모리 사용량이 아주 높은 편이다. 그러나 현대 컴퓨터의 메모리 용량이 증가함에 따라 일반적으로는 큰 문제가 되지 않는다. AVL 트리는 검색이 많이 이루어지는 경우, 삽입과 삭제가 빈번하지 않은 경우에도 적합한 트리이다.

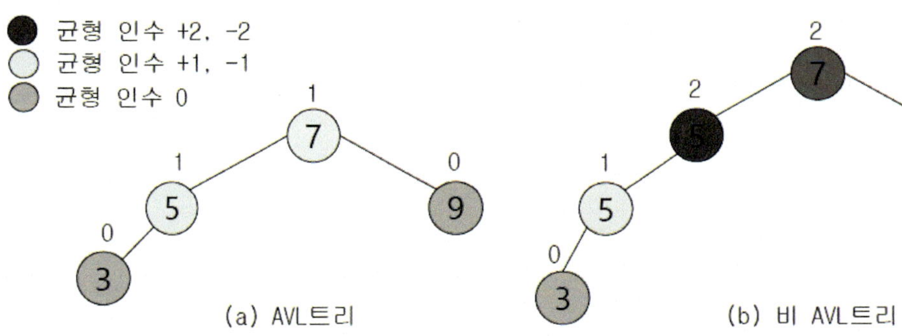

그림 XI-1 AVL 트리

AVL 트리의 삽입 연산은 이진 탐색 트리와 동일하다. 삽입 연산과 삭제 연산 시 균형 상태가 깨질 수 있기 때문에 균형인수의 값이 -1, 0, 1이 아닐 경우 노드는 회전을 실시해야 한다. 즉, 삽입 위치에서 루트까지의 경로에 있는 조상 노드들의 균형 인수 영향을 주기 때문에 삽입 후에 불균형 상태로 변한 가장 가까운 조상 노드(균형 인수가 ±2가 된 가장 가까운 조상 노드)의 서브 트리들에 대하여 다시 균형을 맞춰야 한다. 삽입 노드부터 균형 인수가 ±2가 된 가장 가까운 조상 노드까지 회전을 실시해야 하는데 회전의 유형은 다음과 같다.

- RR 회전: 불균형으로 판명된 노드(x)의 우측자식의 우측 서브 트리에 삽입. 좌회전을 통해 균형을 유지
- LL 회전: 불균형으로 판명된 노드(x)의 좌측자식의 좌측 서브 트리에 삽입. 우회전을 통해 균형을 유지
- LR 회전: 불균형으로 판명된 노드(x)의 좌측자식의 우측 서브 트리에 삽입. 좌측 자식 노드에 대해 좌회전, 전체 트리에 대해 우회전을 통해 균형을 유지
- LR 회전: 불균형으로 판명된 노드(x)의 우측자식의 좌측 서브 트리에 삽입. 우측 자식 노드에 대해 우회전, 전체 트리에 대해 좌회전을 사용하여 균형을 유지

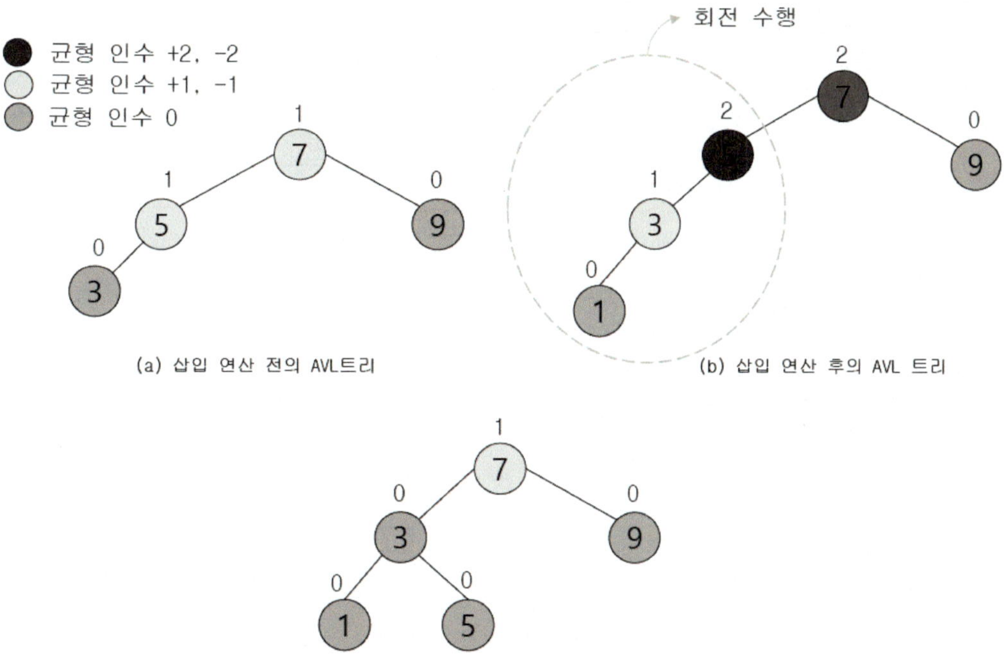

그림 XI-2 삽입 연산 시 균형

AVL 트리에서 균형이 깨지는 4가지 경우는 다음과 같다.

- LL 타입(left-left): 노드 N이 A의 왼쪽 서브 트리의 왼쪽 서브 트리에 삽입된 경우
- LR 타입(left-right): 노드 N이 A의 왼쪽 서브 트리의 오른쪽 서브 트리에 삽입된 경우
- RR 타입(right-right): 노드 N이 A의 오른쪽 서브 트리의 오른쪽 서브 트리에 삽입된 경우
- RL 타입(right-left): 노드 N이 A의 오른쪽 서브 트리의 왼쪽 서브 트리에 삽입된 경우

(1) LL 회전(Left-Left Rotation)

<그림 XI-3>과 같이 노드 E가 A의 왼쪽 서브트리의 왼쪽 서브트리에 삽입된 경우 해결 방법 : A부터 E까지의 경로상 노드들을 오른쪽으로 회전시킨다.

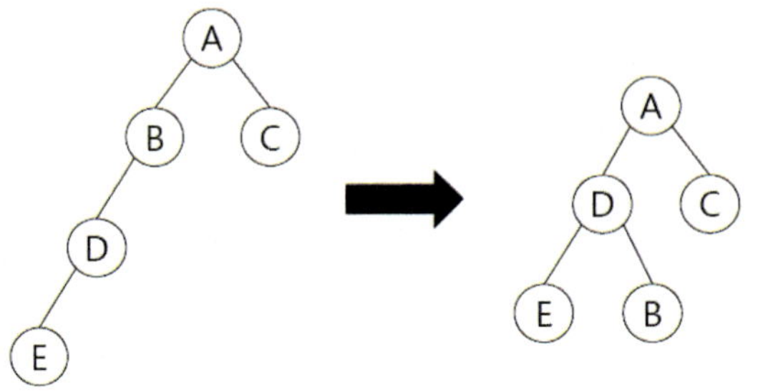

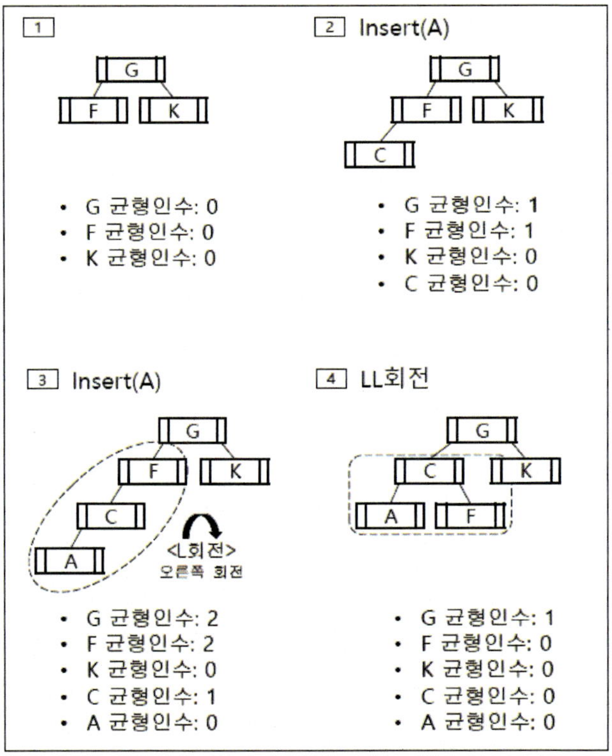

그림 XI-3 LL 회전

```
def rotateLL(node):
    child = node.left
    node.left = child.right
    child.right = node
    return child
```

〈예 XI-1〉 LL 회전

(2) LR 회전(Left-Right Rotation)

<그림 XI-4>와 같이 F가 A의 왼쪽 서브트리의 오른쪽 서브트리에 삽입된 경우에 A부터 F까지의 경로상 노드들을 왼쪽으로 회전시킨 후, A부터 F까지의 경로상 노드들을 오른쪽으로 회전시킨다.

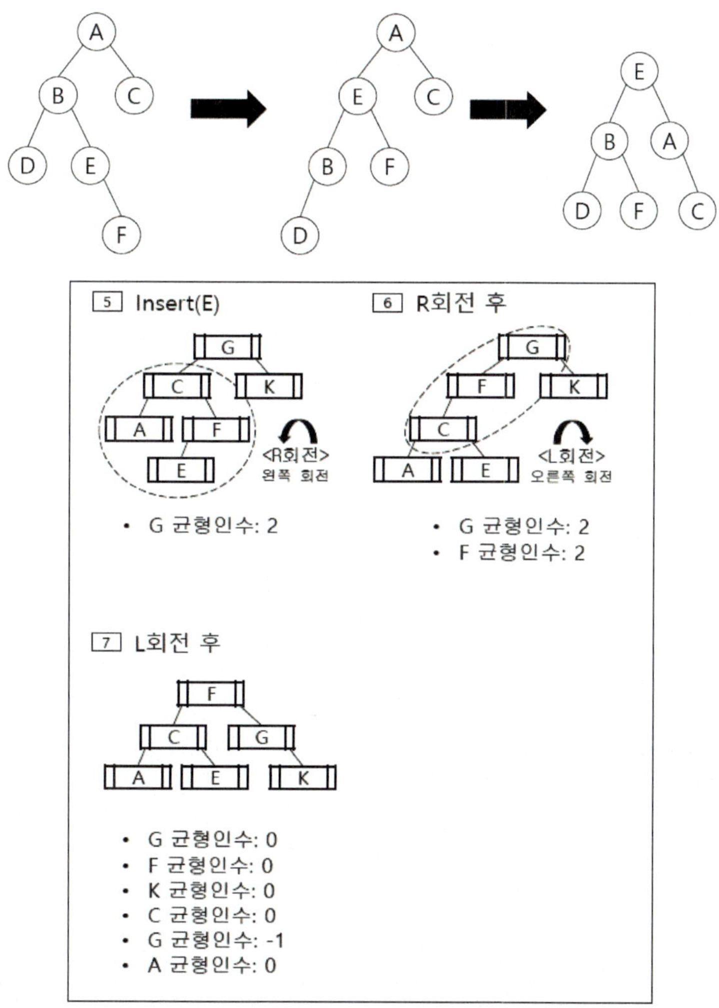

그림 XI-4 LR 회전

```
def rotateLR(node):
    child = node.lift
    node.left = rotateRR(child)
    return rotateLL(node)
```

〈예 XI-2〉 LR 회전

(3) RR 회전(Right-Right Rotation)

<그림 XI-5>와 같이 노드 C가 A의 오른쪽 서브트리의 오른쪽 서브트리에 삽입된 경우 A부터 C까지의 경로상 노드들을 왼쪽으로 회전시킨다.

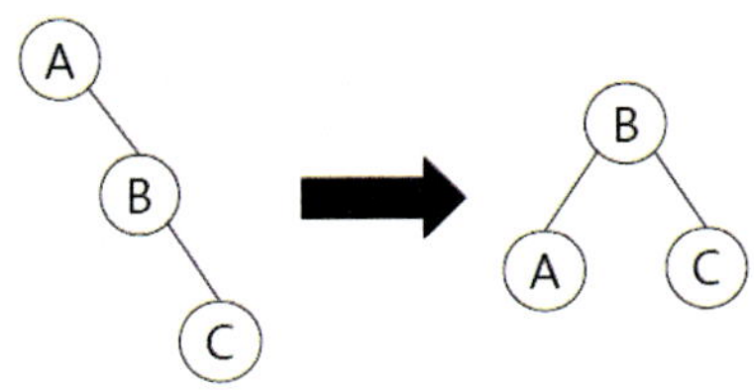

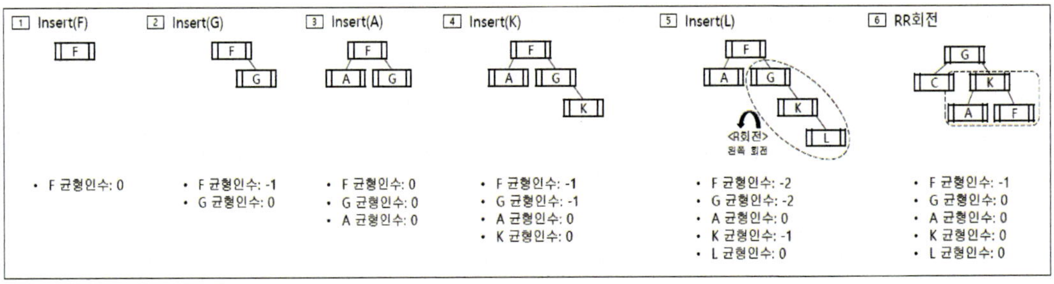

그림 XI-5 RR 회전

```
def rotateRR(node):
    child = node.right
    node.right = child.left
    child.left = node
    return child
```

〈예 XI-3〉 RR 회전

(4) RL 회전(Right-Left Rotation)

<그림 XI-6>과 같이 노드 E가 A의 오른쪽 서브트리의 왼쪽 서브트리에 삽입된 경우 A부터 E까지의 경로상 노드들을 오른쪽으로 회전시킨 후, A부터 N까지의 경로상 노드들을 왼쪽으로 회전시킨다.

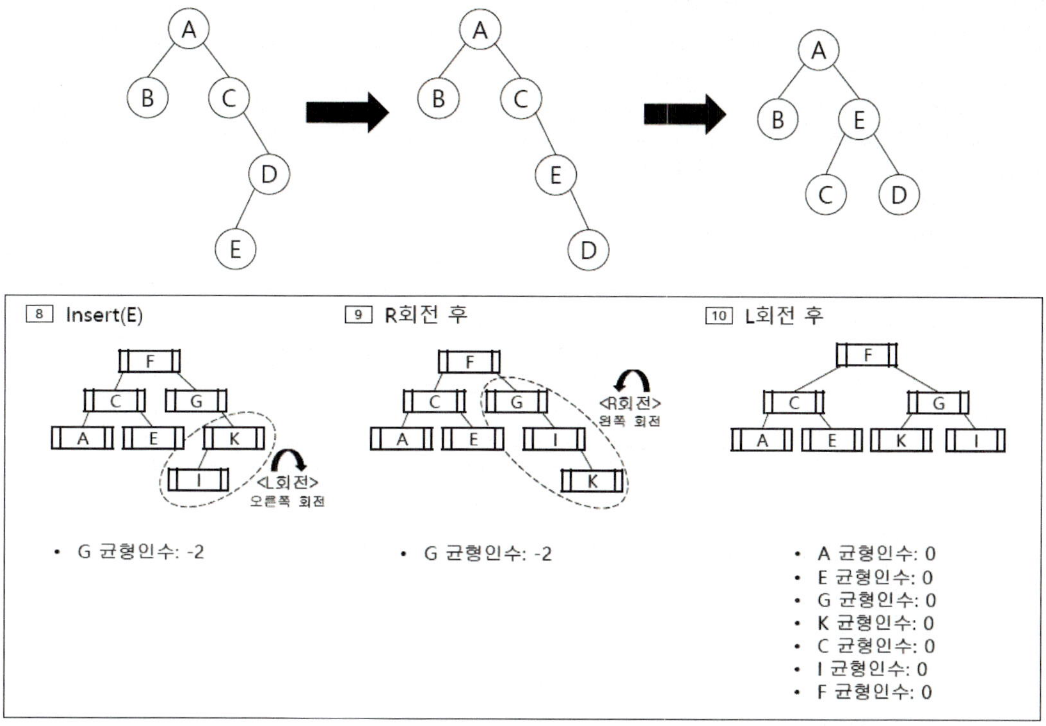

그림 XI-6 RL 회전

```
def rotateRL(node):
    child = node.right
    node.right = rotateLL(child)
    return rotateRR(node)
```

〈예 XI-4〉 RL 회전

(5) 이중 회전 알고리즘

AVL 트리에서 이중 회전은 한 번의 회전으로는 균형을 맞추기 어려운 상황에서, 두 번의 회전을 통해 균형을 맞추는 연산을 의미한다. 이중 회전은 LL 회전, RR 회전, LR 회전, RL 회전 중에서 LR 회전과 RL 회전이 이에 해당한다.

이중 회전을 위해 균형 인수를 구하려면 자식들의 높이를 구해서 그 차이를 알아야 한다. 균형 인수는 노드의 왼쪽 서브트리의 높이에서 오른쪽 서브트리의 높이를 뺀 값이다. 높이를 구하는 방법은 <예 XI-5>에서 보여주며, <예 XI-6>에서 간단한 AVL 트리 예제 프로그램을 보여준다.

```
int getHeight(avlNode *node)
{
    int height = 0;
    if (node != NULL)
        height = 1 + max(getHeight(node->left), getHeight(node->right));
    return height;
}
```

〈예 XI-5〉 높이를 구하는 방법

```
# AVL 노드 구조 정의
class avlNode:
    def __init__(self, data):
        self.data = data  # key 값
        self.left = None
        self.right = None

# 왼쪽으로 회전하는 함수
def rotateLL(parent):
    child = parent.left
    parent.left = child.right
    child.right = parent
    return child

# 오른쪽으로 회전하는 함수
def rotateRR(parent):
    child = parent.right
    parent.right = child.left
    child.left = parent
    return child

# 오른쪽-왼쪽으로 회전하는 함수
def rotateRL(parent):
    child = parent.right
    parent.right = rotateLL(child)
    return rotateRR(parent)

# 왼쪽-오른쪽으로 회전하는 함수
def rotateLR(parent):
    child = parent.left
    parent.left = rotateRR(child)
    return rotateLL(parent)

# 높이를 얻는 함수
def getHeight(node):
```

```
    if node is None:
        return 0
    return 1 + max(getHeight(node.left), getHeight(node.right))

# 균형인수를 얻는 함수
def getBalance(node):
    if node is None:
        return 0
    return getHeight(node.left) - getHeight(node.right)

# 트리 균형을 맞추는 함수
def balanceTree(node):
    heightDiff = getBalance(node)
    if heightDiff > 1:
        if getBalance(node.left) > 0:
            node = rotateLL(node)
        else:
            node = rotateLR(node)
    elif heightDiff < -1:
        if getBalance(node.right) < 0:
            node = rotateRR(node)
        else:
            node = rotateRL(node)
    return node

# AVL 트리에 노드를 삽입하는 함수
def insertAvl(root, key):
    if root is None:
        root = avlNode(key)
    elif key < root.data:
        root.left = insertAvl(root.left, key)
        root = balanceTree(root)
    elif key > root.data:
        root.right = insertAvl(root.right, key)
        root = balanceTree(root)
    else:
        print("중복 키로 인한 삽입 실패")
        exit(-1)
    return root

# AVL 트리 탐색 함수
# 일반 적인 이진 트리의 탐색 함수와 같다. AVL도 이진 탐색 트리의 일종이다.
def avlSearch(node, key):
    if node is None:
        return None
```

```
    print(node.data, end="->")
    if key == node.data:
        return node
    elif key < node.data:
        return avlSearch(node.left, key)
    else:
        return avlSearch(node.right, key)

# 메인 함수
if __name__ == "__main__":
    root = None
    root = insertAvl(root, 8)
    root = insertAvl(root, 9)
    root = insertAvl(root, 10)
    root = insertAvl(root, 2)
    root = insertAvl(root, 1)
    root = insertAvl(root, 5)
    root = insertAvl(root, 3)
    root = insertAvl(root, 6)
    root = insertAvl(root, 4)
    root = insertAvl(root, 7)
    root = insertAvl(root, 11)
    root = insertAvl(root, 12)
    avlSearch(root, 12)
```

실행결과

```
5->8->10->11->12->
```

〈예 XI-6〉 간단한 AVL 트리 예제

2 2-3 트리

2-3 트리는 차수가 2 또는 3인 노드를 가지는 트리로, AVL 트리와 비교할 때 완전 균형트리를 지향하는 특징이 있다. AVL 트리는 높이 균형을 유지하면서 데이터를 저장하는 이진 탐색 트리인 반면 2-3 트리는 각 노드가 2개 또는 3개의 자식 노드를 가질 수 있는 특별한 형태의 트리이다. 따라서 AVL 트리보다는 트리의 높이를 상대적으로 낮게 유지하며, 이러한 특징으로 탐색, 삽입, 삭제 등의 연산을 수행할 때 평균적으로 빠른 성능을 제공한다.

<그림 XI-7>에서 보여 주듯이 2-노드는 이진 탐색 트리처럼 하나의 키(k_1)와 두 개의 자식 노드를 갖는다. 키(k_1)를 기준으로 왼쪽 서브트리는 키보다 작은 값들을 가지며, 오른쪽 서브트리는 키보다 큰 값들을 갖는다.

3-노드는 자식 노드가 3개이고 키가 2개인 노드로 세 개의 자식 노드를 왼쪽(L), 중간(M), 오른쪽(R)으로 구분한다. 예를 들어, 키 크기 순서에 따라, 12 < 50 < 65 < 90 < 100일 때, 왼쪽 서브 트리에 있는 값들은 모두 k_1(12)보다 작은 값이며, 중간 서브 트리에 있는 값들은 k_1(12)보다 크고 k_2(50)보다 작은 값이며, 오른쪽 서브 트리에 있는 값들은 모두 k_2(50)보다 큰 값이 된다.

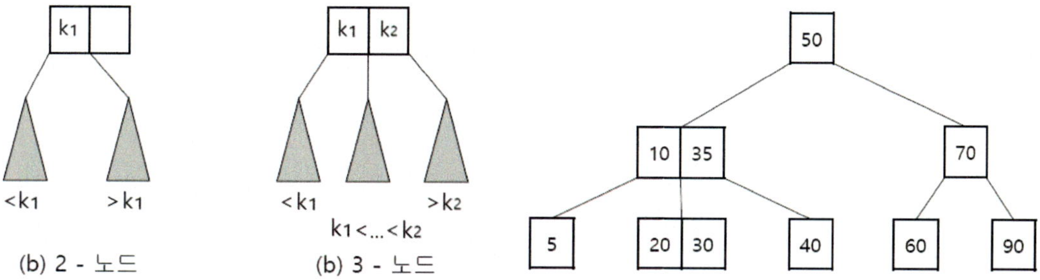

그림 XI-7 2-3 트리

(1) 2-3 트리의 삽입

2-3 트리에 데이터를 삽입할 때는 노드의 분할(split)이나 병합(merge)이 발생할 수 있다. <그림 XI-8>에서 보여주듯이, 단말 노드에 40을 삽입할 경우 2-노드로의 추가이기 때문에 단순하게 3-노드로 만들어주면 된다.

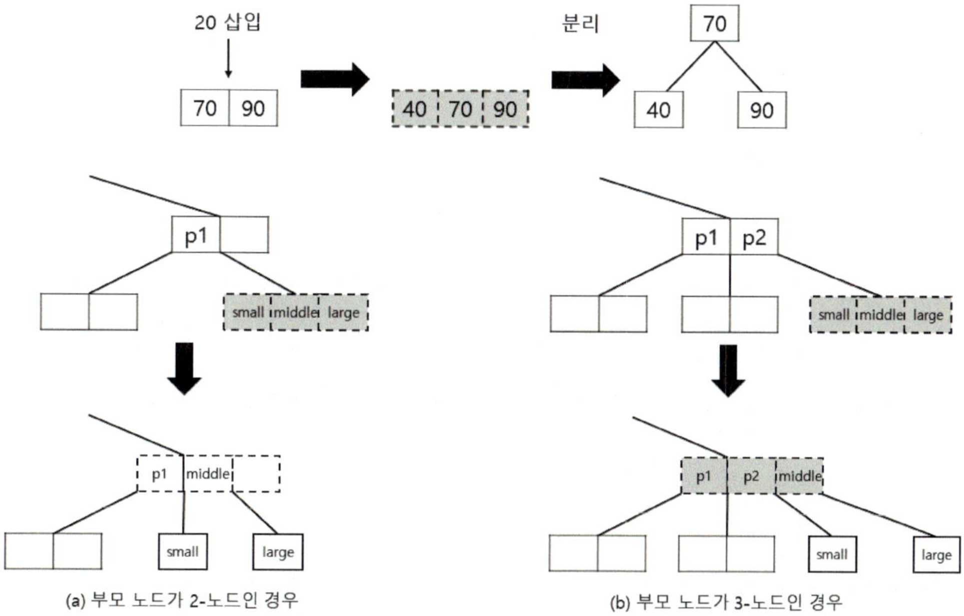

그림 XI-8 2-3 트리 단말 노드 추가

<그림 XI-9>와 같이 3-노드를 초과하여 추가되는 경우 분할을 해야 한다. 분할은 초과된 노드에서 중간값을 찾아 부모노드로 만들면 된다. 그러나 단순히 부모 노드로 만들어준다면 트리에 불균형이 생기기 때문에 몇 가지 작업을 해야 한다.

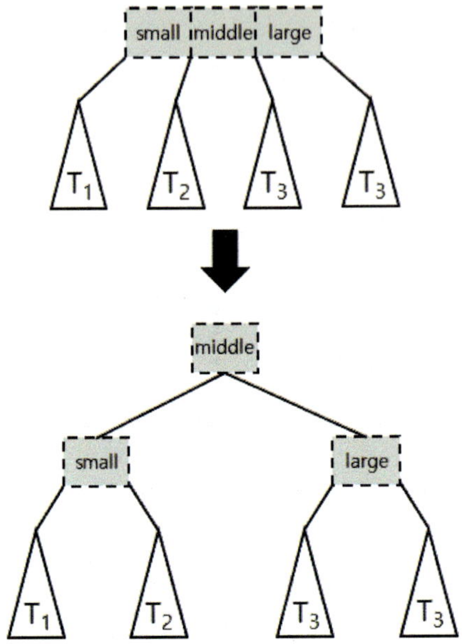

그림 XI-9 2-3 트리에서 3-노드를 초과하는 경우

<그림 XI-10>에서 루트 노드 20부터 높이가 2인 서브트리 A와 40부터 높이가 2인 서브트리 B의 경우 A 서브트리의 왼쪽 서브트리는 그대로 왼쪽 서브트리가 되고 B 서브트리의 왼쪽 서브트리는 중간(middle)이 되고, 중간 서브트리는 오른쪽 서브트리로 만들어주면서 3-노드로 만든다.

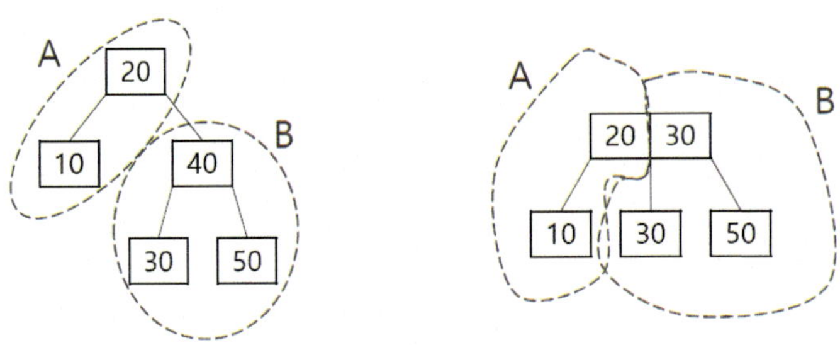

그림 XI-10 2-3 트리에서 두 서브 트리를 3-노드로 변환

<그림 XI-11>에서 보여주듯이 50, 30, 10, 20, 20, 40으로 구성된 트리에서 39를 삽입하면, 이진 탐색 트리라면 40보다 작으므로 40의 LChild 노드를 만들어 삽입하면 되나, 2-3 트리에서 리프는

3-노드일 수 있으므로, 키 39인 레코드와 키 40인 레코드를 합쳐서 하나의 노드로 만들면 된다.

여기에 38을 삽입하면, 하나의 노드에 세 개의 원소가 들어가게 되고, 3-노드는 원소를 두 개까지만 허용하기 때문에 중간 39를 지닌 레코드가 부모 노드로 올라가고, 작은 키 38과 큰 키 40이 좌우로 분리된다.

여기에 37의 삽입하고, 36의 삽입하게 되면, 리프 노드에 36, 37, 38이 존재하게 되고, 중간 37이 부모노드로 올라가고 나머지는 분리되어 부모 노드가 30, 37, 39로 바뀌게 된다. 중간인 37을 그 위 부모노드로 올리고 자신은 30인 노드와 39인 노드로 분리된다. 39인 노드는 37, 50인 부모노드의 중간 자식으로 그리고 36은 30의 오른쪽 자식으로, 키 38은 키 39의 왼쪽 자식으로 들어간다.

35, 34, 33까지 삽입 후 32를 삽입하면, 중간 33이 부모노드로 부모노드의 중간 33이 그 위로 올라가면 루트 노드에 3 개의 원소가 들어가기 때문에 새로운 루트를 만들어 자신의 중간인 37을 올리고, 나머지를 분리한다.

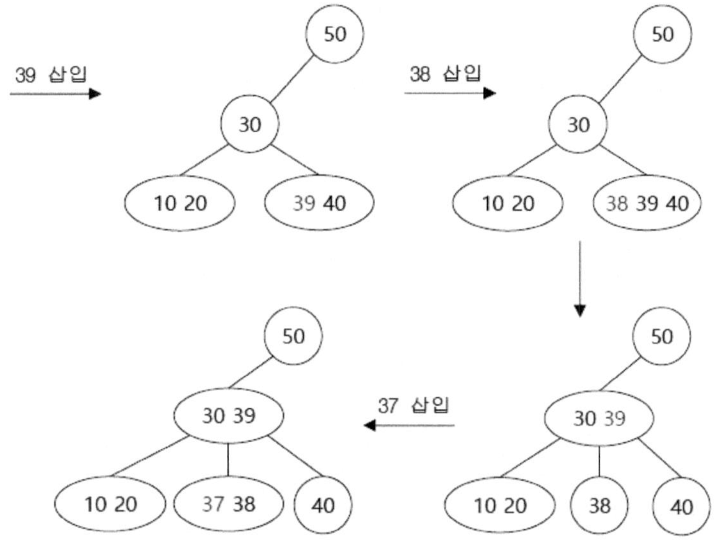

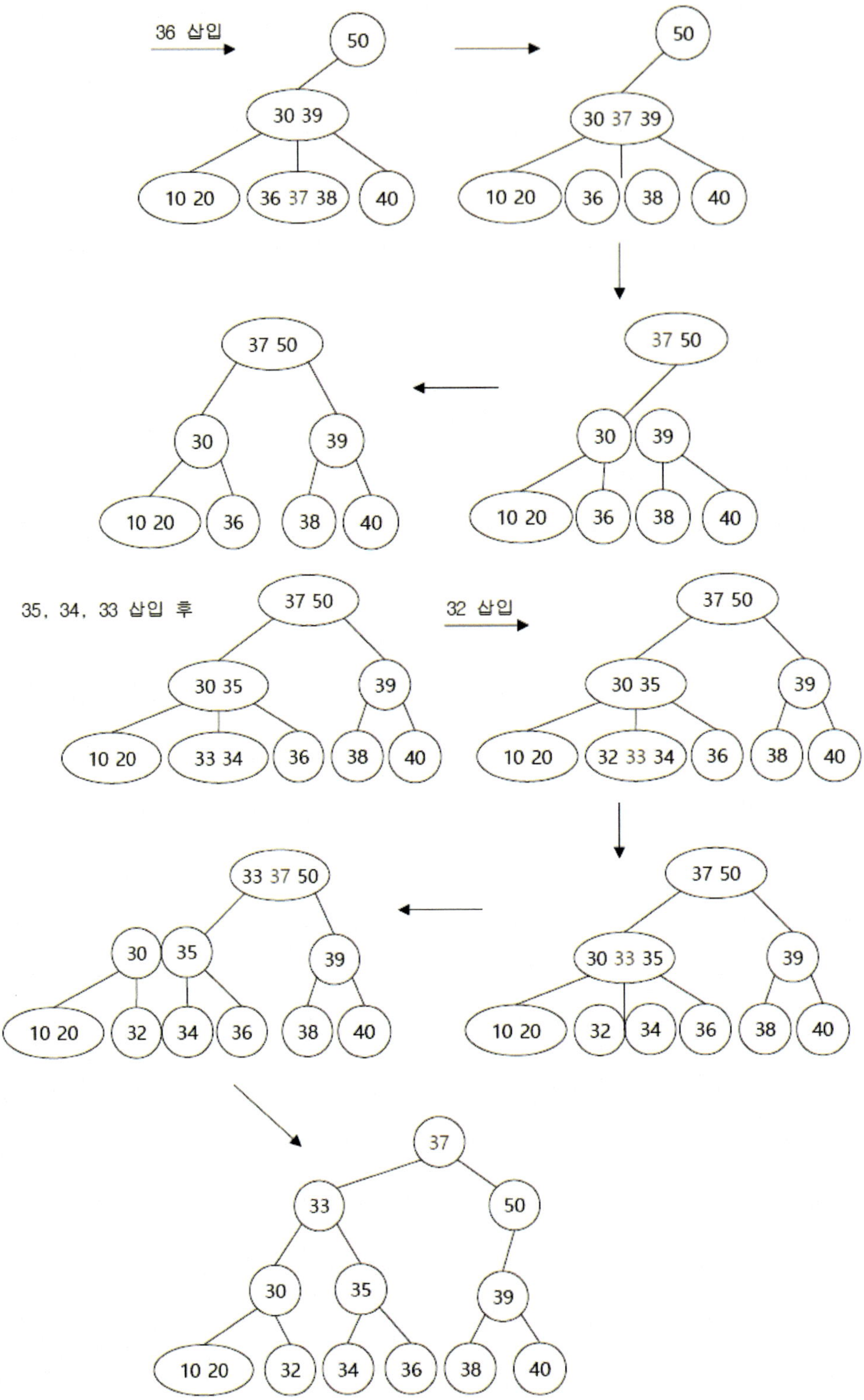

그림 XI-11 2-3 트리에서 루트 노드의 삽입

(2) 2-3 트리의 삭제

2-3 트리에서 삭제하기 위해서는 먼저 왼쪽 또는 오른쪽 자매노드를 확인하여 하나라도 3-노드가 있으면 빌려오되 반드시 부모노드를 거쳐서 빌려온다.

<그림 XI-12>에서 보여주듯이, 10을 삭제하기 위해서는 1, 4로 구성된 왼쪽 자매노드 4 노드가 부모 노드로 올라가는 대신 5인 부모 노드가 삭제된 10의 자리로 들어간다.

여기에서 5인 노드를 삭제하려면, 왼쪽 오른쪽 3-노드가 없어 노드 자체가 삭제하면 된다. 따라서 자식노드가 두개로 줄어들어 부모 노드도 2-노드로 바뀐게 되기 때문에 부모노드 중 하나가 삭제된 노드의 자매노드로 이동한다. 여기서는 부모노드의 왼쪽 키가 삭제된 노드의 왼쪽 자매노드로 이동한다. 물론 부모노드의 오른쪽 키가 오른쪽 자매노드로 이동할 수도 있다.

20인 노드를 삭제하고, 40을 삭제할 때 80 노드로부터 빌릴 자리가 없으므로 40인 노드는 삭제하고, 부모노드인 45인 노드는 더 이상 2-노드 상태를 유지할 수 없어 삭제된 노드의 자매노드인 80 노드로 합쳐지면서 45인 노드가 빈 자리로 남게된다.

여기에서 45인 노드를 삭제하면, 35인 루트 노드가 2-노드 상태를 유지할 수 없어 왼쪽 자매 노드와 합쳐지면서 루트 노드 자체가 삭제되고 트리 높이가 감소하지만 그러나 균형상태는 유지된다.

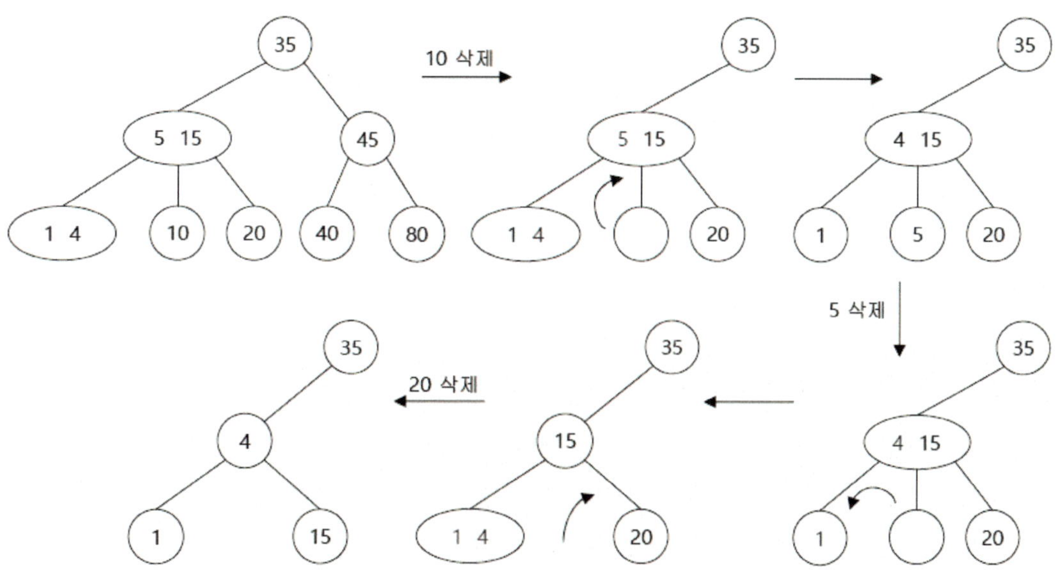

그림 XI-12 2-3 트리에서 루트 노드의 삭제

3 기타 이진 탐색 트리

(1) 2-3-4 트리

2-3-4 트리는 2-3 트리에 추가로 4-노드를 정의한 것이다. <그림 XI-13>에서 보여주듯이 자식노드로 가는 링크가 4개이고 키가 3개인 노드가 되는데 왼쪽 자식, 오른쪽 자식, 왼쪽 중간자식(left middle child), 오른쪽 중간자식(right middle child)으로 구분한다.

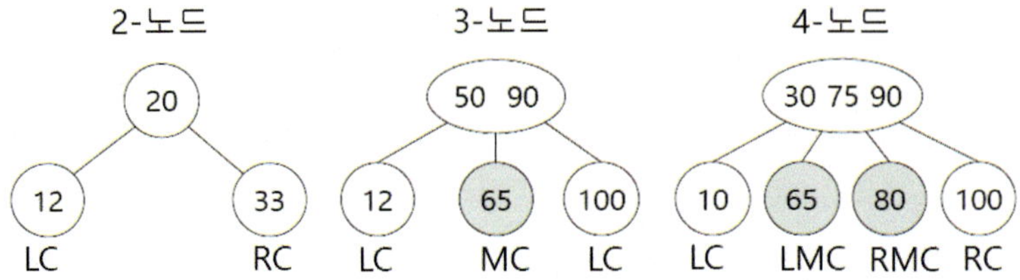

그림 XI-13 2-3-4 트리

2-3 트리는 리프노드가 꽉 차면 중간자식을 부모노드로 올리고, 만약 부모노드가 꽉 차면 다시 부모노드의 중간자식이 그 위로 올려지지만, 2-3-4 트리는 이러한 사태를 배제하기 위해, 루트로부터 삽입위치를 찾아서 내려가는 도중에 4-노드를 만나면 무조건 제거하면서 내려가게 된다. 따라서, 스택이 불필요하며, 하나의 삽입작업이 트리 모습을 바꾸면서 내려가는 동안, 동시에 이어서 두 번째 삽입작업이 루트로부터 내려올 수 있게 된다.

(2) 레드-블랙(Red-Black) 트리

내부적으로 균형을 이룬(self-balancing) 이진 탐색 트리로, 자료의 삽입, 삭제, 탐색에 최악의 경우에도 일정한 실행 시간을 보장한다. 각종 기하학 계산에 쓰이는 많은 자료구조들이 레드-블랙 트리 기반으로 만들어져 있다.

레드-블랙 트리에서 노드는 레드 혹은 블랙 중의 하나가 되며, 루트 노드(시작점)은 블랙이며, 모든 리프 노드(leaf node)는 블랙이다. 또한 레드 노드의 자식노드 양쪽은 언제나 모두 블랙이며, 블랙 노드만이 레드 노드의 부모 노드가 될 수 있다. 어떤 노드로부터 시작되어 리프 노드에 도달하는 모든 경로에는 리프 노드를 제외하면 모두 같은 개수의 블랙 노드가 있게 된다. 이러한 조건을 루트 노드로부터 가장 먼 경로까지의 거리가, 가장 가까운 경로까지의 거리의 2배보다 항상 작게 되고 균형을 맞추게 된다.

<그림 XI-14>는 레드-블랙 트리의 예를 보여준다.

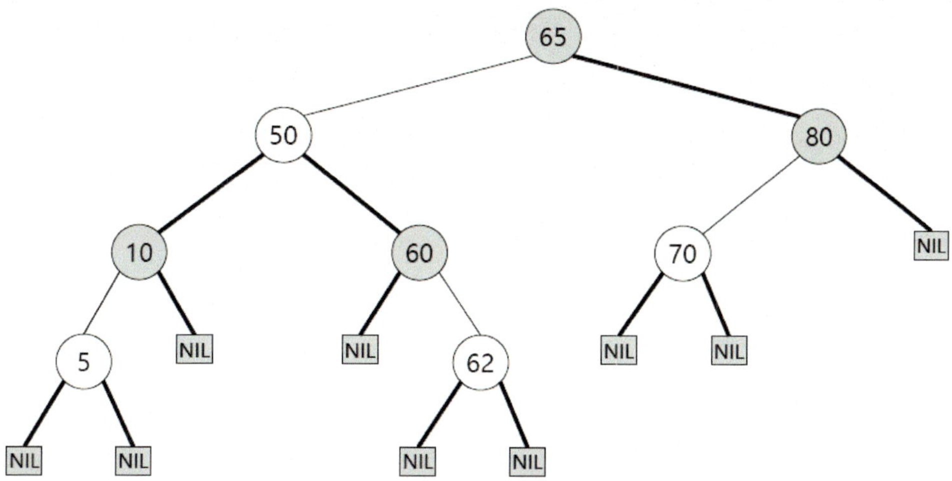

그림 XI-14 레드-블랙 트리

레드-블랙 트리의 링크는 색깔을 가지고 있기 때문에 구현을 위해서는 포인터 변수에 색깔이라는 속성을 추가해야 한다. 따라서 레드-블랙 트리의 자료구조에는 키를 포함한 데이터 필드, LChild 포인터, RChild 포인터 외에 LColor와 Rcolor를 포함해야 한다. 만약 색깔 변수 하나만 사용하려면 부모노드로부터 자신을 향한 포인터의 변수를 표시해야 한다.

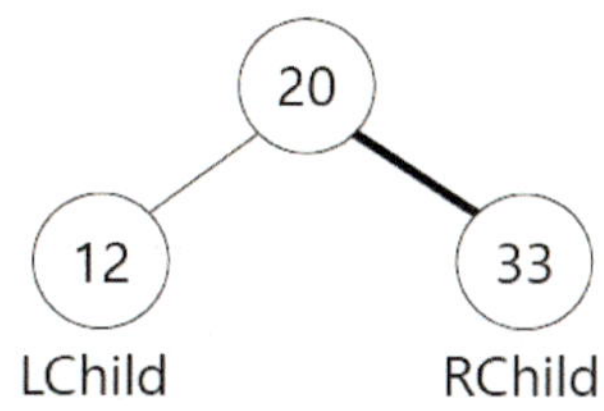

그림 XI-15 레드-블랙 트리의 링크 색깔 표시

모든 2-3-4 트리는 레드 블랙 트리로 표현 가능한데, 2-노드는 그대로 표현하면 되고, 3-노드는 왼쪽 또는 오른쪽 키를 루트로 하는 이진 트리로 만들면 된다. 따라서 트리 모양은 다르게 나올 수 있다. 이는 레드 링크는 원래 3-노드, 4-노드에서 같은 노드에 속했었다는 사실을 나타낸다. 4-노드의 레드 블랙 표현은 유일하다. <그림 XI-16>에서 레드-블랙 트리와 2-3-4 트리의 관련성을 보여준다.

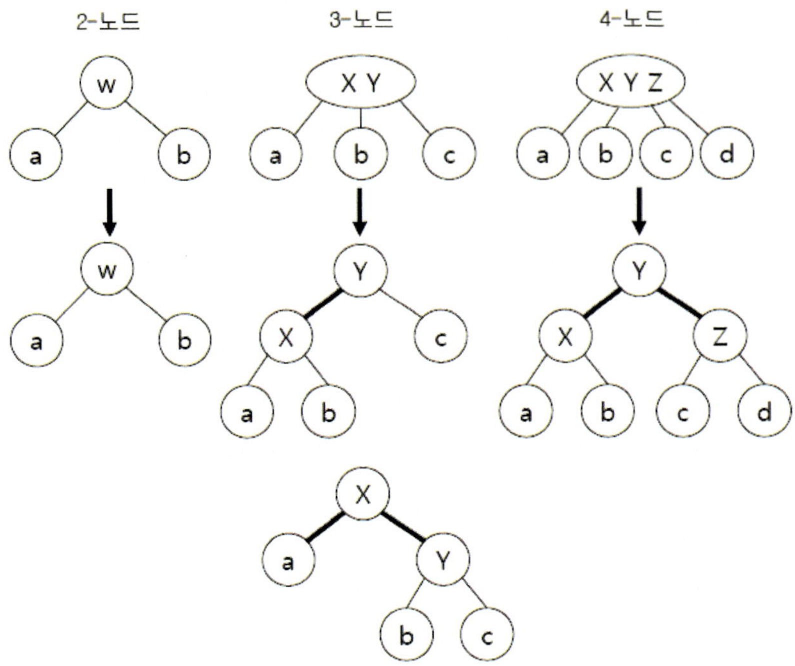

그림 XI-16 레드-블랙 트리와 2-3-4 트리의 관련성

레드-블랙 트리는 트리를 내려오면서 연속적인 레드 링크 2개는 허용하지 않으며, 루트로부터 리프 노드까지 검정 링크의 수는 모두 동일하며, 2개의 자식노드가 모두 빨강 링크일 때만 4-노드에 해당한다는 특징이 있다. 또한 레드-블랙 트리를 사용하는 이유는 2-3-4 트리가 복잡한 노드 구조 그리고 복잡한 삽입 삭제 코드를 가지고 있는 반면에 레드-블랙 트리는 이진 탐색 트리의 함수를 거의 그대로 사용할 수 있으며, 2-3-4 트리의 장점인 단일 패스 삽입 삭제가 그대로 레드 블랙 트리에도 적용되며, 언제 회전에 의해 균형을 잡아야 하는지가 쉽게 판별할 수 있다는 것 때문이다.

Exercise

01. AVL 트리에서 노드 하나를 삽입하였더니 삽입된 노드가 T1에 포함되게 되어 노드 C의 균형 인자(balance factor)가 +2가 되었다. 아래 그림은 C를 루트로 하는 부그래프를 보여주고 있고, 노드 C를 제외한 다른 노드의 균형 인자는 모두 −1, 0, 혹은 1이다. AVL 트리 삽입 알고리즘을 따르면 어떤 회전(rotation)이 일어나게 되는데, 어떤 회전이 일어나고 회전이 일어나는 과정을 도시화하시오.

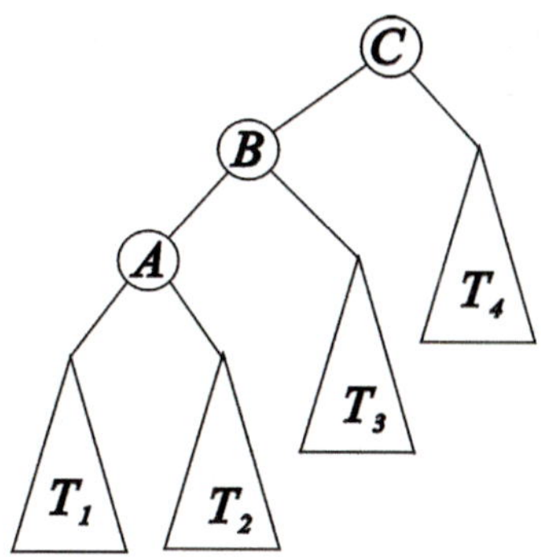

02. 다음 각각의 경우에서 주어진 순서대로 키를 삽입하여 AVL 트리를 만드시오.

(1) A, Z, B, Y, C, X, D, W, E, V, F

(2) A, B, C, D, E, F, G, H, I, J, K, L

(3) A, V, L, T, R, E, I, S, O, K

그리고 위 AVL에 트리에서

(4) LIFO 순서로 삽입된 각 키를 삭제하시오. (마지막에 삽입된 키가 처음 삭제됨)

(5) FIFO 순서로 삽입된 각 키를 삭제하시오. (첫 번째에 삽입된 키가 처음 삭제됨)

03. AVL 트리는 초기에 비어 있는 트리에 1, 2, 3, 4, 5의 키 값을 어떤 순서로든 삽입하여 생성된다. 이 삽입 중 어떤 순서에 대해 어떤 회전도 필요하지 않은 경우는 어떤 순열에 대한 것인지 설명하시오.

04. AVL 트리에서 키를 삭제할 때 수행되는 (단일 또는 이중) 회전의 수가 트리의 높이의 반을 초과하지 않는지 보이시오.

05. 처음에 비어 있는 2-3 트리에 키 1, 2, ...을 오름차순으로 삽입한다고 가정할 때 어떤 키가 처음으로 리프가 레벨 4에 위치하는지 쓰시오. (루트가 레벨 1에 있다고 가정). 그리고 결과적으로 얻어지는 2-3 트리를 만드시오.

06. 높이가 h인 2-3 트리에 대해 최소 리프 노드의 수와 최대 리프 노드의 수를 구하시오.

07. 아래의 이진 탐색 트리에서 9를 삭제한 후의 트리가 어떻게 변화하는지 도시화하시오.

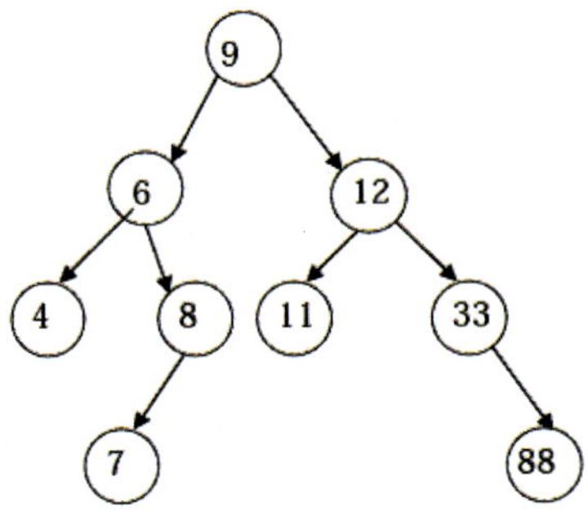

Chapter XII

그래프(Graph)

본 장에서는 연결된 데이터 간의 관계를 표현할 수 있는 그래프에 대해 다룬다. 그래프는 지하철 노선도, 최단 경로 등 실생활에서 자주 사용되는 자료구조이다.

1 그래프 이론의 역사와 활용

그래프 이론은 다양한 분야에서 중요한 역할을 하며, 그 발전은 컴퓨터 과학, 수학, 네트워크 공학, 사회 과학, 인공 지능 등 다양한 분야에 영향을 미치고 있다. 현재에 이르러서도 그래프 이론은 계속해서 연구되고 확장되고 있으며, 미래에도 새로운 응용 분야에서 중요성을 더욱 강조할 것으로 예상된다. 그래프 이론은 수학적 이론과 실제 응용 사이의 다리 역할을 하는 중요한 학문으로, 다양한 분야에서 활용되고 있다. 이 학문의 역사는 다음과 같다.

▣ 오일러의 다리 문제 (1736년)

그래프 이론의 시작은 스위스 수학자 레오나르드 오일러(Léonard Euler)에 의해 제기된 "쾨니히스베르크의 다리 문제"에서 비롯되었다. 이 문제는 다리와 땅을 연결하는 방법에 관한 것이었으며, 이를 푸는 과정에서 그래프의 개념이 처음 등장했다. 오일러는 그래프를 사용하여 이 문제를 해결하였고, 이것이 그래프 이론의 시작점이 되었다.

▣ 최단 경로 문제 (1950년대)

그래프 이론은 20세기 중반에 컴퓨터과학과 연관되어 빠르게 발전했다. 최단 경로 문제를 해결하기 위한 다익스트라(Dijkstra) 알고리즘과 벨만-포드(Bellman-Ford) 알고리즘이 개발되었으며, 이로써 그래프 이론은 컴퓨터 네트워크, 라우팅, 교통 최적화 등의 분야에서 큰 역할을 하게 되었다

▣ 트리(Trees)와 그래프 자료구조 (1960년대)

그래프 이론은 자료구조의 중요한 부분으로 자리 잡았다. 트리 구조, 힙(heap), 그래프 자료구조 등이 데이터 저장 및 검색에서 사용되며, 이러한 자료구조는 알고리즘, 데이터베이스, 운영체제 등 다양한 분야에서 활용되고 있다.

▣ 소셜 네트워크 분석 (2000년대 이후)

인터넷과 소셜 미디어의 등장으로 그래프 이론은 소셜 네트워크 분석에 큰 역할을 하게 되었다 소셜 네트워크에서의 친구 관계, 정보 전파, 온라인 커뮤니티 분석 등을 통해 그래프 이론이 현대 사회와 컴퓨터과학의 중요한 영역 중 하나로 자리 잡았다.

▣ 기계 학습과 인공 지능 (2000년대 이후)

그래프 이론은 기계 학습과 인공 지능 분야에서도 핵심적으로 사용된다. 그래프 신경망(graph neural networks)과 같은 그래프 기반 모델들은 이미지 분석, 자연어 처리, 추천 시스템 등 다양한 응용 분야에서 활용되고 있다.

그래프는 실제 세계의 시스템과 추상적인 문제에 대한 해결을 위해 정말 다양한 응용 분야에서 사용되고 있다. 컴퓨터 및 통신 네트워크에서의 장치나 노드 간의 연결과 통신 경로를 모델링하고 분석하는 데 그래프가 사용되고 있다. 지도를 그래프로 표현하여 위치와 위치 간의 최단 경로를 계산하는 데 활용되고 있다. 당연히 이를 통해 네비게이션 및 경로 최적화에 활용되고 있다. 교통 네트워크나 공급망에서 물류 및 자원의 흐름과 용량을 모델링하는 데도 그래프가 사용되고 있다. 컴퓨터 프로그램의 상태와 전이를 그래프로 표현하여 알고리즘 분석 및 최적화에 활용되고 있다. 가족 계보, 기업 조직도, 군대 계층 구조, 과학적 분류체계 등 다양한 관계를 그래프로 모델링하여 분석하고 시각화하는 데도 사용된다.

2 용어

그래프 G = (V, E)는 정점(vertex)의 집합 V와 간선(edge)의 집합 E로 구성되며, E의 각 간선은 V의 두 정점 사이의 연결을 나타낸다. 정점의 수는 |V|로 나타내며, 간선의 수는 |E|로 나타낸다. |E|는 0에서 최대 $|V|^2$ - |V|까지 범위에 있을 수 있다. <그림 XII-1>의 그래프를 정점과 간선으로 표현하면 <표 XII-1>과 같다.

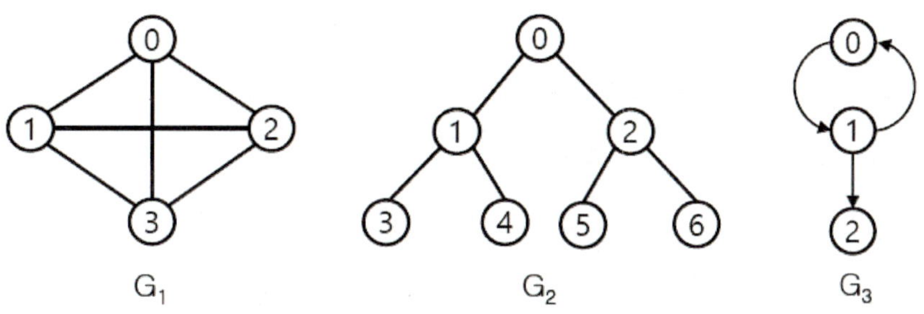

그림 XII-1 다양한 그래프들

표 XII-1 다양한 그래프들의 표현

그래프 G_1

$V(G_1) = \{0, 1, 2, 3\}$

$E(G_1) = \{(0,1), (0,2), (0,3), (1,2), (1,3), (2,3)\}$

그래프 G_2

$V(G_2) = \{0, 1, 2, 3, 4, 5, 6\}$

$E(G_2) = \{(0,1), (0,2), (1,3), (1,4), (2,5), (2,6)\}$

그래프 G_3

$V(G_3) = \{0, 1, 2\}$

$E(G_3) = \{<0,1>, <1,0>, <1,2>\}$

간선이 비교적 적은 그래프를 희소(sparse) 그래프라 하고, 간선이 많은 그래프를 밀집(dense) 그래프라고 한다. 모든 가능한 간선을 포함하는 그래프는 완전(complete) 그래프라고 한다. 부분 그래프(subgraph)는 V(G') ⊆ V(G) 이고 E(G') ⊆ E(G) 일 때, G'는 G의 부분 그래프라고 말한다.

<그림 XII-1>의 G_3와 같이 정점 간의 간선이 방향성을 가지는 그래프를 방향 그래프 또는 유향 그래프(directed graph 또는 digraph)라고 한다. <그림 XII-1>의 G_1, G_2와 같이 간선이 방향을 가지지 않는 그래프는 무방향 그래프(undirected graph)라고 한다. <그림 XII-1>에서 보여주듯이 정점에 레이블이 할당된 그래프를 레이블 그래프(labeled graph)라고 한다.

두 정점이 서로 연결된 경우 이들 정점은 인접한(adjacent) 정점이라고 한다. 이러한 정점들은 이웃(neighbors)이라고도 불린다. 정점에 들어오는 간선의 수를 인-디그리(in-degree(of vertex v))라고 하고 정점으로부터 나가는 간선의 수를 아웃-디그리(out-degree(of vertex v))라고 한다.

정점 U와 V를 연결하는 간선은 (U, V)로 표시되며, 이러한 간선은 정점 U와 V에 대해 부속(incident)된다고 말한다. 각 간선에는 비용 또는 가중치가 할당될 수 있다. <그림 XII-2>와 같이 간선에 가중치가 있는 그래프는 가중 그래프(weighted graph)라고 한다.

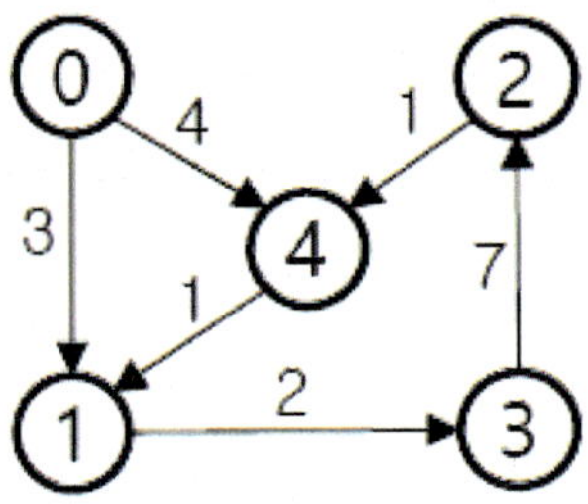

그림 XII-2 가중 그래프

정점의 순서 $v_1, v_2, \ldots, v_n$은 n - 1 길이의 경로(path)를 형성한다. 경로는 $1 \le i < n$ 인 경우에 v_i에서 v_{i+1}로 가는 간선이 존재할 때 형성된다. 경로가 모든 정점이 서로 다른 경우 경로를 간단한 경로(simple path)라고 한다. 경로의 길이는 포함된 간선의 수다. 사이클(cycle)은 어떤 정점 v_1에서 자기 자신으로 가는 길이가 3 이상인 경로다. 사이클이 간단한 경우 경로는 처음과 마지막 정점을 제외하고 모든 정점이 서로 다른 경우를 나타낸다. <그림 XII-2>의 그래프에서 정점 0에서 정점 3까지 정점 0, 1 및 3을 포함한 간단한 경로가 있고, 또한 정점 0, 1, 3, 2, 4 및 1은 경로를 형성하지만, 정점 1이 두 번 나오므로 간단한 경로가 아니다. 정점 1, 3, 2, 4 및 1은 간단한 사이클을 형성한다.

무방향 그래프가 연결되어 있다는 것은 어떤 정점에서 다른 모든 정점까지 적어도 하나의 경로가 존재함을 의미한다. 무방향 그래프의 최대 연결 하위 그래프는 연결 요소(connected components)라고 불린다. 예를 들어, <그림 XII-3>은 세 개의 연결 요소가 있는 무방향 그래프를 보여준다.

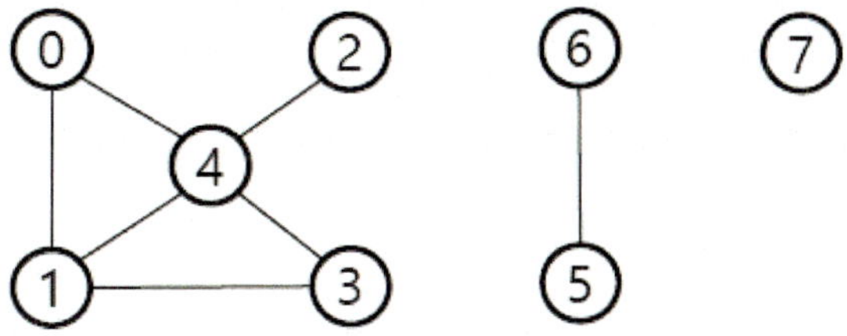

그림 XII-3 무방향 그래프

사이클이 없는 그래프를 비순환적(acyclic)이라고 한다. 따라서 사이클이 없는 방향 그래프는 방향 비순환 그래프 또는 DAG(directed acyclic graph)라고 한다.

자유 트리(free tree)는 사이클이 없는 연결된 무방향 그래프로, 다른 정의로는 연결되어 있고 정점의 수에서 1을 뺀 |V| - 1개의 간선을 가지는 그래프이다.

그래프에도 제한 사항이 있다. 먼저 자신을 향하는 간선(자기 간선, self edge 또는 self loop)을 갖을 수 없다. 즉, 그래프는 자기 자신을 가리키는 간선을 가질 수 없다는 것이다. 즉, 한 정점에서 다시 자기 자신으로 돌아가는 간선은 허용되지 않는다. 이는 그래프의 구조를 단순하게 유지하고, 사이클이나 경로의 정의를 일관성 있게 유지하기 위한 것이다. 두 번째로 중복된 간선을 허용하지 않는다(not multigraph). 즉, 동일한 두 정점 사이에 여러 개의 동일한 간선이 존재할 수 없다. 이것은 그래프의 간선이 양방향인 경우에도 동일한 간선이 두 번 표시되지 않는다는 것을 의미한다. 중복 간선을 허용하지 않는 이러한 제한은 그래프의 정확성을 유지하고 예기치 않은 복잡성을 방지하기 위한 것이다.

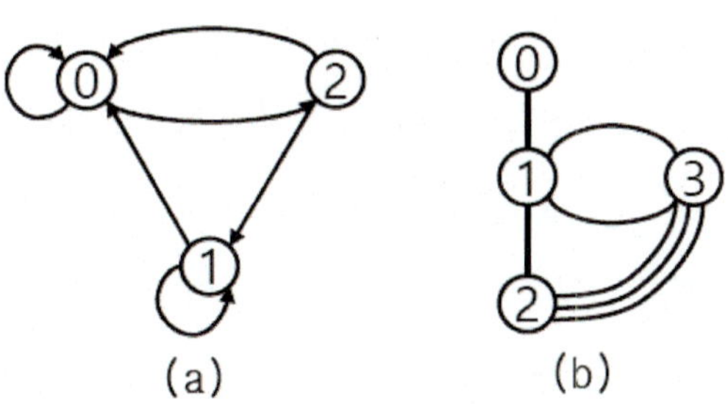

그림 XII-4 self loop을 갖는 그래프와 중복 간선을 갖는 multigraph

3 그래프의 표현 방법

그래프를 표현하는 데 일반적으로 사용되는 두 가지 방법이 있다. 먼저 <그림 XII-5>에서 보여주듯이 인접 행렬(adjacency matrix)로 나타내는 것이다. 그래프의 인접 행렬은 $|V| \times |V|$ 크기의 배열로 표현된다. $|V| = n$이라고 가정하고 정점들이 v_0부터 v_{n-1}까지 레이블링되었다고 가정한다. 인접 행렬의 i번째 행은 정점 v_i에 대한 항목을 포함하며, i행의 j열이 표시되면 v_i에서 v_j로의 간선이 존재함을 나타내며, 그렇지 않으면 표시되지 않는다. 인접 행렬은 각 위치마다 한 비트를 필요로 한다. 반면에 각 간선에 숫자를 할당하려면 각 행렬 위치가 해당 숫자를 저장해야 한다. 어느 경우에도 인접 행렬의 공간 요구사항은 $O(|V|^2)$이다.

두 번째 일반적인 그래프 표현 방법은 인접 리스트(adjacency list)이다. 그 인접 리스트는 연결 리스트들의 배열이다. 그래프 G=(V, E)에 대해 $|V| = n(\geq 1)$ 일 때 그래프를 이차원 배열로 표현하는데 adj_mat[i][j]는 (V_i, V_j)가 인접할 때 “1”로 그리고 인접하지 않을 때 “0”으로 나타낸다. 이 배열은 $|V|$ 개의 항목을 가지며, i 위치에는 정점 v_i의 간선 목록을 가리키는 포인터가 저장된다. 이 연결 리스트는 정점 v_i에 인접한 정점들로 간선을 표현한다. 인접 리스트는 결과적으로 트리에서 설명한 "자식 목록" 표현의 일반화된 형태다.

	0	1	2	3
0	0	1	1	1
1	1	0	1	1
2	1	1	0	1
3	1	1	1	0

	0	1	2
0	0	1	0
1	1	0	1
2	0	0	0

그림 XII-5 〈그림 XII-4〉의 G_1, G_3의 인접 행렬

인접 리스트의 저장 공간 요구사항은 그래프의 간선 수와 정점 수 모두에 의존한다. 각 정점마다 배열 항목이 있어야 하며 (정점이 다른 어떤 정점과도 인접하지 않아 연결된 간선이 없는 경우에도), 각 간선은 하나의 리스트에 나타나야 한다. 따라서 비용은 $O(|V| + |E|)$가 된다.

인접 행렬과 인접 리스트는 방향 그래프나 무방향 그래프 모두를 저장하는 데 사용할 수 있다. 무방향 그래프의 각 엣지는 정점 U와 V를 연결하는 두 개의 방향성 있는 엣지로 표현된다. U에서 V로의 엣지와 V에서 U로의 엣지 두 가지이다. <그림 XII-6>은 방향 그래프와 무방향 그래프의 인접 행렬과 인접 리스트의 사용을 보여준다.

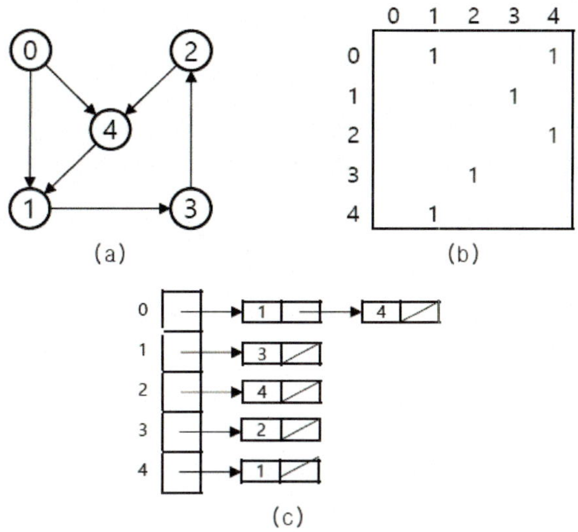

〈방향 그래프〉

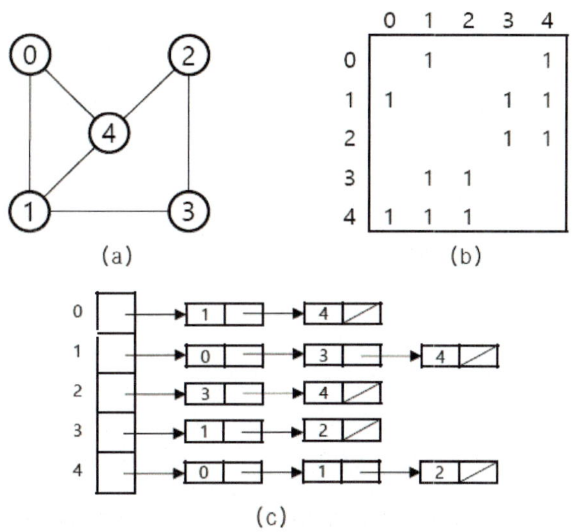

〈무방향 그래프〉

그림 XII-6 인접 행렬과 인접 리스트

<예 XII-1>은 그래프의 클래스 정의를 보여준다. adjList_H[MAX_VERTEX]는 각 정점에 대한 인접 연결 리스트를 나타내는 배열이고 MAX_VERTEX는 그래프의 최대 정점 수를 나타내는 상수이다. 이 배열은 정점마다 해당 정점과 인접한 다른 정점들의 연결 리스트를 가리키는 포인터를 저장한다. visited[MAX_VERTEX]는 방문한 정점을 표시하기 위한 배열이다. 이 배열은 그래프의 정점 수에 따라서 방문 여부를 나타내는 플래그와 같이 사용될 수 있다.

```
# 정점의 정의
class GraphNode:
    def __init__(self, vertex):
        self.vertex = vertex  # 정점의 키값
        self.link = None      # 인접한 정점의 리스트

# 그래프의 정의
class GraphType:
    def __init__(self, n):
        self.n = n                                         # 그래프의 정점의 수
        self.adjList_H = [None] * MAX_VERTEX               # 각 정점에 대한 인접 연결 리스트
        self.visited = [None for _ in range(MAX_VERTEX)] # 방문한 정점
```

〈예 XII-1〉 그래프의 타입 정의

어떤 그래프 표현 방식이 더 공간 효율적인지는 그래프의 간선 수에 따라 달라진다. 인접 리스트는 그래프에 실제로 나타나는 간선에 대해서만 정보를 저장하므로, 간선이 실제 그래프에 나타나지 않는 경우에는 저장 공간을 사용하지 않는다. 반면 인접 행렬은 모든 가능한 간선에 대한 공간을 필요로 하며, 해당 간선이 존재하든 없든 관계없이 공간을 차지한다. 그러나 인접 행렬은 포인터 오버헤드가 없으므로, 특히 간선의 존재 여부를 나타내는 하나의 비트만 저장되는 경우에는 상당한 비용을 절약할 수 있다. 그래프가 더 밀집하게 되면 인접 행렬이 상대적으로 더 공간 효율적이다. 희소 그래프의 경우 인접 리스트 표현이 더 공간 효율적일 가능성이 높다.

인접 행렬은 종종 알고리즘에 대한 점근적인 비용이 인접 리스트를 사용하는 경우에 비해 더 높을 수 있다. 그 이유는 그래프 알고리즘이 각 정점의 각 이웃을 방문하는 것이 일반적이기 때문이다. 인접 리스트를 사용하면 정점과 이웃 간의 실제 간선만 확인하면 된다. 그러나 인접 행렬은 그것의 |V| 개의 잠재적 엣지 중 각각을 살펴봐야 하므로 알고리즘의 전체 비용은 $O(|V|^2)$이 된다. 이 때문에 알고리즘은 일반적으로 $O(|V|+|E|)$의 시간이 필요한 경우에도 $O(|V|^2)$의 시간이 필요할 수 있다. 이는 그래프가 희소한 경우에는 상당한 단점이지만, 그래프가 밀집한 경우에는 큰 문제가 되지 않는다.

예를 들어, <그림XII-6>의 방향 그래프에 대한 인접 행렬의 크기는 $2 * |V|^2$ 바이트이다. 여기서 |V|는 정점의 수이다. |V| = 5로 가정하면 인접 행렬은 $2 * 5^2 = 50$ 바이트를 필요로 한다. 이에 반해 <그림 XII-6>의 방향 그래프에 대한 인접 리스트는 각 정점마다 4 바이트(포인터)를 필요로 하며, 간선이 6개 있으므로 6 * 4 = 24 바이트를 필요로 한다. 또한 간선 가중치가 2 바이트씩 필요하므로 6 * 2 = 12 바이트를 추가로 필요로 한다. 따라서 인접 리스트는 4 * 5 (정점 수) + 6 * 4 (포인터) + 6 * 2 (가중치) = 56 바이트를 필요로 한다.

<그림XII-6>의 무방향 그래프에 대한 인접 행렬의 크기는 방향 그래프와 동일하게 50 바이트이다. 무방향 그래프의 인접 리스트는 방향 그래프보다 간선의 수가 2배로 증가했으므로, 인접 리스트는 4 * 5 (정점 수) + 12 * 4 (포인터) + 12 * 2 (가중치) = 92 바이트를 필요로 한다.

요약하면, 간선의 수, 정점의 수, 그리고 데이터 요구사항에 따라 인접 행렬과 인접 리스트의 공간 요구사항이 달라진다. 일반적으로 희소한 그래프의 경우 인접 리스트가 공간 효율적일 수 있지만, 밀집한 그래프의 경우 인접 행렬이 공간 효율적일 수 있다.

4 그래프 순회(Graph Traversal)

하나의 정점에서 시작하여 그래프에 있는 모든 정점을 한 번씩 방문하는 것을 그래프 순회(graph traversal) 또는 그래프 탐색(graph search)이라고 하고 트리 순회와 유사한 개념이다. 한가지 기억해야 할 것은 트리 순회가 모든 노드를 한 번씩 지정된 순서(preorder, inorder, postorder 등)대로 방문하는 것이라는 것이다. 여러 가지 트리 순회가 존재하는 이유는 다양한 애플리케이션에서 노드를 특정한 순서로 방문해야 하는 경우가 있기 때문이다. 예를 들어, 이진 탐색 트리의 노드를 오름차순으로 출력하려면 중위 순회가 필요하다.

그래프의 경우에도 표준적인 순회 방법이 존재한다. 각각의 방법은 특정한 문제를 해결하기에 적합하게 설계되어 있다. 예를 들어, 인공 지능 프로그래밍에서는 많은 문제가 그래프를 사용하여 모델링된다. 문제 도메인은 여러 상태의 큰 집합으로 이루어져 있고, 상태 간에 연결이 있을 수 있다. 문제를 해결하기 위해서는 시작 상태에서 목표 상태까지 연결을 통해서만 상태를 이동하면서 특정한 순서로 그래프의 정점을 탐색해야 할 수 있다. 일반적으로 시작 상태와 목표 상태가 직접적으로 연결되어 있지 않다. 이러한 문제를 해결하기 위해서는 그래프의 정점을 체계적인 방법으로 탐색해야 한다.

그래프 순회 알고리즘은 일반적으로 시작 정점에서 시작하여 나머지 정점을 방문하는 것이다. 그래프 순회는 여러 가지 까다로운 경우를 다뤄야 한다. 첫째, 시작 정점에서 모든 정점에 도달하는 것이 불가능할 수 있다. 이는 그래프가 연결되지 않은 경우에 발생한다. 둘째, 그래프에는 사이클이 포함될 수 있으며, 이로 인해 알고리즘이 무한 루프에 빠지지 않도록 주의해야 한다.

그래프 순회 알고리즘은 이러한 두 가지 문제를 해결하기 위해 각 정점에 대한 방문(mark) 비트를 유지함으로써 동작한다. 알고리즘이 시작될 때 모든 정점에 대한 방문 비트는 초기화된다. 정점을 처음 방문할 때 해당 정점의 표식 비트가 설정된다. 방문 비트가 설정된 정점을 두 번째로 만나면 더 이상 방문하지 않는다. 이렇게 함으로써 그래프에 사이클이 있을 때 무한 루프에 빠지지 않도록 한다. 순회 알고리즘이 완료되면 방문 비트 배열을 확인하여 모든 정점이 처리되었는지 확인할 수 있다. 모든 정점이 방문되지 않았다면, 방문하지 않은 정점에서 순회를 계속할 수 있다. 이 프로세스는 그래프가 방향성이 있는지 또는 없는지와 관계없이 작동한다. 모든 정점을 방문하기 위해 <예 XII-2>에 보여주는 graphTraverse()를 사용하여, 모든 정점의 방문 비트를 초기화한 후, 각 정점에서 깊이 우선 탐색 함수나 너비 우선 탐색 함수를 호출한다. 특히, 바로 뒤에서 소개할 깊이 우선 탐색과 너비 우선 탐색은 그래프 탐색의 정수라고 할 수 있다. 반드시 그 원리를 완벽하게 이해하고, 눈 감고도 코드를 작성할 수 있을 정도로 반복해서 연습하기 바란다.

```
def graphTraverse(G):
    for i in range(G.n):
        G.setMark(i, UNVISITED)  # Clear mark bits for all vertices
    for i in range(G.n):
        if G.getMark(i) == UNVISITED:
            dfs(G, i)  # Perform depth-first or breadth-first traversal
```

〈예 XII-2〉 graphTraverse()와 방문 비트 표시

(1) 깊이 우선 탐색(DFS, Depth First Search)

조직화된 그래프 순회의 첫 번째 방법은 깊이 우선 탐색(DFS, depth-first search)이다. DFS는 그래프 순회 중에 정점 V가 방문될 때마다 V의 모든 방문하지 않은 이웃을 재귀적으로 방문한다. 또는 DFS는 v에서 나가는 모든 간선을 스택에 추가한다. 다음에 방문할 정점은 스택에서 팝하여 해당 간선을 따라가는 것으로 결정된다. 이 작업은 그래프에서 한 가지를 끝까지 따라가고, 그런 다음 뒤로 돌아가 다른 가지를 따라가는 효과가 있다. DFS는 방향성이 있는 그래프나 방향성이 없는 그래프에 모두 적용할 수 있다. <표 XII-2>는 DFS 알고리즘을 보여준다.

표 XII-2 DFS 알고리즘

(1) 시작 정점 v를 결정하여 방문
(2) 정점 v에서 인접한 정점 중
  ① 방문하지 않은 정점 w가 있으면 정점 V를 스택에 push하고 w를 방문, w를 v로 하여 다시 (2)를 반복
  ② 방문하지 않은 정점이 없으면 스택을 pop하여 받은 가장 마지막 방문지점을 v로 설정한 뒤 다시 (2)를 수행
(3) 스택이 공백이 될 때까지 (2)를 반복

<그림 XII-7>은 DFS의 탐색 순서와 스택의 변화를 보여준다.

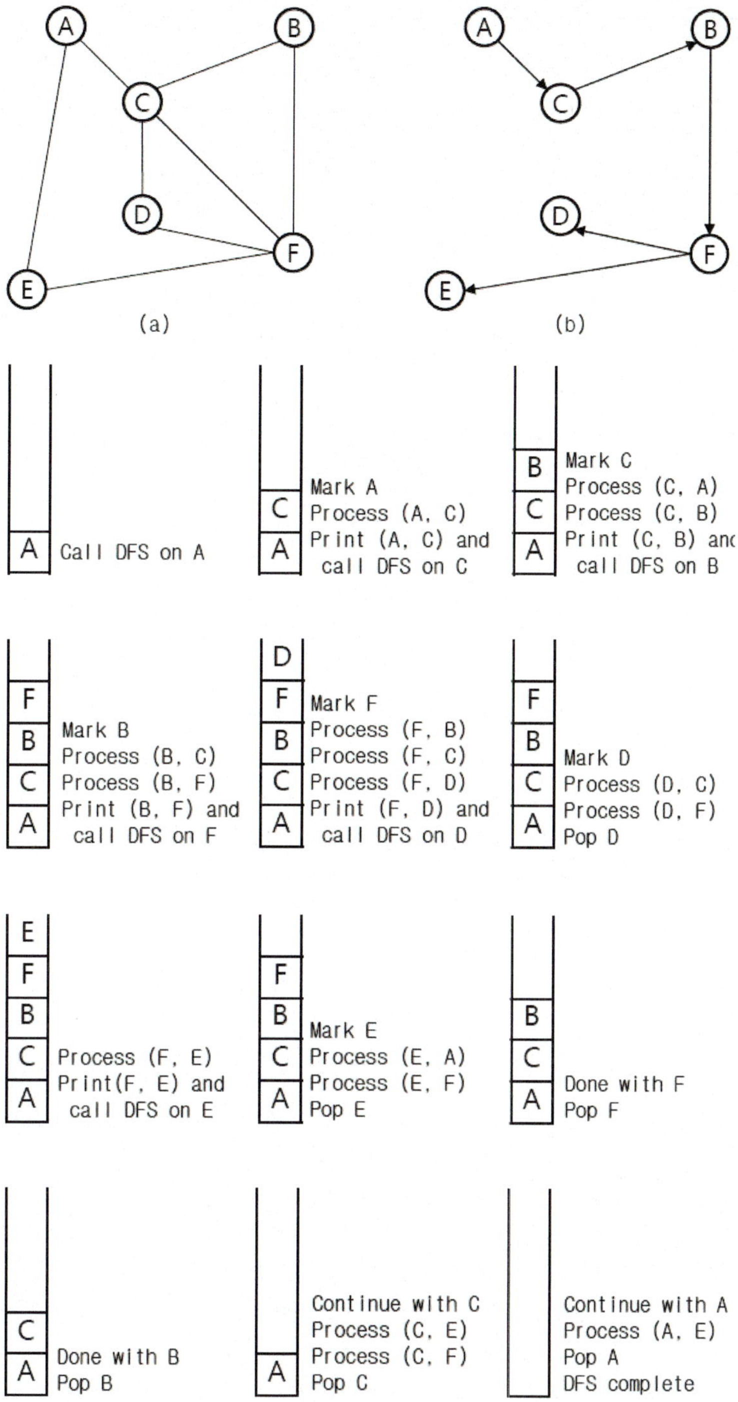

그림 XII-7 DFS의 탐색 순서와 스택의 변화

<예 XII-3>은 재귀호출로 구현한 DFS를 보여준다. visited[MAX_VERTEX]는 그래프의 정점들을 방문했는지 여부를 나타내는 배열로, 각 정점에 대한 방문 여부를 저장한다. False는 방문하지 않았음을 나타내고, True는 방문했음을 나타낸다. GraphNode는 그래프의 정점을 표현하는 클래스로, vertex는 정점의 값을 저장하고 link는 다음 연결된 정점을 가리킨다. graph[MAX_VERTEX]는 그래프의 정점들을 나타내는 배열로, 각 정점에서 시작하는 연결된 정점들을 연결 리스트 형태로 표현한다.

visited[v]를 True로 설정하여 정점 v를 방문했음을 표시하고 현재 정점 v를 출력한다. graph[v]를 순회하면서 연결된 정점들을 확인하는데, 만약 방문하지 않은 정점(not visited[w.vertex])을 발견하면, 해당 정점을 방문하고 재귀적으로 dfs(w.vertex)를 호출하여 해당 정점에서 다시 깊이 우선 탐색을 수행한다.

```
MAX_VERTEX = 10
visited = [False] * MAX_VERTEX

class GraphNode:
    def __init__(self, vertex):
        self.vertex = vertex
        self.link = None

graph: list[GraphNode] = [None] * MAX_VERTEX

def dfs(v):
    # Depth-first search of a graph beginning at v
    global visited, graph
    visited[v] = True
    print(v, end=' ')

    w = graph[v]
    while w:
        if not visited[w.vertex]:
            dfs(w.vertex)
        w = w.link
```

〈예 XII-3〉 재귀로 구현한 dfs()

<예 XII-4>는 연결 리스트를 사용한 DFS 예제 프로그램을, 그리고 <예 XII-5>는 배열을 사용한 DFS 예제 프로그램을 보여준다. 스택은 리스트를 써서 표현하는 쪽이 간결하지만, 연습 삼아 두 가지 방법을 모두 사용해 보기 바란다.

```python
MAX_VERTEX = 10


class GraphNode:
    def __init__(self, vertex):
        self.vertex = vertex
        self.link = None


class StackNode:
    def __init__(self, data, link=None):
        self.data = data
        self.link = link


class Stack:
    def __init__(self):
        self.top = None

    def push(self, item):
        temp = StackNode(item, self.top)
        self.top = temp

    def pop(self):
        if self.top is None:
            print("\n\n Stack is empty !\n")
            return 0
        else:
            temp = self.top
            item = temp.data
            top = temp.link
            del temp
            return item


class Graph:
    def __init__(self):
        self.n = 0
        self.adjListHead = [None] * MAX_VERTEX
        self.visited = [False] * MAX_VERTEX

    def insertVertex(self, v):
        if (self.n + 1) > MAX_VERTEX:
            print("\n 그래프 정점의 개수를 초과하였습니다!")
            return
```

```
        self.n += 1

    def insertEdge(self, u, v):
        if u >= self.n or v >= self.n:
            print("\n 그래프에 없는 정점입니다!")
            return
        node = GraphNode(v)
        node.link = self.adjListHead[u]
        self.adjListHead[u] = node

    def printAdjList(self):
        for i in range(self.n):
            print(f"\n\t\t정점{chr(i + 65)}의 인접리스트", end="")
            p = self.adjListHead[i]
            while p:
                print(f" -> {chr(p.vertex + 65)}", end="")
                p = p.link

    def dfsAdjList(self, v):
        stack = Stack()
        stack.push(v)
        self.visited[v] = True
        print(f" {chr(v + 65)}", end="")
        while stack.top is not None:
            v = stack.top.data
            w = self.adjListHead[v]
            while w:
                if not self.visited[w.vertex]:
                    stack.push(w.vertex)
                    self.visited[w.vertex] = True
                    print(f" {chr(w.vertex + 65)}", end="")
                    break
                w = w.link
                if w is None:
                    stack.pop()


if __name__ == "__main__":
    G = Graph()
    for i in range(7):
        G.insertVertex(i)
    G.insertEdge(0, 2)
    G.insertEdge(0, 1)
    G.insertEdge(1, 4)
    G.insertEdge(1, 3)
```

```
    G.insertEdge(1, 0)
    G.insertEdge(2, 4)
    G.insertEdge(2, 0)
    G.insertEdge(3, 6)
    G.insertEdge(3, 1)
    G.insertEdge(4, 6)
    G.insertEdge(4, 2)
    G.insertEdge(4, 1)
    G.insertEdge(5, 6)
    G.insertEdge(6, 5)
    G.insertEdge(6, 4)
    G.insertEdge(6, 3)
    print("\n G의 인접 리스트 ")
    G.printAdjList()
    print("\n", "/" * 10, "\n")
    print("깊이우선탐색 >> ", end="")
    G.dfsAdjList(0)
    print()
```

실행결과

```
G의 인접 리스트
        정점A의 인접리스트 -> B -> C
        정점B의 인접리스트 -> A -> D -> E
        정점C의 인접리스트 -> A -> E
        정점D의 인접리스트 -> B -> G
        정점E의 인접리스트 -> B -> C -> G
        정점F의 인접리스트 -> G
        정점G의 인접리스트 -> D -> E -> F

//////////////

깊이우선탐색 >>  A B D G E C F
```

〈예 XII-4〉 연결 리스트를 이용한 DFS 예제 프로그램

<예 XII-5>는 배열을 이용한 DFS 예제 프로그램을 보여준다.

```
MAX_VERTEX = 10


class GraphNode:
    def __init__(self, vertex):
        self.vertex = vertex
```

```
        self.visited = False


class StackType:
    def __init__(self):
        self.data = [None] * MAX_VERTEX
        self.top = -1

    def push(self, item):
        if self.top < MAX_VERTEX - 1:
            self.top += 1
            self.data[self.top] = item

    def pop(self):
        if self.top >= 0:
            item = self.data[self.top]
            self.top -= 1
            return item
        return -1  # Stack is empty


class GraphType:
    def __init__(self):
        self.n = 0
        self.nodes = [GraphNode(i) for i in range(MAX_VERTEX)]
        self.adjMatrix = [[False] * MAX_VERTEX for _ in range(MAX_VERTEX)]

    def insertVertex(self, v):
        if self.n + 1 < MAX_VERTEX:
            self.nodes[self.n].vertex = v
            self.n += 1

    def insertEdge(self, u, v):
        if 0 <= u < self.n and 0 <= v < self.n:
            self.adjMatrix[u][v] = 1

    def printAdjMatrix(self):
        for i in range(self.n):
            print(f"\n\t\t정점 {chr(i + ord('A'))}의 인접 행렬: ", end="")
            for j in range(self.n):
                print(0 if self.adjMatrix[i][j] else 1, end=" ")
        print()

    def dfsAdjMatrix(self, v):
        stack = StackType()
```

```
        stack.push(v)
        self.nodes[v].visited = True
        print(f" {chr(v + 65)}", end="")
        while stack.top != -1:
            w = -1
            v = stack.data[stack.top]
            for i in range(self.n):
                if self.adjMatrix[v][i] and not self.nodes[i].visited:
                    w = i
                    break
            if w == -1:
                stack.pop()
            else:
                stack.push(w)
                self.nodes[w].visited = True
                print(f" {chr(w + ord('A'))}", end="")


if __name__ == "__main__":
    G = GraphType()
    for i in range(7):
        G.insertVertex(i)
    G.insertEdge(0, 2)
    G.insertEdge(0, 1)
    G.insertEdge(1, 4)
    G.insertEdge(1, 3)
    G.insertEdge(1, 0)
    G.insertEdge(2, 4)
    G.insertEdge(2, 0)
    G.insertEdge(3, 6)
    G.insertEdge(3, 1)
    G.insertEdge(4, 6)
    G.insertEdge(4, 2)
    G.insertEdge(4, 1)
    G.insertEdge(5, 6)
    G.insertEdge(6, 5)
    G.insertEdge(6, 4)
    G.insertEdge(6, 3)
    print("\n G의 인접 행렬 ")
    G.printAdjMatrix()
    print("\n", "/" * 10, "\n")
    print("깊이우선탐색 >> ", end="")
    G.dfsAdjMatrix(0)
    print()
```

▶ 실행결과

```
G의 인접 행렬
        정점 A의 인접 행렬: 0 1 1 0 0 0 0
        정점 B의 인접 행렬: 1 0 0 1 1 0 0
        정점 C의 인접 행렬: 1 0 0 0 1 0 0
        정점 D의 인접 행렬: 0 1 0 0 0 0 1
        정점 E의 인접 행렬: 0 1 1 0 0 0 1
        정점 F의 인접 행렬: 0 0 0 0 0 0 1
        정점 G의 인접 행렬: 0 0 0 1 1 1 0

//////////////

깊이우선탐색 >>  A B D G E C F
```

<예 XII-5> 배열을 이용한 DFS 예제 프로그램

참고 아래 코드는 <예 XII-5>를 사전과 집합을 활용하도록 수정한 예이다. 그래프 정점은 self.nodes, 인접리스트들은 self.neighbors에 저장한다. self.neighbors는 각 노드를 키로, '해당 노드(키)와 인접한 노드의 집합'을 값으로 취한다. 예를 들어 print(G.neighbors)를 실행하면 아래와 같이 출력된다.

```
{'A': {'B', 'C'}, 'B': {'A', 'D', 'E'}, 'C': {'A', 'E'}, 'D': {'B', 'G'}, 'E': {'B', 'G', 'C'}, 'F': {'G'}, 'G': {'D', 'F', 'E'}}
```

'A': {'B', 'C'}는 노드 'A'와 인접한 노드들의 집합이 {'B', 'C'}라는 뜻이다. self.neighbors는 인접 행렬과 인접 리스트를 복합한 자료 구조에 가깝다.

self.nodes와 self.neighbors는 빈 리스트와 사전으로 초기화되고, insertVertex()로 key를 삽입하면 key가 self.nodes 리스트에 추가되고, self.neighbors에도 key: set()으로 키-값이 생성된다.

dfs()에서는 리스트와 append(), pop()을 사용해서 스택을 간단히 사용한다. 방문한 노드는 visited 집합으로 관리한다.

```
for w in self.neighbors[v] - visited:
```

는 차집합 연산으로, {v와 인접 노드들의 집합} - {방문한 노드들이 집합}을 통해 간단히 스택에 푸시할 노드 w들을 골라낼 수 있다. 이처럼 파이썬 언어는 고수준 자료 구조를 기본 제공하므로, 저수준 표현에 대한 고민을 줄이고 알고리즘의 논리 구조를 거의 그대로, 추상화 수준을 낮출 필요 없이 코드에 적용할 수 있다는 점이 매력이다. 예를 들면 '인접한 노드들을 연결 리스트에 삽입해서 저장하는 자료 구조' 보다는 '인접한 노드들의 집합'이, '노드를 배열의 인덱스에 대응시키고 각 노드의 방문 여부를 0 또는 1로 나타낸 배열' 보다는 '방문한 노드들의 집합'이 DFS의 본질적인 의미를 더 명료하고 직관적으로 나타낸다.

하지만 이와 같은 방식으로 고수준의, 추상화된 자료 구조를 다루기 위해서는 그 자료 구조가 내부적으로 어떻게 구현되는지를 반드시 이해하고 있어야 효율적인 프로그램을 작성할 수 있다. 본 교재에서 '파이썬다운' 예제를 항상 마지막에 제시하는 이유다.
예를 들면, 아래 코드를 실행한 DFS 탐색 결과는 A C E G D F B로, <예 XII-4>와 <예 XII-5>의 결과 A B D G E C F와 다르다. neighbors에 인접 노드를 집합으로 저장했는데, 집합은 저장되는 값들의 순서를 보장하지 않기 때문이다. 이 사실을 알기 위해서는 해시 테이블에서 키들이 입력된 순서를 보장하지 못하는 이유를 이해하고 있어야 한다. A C E G D F B가 틀린 답은 아니지만, 만약 <예 XII-4>, <예 XII-5>와 같은 결과를 얻고 싶다면 인접 노드가 입력된 순서를 기억하면 된다. 인접 노드를 집합이 아니라 리스트로 저장하도록 수정하고, 집합 연산을 사용할 수 없으므로

```
for w in self.neighbors[v] - visited:
```

를

```
for w in self.neighbors[v]:
    if w not in visited:
        ....
```

와 같이 수정하면 된다. 단, 여기에서도 함정이 있다.

```
w in self.neighbors[v]
```

에서 self.neighbors[v]가 집합이라면, 집합은 해시 함수를 사용하므로 O(1)이다. 반면 self.neighbors[v]가 리스트라면 O(n) 작업이 된다는 점을 알고 있어야 한다. 이처럼 추상화 수준이 높은 자료구조를 사용하면 알고리즘을 간결하게 표현할 수 있지만, 그 짧은 코드 안에서 이루어지는 일을 정확히 이해하기 위해서는 자료구조를 저수준에서 깊이 공부할 필요가 있다. 이를 위해서는 한 가지 자료구조·알고리즘을 여러 가지 방법으로 구현해보는 연습도 큰 도움이 된다.

```
class Graph:
    def __init__(self):
        self.nodes = []
        self.neighbors = {}  # node -> node와 인접한 노드 집합

    def insertVertex(self, key):
        self.nodes.append(key)
        self.neighbors[key] = set()  # key와 인접한 노드 집합: Φ

    def insertEdge(self, u, v):
        self.neighbors[u].add(v)  # u와 인접한 노드 집합에 v를 추가

    def print(self):
        for node in self.nodes:
            neighbors = self.neighbors[node]
            print(f"\t\t정점{node}의 인접노드 집합:", ' '.join(neighbors))
```

```
    def dfs(self, v):
        stack = [v]  # 앞으로 방문할 노드를 저장한 스택
        visited = {v}  # dfs로 현재까지 방문한 노드들의 집합
        while stack:
            v = stack.pop()
            print(v, end=' ')
            # w: v의 인접 노드 중, 지금까지 방문하지 않은 노드
            for w in self.neighbors[v] - visited:
                stack.append(w)
                visited.add(w)


if __name__ == "__main__":
    G = Graph()
    for key in "ABCDEFG":
        G.insertVertex(key)
    G.insertEdge('A', 'C')
    G.insertEdge('A', 'B')
    G.insertEdge('B', 'E')
    G.insertEdge('B', 'D')
    G.insertEdge('B', 'A')
    G.insertEdge('C', 'E')
    G.insertEdge('C', 'A')
    G.insertEdge('D', 'G')
    G.insertEdge('D', 'B')
    G.insertEdge('E', 'G')
    G.insertEdge('E', 'C')
    G.insertEdge('E', 'B')
    G.insertEdge('F', 'G')
    G.insertEdge('G', 'F')
    G.insertEdge('G', 'E')
    G.insertEdge('G', 'D')
    # print('neighbors:', G.neighbors)
    print("\nG의 인접 노드 ")
    G.print()
    print("\n", "/" * 10, "\n")
    print("깊이우선탐색 >> ", end="")
    G.dfs('A')
```

실행결과

```
[실행결과]
G의 인접 노드
        정점A의 인접노드 집합: B C
        정점B의 인접노드 집합: A D E
```

```
        정점C의 인접노드 집합: A E
        정점D의 인접노드 집합: B G
        정점E의 인접노드 집합: B G C
        정점F의 인접노드 집합: G
        정점G의 인접노드 집합: D F E

 //////////

깊이우선탐색 >> A C E G D F B
```

> **참고**
> 이번에는 그래프를 극단적으로 줄여서 표현한 코드다. 그래프 G는 정점 집합 V와 간선 집합 E로 구성되며, 간선들은 2-튜플로 표현된다.
> (퀴즈) V, E, visited를 집합이 아니라 리스트(list 클래스)로 나타낼 경우, 달라지는 점은 무엇인가?

```
def dfs(v):
    print(v, end=' ')
    for w in V:
        if w not in visited and (v, w) in E:
            visited.add(w)
            dfs(w)


V = set('ABCDEFG')
E = {('A', 'C'), ('A', 'B'), ('B', 'E'), ('B', 'D'), ('B', 'A'), ('C', 'E'), ('C', 'A'),
('D', 'G'), ('D', 'B'), ('E', 'G'), ('E', 'C'), ('E', 'B'), ('F', 'G'), ('G', 'F'), ('G',
'E'), ('G', 'D')}
G = (V, E)
visited = {'A'}
dfs('A')
```

실행결과

```
A B D G F E C
```

(2) 너비 우선 탐색(BFS, Breadth First Search)

BFS는 시작 정점에서 먼저 연결된 모든 정점을 탐색한 다음 더 멀리 떨어진 정점을 방문한다. BFS는 DFS와 유사하게 구현되지만 재귀 스택 대신 큐를 사용한다. 그래프가 트리이고 시작 정점이 루트에 있는 경우 BFS는 위에서 아래로 레벨 단위로 정점을 방문하는 것과 동등하다. <표 XII-3>은 BFS 알고리즘을 보여준다. 그리고 <그림 XII-8>은 BFS의 탐색 순서와 큐의 변화를 보여준다.

표 XII-3 BFS 알고리즘

(1) 시작 정점 v를 결정하여 방문
(2) 정점 v에 인접한 정점 중에서 방문하지 않은 정점을 차례로 방문하면서 큐에 enQueue
(3) 방문하지 않은 인접한 정점이 없으면 방문했던 정점에서 인접한 정점들을 다시 차례로 방문하기 위해 큐에서 deQueue하여 (2)를 반복
(4) 큐가 공백이 될 때까지 (2)~(3)을 반복

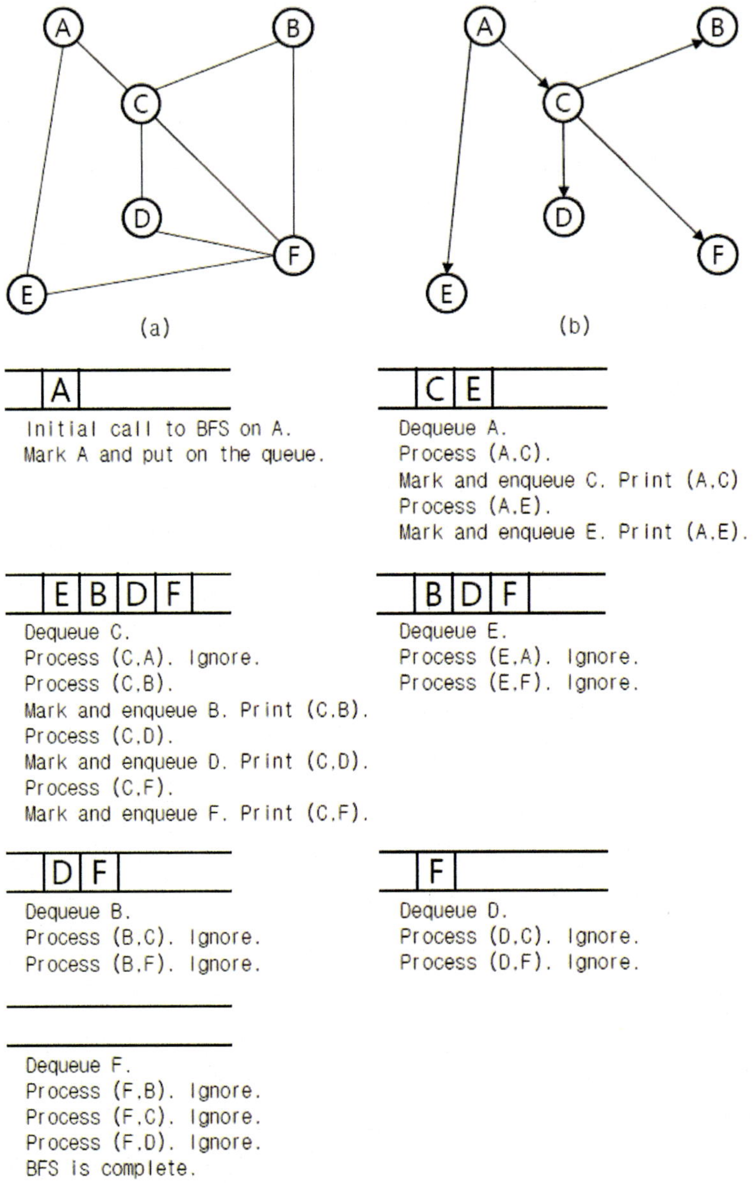

그림 XII-8 BFS의 탐색 순서와 스택의 변화

<예 XII-6>과 <예 XII-7>은 각각 연결 리스트로 구현한 bfs()와 배열로 구현한 bfs()를 보여준다. visited는 방문한 정점을 표시하는 배열로, MAX_VERTICES만큼의 정점을 나타낸다. visited 배열의 각 원소는 해당 정점을 방문한 경우 TRUE(1)로 표시되며, 방문하지 않은 경우 FALSE(0)로 표시된다. front와 rear는 큐의 front와 rear를 나타내는 변수이다.

```
visited = [False] * MAX_VERTICES
front = rear = 0

def bfs(v):
    # breath first traversal of a graph, starting at v
    # the global array visited is initialized to 0
    global front, rear, visited

    print("{:5d}".format(v), end="")
    visited[v] = True
    addQueue(v)  # insert queue
    while front:
        v = deleteQueue()  # delete queue
        w = graph[v]
        while w:
            if not visited[w.vertex]:
                print("{:5d}".format(w.vertex), end="")
                addQueue(w.vertex)
                visited[w.vertex] = True
            w = w.link
```

〈예 XII-6〉 연결 리스트를 사용한 bfs()

```
MAX_VERTICES = 10

class Node:
    def __init__(self, vertex):
        self.vertex = vertex
        self.link = None

graph = [None] * MAX_VERTICES
visited = [False] * MAX_VERTICES
queue = [0] * MAX_VERTICES
front = rear = -1

def addQueue(item):
    global rear
```

```
    if rear == MAX_VERTICES - 1:
        print("\n Queue is full!\n")
        return
    rear += 1
    queue[rear] = item

def deleteQueue():
    global front
    if front == rear:
        print("\n Queue is empty!\n")
        return 0
    front += 1
    return queue[front]

def bfs(v):
    # 그래프에서 시작 정점 v를 출발점으로 하는 너비 우선 탐색
    global front, rear
    front = rear = -1  # 큐 초기화
    print("%5d" % v, end="")
    visited[v] = True
    addQueue(v)  # 큐에 삽입
    while front != rear:
        u = deleteQueue()  # 큐에서 삭제
        w = graph[u]
        while w:
            if not visited[w.vertex]:
                print("%5d" % w.vertex, end="")
                addQueue(w.vertex)
                visited[w.vertex] = True
            w = w.link
```

〈예 XII-7〉 배열을 사용한 bfs()

<예 XII-8>은 배열을 이용한 BFS 예제 프로그램, <예 XII-9>는 연결 리스트를 이용한 BFS 예제 프로그램을 보여준다. 연습 삼아, 앞에서 보여준 것과 같이 두 예제를 간결한 버전으로 다시 작성해 보기 바란다.

```
MAX_VERTICES = 7

graph = [[False] * MAX_VERTICES for _ in range(MAX_VERTICES)]  # 인접 행렬로 그래프 표현
visited = [False] * MAX_VERTICES
queue = [0] * MAX_VERTICES
front = rear = -1
```

```
def enQueue(item):
    global front, rear
    if rear == MAX_VERTICES - 1:
        print("Queue is full")
        exit(1)
    if front == -1:
        front = 0
    rear += 1
    queue[rear] = item

def deQueue():
    global front, rear
    if front == -1:
        print("Queue is empty")
        exit(1)
    item = queue[front]
    if front == rear:
        front = rear = -1
    else:
        front += 1
    return item

def printAdjMatrix():
    for i in range(MAX_VERTICES):
        print("\n\t\t정점", chr(i + ord('A')), "의 인접 행렬: ", end="")
        for j in range(MAX_VERTICES):
            print(int(graph[i][j]), end=" ")
    print("\n")

def bfs(start, n):
    global front, rear
    enQueue(start)  # 시작 정점을 큐에 추가
    visited[start] = True  # 시작 정점을 방문했음을 표시
    while front != -1:
        v = deQueue()  # 큐에서 정점을 꺼냄
        print(chr(v + ord('A')), end=" ")  # 정점 출력
        for i in range(n):
            # 정점 v와 연결된 정점들을 찾아 큐에 추가하고 방문 표시
            if graph[v][i] == 1 and not visited[i]:
                enQueue(i)
                visited[i] = True

# 그래프 초기화
graph[0][1] = graph[1][0] = True
```

```
graph[0][2] = graph[2][0] = True
graph[1][3] = graph[3][1] = True
graph[1][4] = graph[4][1] = True
graph[2][5] = graph[5][2] = True
graph[2][6] = graph[6][2] = True

print("\n G의 인접 행렬 ")
printAdjMatrix()
print("\n\n///////////////\n\n너비우선탐색 >> ", end="")
bfs(0, MAX_VERTICES)
print()
```

▶ 실행결과

```
G의 인접 행렬
        정점 A의 인접 행렬: 0 1 1 0 0 0 0
        정점 B의 인접 행렬: 1 0 0 1 1 0 0
        정점 C의 인접 행렬: 1 0 0 0 0 1 1
        정점 D의 인접 행렬: 0 1 0 0 0 0 0
        정점 E의 인접 행렬: 0 1 0 0 0 0 0
        정점 F의 인접 행렬: 0 0 1 0 0 0 0
        정점 G의 인접 행렬: 0 0 1 0 0 0 0


///////////////

너비우선탐색 >> A B C D E F G
```

〈예 XII-8〉 배열을 이용한 BFS 예제 프로그램

```
class Node:
    def __init__(self, data):
        self.data = data
        self.next = None

class Queue:
    def __init__(self):
        self.front = None
        self.rear = None

    def is_empty(self):
        return self.front is None

    def enQueue(self, data):
```

```
        new_node = Node(data)
        if self.is_empty():
            self.front = new_node
            self.rear = new_node
        else:
            self.rear.next = new_node
            self.rear = new_node

    def deQueue(self):
        if self.is_empty():
            print("Queue is empty")
            return -1
        data = self.front.data
        if self.front == self.rear:
            self.front = self.rear = None
        else:
            self.front = self.front.next
        return data

class GraphNode:
    def __init__(self, vertex):
        self.vertex = vertex
        self.next = None

class Graph:
    def __init__(self, num_vertices):
        self.numVertices = num_vertices
        self.adjLists = [None] * num_vertices
        self.visited = [False] * num_vertices

    def addEdge(self, src, dest):
        new_node = GraphNode(dest)
        new_node.next = self.adjLists[src]
        self.adjLists[src] = new_node

    def printAdjList(self):
        for i in range(self.numVertices):
            print("\n\t\t정점", chr(i + ord('A')), "의 인접리스트", end="")
            temp = self.adjLists[i]
            while temp:
                print(" ->", chr(temp.vertex + ord('A')), end="")
                temp = temp.next

    def bfs(self, startVertex):
        q = Queue()
```

```
        self.visited[startVertex] = True
        q.enQueue(startVertex)
        while not q.is_empty():
            currentVertex = q.deQueue()
            print(chr(currentVertex + ord('A')), end=" ")
            temp = self.adjLists[currentVertex]
            while temp:
                adjVertex = temp.vertex
                if not self.visited[adjVertex]:
                    self.visited[adjVertex] = True
                    q.enQueue(adjVertex)
                temp = temp.next


if __name__ == "__main__":
    MAX_VERTICES = 7
    g = Graph(MAX_VERTICES)  # 7개의 정점으로 그래프 생성
    # 그래프에 간선 추가
    g.addEdge(0, 2)
    g.addEdge(0, 1)
    g.addEdge(1, 4)
    g.addEdge(1, 3)
    g.addEdge(1, 0)
    g.addEdge(2, 6)
    g.addEdge(2, 5)
    g.addEdge(2, 0)
    g.addEdge(3, 1)
    g.addEdge(4, 1)
    g.addEdge(5, 2)
    g.addEdge(6, 2)
    print("\n G의 인접 리스트 ")
    g.printAdjList()
    print("\n\n//////////////\n\n너비우선탐색 >> ", end="")
    g.bfs(0)
    print()
```

▶ 실행결과

```
G의 인접 리스트
        정점A의 인접리스트 -> B -> C
        정점B의 인접리스트 -> A -> D -> E
        정점C의 인접리스트 -> A -> F -> G
        정점D의 인접리스트 -> B
        정점E의 인접리스트 -> B
        정점F의 인접리스트 -> C
```

```
        정점G의 인접리스트 -> C

///////////////

너비우선탐색 >> A B C D E F G
```

〈예 XII-9〉 연결리스트를 이용한 BFS 예제 프로그램

5 최단 경로 알고리즘(Shortest Path Algorithm)

지도에서 도시를 연결하는 도로들은 그래프로 모델링할 수 있으며, 간선은 실수로 레이블을 지정할 수 있다. 레이블로 지정된 실수들은 두 정점 사이의 거리(또는 여행 시간)를 나타낸다. 이러한 레이블은 응용 프로그램에 따라 가중치, 비용 또는 거리라고 불린다. 가중치가 주어진 그래프가 주어지면 일반적인 문제는 두 지정된 정점 사이의 최단 경로의 총 길이를 찾는 것이다. 그러나 이것은 간단한 문제가 아니다. 왜냐하면 최단 경로가 두 정점을 연결하는 간선 (있는 경우)을 따라야 하는 것이 아니라 하나 이상의 중간 정점을 포함하는 경로 일 수 있기 때문이다.

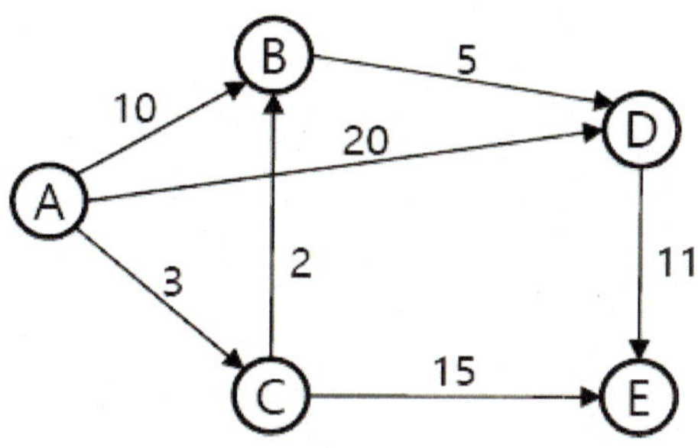

그림 XII-9 경로와 가중치

예를 들어 <그림 XII-9> 에서 A에서 B로 D로 가는 경로의 비용은 15이다. A에서 D로 바로 이어지는 간선의 비용은 20이다. A에서 C로 이어지고 B를 거쳐 D로 가는 경로의 비용은 10이다. 따라서 A에서 D로 가는 최단 경로는 10이다. (A에서 D로 직접 연결된 간선이 아님). d(A, D) = 10으로 표시하여 A에서 D로의 최단 거리가 10임을 나타낸다. 그러나 E에서 B로 가는 경로가 없으므로 d(E, B) = ∞로 설정한다. (A, D) 간선의 가중치는 w(A, D) = 20으로 정의한다. 그래프가 방향 그래프이므로 w(D, A) = ∞로 가정한다. 모든 가중치가 양수임을 가정한다.

최단 경로 알고리즘은 다양한 응용 분야에서 사용되며, 길 찾기, 네트워크 라우팅, 게임 경로 탐색 및 교통 분석과 같은 다양한 분야에서 중요한 역할을 한다. 다양한 종류의 최단 경로 알고리즘이 개발되

었으며, 각각의 알고리즘은 특정 상황에 적합하다. 일반적으로 사용되는 몇 가지 최단 경로 알고리즘에는 다익스트라 알고리즘(Dijkstra's algorithm), 벨만-포드 알고리즘(Bellman-Ford algorithm), 플로이드-와샬 알고리즘(Floyd-Warshall algorithm), 다변량 최단 경로 알고리즘(multimodal shortest path algorithms), 양방향 탐색(bidirectional search) 등이 있다.

(1) Dijikstra(다익스트라)의 최단 경로 알고리즘

다익스트라의 최단 경로 알고리즘은 네트워크에서 하나의 시작 정점으로부터 모든 다른 정점까지의 최단 경로를 찾는 알고리즘이다. <표 XII-4>에 다익스트라의 최단 경로 알고리즘을 보여준다.

표 XII-4 다익스트라의 최단 경로 알고리즘

(1) 출발 노드를 설정하고, 최단 거리 테이블을 초기화한다. (2) 방문하지 않은 노드 중 최단 거리가 가장 짧은 노드를 선택한다. (3) 해당 노드를 거쳐 다른 노드로 가는 비용을 계산하여 최단 거리 테이블을 갱신한다. (4) 현재 테이블의 최단 거리보다, 해당 노드를 거쳐 가는 비용이 작으면 작은 경로로 교체한다. (5) 위 3~4의 과정을 반복한다.

다익스트라의 최단 경로 알고리즘에서 시작 정점 v로부터의 최단경로가 이미 발견된 정점들의 집합을 S라고 하고, 최단 경로를 알려진 정점만을 통하여 각 정점까지 가는 최단 경로의 길이로 만든 배열을 거리(distance) 배열이라고 한다. <그림 XII-10>에서 보여주듯이 한 정점에서 다른 정점으로의 최단 거리를 찾을 때 각 정점까지의 거리를 distance[w]=min(distance[w], distance[u]+weight[u][w])를 적용하고, 매 단계에서 가장 거리 값이 적은 정점을 집합 S에 포함시킨다.

예를 들어 <그림 XII-11>과 같이 8개의 노드가 있는 그래프가 있을 때 0번 노드에서 출발하는 경우 최단거리 테이블 distance[]는 1차원 배열로, x번 노드까지 오는 데 필요한 거리를 기록한다.

처음에는 0번 노드에서 자기 자신의 거리는 0이고, 나머지는 ∞값으로 초기화한다. 집합 S에 0을 포함시킨다. 그리고 출발 노드인 0번 노드에서 갈 수 있는 다른 노드들(1번, 4번, 5번 노드)의 거리를 계산하여 distance[]를 갱신한다. ∞값보다 작으므로 7, 3, 10로 각각 갱신된다. 0번 노드에서 4번 노드로 가는 거리가 가장 짧기 때문에 집합 S에 4를 포함시킨다. 그리고 4번 노드에서 갈 수 있는 다른 노드들 (1번, 3번, 6번 노드)의 거리를 계산하여 갱신한다. 4번 노드에서1번 노드로 가는 거리가 가장 짧기 때문에 집합 S에 1를 포함시킨다. 여기서 주의할 점은 4번 노드에 의해 1번 노드의 최단거리가 7에서 5로 갱신된다는 것이다. distance[w]=min(distance[w], distance[u]+weight[u][w])를 적용한 것이다. 이러한 과정을 최종적으로 S={0,4,1,6,2,5}가 되고 distance[]={0, 5, 9, 11, 3. 10, 8}가 된다.

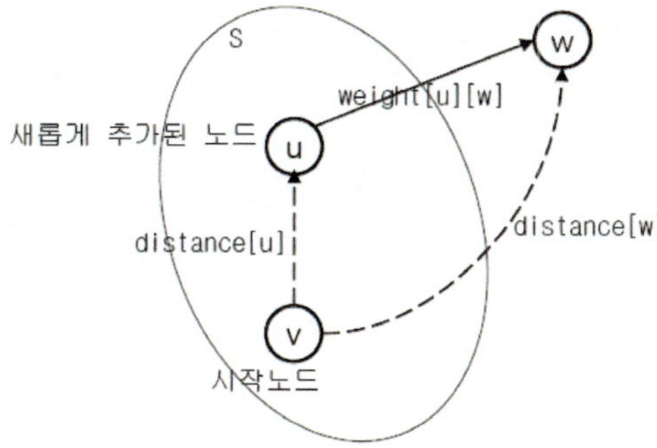

그림 XII-10 다익스트라의 최단 경로 distance[]와 집합 S

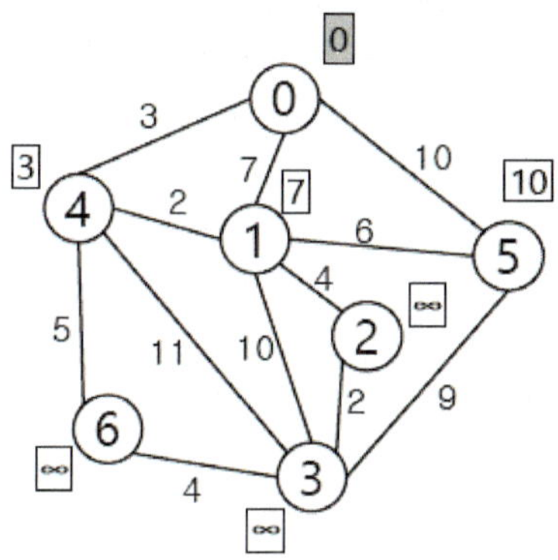

S={0}

	0	1	2	3	4	5	6
distance[]=	0	7	∞	∞	3	10	∞

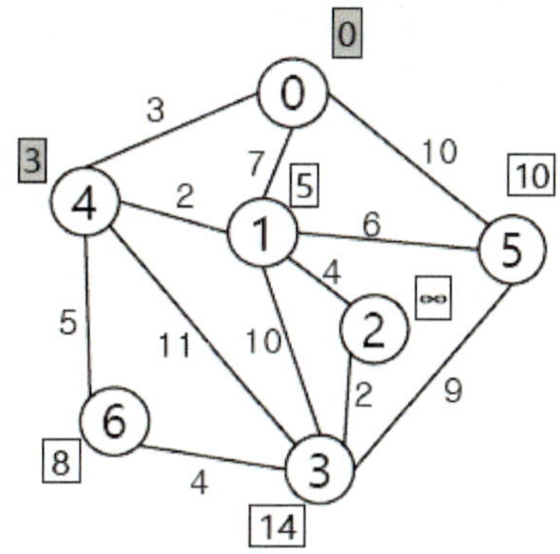

S={0,4}

	0	1	2	3	4	5	6
distance[]=	0	5	∞	14	3	10	8

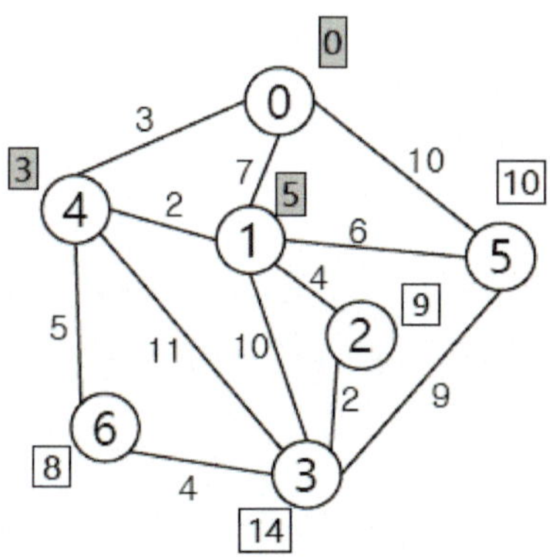

S={0,4,1}

	0	1	2	3	4	5	6
distance[]=	0	5	9	14	3	10	8

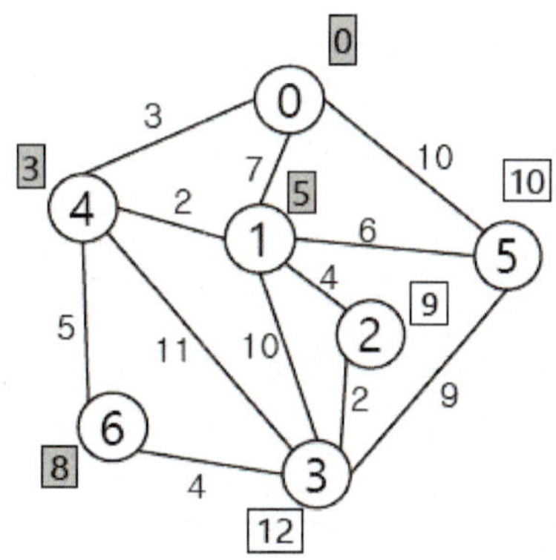

S={0,4,1,6}

	0	1	2	3	4	5	6
distance[]=	0	5	9	12	3	10	8

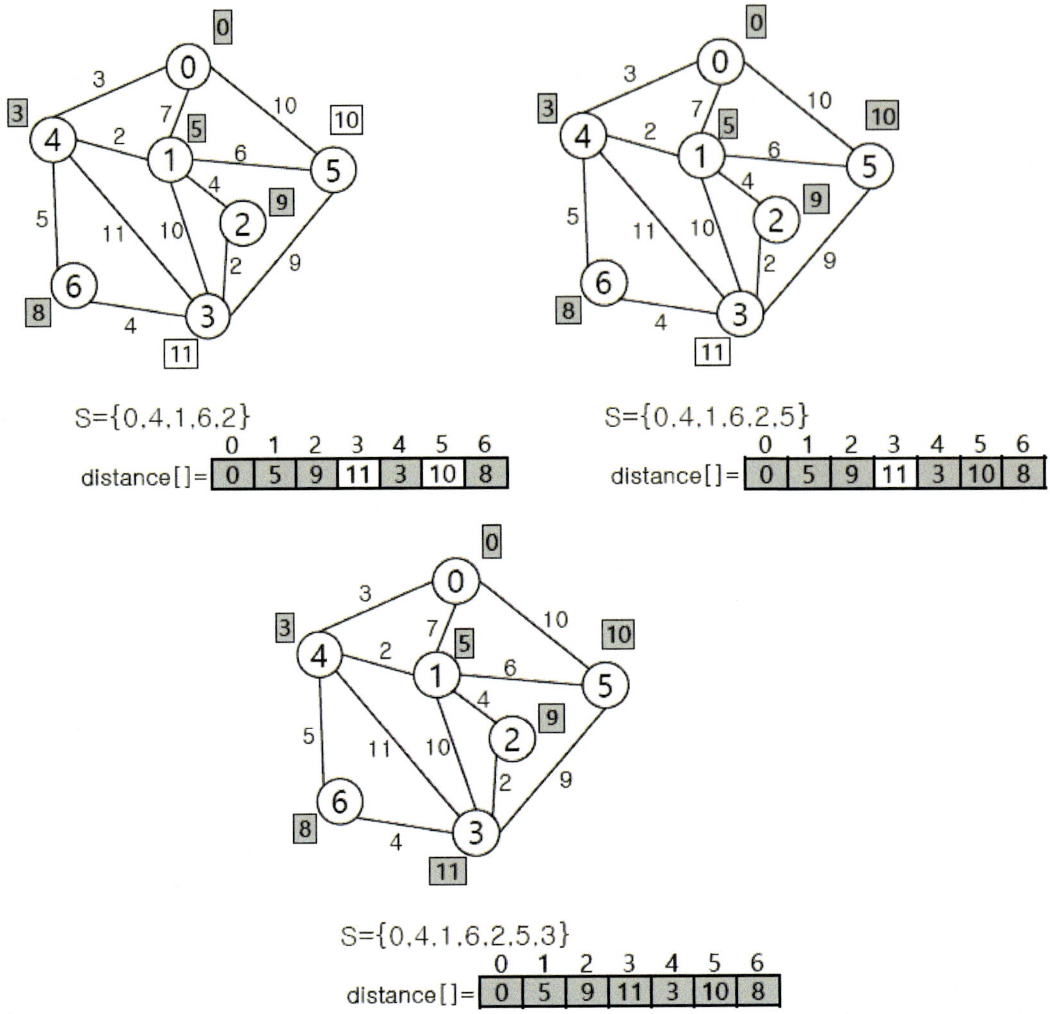

그림 XII-11 다익스트라의 최단 경로를 찾는 과정

<예 XII-10>>은 다익스트라의 최단 경로를 이용하여 시작 정점에서 다른 모든 정점까지의 최단 경로와 거리를 출력하는 예제 프로그램을 보여준다. 실행 결과는 시작 정점 0에서 각 정점까지의 최단 거리를 나타낸다.

```
import sys
INF = sys.maxsize  # 무한대
V = 6

# 최소 거리를 찾기 위한 보조 함수
def minDistance(dist, sptSet):
```

```python
    min = INF
    min_index = 0
    for v in range(V):
        if not sptSet[v] and dist[v] < min:
            min = dist[v]
            min_index = v

    return min_index


# 최단 경로를 출력하는 함수
def printSolution(dist):
    print("정점\t거리")
    for i in range(V):
        print(i, "\t", dist[i])


# 다익스트라 알고리즘
def dijkstra(graph, src):
    dist = [INF] * V  # 최단 경로를 저장하는 배열
    sptSet = [False] * V  # 최단 경로에 포함된 정점을 표시하기 위한 배열

    dist[src] = 0
    for _ in range(V - 1):
        u = minDistance(dist, sptSet)
        sptSet[u] = True
        for v in range(V):
            if not sptSet[v] and \
                    graph[u][v] \
                    and dist[u] != INF \
                    and dist[u] + graph[u][v] < dist[v]:
                dist[v] = dist[u] + graph[u][v]

    # 최단 경로 출력
    printSolution(dist)


if __name__ == "__main__":
    graph = [[0, 4, 0, 0, 0, 0],
             [4, 0, 8, 0, 0, 0],
             [0, 8, 0, 7, 0, 4],
             [0, 0, 7, 0, 9, 14],
             [0, 0, 0, 9, 0, 10],
             [0, 0, 4, 14, 10, 0]]
    dijkstra(graph, 0)
```

▶ 실행결과

```
정점 거리
0  0
1  4
2  12
3  19
4  26
5  16
```

〈예 XII-10〉 다익스트라의 최단 경로 예제 프로그램

(2) Bellman-Ford(벨만-포드)의 최단 경로 알고리즘

벨만-포드의 최단 경로 알고리즘은 다익스트라의 최단 경로 알고리즘과 달리 간선의 가중치가 양수, 음수, 또는 0인 그래프에서도 사용할 수 있다는 장점이 있으나, 실행 시간이 더 오래 걸릴 수 있다는 단점이 있다. 다익스트라 알고리즘과 똑같이 출발 노드를 설정하고, 최단 거리 테이블을 초기화 한 후 노드를 한 번씩 방문한다. 다만, 노드를 방문할 때 다익스트라 알고리즘은 해당 노드에 붙어있는 간선만 확인하는 데 비해 벨만 포드는 전체 간선을 방문한다. 여기서 전체 간선을 방문하기에 음수 가중치가 포함되어 있으면 해당 가중치를 사용하여 최단 거리 테이블을 갱신할 수가 있다.

<표 XII-5>에 벨만-포드의 최단 경로 알고리즘을 보여준다.

표 XII-5 벨만–포드의 최단 경로 알고리즘

- 출발 노드를 설정하고, 최단 거리 테이블을 초기화한다.
- 다음의 과정을 V-1번(노드의 개수 만큼 = 모든 노드) 반복한다.
  - 전체 간선 E개를 하나씩 확인한다.
  - 각 간선을 거쳐 다른 노드로 가는 비용을 계산하여 최단 거리 테이블을 갱신한다.
- 전체 간선에서 음수 가중치가 있으면 해당 가중치를 이용하여 최단 거리 테이블을 갱신한다.

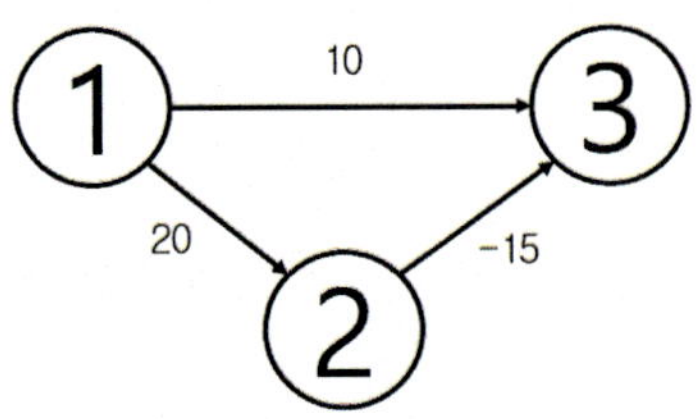

그림 XII-12 음수 거리가 포함된 그래프

<그림 XII-12>에서 '1번 노드에서 3번 노드로 가는 최단 거리'를 구한다고 가정할 때 '1번 -> 3번' 으로 가는 경로는 2가지이다. 1번 -> 3번 경로와 1번 -> 2번 -> 3번으로 가는 경로 두가지로, '1번 노드에서 3번 노드로 가는 최단 거리'는 5이다. 그러나 다익스트라 알고리즘을 사용하게 되면 이처럼 음수 간선이 있는 것을 제외하고, 매번 방문하지 않은 노드 중에서 최단 거리가 가장 짧은 노드를 선택하므로 1번 -> 3번의 경로를 선택하게 된다. 반면에 벨만-포드 알고리즘을 사용하게 되면 매번 모든 간선을 전부 확인하므로 1번 -> 2번 -> 3번의 경로를 선택하여, 최단 거리를 찾을 수 있게 된다.

```
import sys
INF = sys.maxsize


def shortestPath(v, cost, distance, n, found):
    # distance[i]는 정점 v에서 정점 i까지의 최단거리를 나타냄
    # found[i]는 i에서 최단 거리 발견 여부를 표시: 0일 때 최단 거리 미발견, 1일 때 최단거리
발견
    # cost 배열은 인접 행렬을 나타냄
    for i in range(n):
        found[i] = False
        distance[i] = cost[v][i]
    found[v] = False
    for _ in range(n - 2):
        u = choose(distance, n, found)
        found[u] = True
        for w in range(n):
            if not found[w] and \
                    distance[u] + cost[u][w] < distance[w]:
                distance[w] = distance[u] + cost[u][w]

def choose(distance, n, found):
    # 아직 확인하지 않은 최단 거리를 선택
    min = INF
    minPos = -1
    for i in range(n):
        if distance[i] < min and not found[i]:
            min = distance[i]
            minPos = I

    return minPos
```

〈예 XII-11〉 벨만-포드 알고리즘의 shortestPath()와 choose()

<예 XII-11>은 벨만-포드 알고리즘의 shortestPath()와 choose()를 보여준다. shortestPath()에서는 모든 정점의 found 배열을 False로 초기화하고, 시작 정점 v에서 각 정점까지의 최단 거리를 cost 배열의 값으로 초기화한다. 시작 정점 v를 found 배열에서 제외한다. choose()를 사용하여, 최단 거리를 발견하지 않은 정점 중에서 최단 거리를 가진 정점 u를 선택한다. 선택한 정점 u를 found 배열에서 제외하고, 정점 u에서 모든 정점 w로 가는 경로를 검사하여 최단 거리를 갱신한다. 이때, 현재까지의 최단 거리와 새로 계산된 거리 중에서 더 작은 값을 distance 배열에 저장한다. 정점 v에서 시작하여 n-1개의 정점을 방문하는 최단 경로를 찾기 위해 위 단계를 n-2번 반복하여 모든 정점 간의 최단 거리를 계산한다.

choose()는 최단 거리를 발견하지 않은 정점 중에서 최소 거리를 가진 정점을 선택하는 함수로 distance 배열에서 아직 발견되지 않은 정점 중에서 가장 작은 거리를 가진 정점 u를 찾는다. found 배열에서 u의 발견 여부를 확인하여 최단 거리를 발견하지 않은 정점인지 확인하고, 최단 거리를 가진 정점 u의 인덱스를 반환한다.

<예 XII-12>는 벨만-포드 알고리즘 예제 프로그램이다. 이 예제에서 사용되는 dist.txt 파일 내용은 <표 XII-6>과 같다(주석은 삭제하고 사용). 그래프 정보를 제대로 입력하면 최단 경로가 출력된다.

표 XII-6 dist.txt 파일 내용(주석 제외)

```
4 # 정점의 수
0 2 0 4 # A에서 A, B, C, D까지의 거리 (A에서 A는 0, A에서 B는 2, A에서 C는 0, A에서 D는 4)
0 0 5 0 # B에서 A, B, C, D까지의 거리
0 0 0 1 # C에서 A, B, C, D까지의 거리
0 0 0 0 # D에서 A, B, C, D까지 거리
```

```
INF = 10000

class Edge:
    def __init__(self, u, v, w):
        self.u = u
        self.v = v
        self.w = w

def printDist(dist):
    print("Distances:")
    for i in range(len(dist)):
```

```
        print(f"to {i + 1}\t", end="")
    print()
    for d in dist:
        print(f"{d:4d}\t", end="")
    print("\n")

def bellmanFord(s, edges):
    dist = [INF] * n
    dist[s] = 0
    for _ in range(n - 1):
        for edge in edges:
            if dist[edge.u] + edge.w < dist[edge.v]:
                dist[edge.v] = dist[edge.u] + edge.w
    return dist

if __name__ == "__main__":
    edges = []
    with open("dist.txt", "r", encoding='UTF8') as fin:
        n = int(fin.readline())
        for i in range(n):
            line = fin.readline().strip().split()
            for j in range(n):
                w = int(line[j])
                if w != 0:
                    edges.append(Edge(i, j, w))

    printDist([INF] * n)
    dist = bellmanFord(0, edges)
    printDist(dist)
```

실행결과

```
Distances:
to 1    to 2    to 3    to 4
10000   10000   10000   10000

Distances:
to 1    to 2    to 3    to 4
   0       2       7       4
```

〈예 XII-12〉 벨만-포드 알고리즘 예제 프로그램

(3) Floyd(프로이드)의 최단 경로 알고리즘

프로이드의 최단 경로 알고리즘은 모든 정점 쌍 사이의 최단 거리를 구하는 것을 목표로 하기 때문에 모든 쌍 최단 경로(all pairs shortest paths) 알고리즘이라고도 말한다. 프로이드의 최단 경로 알고리즘의 주요 아이디어는 "중간 정점을 거쳐가는 경로가 더 짧은 경로일 수 있다"는 개념을 기반으로 하기 때문에 다이나믹 프로그래밍의 원리를 활용하여 모든 정점 쌍 간의 최단 거리를 구한다. 프로이드의 최단 경로 알고리즘은 음의 가중치를 가진 그래프와 음의 사이클을 포함하는 그래프에도 적용할 수 있다.

<표 XII-7>에 프로이드의 최단 경로 알고리즘을 보여준다.

표 XII-7 프로이드의 최단 경로 알고리즘

- 먼저 각 정점 사이의 직접 연결된 가중치를 기반으로 최단 거리를 초기화한다. 이때, 직접 연결되지 않은 정점 쌍의 거리는 무한대 또는 충분히 큰 값을 할당하고 이것은 나중에 최단 경로를 갱신할 때 사용된다.
- 각 정점 쌍 (i, j)에 대해 다른 모든 정점 k를 중간 정점으로 고려하여 두 경로를 비교한다.
- 위의 단계를 모든 k값에 대해 반복한다.
- 최종적으로 distance 행렬에 저장된 값들은 모든 정점 쌍 간의 최단 거리를 나타낸다.

$A^k[i][j]$ 는 정점 i에서 정점 j까지의 최단 경로의 길이를 나타낸다. 이때, k는 중간 경로에서 허용되는 정점의 최대 인덱스를 나타내며, k가 0부터 n-1까지 증가하면서 A^k 행렬이 계속 갱신된다. 여기서 n은 정점의 총 수를 나타낸다.

$A^k[i][j]$를 구하는 방법은 <표 XII-8>과 같다.

표 XII-8 $A^k[i][j]$ 구하는 방법

- 초기 단계 (k = -1): $A^{-1}[i][j]$ = distnace[i][j] (직접 연결된 경로의 길이)
- 반복적인 갱신 (k = 0부터 n-1까지): $A^k[i][j] = \min\{A^{k-1}[i][j], A^{k-1}[i][k] + A^{k-1}[k][j]\}$

이 과정은 k가 0부터 n-1까지 증가하면서 모든 정점 쌍 i와 j 간의 최단 경로를 갱신한다. 즉, 연속적으로 $A^{-1}, A^0, A^1, \cdots, A^{n-1}$을 생성하는 것은 $A^{-1} \rightarrow A^0 \rightarrow A^1 \rightarrow \cdots \rightarrow A^{n-1}$순으로 최단 거리를 구하는 것이다. 각 반복에서, 중간 정점 k를 통과하는 경로와 그렇지 않은 경로를 고려하여 최단 경로를 갱신한다.

인덱스가 k보다 큰 정점을 통과하지 않는 i에서 j까지의 최단 경로가 인덱스가 k인 정점을 통과하지 않으면 그 길이는 $A^{k-1}[i][j]$가 된다. 정점 k를 거쳐서 가지 않는 경우 k보다 큰 정점은 통과하지 않으므로 이 경우 최단 거리는 $A^{k-1}[i][j]$ 가 된다.

반면, 최단 경로가 k를 통과한다고 하면 경로는 i에서 k까지의 경로와 k에서 j까지의 경로로 구성된다. 이러한 i에서 k까지 또, k에서 j까지의 부분 경로 둘 다 k-1보다 큰 인덱스를 가진 정점을 통과하지 않는다. 정점 k를 통과하는 경우 i에서 k까지의 최단거리는 A^{k-1}[i][k]에 k에서 j까지의 최단거리인 A^{k-1}[k][j]를 더한 값이 된다. <표 XII-9>에서는 이 과정을 의사 코드로 나타내었다.

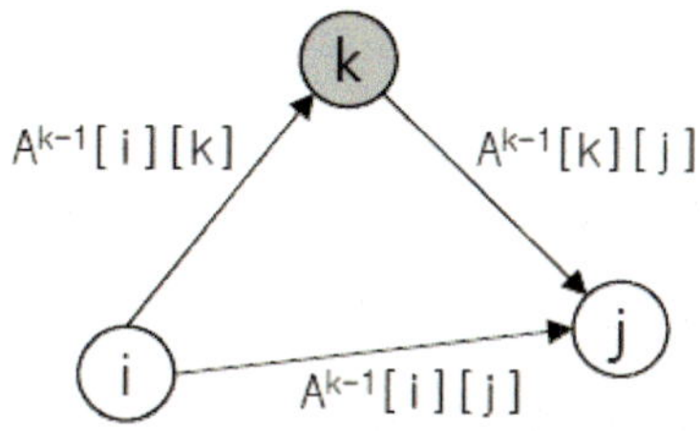

그림 XII-13 프로이드의 최단 경로 갱신

표 XII-9 프로이드의 최단 경로 알고리즘

```
void MatrixWDigraph::AllLengths(const int n)
 { // length[n][n]은 n개의 정점을 가진 그래프의 인접 행렬
  // a[i][j]는 i와 j 사이의 최단 경로의 길이.
   for(int i=0; i<n; i++)
     for(int j=0; j<n; j++)
       a[i][j] = length[i][j]; // length를 a에 복사
   for(int k=0; k<n; k++)        // 제일 큰 정점의 인덱스가 k인 경로에 대해
     for(i=0; i<n; i++)          // 가능한 모든 정점의 쌍에 대해
       for(int j=0; j<n; j++)
         if((a[i][k]+a[k][j]) < a[i][j]) a[i][j] = a[i][k] + a[k][j];
 }
```

프로이드의 최단 경로 알고리즘의 시간복잡도는 $O(n^3)$가 된다. 여기서 n은 정점의 수를 나타낸다. 이는 모든 정점 쌍 간의 최단 거리를 계산하기 위해 3중 반복문을 사용하기 때문이다.

프로이드의 최단 경로 알고리즘은 그래프 내의 모든 정점 쌍 간의 최단 거리를 구할 때 유용하며, 음의 가중치와 음의 사이클이 있는 그래프에서도 사용할 수 있다. 그러나 큰 그래프에 대해서는 다른 최단 경로 알고리즘, 예를 들어 다익스트라 알고리즘 또는 벨만-포드 알고리즘을 고려해야 할 수 있다.

<예 XII-13>은 프로이드의 최단 경로 알고리즘 예제 프로그램을 보여준다. 프로그램을 실행하고 <표 XII-10>과 같은 형태로 dist.txt 파일로 정점의 수와 정점 간의 거리를 입력하면 최단 경로 행렬이 올바르게 계산되고 출력될 것이다.

표 XII-10 dist.txt 파일 내용(주석 제외)

```
4 // 정점의 수
0 2 0 4 // A에서 A, B, C, D까지의 거리 (A에서 A는 0, A에서 B는 2, A에서 C는 0, A에서 D는 4)
0 0 5 0 // B에서 A, B, C, D까지의 거리
0 0 0 1 // C에서 A, B, C, D까지의 거리
0 0 0 0 // D에서 A, B, C, D까지 거리
```

```
def floydWarshall():
    for k in range(n):
        printDist()
        for i in range(n):
            for j in range(n):
                # If i and j are different nodes and if the paths between i and k
                # and between k and j exist, do
                if dist[i][k] * dist[k][j] != 0 and i != j:
                    # See if you can't get a shorter path between i and j by
                    # interspacing k somewhere along the current path
                    if dist[i][k] + dist[k][j] < dist[i][j] or dist[i][j] == 0:
                        dist[i][j] = dist[i][k] + dist[k][j]


def printDist():
    print("    ", end="")
    for i in range(n):
        print(f"{chr(ord('A') + i):>4}", end="")
    print()
    for i in range(n):
        print(f"{chr(ord('A') + i):>4}", end="")
        for j in range(n):
            print(f"{dist[i][j]:>4}", end="")
        print()
    print()

if __name__ == "__main__":
    n = 0  # The number of nodes
    dist = []  # dist[i][j] is the length of the edge between i and j if it exists, or 0 if
it does not

    with open("dist.txt", "r") as fin:
        n = int(fin.readline())
        for _ in range(n):
            dist.append(list(map(int, fin.readline().split())))

    floydWarshall()
```

▶ 실행결과

```
    A  B  C  D
A   0  2  0  4
B   0  0  5  0
C   0  0  0  1
D   0  0  0  0

    A  B  C  D
A   0  2  0  4
B   0  0  5  0
C   0  0  0  1
D   0  0  0  0

    A  B  C  D
A   0  2  7  4
B   0  0  5  0
C   0  0  0  1
D   0  0  0  0

    A  B  C  D
A   0  2  7  4
B   0  0  5  6
C   0  0  0  1
D   0  0  0  0
```

〈예 XII-13〉 프로이드의 최단 경로 알고리즘 예제 프로그램

6 최소 신장 트리(Minimum Spanning Tree)

최소 신장 트리(MST)는 그래프 G에서 n개의 모든 정점과 n-1개의 간선으로 이루어진 트리이다. MST에는 사이클이 없다. 주어진 MST에 사이클이 있다면 사이클 내의 어느 간선 하나를 제거하여 MST를 만들면 된다.

<그림 XII-14>에서 MST의 예를 두 가지 보여준다. 첫 번째, 세 번째 그래프에서 간선 하나를 제거하면 두 번째, 네 번째 그래프는 각각 왼쪽 그래프의 MST가 된다.

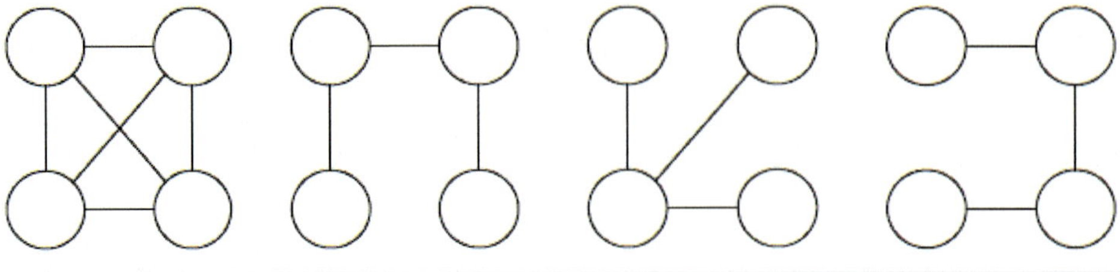

그림 XII-14 완전 그래프와 신장 트리

따라서 MST는 자유 트리(free tree)이며 각 정점을 한 번씩 연결하므로, 정점의 수에서 1을 뺀 |V| - 1개의 간선을 갖는다.

최소 비용 신장 트리라는 이름은 필요한 간선 집합이 트리를 형성하며 정점을 연결하며 최소 비용을 가지기 때문이다. MST는 연결된 무방향 그래프 G를 입력으로 받으며 각 간선에 거리 또는 가중치가 부여된 경우이다. MST는 G의 정점을 포함하며 G의 부분 집합인 간선을 포함한다. 이 간선들은 (1) 간선의 모든 값을 합산하여 측정된 총 비용이 최소여야 하며, (2) 정점들을 연결해야 한다.

MST가 유용한 응용 분야로는 회로 기판의 단자를 연결하는 데 필요한 최단 와이어 세트를 연결하거나, 케이블의 양을 최소화하도록 도시들을 전화선으로 연결하는 등이 있다.

최소 신장 트리를 만드는 방법으로는 주로 크루스칼 알고리즘 (Kruskal's algorithm)과 프림 알고리즘 (Prim's algorithm)을 사용한다. 두 알고리즘 모두 최소한의 간선으로 모든 정점을 연결하는 신장 트리를 생성한다. 선택하는 간선의 순서와 방법에 따라 최종 결과가 달라질 수 있다.

DFS와 BFS는 주로 최단 경로나 그래프 내의 모든 정점을 방문할 때 사용되며, 최소 신장 트리 생성에 직접 사용되지는 않는다. 그러나, 이러한 탐색 알고리즘을 통해 그래프를 탐색하고, 간선을 선택하거나 배제하는 데 도움이 될 수 있다. 따라서 신장 트리 생성과 탐색 알고리즘은 그래프 이론과 관련된 중요한 주제 중 하나라고 할 수 있다. <그림 XII-15>는 DFS 신장 트리와 BFS 신장 트리의 차이를 보여준다.

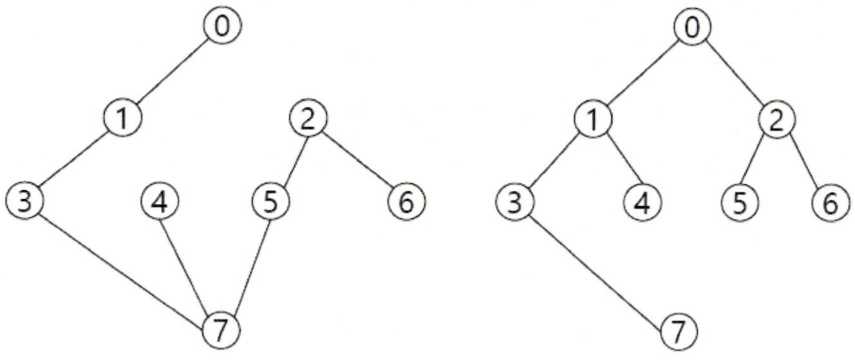

그림 XII-15 DFS 신장 트리와 BFS 신장 트리

(1) 크루스칼(Kruskal)의 최소 비용 신장 트리

크루스칼 알고리즘은 그리디 알고리즘의 일종으로, 간선의 가중치를 기준으로 최소 신장 트리를 구축한다. 초기에는 모든 정점을 개별적인 트리로 간주하고, 가장 가중치가 작은 간선부터 선택하면서 트리를 합친다. 이때 사이클이 형성되지 않도록 간선을 선택한다. 이 과정을 반복하여 최종적으로 최소 신장 트리를 생성한다. <표 XII-11>은 크루스칼의 최소 비용 신장트리 알고리즘을 보여준다.

표 XII-11 크루스칼의 최소 비용 신장 트리 알고리즘

(1) 그래프 G의 모든 간선을 가중치에 따라 오름차순으로 정리 (2) 그래프 G에서 가중치가 가장 작은 간선을 삽입 이때, 사이클을 형성하는 간선은 삽입 불가능하므로 그다음으로 가중치가 작은 간선을 삽입 (3) 그래프 G에 n-1개의 간선을 삽입할 때까지 (2)를 반복 (4)그래프 G의 간선이 n-1개가 되면 최소 비용 신장 트리가 완성

<그림 XII-16>은 크루스칼 알고리즘의 적용 과정을 보여준다. (c)에서부터 (h)까지 보여주듯이 모든 간선을 가중치에 따라 오름차순으로 정리하고, 가중치가 가장 작은 간선부터 그래프를 추가한다. 단, 추가할 때 사이클이 생기지 않도록 주의해야 한다. 일반적으로 간선을 추가할 때 사이클이 형성되는지 확인하기 위해 두 정점이 같은 집합에 속해있는지 여부를 빠르게 확인할 수 있도록 하는 union-find(합집합 찾기) 알고리즘을 사용한다. 이러한 과정을 모든 정점이 연결될 때까지 반복하여, 최종적으로 모든 정점이 연결된 상태에서의 간선들로 이루어진 트리가 MST가 된다.

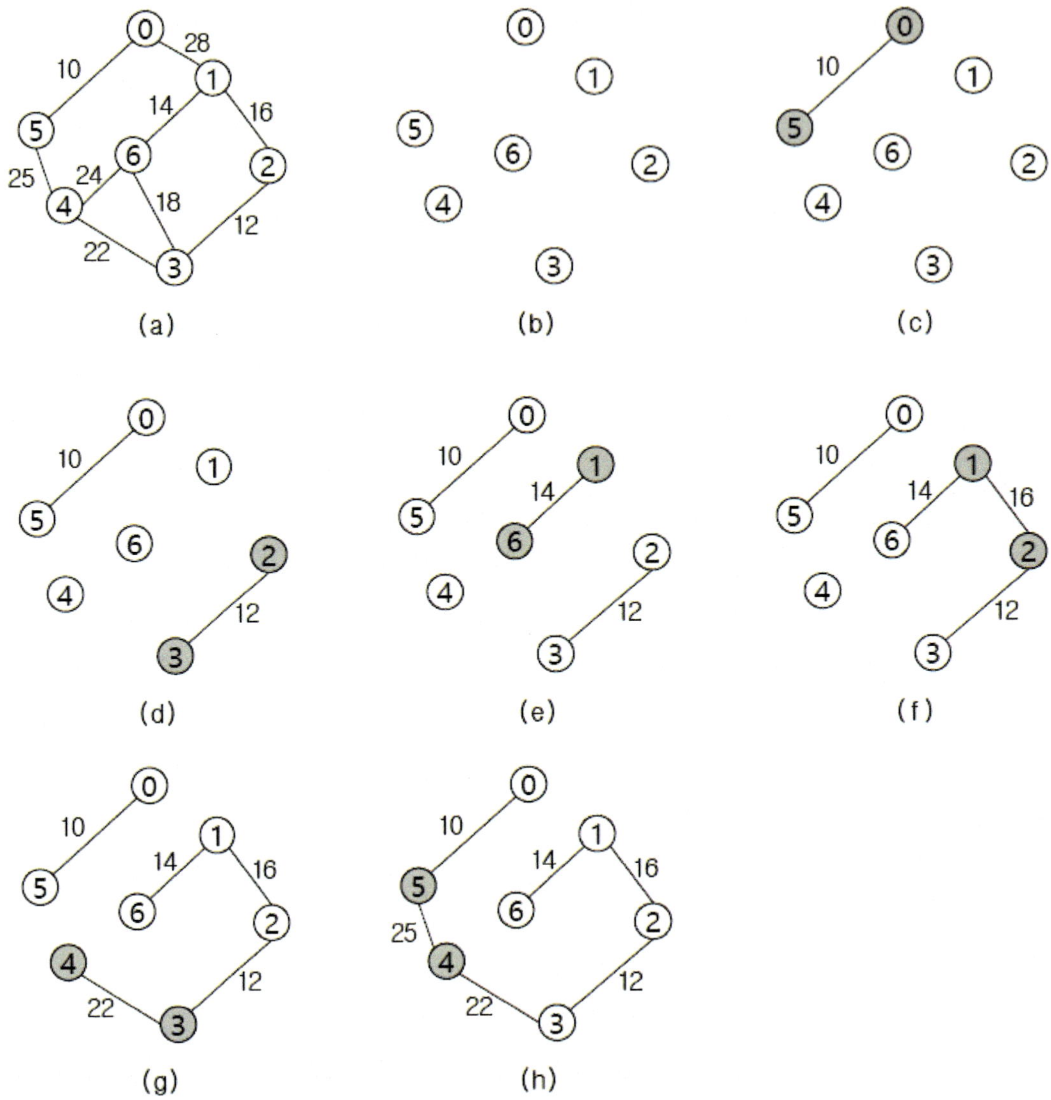

그림 XII-16 크루스칼 알고리즘의 적용 과정

```
from typing import List


class Edge:
    def __init__(self, src: int, dest: int, weight: int):
        self.src = src
        self.dest = dest
        self.weight = weight
```

```python
class Graph:
    def __init__(self, V: int, E: int):
        self.V = V
        self.E = E
        self.edges = []


def find(parent: List[int], i: int) -> int:
    if parent[i] == i:
        return i
    return find(parent, parent[i])

def unionSets(parent: List[int], x: int, y: int):
    rootX = find(parent, x)
    rootY = find(parent, y)
    parent[rootX] = rootY

def kruskal(graph: Graph):
    V = graph.V
    result = []  # 최소 비용 신장 트리를 저장할 리스트
    e = 0  # 결과 리스트에 추가된 간선의 인덱스
    i = 0  # 정렬된 간선 리스트의 인덱스
    graph.edges.sort(key=lambda x: x.weight)  # 간선들을 가중치로 정렬
    parent = [i for i in range(V)]  # 각 정점을 자기 자신으로 초기화

    while e < V - 1 and i < graph.E:
        nextEdge = graph.edges[i]
        i += 1
        x = find(parent, nextEdge.src)
        y = find(parent, nextEdge.dest)
        if x != y:
            result.append(nextEdge)
            e += 1
            unionSets(parent, x, y)

    print("최소 비용 신장 트리:")
    for edge in result:
        print(f"{edge.src} - {edge.dest}: {edge.weight}")

if __name__ == "__main__":
    V, E = 4, 5  # 정점, 간선의 수
    graph = Graph(V, E)
    # 간선 추가
    graph.edges.append(Edge(0, 1, 10))
```

```
    graph.edges.append(Edge(0, 2, 6))
    graph.edges.append(Edge(0, 3, 5))
    graph.edges.append(Edge(1, 3, 15))
    graph.edges.append(Edge(2, 3, 4))

    kruskal(graph)
```

▶ 실행결과

```
최소 비용 신장 트리:
2 - 3: 4
0 - 3: 5
0 - 1: 10
```

〈예 XII-14〉 크루스칼의 MST 예제 프로그램

(2) 프림(Prim)의 최소 비용 신장 트리 알고리즘

프림 알고리즘은 시작 정점에서부터 출발하여 트리를 확장해 나가는 방법이다. 시작 정점을 선택하고, 해당 정점과 연결된 간선 중에서 가장 가중치가 작은 간선을 선택하여 트리에 추가한다. 추가한 정점에서 다시 연결된 간선 중에서 가장 가중치가 작은 간선을 선택하여 트리를 확장한다. 이 과정을 반복하여 최종적으로 최소 신장 트리를 생성한다. <표 XII-12>는 프림의 최소 비용 신장트리 알고리즘을 보여준다.

표 XII-12 프림의 최소 비용 신장 트리 알고리즘

한 번에 한 간선씩 최소 비용 신장 트리를 구축 (1) 각 단계에서 선택된 간선의 집합은 트리 (2) 하나의 정점으로 된 트리 T에서 시작 (3) 최소 비용 간선 (u,v)를 구해 T ∪ {(u,v)}이 트리가 되면 T에 추가 (4) T에 n-1개의 간선이 포함될 때까지 간선의 추가 단계를 반복 (5) 추가된 간선이 사이클을 형성하지 않도록 각 단계에서 간선 (u,v)를 선택할 때 u 또는 v중 오직 하나만 T에 속한 것을 선택

<그림 XII-17>은 프림 알고리즘의 적용 과정을 보여준다. <그림 XII-17>의 (a)에서 정점 0을 선택하여 이를 MST에 추가하고, 여기서부터 연결된 간선 중 최소 가중치를 갖는 간선을 찾아이와 연결된 정점을 MST에 추가한다. 이러한 과정을 모든 정점이 연결될 때까지 반복하여, 최종적으로 모든 정점이 연결된 상태에서의 간선들로 이루어진 트리가 MST가 된다.

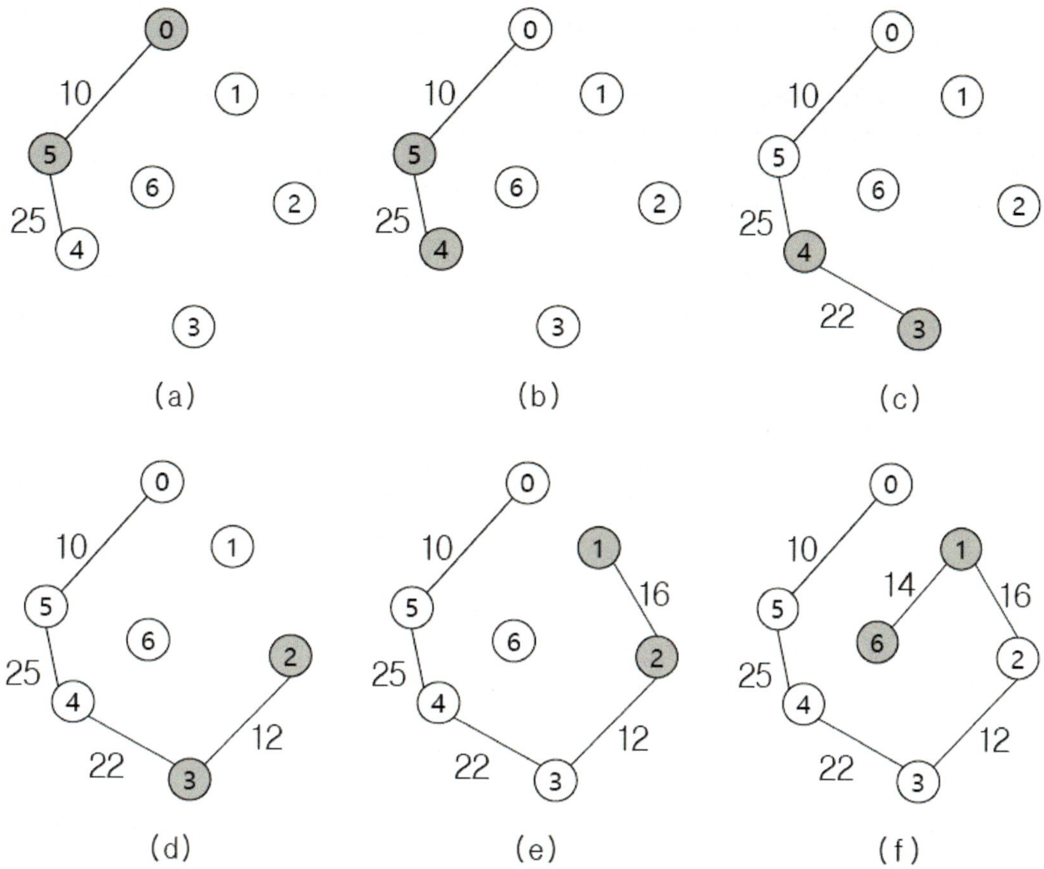

그림 XII-17 프림 알고리즘의 적용 과정

```
V = 5  # 정점의 수

def minKey(key, mstSet):
    min = float('inf')
    min_index = None
    for v in range(V):
        if not mstSet[v] and key[v] < min:
            min = key[v]
            min_index = v
    return min_index

def printMST(parent, graph):
    print("최소 비용 신장 트리:")
    for i in range(1, V):
        print(f"{parent[i]} - {i}: {graph[i][parent[i]]}")
```

```
def primMST(graph):
    parent = [None] * V
    key = [float('inf')] * V
    mstSet = [False] * V

    key[0] = 0  # 시작 정점을 선택

    for count in range(V - 1):
        u = minKey(key, mstSet)
        mstSet[u] = True

        for v in range(V):
            if graph[u][v] and not mstSet[v] and graph[u][v] < key[v]:
                parent[v] = u
                key[v] = graph[u][v]

    printMST(parent, graph)

if __name__ == "__main__":
    graph = [
        [0, 2, 0, 6, 0],
        [2, 0, 3, 8, 5],
        [0, 3, 0, 0, 7],
        [6, 8, 0, 0, 9],
        [0, 5, 7, 9, 0]
    ]
    primMST(graph)
```

실행결과

```
최소 비용 신장 트리:
0 - 1: 2
1 - 2: 3
0 - 3: 6
1 - 4: 5
```

〈예 XII-15〉 프림의 MST 예제 프로그램

Exercise

01. 다음 그래프를 인접 행렬(Adjacency Matrix)과 인접 연결 리스트(Linked Adjacency Lists)로 표현하시오.

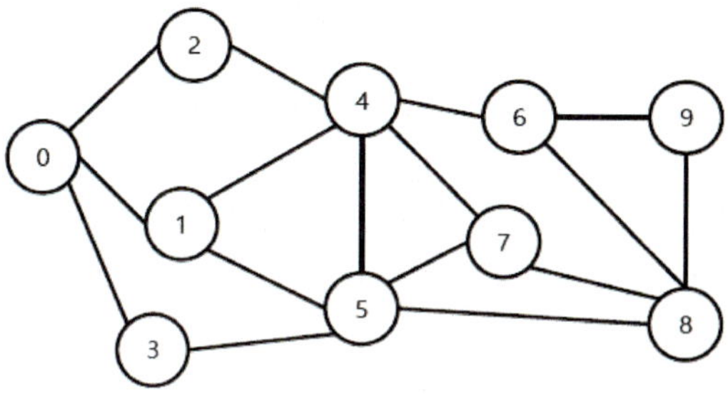

02. 다음 Direct Graph에서 정점 "A"에서 시작하여 깊이 우선 탐색(DFS)과 너비우선 탐색(BFS)으로 탐색하였을 경우 스택과 큐를 활용하여 탐색하고 탐색 순서를 쓰고 스택과 큐의 변화를 각각 표현하시오.

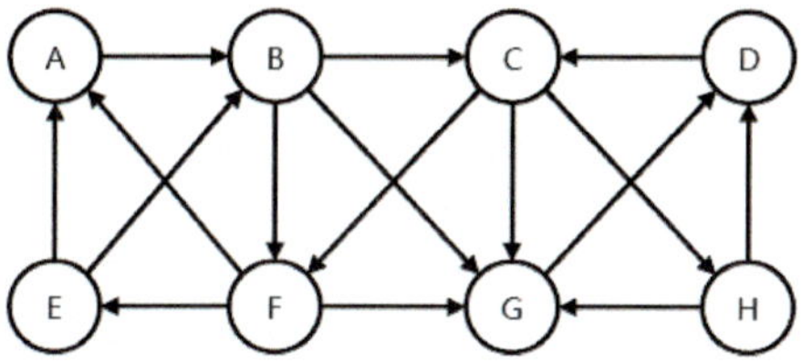

03. 다음 가중치 그래프에서 Dijkstra 알고리즘(양수 간선 비용 알고리즘)을 이용하여 정점 "A"에서 정점 "E"까지의 최단 경로를 찾는 방법을 도시화하시오.

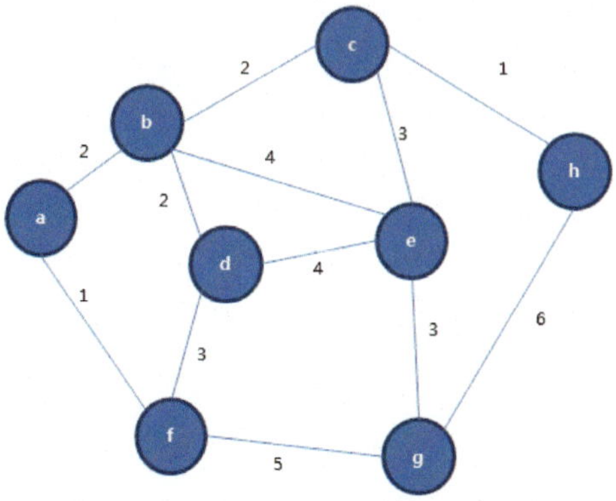

04. 다음 가중치 그래프에서 Dijkstra 알고리즘(양수 간선 비용 알고리즘)을 이용하여 정점 “A”에서 정점 “E”까지의 최단 경로를 찾는 방법을 도시화하시오.

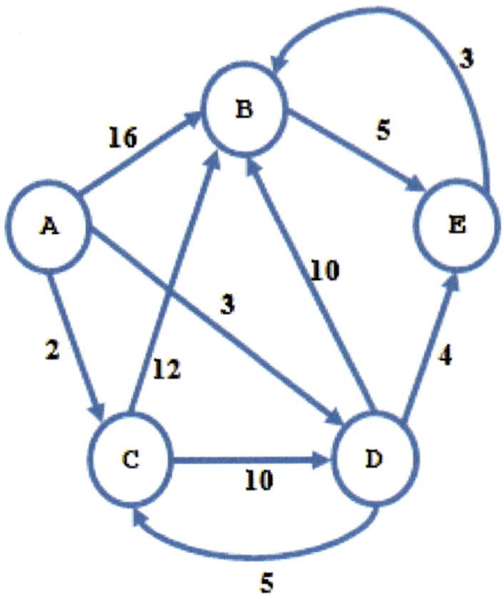

05. 다음 음의 길이 간선을 가진 방향 그래프에서 Bellman-Ford 알고리즘을 이용하여 정점 "g"에서 정점 "a"까지의 최단 경로를 찾는 방법을 도시화하시오.

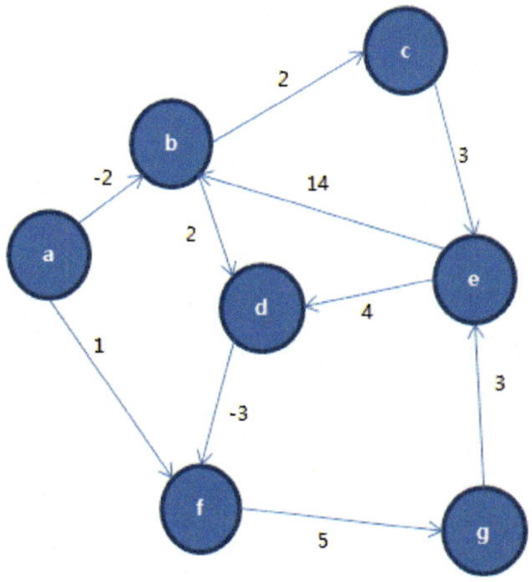

06. 다음 음의 길이 간선을 가진 방향 그래프에서 Bellman-Ford 알고리즘을 이용하여 정점 A에서 정점 E까지의 최단 경로를 찾는 방법을 도시화하시오.

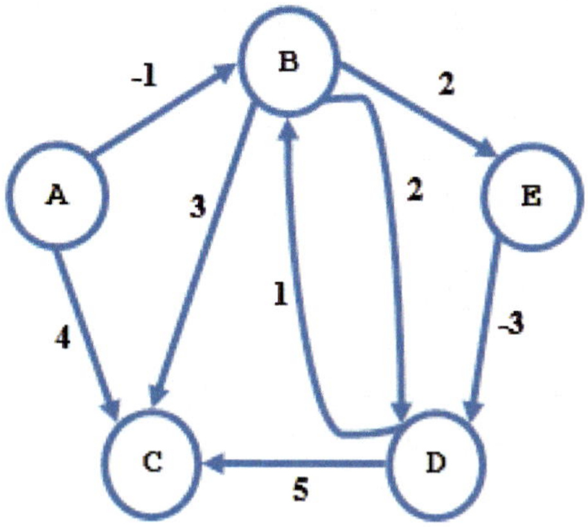

07. 다음과 같이 비용(가중치, Weighted) 그래프에서 (1) Kruskal 알고리즘과 (2) Prim의 알고리즘(정점 "A"에서 시작한다고 가정)을 각각 적용하였을 때 최소비용신장트리(Minimum cost spanning tree)를 찾는 과정을 도시화하시오.

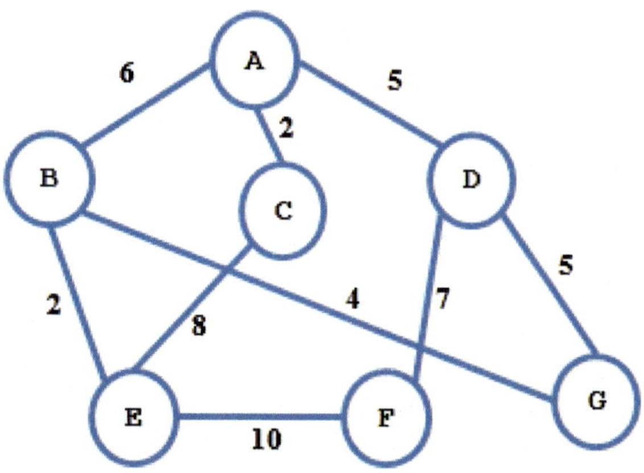

08. 다음과 같이 비용(가중치, Weighted) 그래프에서 (1) Kruskal 알고리즘과 (2) Prim의 알고리즘(정점 "A"에서 시작한다고 가정)을 각각 적용하였을 때 최소비용신장트리(Minimum cost spanning tree)를 찾는 과정을 도시화하시오.

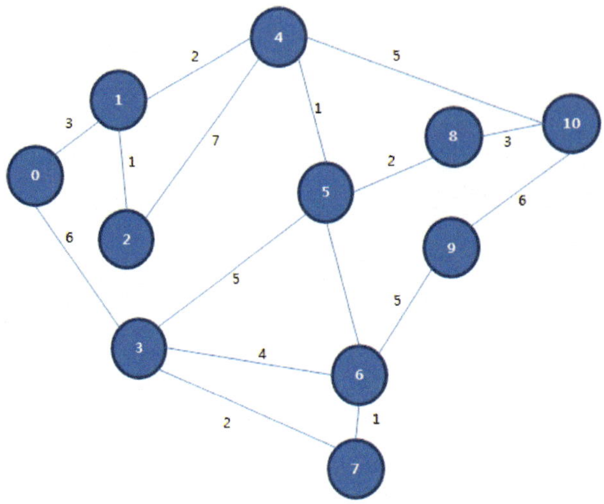

09. |V|가 방향 그래프의 정점 수이고, |E|가 간선의 수이면 Dijkstra 알고리즘의 실행 시간을 빅-오 표기법으로 쓰고 그 이유를 쓰시오.

10. 아래의 다이어그램은 Kruskal 알고리즘의 실행 중간 단계에서의 그래프와 파티션 자료구조를 보여준다.

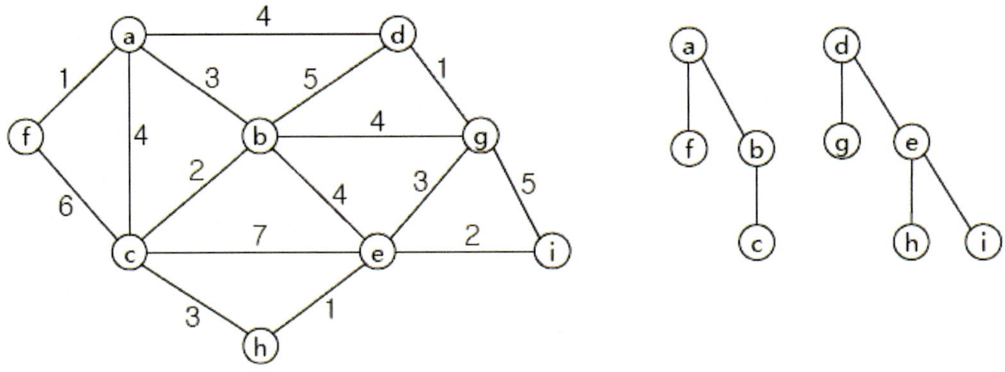

(1) 그래프에서 현재까지 계산된 부분 MST 솔루션에는 어떤 간선들이 포함되어 있는지 확인하시오.

(2) 파티션 자료구조에서 a와 e의 rank 값은 무엇인지 쓰시오.

(3) Kruskal 알고리즘 대신, 간선 {u,v}을 고려할 때 현재 '파란 트리(blue tree)'에서 정점 u를 포함하는 트리 순회를 수행하고 v가 트리에 있는지 확인하는 알고리즘을 고려해 보자. 이 알고리즘의 Kruskal 알고리즘의 실행 시간에 대한 빅-오 바운드를 제시하고, 왜 실행 시간이 해당 바운드만큼 나쁠 수 있는지 설명하시오.

11. Prim의 알고리즘을 효율적으로 구현하여 위의 그래프에 대한 최소 비용 신장 트리(MST)를 찾고, 이 프로그램의 실행 시간을 계산하시오.

12. Kruskal의 알고리즘을 사용하여 MST를 찾으시오. 구현에서는 간선 집합을 구성하기 위해 힙 자료구조를 사용하고, union 및 find를 구현하기 위해 MFSET 자료구조를 사용하시오. 그리고 Prim의 알고리즘과의 실행 시간을 비교하시오.

13. 아래에서 지정된 상황에 대한 연결된 그래프의 예를 제시하시오. 상황에 대한 예가 존재하지 않는 경우 그 이유를 쓰시오.

(1) 그래프에서 모든 최소 비용 신장 트리(MST)에 최대 비용 간선이 포함된 경우

(2) 최대 비용 간선이 어떤 MST에도 포함되지 않는 그래프

(3) 최소 비용 간선이 어떤 MST에도 포함되지 않는 그래프

찾아보기

기호

영문

ㄱ

ㅋ

ㅌ

ㅍ

ㅎ